APCL
休闲书系

本辑《休闲评论》由杭州市世界休闲博览会组委会办公室资助出版

U1070242

COMMENT LEISURE

休闲评论

第1辑

主　编 庞学铨
副主编 潘立勇　楼含松

ZHEJIANG UNIVERSITY PRESS
浙江大学出版社

“休闲书系”学术顾问

（以姓氏笔划为序）

马惠娣（中国艺术研究院）

马　勇（武汉大学）

叶　朗（北京大学）

吴必虎（北京大学）

何建民（上海财经大学）

保继刚（中山大学）

唐学斌（台湾经济科技发展研究院）

曾繁仁（山东大学）

魏小安（国家旅游局）

Dr. Prof. Christopher R. Edgington（世界休闲组织）

Dr. Prof. Geoffrey Godbey（美国宾州大学）

“休闲书系”编辑委员会

主　　编　庞学铨

副 主 编　潘立勇　楼含松

编　　委　（以姓氏笔划为序）

于可红　王婉飞　王玲玲　王　进　刘慧梅

何春晖　庞学铨　周玲强　周丽君　黄　健

蒋岳祥　楼含松　潘立勇

主　　办　浙江大学亚太休闲教育研究中心

电子信箱　acpl@zju. edu. cn

总　　序

休闲、休闲活动和休闲生活，从来就与人类本身的生存发展相生相依。古希腊哲人亚里士多德说："幸福存在于闲暇之中，我们是为了闲暇而忙碌。"马克思指出休闲和劳动是人的自由全面发展的双重社会生活基础，将休闲看作人的基本生存状态之一。休闲作为专门的研究对象，在国外已有百年，在我国大约也就十年光景。时间虽短，从原来一般视"休闲"为游手好闲、享乐主义，到当下重视休闲、研究休闲，发展休闲业，正是社会经济发展的一种象征，是人向自身本来意义和价值的一种回归。

"休闲"语词极为简单，理解却众说纷纭，所涉领域与内容也极其广泛。社会、经济、产业、文化、身体、心理等皆有所涉，哲学、社会学、经济学、管理学、体育学等都可研究，游戏、娱乐、运动、学习等一切有助于使人实现身心愉悦与放松、获得生活与乐趣、体验到人生快乐与意义的各种活动，都能纳入休闲的范畴。也因为如此，休闲学研究与应用，既为我们提供了理论创新和实践发展的宽广空间，又给我们深入探索和构建学科提出了充满希望的挑战。

希望是一种引导，挑战是一种激励。休闲学研究与应用的深入，需要我们会创造、会创新，现实社会经济的发展正在为此准备问题、建立基础；也需要我们会借鉴、会摹仿，海外多年休闲研究与实践的成果，已经为此提供了经验、积累了资源。休闲学研究与应用中，重视创造、创新，做好借鉴、摹仿，是循着希望的引导迎接挑战的应循之路、可行之道。

据此，浙江大学亚太休闲教育研究中心（APCI）组织编辑出版的"休闲书系"，分为译作和著作两类，亦包括有价值的研究报告，另加一个《休闲评论》。所收论著的内容与研究方法，不受学科门类之限，只求围绕休闲学研究与应用主题的好书好文；学术性与通俗性兼顾，但以学术性为重。

休闲事业前景广阔，休闲研究任重道远。我们诚邀学界、业界和政府相关部门的管理者，共同关心休闲学研究与应用的发展，协力推进我国休闲文化研究与翻译事业。

庞学铨
2009 年 8 月 20 日
于西子湖畔浙大

目录
Contents

休闲与社会

◎ 对人生的人文解读(郑涌) /1
◎ 论休闲城市与休闲城市的经济发展(王琪延) /12
◎ 休闲时间与经济效率(魏翔　郝之涯) /22
◎ 提高休闲消费品质,促进和谐社会构建(曹诗图　陈晓亮　谭婕) /36
◎ 居民休闲:从“政治附属”到“精神支撑”(张雅静) /44

休闲与文化

◎ 休闲时代美学何为?(程勇) /53
◎ 北宋文人的休闲方式及其对当代的启示(王建疆) /61
◎ 晚明求适思潮与休闲旅游(魏向东) /67
◎ 论身体、美感、快感与经济之关系(刘彦顺) /76
◎ 对中产阶级化的艺术区与休闲区重叠的积极评价(周尚意　唐立　赵婧) /85
◎ 台湾休闲产业与文化创意(高崇云　高鹏翔) /95

休闲与体育

◎ 论体育的符号意义及其社会功能(陆小聪) /109
◎ 天津市奥体中心休闲体育产业集群化发展模式研究(李宗浩　梁强) /115
◎ 休闲体育的心理功效(周毅刚　刘晖　郭玉江) /122
◎ 基于 SECI 模型的城市商业体育休闲组织知识管理初探(任慧　和金生

杨晓晨）/130
◎ 休闲体育产业生态系统分析与竞争战略选择（杨晓晨）/137
◎ 建设“富裕阳光”的运动休闲之城（富阳运动休闲委员会课题组）（执笔：黄健）/147

休闲与旅游

◎ 市民旅游与休闲经济（姚昆遗）/158
◎ 基于新休假制度上海市民出游方式研究（楼嘉军　徐爱萍）/168
◎ 乡村休闲与农村经济发展（黄细嘉　宋丽娟）/177
◎ 休闲产业对旅游产业与文化产业的激活效应（刘婷）/186
◎ 大型休闲场馆的功能开发研究（徐薛艳　朱立新）/196
◎ 优质服务是发展休闲产业经济的根本（於贤德）/209

国际休闲视野

◎ 关系管理？体育组织机构关系产生经济和社会效益的能力（John R Tower）/216
◎ “经济平衡”作为体育和娱乐的一种发展战略（Tim Tyrrell）/241
◎ 休闲和旅游胜地作为文化节庆的成功因素（A. Kagermeier）/262
◎ 休闲、娱乐和旅游企业的社会责任（Vinod Sasidharan）/285
◎ 休闲活动产业化经营的成功模式研究（何建民）/303
◎ 有关日本休闲产业发展现状与趋势之探索（德村志成）/311
◎ 中欧不同文化背景下休闲与旅游行为比较（冯革群）/327

休闲学术动态

◎ 休闲与经济：推动休闲的深度发展（黄健）/336
◎ 休闲研究文献 /348

休闲与社会

对人生的人文解读

——休闲学科兴起的时代理论意义

郑 涌*

内容提要: 作为一种生活方式,"休闲"不仅仅是"不事劳作",而且是一种放松的、摆脱了自己或被他人设计和控制的生活方式。生活和生命的意义,在"休闲"中得以自由地绽放异彩。人的身、心的愉悦和享受,也在"休闲"中得到充分的实现。

关键词: 人生 休闲 人文解读

"休闲",在中文里是一个复合词,由"休"与"闲"两个字组合而成。查《说文解字》,"休:息,止也"①;有"停止"、"休息"、"断绝"等意思。"闲:门遮也"②;有"不忙"、"有空"、"闲置"等意思。"休闲",翻译成现在的话,就是:不事劳作(不上班)。

"工作"和"休息"、"忙"和"闲",还有"生产"和"消费",构成了人生的一个整体。对于"人生",我们应该从整体上做出把握。而对于"休闲"的讨论,就有助于这样一种的"整体把握"。

与此同时,对于"人生"以及"休闲",人们可以有不同的视角、不同的立足点。在哲学上,我在德国学习的是现象学—解经学,这是一种关于视角、立足点的哲学。用现象学—解经学来探讨"人生"、"休闲"问题,是对"人生"、"休闲"的一种"人文解读"。

顾名思义,"休闲学",就是一门"'不事劳作'的学问"。"不工作",不仅仅被提倡,而且还成了一门"学问"。我把"休闲学"纳入了现象学—解经学,使它成为一种对人生的"人文解读"。换句话说,我研究"休闲",是着眼于"休闲"的人文价值和意义。

"休闲"不仅被重视,而且成为一门"学问"、一个"学科",这似乎是以前的中国人,包括那些比较富有想象力的中国人,想都不大敢想的事情。现在,不光是有人这么想了,还开了这么大的济济一堂的国际会议。

---

*郑涌,男,中国社会科学院哲学研究所研究员。

①《说文解字》,中华书局1963年版,第125页。

②《说文解字》,中华书局1963年版,第248页。

这，在中国，无论如何是一件重要的事情。也可以说，这是一个征兆，一种迹象。作为征兆、迹象，它显示着什么？意味着什么？本文打算先讲讲"休闲"的人文价值和意义，然后，再把它放在消费时代、后改革开放时代的背景下去探讨。

一、"休闲"的人文价值和意义

"休闲"的人文价值和意义，这本身就是一个很大的题目，限于时间和篇幅，我在这里只讲一点。

前面，我讲过："休闲"，就是"不工作"、"不事劳作"。"不工作"、"不事劳作"的概念，要大于"不上班"；因为，即使"不上班"，很多人还是"有活干"，甚至比上班还要忙、还要累。

1. 上班与休闲的悖论

我应潘立勇教授要求所写的《旅游人文精神的哲学解读》，在我的博客里摘要发表后，汤潮先生写了读后感，并翻译了美国《时代周刊》的一篇文章，贴在下面给我们作为参考：Just sit back and relax! Why do Americans have to work so hard at taking it easy? 坐下来无忧无虑地放松！——美国人为什么要如此辛苦地休闲？（作者：波·布朗松）

这篇文章里讲，人们度假，是为了放松，想懒散一下；但是，事实上却是：孩子们的闲暇被塞进了太多的活动，我们大人把假期变成了"劳碌休闲"——为了放松自己却把自己搞得筋疲力尽。我们为假期制定时间表，设定目标。访亲拜友，参加婚礼，露营等。不管队有多长也要挨着走出那个该死的博物馆，不管队有多长也要排着坐过山车。美国人休闲的时候，离开家时挺累，回到家时更累。

不过更可笑的是，有人连这些假期也不用。在美国，有些人成了全世界头号不去度假的人。不度假的一个最重要原因是：额外要做的工作太多了。为了度假他们在工作时要赶工，度假回来后还要把拉下的工作赶上。一句话，休闲太累人了。

这些，都表明了："不工作"的时候，度假、休闲的时候，根本得不到放松，依然劳碌，甚至还不得不去"工作"。

那么，"工作"、"上班"的时候呢？人们发现了一个办法，就是：把越来越多的上班时间化整为零地偷走。比如，最近几年的统计调查得出这样一个结论：美国的办公室职员平均每天上班时有两个小时的"偷懒"时间。更精确地说，是每天126分钟。这还不包括午餐时间或工间休息。

在这些偷来的时间里，人们干什么呢？最普遍的回答是"闲聊"。和同事瞎聊显然很受欢迎。"网上闲逛"超过了所有其他的答案。与那些正式授权的长假相比，人们更享受这些偷来的时间。他们发现，在上班或办公的时间，这样闲聊更好玩——更有满足感。这是人们寻找平衡的办法。其中包含的颠覆破坏味道，使得这种偷来的时间更加令人愉快。人们特别善于利用两件事中间的空当，偷取时间。比如上班的路上或者放学回来的路上。人们把小休伸展为大歇。人们在星巴克获得20分钟的宁静。如果遇上堵车，就给老同学打电话聊天。我们的节奏越快，可以偷取的时间就越多。

为了满足这种需要，麦当劳宣布了餐馆的最新全面修装方案。提供带软垫的休闲椅、不锈钢的餐桌以及大屏幕电视。为了让餐馆在视觉和感觉上都更像家里的起居室，麦当劳开始鼓励客人磨蹭（尽管磨蹭和闲逛之间的界限还没有定义好）。越来越荒唐的是，人们喜欢在提供咖啡因和超级快餐的地方放松自己。根据旅行社的说法，现在的旅行趋势是：周内上一半班就溜走，再加一个周末。家庭旅行仍然去迪斯尼和巴黎，但所有的活动都塞进3～4天之内。虽然我们并没有得到放松，但旅行的时候我们会感觉占了宝贵时间的大便宜。耽误的工作时间越短，也意味着需要补班的工作时间越少。周二回到办公桌上时，有点晒黑又有点头昏脑涨。当同事问："周末过得怎样？"时，我们的脸上闪过一丝狡猾的微笑。仿佛我们战胜了规章制度。我们追求的难道不是这个吗？①

"不工作"的时候"工作"，"工作"的时候"不工作"，形成了现代人生活的一种悖论。不过，总的来说，人们不事劳作，空余的时间多了，需要打发这些时间。打发的途径，就包括旅行，包括下餐馆、咖啡厅，等等。这些，刺激着人们的消费，形成了"消费"和"经济"的互动。

2. 休闲作为一种生活方式

作为一种生活方式，"休闲"不仅仅是"不事劳作"，而且是一种放松的、摆脱了被自己或他人设计和控制的生活方式。生活和生命的意义，在"休闲"中，得以自由地绽放异彩。人的身、心的愉悦和享受，也在"休闲"中得到充分的实现。在《旅游人文精神的哲学解读》中，我专门讨论了"旅游"，"旅游"恰恰是人们的一种重要的"休闲"形式。所以，我从"旅游"中得出的许多观点，也适用于"休闲"。

从根本上来说，与人们的日常工作和生活相比较，"休闲"可以被看做是对人们的日常生活方式的一种改变。在现在的世界里，不论是人们日常的工作还是日常的生活，差不多都是非常紧张的，往往又是按照别人或者自己的事先设计、规划进行的，有明确的任务或目的，甚至还有着周密的计划和严格的带有强制性的操作程序与步骤。从这个意义上，可以说：这是一种紧张的、处于那种自己设计和控制或被设计和控制状态的工作和生活方式（正如我在前面"上班与休闲的悖论"中所述）。

---

① 汤潮译自《时代周刊》，2006年6月18日。转引时稍有改动。

而在“休闲”中，人们比较放松、心情舒畅，也并不需要那么严密的设计、规划和严格的甚至是带有强制性的被动操作。人们还可以摆脱日常工作的紧张、日常生活琐事的烦恼，有利于人们减轻负担、减少障碍，甚至可以使人们处于一种自由自在、自然而然的状态，轻松地倾听生命的呼唤，享受本真的生活。

真正的“休闲”、真正的“放松”，那就是：什么事都不要做，什么事都不要想。没有欲求，没有盼望，没有期待，什么也没有。因为，只要有一点点的欲求、盼望、期待，人就会紧张，甚至是躁动；有了紧张和躁动之类，人还能“放松”得起来吗?！人还有“休闲”吗?！这一点，一般人很难做到；正因为此，这一点也就显得更难能可贵，更重要。所以，我把它作为“休闲学”的重中之重。

“休闲”，应着重从“人文”的层面去解读。因此，如同讨论“旅游”那样，不宜过多地考虑“经济”问题。我在讨论“旅游”时，曾讲过：“我觉得，对于旅游，应不宜过多强调贫富之类。”大家如有兴趣，可看我的《旅游人文精神的哲学解读》。

二、休闲学科兴起在消费时代

休闲学科在今天的中国兴起，实有其时代的原因。那么，我们就有必要弄清楚我们所处时代的性质和特征。

“休闲”，即“不事劳作”、“休息”，古已有之。今天，科学技术发达了，物质生产丰富了，人们的工作时间越来越短、假期越来越长、放假度假的名目也越来越多，不工作的机会和时间也就越来越多。这些，都刺激着人们的消费。于是，中国也逐渐进入了“消费时代”。今天，我们讨论“休闲”问题以及“休闲”学科的建设问题，就是在这样一种“消费时代”的背景之中。

下面，我分别讨论一下相关的“消费与经济”、“消费与浪费”、“消费与休闲的人文精神”问题。

1.“消费”和“经济”的互动

“消费”，既是“经济”发达的产物，又反过来带来“经济”的繁荣。被我们称为“消费时代”的，其中的特点之一，就是：消费对时代经济所产生的重要作用和意义。我们来看看“消费”和“经济”的相互关系、相互影响和相互作用。

我看到一个材料，说：消费的高涨，曾给美国直接带来了20世纪90年代的经济繁荣。这是消费给美国经济带来的繁荣，是消费所促成的经济繁荣。而消费和经济的作用、影响，并不是单向的，单边的；而是相互的。再反过来，经济的萧条，也会使消费低迷。

关于经济的萧条对消费的负面影响，仍然以美国为例。2007年，受次贷危机的影响，美国的消费者借钱消费的方式被遏制。信用卡公司不断降低赊账的额度，消费者不能透支。根据万事达信用卡公司2009年第二季度的数据，美国的总贷款流量相比于2007年，仅上升了0.7%，而美元的存款流量却增加了15.8%。这些，甚至被认为是：意味着“信贷消费时代”的结束。“信贷消费”，本来是消费高涨的结果。

2. 消费而非浪费

强调、突出“休闲”的人文精神、价值和意义，就需要把“消费”和“浪费”区别开来，在“消费”时，一定要防止、杜绝“浪费”。现在的中国，“浪费”非常严重。我顺手从浙江的媒体上摘录了一些消息，并仅以杭州为例：

“再来一份咖喱蟹、两份东坡肉……”在杭州一家四星级酒店的包厢里，某外贸公司的业务经理吴明正为上月飘红的业绩摆下“庆功宴”。一桌客人，预先点下了16个热菜，结果不少菜只动了几筷子就被撤下桌来。“请的都是一些业务上‘体面’的客人。菜不够或者酒没喝尽兴，大家会觉得我小气，可能会影响以后的业务。”吴明说。

在另一家连锁酒店，一位姓张的前厅主管正指挥年轻的服务员收拾残局，桌面上“西湖醋鱼”只夹了几筷子，沙锅里的“本鸡煲”还有一大半，翠绿色的蔬菜仅仅夹走了几根……这样的“残局”，对张来说早已司空见惯。“才3个人吃饭，点了一桌子的菜。”最后，这些没动过多少的菜，全都进了泔水桶。

2007年5月，浙江消保委专门就餐饮浪费现象做了调查，结果显示：对于自己请客吃饭后饭桌上的剩菜，68.1%的消费者表示不会选择打包。

杭州市餐饮协会提供的相关数据显示，2007年一年杭州市餐饮消费总额达143.06亿元。如餐桌平均浪费比例超过10%，一年仅杭州的餐饮浪费就有14亿多元。有心的市民计算，如果以20万元建一所希望小学计算，杭州餐饮一年浪费掉的钱可以建成7000所希望小学！

而这仅仅是一个杭州。仅仅是在餐桌上的浪费。

实际上，消费正在成为一个人为制造的“炫富场”。除了餐桌，奢侈消费、崇洋消费、炫富消费等非理性消费已渗透到社会生活的方方面面，违背国情的超前豪华消费颠覆着国人传统的消费观。

小刘是一位时尚的女孩，每次路过杭州武林广场一带的百货大厦，她都要进去“意思意思”。“许多时候也不管自己穿不穿、用不用，就大包小包地往家拎，衣柜都快装不下了。”小刘是网络时代成长起来的“80后”，她说，女孩子总有一点虚荣心，“看到别人血拼，自己心里总痒痒”。不仅如此，小刘还是洋品牌的忠实拥趸：非洋货不买，非名牌不穿。这是“小刘们”的幸福：父辈提供了衣食无忧的生活，让自己的消费多了许多的选择。

越来越多的人用高消费来提升生活享受，在不少富人眼里，住豪宅、驾名车、穿品牌不仅是生活质量的标志,更是一种成功的标志。

与中国的许多地方一样,消费领域的奢华现象层出不穷,礼品奢侈化、节庆奢侈化也早已屡见不鲜。2006年1月,杭州一家酒店甚至推出了一桌高达19.8万元的豪华年夜饭。西湖边每平方米12万元的房价尚在市民的质疑中,又一套200平方米的公寓、以其5000万元的售价见诸报端。

其实不仅仅在杭州,中国式奢侈文化越来越流行,其步步升级的态势不仅体现在一些奢侈品展会上,在许多大城市公路边的广告牌上,"奢侈"、"至尊"、"顶级享受"等广告宣传用语无时无刻不在向路人灌输着炫富、崇富的消费幻梦。

超前消费、冲动消费、攀比消费、崇洋消费、炫耀性消费,富豪们用奢华的消费方式,来彰显财富和身价,而炫富式的消费倾向,使中国的消费市场出现许多颇有特色的怪现象。如"天价"年夜饭、巨款征婚、豪华派对、"天价"楼盘……不少富人,不但要住豪宅、开豪车,连汽车牌照、电话号码等也一定要花"巨资"购得"靓号"。而近年来到国外购物、赌博的中国富人也越来越多。有数据表明,中国人出国刷卡单笔消费世界第一,中国顶级的宾利轿车销售量全球第一……

有关人士认为,非理性消费行为的出现,既是缺乏理性消费传统导致的,也是由于当前某些不适当消费观念导致的,其中一些官员奢侈消费行为的存在无疑起到了推波助澜的作用。

"非理性消费的形成非一日之寒。"浙江省工商局局长郑宇民在接受媒体采访时也认为,社会上炫富和过度消费大行其道,首先是少数政府部门铺张奢侈"功不可没",一些政府部门奢侈浪费发挥着"榜样"的作用。如公款吃喝屡禁不止,政府豪华办公楼拔地而起,政府采购专拣贵的或洋货买,等等。正是包括政界精英和知识精英在内的精英阶层的误导,给了公众一种心理的暗示。

其次是媒体以及电视剧、电影等影视产品的推波助澜。郑宇民说,在这些宣传平台上,你可以注意到,常常会有"千岛湖豪华私人游艇"、上海"高尔夫球证"高价转卖、"义乌私人飞机"等炫富类、追风型报道。这种人为地强化贫富悬殊的做法,只能导致社会不和谐的紧张因素与日俱增。

最后,是暴富阶层或是炫富阶层的自身作为所起的不良示范效应。"我们都知道古有石崇斗富,这早已是对炫富生活最生动形象的批判,然而今天我们的个别企业主、商人在一夜暴富后,却不自觉地成为新时代的石崇。"郑宇民说,个体的简单消费行为,一旦成为集体的无意识,就成为社会的某种凸显"病灶"。

3. 消费与休闲的人文精神

从上面所列材料可以看出,当今中国已经进入了一个消费社会。在这样一个"消费社会"里,超前消费、冲动消费、攀比消费、崇洋消费、炫耀性消费,等等,之所以出现,其原因很复杂。例如,上面已经涉及的政府官员的贪腐、媒体的误导,等等。当然，这并不意味着我们的政府部门不制止这些不良行为，不倡导"理性消费"等观念。例如，浙江省工商局、浙江省消保委在全国率先掀起了一场以"倡导新消费理念，促进消费和谐"为主题的活动，其内容包括崇尚理性消费，反对迷信消费；崇尚责任消费，反对炫富消费；崇尚文明消费，反对消费畸形的"新消费运动"。2007 年，浙江省工商局、省消保委再次向社会发出新消费运动倡议，呼吁全社会推动消费观念变革，倡导理性、负责任、文明的"新消费观念"。强化"新消费运动"，就是希望从根源上深层次地推动消费观的改变。

但是，有一点却是不容置疑的，那就是：人们在精神追求、价值观、人生观等方面，出了问题而且十分普遍。但凡一种东西普遍并能成风，就已经不是少数人的问题了。不少的人已经在思考并提出：一个人有权消费，但无权浪费。一个人在享受物质文明的同时，必须对自然环境、自然资源造成的破坏和对社会伦理、社会道德的不良影响负责。

这里，有一个社会责任、社会伦理的问题。由此，我们可以从社会责任、社会伦理的角度，来考察"休闲"、"消费"的问题，并不断使其完善，成为一门独立的"学问"和"学科"。

这样一门"学科"的建立，据说，目前在美国似乎仍然是个问题。美国人把休闲度假看得如此重要；在宾夕法尼亚州和其他 17 个州的大学，甚至设有"休闲学"的博士学位。这个学科在大学非常火爆，但合格的老师却很短缺，没有足够的人来教"休闲"。

因此，潘立勇教授和他的同事们所做工作的意义，尤显重大。

三、休闲学科兴起在改革开放深化时代

现在，我要强调的是："休闲"学科建立的意义，不仅仅是在于对经济的繁荣、对"消费"领域的"伦理"观、价值观的建设；而且，也有助于推动中国改革开放的发展。

中国的改革开放已经进行了 30 年，似乎应该有一个新的历史阶段甚至时代的出现。

这大概不是巧合：1949—1978 年，中国"突出政治"，搞了 30 年的"阶级斗争"；1979—2008 年，则进行了 30 年的"经济建设"，进入了一个改革开放的时代。那么，2008 年之后呢？仍然是以"经济建设"为重心？还是重心有所转移？要求重心转移的呼声越来越高，特别是表现在"政治"方面，已经出现了不少对"政治改革"的强烈呼吁，并提出了一些具体的"政治改革"方案。

"以民为本"，"科学发展"观的提出，体现了政府和民众对建构和谐社会的追求和努力。而前面我们所涉及的"休闲"、"消费"中的社会责任和伦理问题，也在呼唤"人文精神"。2008 年 5 月的汶川地震和 8 月的北京奥运会，也强烈凸显了"人文精

神”。而“人文精神”,这种“精神”的层面,确实可以和属于“物质”层面的“经济建设”区别开来,当然更是和“政治”层面的“阶级斗争”大大地区别开了。中国在改革开放之前,强调“阶级斗争”;改革开放时代,把重心转移到“经济建设”;而现在,“人文精神”凸显出来。这似乎已经划分出了三个不同的阶段甚至不同的时代。

这种凸显,正在很大程度上影响着中国今后的走向。

1. 与“物质”层面的“经济建设”相区别

我们提出和讨论问题,往往是从自己生活现实中的一些事件出发的,从实际出发。我们提倡“从实际出发”,从事实出发;而不是从已有的理论出发,从这些事件发生之前的某种观点出发。

现在的实际和事实是,改革开放 30 年,在中国,“物质生产”是极大发展了,“经济建设”的增长以两位数的速度发展,这些与经济相关的观念与数字,在人们的生活和话语中,举足轻重。经济方面的术语也迅速侵入乃至污染历史、文学艺术等“人文”的领域,例如作为“炒股”语言的“绩优股”、“垃圾股”、“老板”等,在《百家讲坛》中被易中天用来比喻三国时期的历史人物曹操、袁绍、刘备。当然,不仅仅是经济术语侵入了“人文”的领域;而且,赤裸裸的商人的经济行为,也在冲击人们的道德底线,例如“真小人,伪君子”所谓道德观、历史观的出现。更不用说,我们现实生活中的强取豪夺、贪污腐败,都在事实上败坏了我们实际的生活环境和伦理观念、“人文精神”。

从中国改革开放 30 年来的总体来看,中国的高新科技迅猛发展,取得了巨大的“自然科学”的成就,突出了“自然”方面;中国经济连续的 10%左右的高速增长,取得了“物质生产”的令世界瞩目的成就,突出了“物”的方面。与“自然”、“物”这样的进步相比较,“人”,特别是“人的精神”方面发展严重滞后。

而就在中国改革开放整整 30 年的时候,汶川地震又使得“人”,特别是“人的精神”方面空前突出和高扬。这不是说,汶川地震中没有“自然”和“物”的问题。既然是特大自然灾害,当然既有“自然”的问题,也有“物”的问题(如房屋倒塌、庄稼被毁等),而且是不小的问题,是很大的问题,其损失仅就币值来看,已达好几百个亿人民币。这些问题,必须认真对待。在全国同胞和世界人民的关怀和援助下,这些物质方面的困难,就变得比较容易克服了。这样一种世界人民的关怀和援助,其价值的体现,不仅仅是“物质”层面的,还包括“精神”的层面。

在汶川地震中,凸现了“人文关怀”、“以人为本”。例如,在汶川地震的抢救工作中,强调把对“人”的抢救放在第一位。而在抢救“人的生命”时,又是那么的不惜“物质代价”。这和过去的一些做法,形成了鲜明的对比。在过去的一段时间内,中国曾特别强调保护国家财产;而且,在保护国家财产时,提倡不惜牺牲人的生命。这就是说,“财产”比“人的生命”重要,“财产”是第一位的。在汶川地震中,这被纠正了，把被颠倒的东西又颠倒了过来。再如，对在汶川地震中的死难者，政府下令全国降半旗以示致哀。这种礼仪，过去的中国，只有国家元首才能享受；而现在，中国在地震中意外死亡的平民百姓，也有权享用。这体现了对平民百姓的生命的尊重。还有，这一种对中国平民百姓生命的尊重，超越了中国国界。是别的国家，先为中国汶川地震中的死难者下半旗。世界上，有那么多的国家和个人伸出友善的援助之手，捐款、捐物，派抢救队、医疗队，做志愿者。

总的来说，这里体现了两个方面的"超越"：一个，是对"自然"、"物质"方面的"超越"，凸显了"以人为本"、"人的精神"方面。另一个，是"超越"了汶川、"超越"了中国，拓展到全世界。中国人的灾难、痛苦，被世界范围内的人们分担了；在中国发生的事件、问题，一下子就成为全世界、全球的事件、问题了。这种现象，带有鲜明的21世纪的"全球化"的特征。鉴于它的超越民族、国界这些方面，从价值观的角度，有些学者把它概括为"普世"的。这种概括，具有对民族、国界的界限被超越的概括意义。

不过，我总觉得，对于中国土地上的"人"和"人的精神"方面的进步发展而言，还处于一种起步阶段。也就是说，还有待于不断完善。总之，给一个新的事物"命名"，是一件很不容易的事情，往往要冒很大的风险。命什么名？怎样命名？也要下很大的工夫，要有一个反复实践、反复思考和不断深入的过程。但是，不能因此而忽视或低估他们发现新事物、积极解读新事物，并努力立足于一个新的起点上讨论价值观问题。

我觉得，在命名时，一定要注意：我们要命名的，是21世纪的；是发生在中国土地上的"人"和"人的精神"面貌的巨大变化。恰恰是在这两点上，"普世"的概括、命名，有明显的不足之处。

还有，国际范围内的话语霸权问题，也应该引起我们的重视。现代著名的法国哲学家德里达在中国演讲时，突出批评了英美的话语霸权。英美的话语霸权，在当前的国际交往乃至人文学科中，依然非常严重。为有利于削弱这种话语霸权，我们对21世纪发生在中国土地上的事件，在现在的国际大环境中，应该努力去找出一种"中西合璧"的概括、命名来。

2. "人文精神"的确立与"真理"的形成

最后，我就以"'人文精神'的确立"，来结束我这次对"'休闲'学科兴起的时代理论意义"的讨论。

就"人文精神"本身而言，这是西方人很早就提出来了。至少，是在第一次世界大战之后就已明确提出来了。其中，代表性的名著有德国哲学家海德格尔的《艺术作品的起源》，它明确地提出：对"真理"进行"'人文'解读"，以区别于以往的"'真理'的'科学解读'"。这种"人文精神"的提出，在西方的思想理论界，当时是针对"自然科学"的方法的扩张的。有不少人认为,“自然科学”的方法是普适的,是“放诸四海而皆准”的,可以被引进社会的、人文的领域。第一次世界大战的发生,打破了西方人对自然科学的迷信,自然科学方法的普适性也遭到了质疑和批评。其中之一,就是“人文精神”的被强调和突出,特别是那种未受自然科学污染的“人文精神”。西方的一些思想家、哲学家之所以特别推崇中国的人文学科和人文精神,原因也在于此。

对于中国传统的思想文化和“人文精神”,德国当代哲学家伽达默尔认为,这是一种没有被科学污染的精神资源。而西方思想文化的危机的克服,一个重要的任务,就在于清除科学对西方思想文化和人文精神的严重污染。在这里,我负责任地说,这样一种科学对思想文化和人文精神的污染,在今天的中国,也已经日趋严重;而且,就是在普世价值的讨论中,也有一定的体现。今天我们提出重建、弘扬“人文精神”,也有一个如何清除科学的污染问题。

这就要求我们在“人文精神”的建设上,高标准、严要求,着力去创造出世界一流的精神文化。要想做到这一点,就得在深入当前实际生活的基础上,深入理解、把握并结合中西思想文化的精华部分。坦率地说,时至今日,这样的学者在中国并没有出现;一定要说有的话,那也是凤毛麟角,而且很快地就被淹没于浅薄的喧嚣或残酷的争斗之中。对于世俗的喧嚣,要不为其所污染,才有可能产生思想。这是德国著名哲学家海德格尔所强调的。因此,要能挣脱世俗的喧嚣、低水准的甚至是无聊的纠缠,而不至于浪费宝贵的时间和精力。与此同时,要积极寻求与一流高手的对话。在这个地方,过去的一个老话要改写:“班门弄斧”。其实呢,弄斧,是一定要在班门的,也就是说,只有在一流的高手面前,自己的本领才有可能大幅度的、迅速的提高。另外,一个新的思想观念的产生,并非一帆风顺,甚至一定要经历种种磨难才成为可能。“人文精神”的创立,和真理的发现一样,是一个过程。从实际生活中问题的提出、到问题的梳理、直至观念的最后形成,这是一个全过程。它不可能一蹴而就。也不允许匆忙、轻率地下结论、作定论。

从得到一个理论的概念,和上述的过程相比较,过程比结果更重要。正是在这个过程中,一个人的境界、智慧、能力、知识等,能够得到大幅度的提升,甚至可以到达时代的制高点。至此,结果也就如同瓜熟蒂落。

在这个过程之中,特别要重视你自己的第一手的直接经验,在你自己度过的每一天和做的每一件事情当中,并以你自己的方式,去发现和把握真理。真理,就在其中,也只在其中,而不在任何其他别的地方。

“人文精神”的建立,和真理的发现一样,最初只是一种预见、预期、预设,而这种预见、预期、预设,只是处在那种初始的阶段。预见、预期、预设,往往不是最终结论,离最终的结论还有着一个相当大的距离,一个相当遥远的路程,并需要付出相当艰巨的努力甚至惨重的代价。在真理的产生发展史上,无数的历史事实已经充分证明了这一点。

与此相关的是,“人文精神”的概括、命名问题。概括、命名,作为一种话语表述,需要从当前的生活现实中提炼、创造出一种新的话语来,以这种新的话语替换旧的术语。这种新的术语的产生,也是一个复杂的、艰苦而又漫长的过程;这个过程的完成,才会最终出现新的“人文精神”。

最后,我想表达一个希望,说一句增强信心的话:改革开放三十年了,“三十而立”么!抓住这样一个好年代、好时段,也许就能在“人文精神”乃至思想文化的创造发明上,向前跨一大步。

“向前跨一大步”,这是时代的要求,是我们必须要做的事情。目前的争论,主要是在维护改革开放的成果还是从改革开放后退之间进行的,而问题的关键,却在于:如何“向前跨一大步”,作出一个属于21这个新世纪的新的选择。我不赞成往回走,不论是往回走几十年还是几百年。我经常听到,几十年或几百年乃至几千年前的一些主张、理论被重新提出,沸沸扬扬。说老实话,这些主张、理论都已经不符合今天21世纪的新的语境,不符合21世纪的社会现实。

论休闲城市与休闲城市的经济发展

王琪延*

内容提要：本文在理论上探讨了什么是休闲城市；制定了衡量休闲城市的标准，包括休闲环境、休闲供给、休闲需求三个方面共六大要素。城市休闲环境包括自然环境和经济社会人文环境两个要素；休闲供给包括城市基础设施、休闲设施两个要素；休闲需求包括市民休闲力、休闲感受度（满意度和生活幸福度）两个要素。环境六大要素构成了一个完美的钻石，我们称为六菱钻石模型。本文还讨论了休闲城市与旅游城市的关系、休闲城市与经济发达城市的关系等，提出了发展休闲城市应该注意的问题。

关键词：休闲城市　休闲经济　休闲产业

建设休闲城市、发展休闲经济是当前城市发展经济中的重要任务之一，也是学术界的一个热点话题。

一、什么是休闲城市

休闲城市也称为休闲型城市，是指具有休闲功能和居民休闲程度达到一定标准的城市。所谓一定标准，是社会经济发展到某种阶段的相对标准。反映城市休闲状况的标准大体上包括两类，一类是客观标准，另一类是主观标准。客观标准是指那些客观存在、可以直接测量、能够表现为一定数值的客观指标，如城市居民收入、休闲时间、休闲消费支出等指标就是客观标准。如我们可以规定休闲城市在居民休闲时间方面的标准为“居民平均休闲时间占生活时间的比重达到40%”。虽然各个国家规定的标准具有一定的差异，但是这些标准的数值是客观存在。主观标准是指以居民的主观感受为判断依据的标准。如人们对于休闲满意度的判断，可以根据人们的主观意识对快乐感和满意度的认识来决定。用主观标准作为休闲城市的判断标准本身，具有一定主观性。例如，在幸福感调查中，往往有这样的结论，即与富裕地区相比，落后的地区幸福感比较高。但是，我们不能得出结论，落后地区的人比富裕地区的人更加幸福。因此，应该把主观标准和客观标准结合使用，才能够综合反映城市的幸福程度。在评价休闲城市时也是一样，必须将客观和主

---

*王琪延，男，中国人民大学休闲经济研究中心主任、教授。

观标准相结合，才能进行正确评价。

笔者认为休闲城市必须具备优美的自然环境、安全富足和谐的社会环境、便捷的基础设施、齐全的休闲设施、城市的居民具有较强的休闲意识和休闲能力、较多的休闲时间等条件。

建设休闲城市对于城市和城市居民来说，具有重要的意义。第一，可以提升城市形象；第二，调整城市经济结构，促进城市经济升级换代，发展城市经济；第三，提高城市居民生活质量；第四，由于休闲产业的发展，可以增加就业机会；第五，促进社会公平和社会的和谐发展等等。

二、关于休闲城市的标准问题

关于休闲城市的标准，根据我们多年对休闲城市的研究，提出了休闲环境、休闲供给、休闲需求三位一体的休闲结构体系理论。休闲环境是城市环境方面的休闲力，休闲供给是城市基础休闲力，休闲需求是核心休闲力，即环境休闲力、基础休闲力和核心休闲力三位一体。休闲环境、休闲供给、休闲需求三个方面共包括六大要素。城市休闲环境包括自然环境和经济社会人文环境两个要素；休闲供给包括城市基础设施、休闲设施两个要素；休闲需求包括市民休闲力、休闲感受度（满意度和生活幸福度）两个要素。环境六大要素构成了一个完美的钻石，我们称为六菱钻石模型。我们认为三位一体的结构和六菱钻石模型对于理解休闲城市的概念，提高城市的休闲功能、评价城市的休闲度，具有重要的科学价值。

（一）城市环境休闲力

1．自然环境

自然环境是指自然存在的环境。优美的生态环境，可以为休闲提供美好空间。

作为休闲城市必须拥有较多的绿地，以供人们休闲；较少发生较大的自然灾害，风调雨顺，物产丰富，自古以来，农业经济比较发达；气候宜人，水质和空气质量比较好等条件。

2．经济社会人文环境

实际就是指人们周围的经济和社会环境，是人类活动产生的环境，是人为的、社会的。经济社会人文环境是经济发展的产物，是一个民族的历史积淀，也是社会的历史和文化反映。

（1）经济环境

笔者认为，贫穷基础上的休闲和富裕基础上的休闲，是两个层次上的休闲概念。富裕基础上的休闲，才是真正的休闲。因此把经济环境也列为评价休闲城市的标准。

衡量城市经济发展程度高低以及城市居民富裕程度的指标有GDP总量以及增长速度、人均GDP、第三产业产值占GDP的比重、人均可支配收入、恩格尔系数、私家车拥有量、城市物价指数等。

以上指标中,城市物价指数反映城市生活成本。

(2) 社会环境

从广义上讲,社会环境表现为社会安全稳定、和谐。具体可以用发案率、人口密度、有基尼系数(反映社会公平程度,贫富差距)等指标表示。

(3) 人文环境

衡量人文环境的标准有:城市文化遗产或历史文化遗迹、历史名人、居民喜好的休闲传统项目等方面。

社会人文环境对城市居民的素质提高起着重要的作用。

(二) 城市基础休闲力

反映城市基础休闲力的标准包括生活基础设施和休闲设施以及产品。

1. 基础设施

良好的基础设施使居民基本生活更具便利性。如距离的便利性,时间的便利性,服务品种的便利性等。

2. 休闲设施和休闲产品

齐全的休闲设施和产品使居民休闲生活便利。城市休闲基础设施情况,有娱乐设施、文化设施,景观设施,可以用城市休闲设施的数量来反映,也可以用万人拥有酒店数量、体育健身场馆数量、休闲吧、餐饮店、特色街区、湿地公园、城市公园、城市广场、社区公共体育场所数量等相对指标来反映。

(三) 城市核心休闲力

1. 休闲力

休闲力是指居民休闲能力。主要包括休闲意识、休闲时间和休闲活动、休闲支出。

(1) 休闲意识

城市居民的休闲意识的强弱,取决于一个城市居民是否有休闲传统和休闲观念。表现为休闲活动的参与意识。可以用参与游览观光、体育、娱乐、爱好、兴趣、读书学习、公益活动、地方节庆等活动数量表示。城市居民的休闲意识也受当地传统的消费习惯以及生活方式的影响。

公益意识和开放意识也都属于休闲意识的重要内容,在此单独阐述。

(2) 公益意识

公益是指公众的利益,它的实质是社会财富的再次分配。公益意识是愿意为了公众的利益而奉献自己力量的意识。公益活动是指一定的组织或个人向社会捐赠财物或奉献、时间、精力和知识等活动。公益活动的内容包括社区服务、环境保护、知识传播、公共福利、帮助他人、社会援助、社会治安、紧急援助、青年服务、慈善活动、社团活动、专业服务、文化艺术活动、国际合作等。在我国，公益活动几乎都是由单位组织的，如义务植树、义务大扫除、青年志愿者、献血、捐款或捐物等是常见的公益活动。

社会公益事业是中国优良传统的延续，是构建社会主义和谐社会的内在要求。

值得关注的是，随着市场经济的发展，在城市中，在一个特殊群体即成功企业家中，逐渐涌现出一批富有社会责任感和公益道德心的人。当城市居民都普遍具有较高公益精神的时候，一个城市就会得到升华，才算得上是真正的休闲城市。

(3) 开放意识

城市具有一定的开放度，居民对于外部居民比较宽容。耗散结构理论(耗散结构是比利时布鲁塞尔学派著名的统计物理学家普里戈金，于 1969 年在理论物理和生物学国际会议上提出的一个概念)认为，一个远离平衡的开放系统，无论是力学的、物理的、化学的、生物学的，还是社会的、经济的系统，如果系统不断地与外界交换物质和能量，在外界条件变化过渡到一定程度，系统内部某个参量变化过渡到一个临界值时，经过涨落，系统可能发生突变，即非平衡相变。那么，该系统将会由原来的混乱无序状态转变为一种在时间上、空间上或功能上的有序状态。

事实上，一个城市也是一个开放的系统，城市系统需要从系统之外获得能量和物质。作为城市主体的居民，要永远保持开放心态，保持进取，具有较强的包容性。

(4) 休闲时间和丰富的休闲活动

衡量一个城市居民休闲程度的情况可以用闲暇时间、休闲时间占全部时间的比重、休闲活动的项数以及频度等指标反映。

(5) 休闲消费支出

一般用休闲消费支出占全部消费支出的比重来反映休闲消费能力。

2. 休闲感受度(休闲满意度、生活幸福度)

休闲满意度和生活幸福度取决于生活态度以及追求物质和精神的欲望强度。一个人追求欲望的强度与休闲满意度、幸福度成反比例关系。幸福度通常用幸福指数来表示，幸福指数是人们的幸福感，是人们对生活总体以及生活领域的满意感，是人们所体验到的快乐感，是潜能的实现而获得的价值感。

(1) 休闲满意度

包括本市居民对城市休闲满意度、非本市人员对城市休闲满意度。

(2) 生活幸福度

关于生活幸福度的研究比较多。经济学家保罗·萨缪尔森对于幸福给出的公式为：幸福＝效用/欲望。这个公式说明，幸福感类似于满足感，它实际上是现实的生活状态与心理期望状态的一种比较,两者的落差越大,则幸福感越差。美国心理学家赛利格曼的幸福公式:$H=S+C+V$(总幸福指数=先天的遗传素质+后天的环境+你能主动控制的心理力量)。如果你希望自己更加幸福,应该做到:生活富有一些;拥有美满婚姻;丰富你的社交生活,多与朋友在一起;具有信仰。而英国科学家近日宣称自己破解了"人生面临的最大的疑团"——幸福的秘密。当然,答案并非人们想象得那样简单,拥有爱情、大笔财富、一份好工作都不能带来真正幸福感。科学家将真正的幸福用一个公式概括:Felicidad(幸福指数)$=P+(5\times E)+(3\times H)$。这里$P$代表个性,包括世界观、适应能力和应变能力。$E$代表生存,包括健康状况、财政状况和交友情况。$H$代表更高一层的需要,包括自尊心、对生活抱有的期望值、理想和幽默感等内容。

以上三个公式看似简单,但是,可以解释很多主观幸福感的问题。第一个公式,说明降低欲望,或在一定欲望的前提下,提高实现程度,会提高幸福度,也就是知足常乐。第二个公式,说明幸福的秘诀更大程度上在于我们的精神世界,而不仅仅是物质生活。第三个公式,侧重说明幸福掌握在我们手中,主动控制我们的心理力量。可以看出,生活幸福感和休闲满足感不仅仅取决于物质方面,在某种程度上更取决于心理因素。

三、休闲城市与城市休闲、旅游城市、发达城市的关系

(一)休闲城市与城市休闲的关系

最近一段时间,人们在讨论休闲城市时,也提出了另外一个概念,就是城市休闲。准确地说,城市休闲不是一个完整的用语。因为城市本身不会休闲,只有城市居民才会休闲,从事各种各样的休闲活动。所以说城市休闲是城市居民休闲活动、城市休闲设施、城市休闲产业、城市休闲功能、城市休闲经济等许多概念的略语。

休闲城市与城市休闲,学术界认为"两者不是一个概念",这一点已经达成共识。休闲城市是从城市功能、居民生活态度、居民的生活方式等方面来看综合休闲程度较高的城市。而城市休闲是单指如城市居民休闲活动、城市休闲功能、城市休闲设施、城市休闲文化等某一个方面,也可以说是上述概念的略语。如果一定要说明两者之间的关系,那么可以说虽然这两个概念中都有城市和休闲两个名词,都与休闲和城市有关系,但是含义是不同的,休闲城市是一个城市总体的休闲性,而城市休闲是指城市中休闲的某一个方面。

（二）休闲城市与旅游城市的关系

休闲城市与旅游城市具有密切的联系，又具有较大的区别。

从联系方面说，休闲城市往往具有较为丰富的旅游资源，比如绿化面积比较大，具有浓厚的文化积淀。比如在历史上成为名人居住或工作的场所。同时，休闲城市也具有丰富的旅游资源，成为游客选择的旅游目的地。所以，有些城市既是休闲城市又是旅游城市，如杭州。

休闲城市与旅游城市主要有四点区别。

第一，旅游城市是以产业为标准确定城市属性，而休闲城市是以城市整体的休闲度为标准确定城市属性。旅游城市在经济结构上，是以旅游产业支撑的城市。如北戴河，就是一个小旅游城市。经济结构较为单一，且具有较强的季节性，夏天游客非常多，而到了冬天就没有游客了，城市非常冷清。显然北戴河不是一个休闲城市。

第二，旅游城市是以城市外部居民为服务对象的城市。而休闲城市主要是以城市内部居民为服务对象的城市。

第三，旅游城市的居民不一定具有休闲意识，而休闲城市的居民具有高度的休闲意识。

第四，旅游城市一定拥有如海洋沙滩、奇山怪石、独特的风景等较强的旅游资源或曰可吸引物。而休闲城市不一定拥有较强的旅游资源。

（三）休闲城市与经济发达城市

经济发达城市可能是休闲城市，也可能不是休闲城市。那就要看经济发达城市是否具有休闲功能以及城市居民是否具有休闲意识和经常从事休闲活动。反过来说，休闲城市并不一定是经济发达城市，但是，休闲城市一定不是经济落后的城市。经济落后的城市，一定不是休闲城市。休闲城市是具有一定经济基础的城市。休闲城市与经济发达城市是有较大区别的。休闲城市是从城市的休闲程度考虑的。而经济发达城市是从经济发展程度考虑的。

可能会有这样的情况，经济落后的城市，由于不具有开放性，城市居民具有较高满意度和幸福度。从客观上看，那并不是真正的休闲城市。

四、休闲城市与休闲城市的经济发展

休闲城市的经济发展应该依赖于休闲经济的发展，以休闲经济带动城市经济的全面升级和发展。

发展休闲经济的首要任务是增加供给，发展休闲产业。休闲产业是从事休闲产品生产(包括服务)活动的厂商集合。它远不止是一个传统意义的产业,而是与人的休闲消费需求(物质的与精神的)密切相关的产业群和产业链。休闲产业分为三个层次。第一,核心休闲产业。主要包括旅游(如旅馆饭店、旅游点)、兴趣爱好和娱乐、体育(如体育场馆、运动器械、运动服装)、文化事业和休闲教育(如学习乐器、插花等)、公益活动等。第二个层次。主要包括与上述核心层相关的产业(例如,交通、餐饮、商业、邮电信息、茶馆、咖啡厅、社区服务、通信、金融与保险、道路交通以及其他基础设施等相关行业或产品等)。第三个层次。包括休闲房地产业、休闲工业、休闲农业等。实际上,休闲产业最终会辐射到产业的各个领域。伴随着经济、社会的发展,休闲产业的比重越来越大,辐射到其他产业的力量就越强。

五、休闲城市发展休闲经济应该注意的问题

(一)注重自己的特色和优势

现在许多城市建设趋同化严重,旅游等休闲项目建设也是大同小异,大而全,小而全,缺乏个性。发展休闲经济,必须注重城市本身的特色,发挥自己的优势和个性。比如巴黎是浪漫之都、花都,让人们觉得很放松。再如,纽约的现代化、伦敦的绅士、悉尼的清爽、上海的海派、西安的厚重等,每个城市和居民都有自己的性格。发展城市休闲产业,一定要考虑自己的资源优势。

(二)发展休闲经济注重创新

城市休闲经济是一种创意经济。作为供给主体的休闲产业,并不排斥传统产业,恰恰是附着在传统产业上。如城市郊区的农业和工业相结合,就形成休闲农业和休闲工业,把休闲因素嵌入传统产业,就会使传统产业焕发青春。同时,发展休闲产业也需要科技的支持。例如,开发旅游项目的时候,第一,融入娱乐因素,形成视觉上的冲击效果,这样,旅游者就容易被打动、被感染。第二,引入体验因素。让旅游者参与其中。第三,注重文化元素。让旅游者可以全方位接触城市的特色文化,获得一种心理体验和满足感。

在发展城市休闲经济过程中,应该不断地追求和谐、天人合一的境界。

(三)发展休闲经济需要科学规划

发展城市休闲经济,必须规划在先,制定休闲规划,必须同城市的总体规划相衔接。休闲规划分为三个层次,即社区休闲规划;中央休憩区规划;旅游风景区规划。同时,还应该建立城市休闲制度;成立城市休闲组织;制订全年节庆活动计划等。

(四)政府引导,政策扶持

首先,政府应当对休闲产业创造一个宽松、有利的发展环境,使各类休闲产业经营机构能够无后顾之忧地开展各项经营活动。

其次,政府应加强对休闲产业的引导和监督管理,扶持信誉好、管理规范的休闲产业运营商,逐步形成品牌。财政应当每年拿出一定数量的资金,用于扶持、奖励在休闲产业发展中作出贡献的企业和个人。

另外,加快城市市容市貌的整顿,加强对外来人口的有效管理,改善城市环境卫生状况及社会治安状况。提高餐饮、住宿等相关行业的经营管理服务水平,提升休闲产业的整体品位。

(五)发展休闲经济,注重招商引资

休闲产业是一种资金推动型的产业,具有高投入、高风险、建设周期长、回收期长、收益相对丰厚的特点。没有重大资金的投入,难以建成有影响力的项目。因此,要开展项目营销,对于规划中所确定的重点项目,要广泛开展招商活动,吸引国内外休闲产业经营主体投资,加快城市休闲产业发展。政府每年应当拿出一定量的资金,用于招商活动,包括制作各种招商材料、外出召开招商会议、进行招商洽谈,以及为潜在投资者提供接待服务。

(六)发挥产业集群效应

产业集群是20世纪70年代就已推出的区域经济学概念。20世纪末,迈克尔·波特教授在他的《国家竞争优势》(1990)一书中,把该概念归纳为一句话:"产业集群是由与某一产业领域相关的相互之间具有密切联系的企业及其他相应机构组成的有机整体。"它不仅具备产业集聚效应,而且存在产业集聚所没有的"协同效应"、"共生效应"、"区位效应"和"结构效应"。有时还可以是上述几种效应的组合。产业集群一旦形成,就明显存在资源获取、市场效率、创新创业和市场扩张四大优势。

休闲产业同其他产业一样,在空间上的集中以及休闲产业之间的紧密联系,也会发挥巨大的产业集群效用。

(七)注重利用各种工具进行城市营销

开展品牌营销,向广大休闲消费者宣传城市的休闲产业品牌,政府每年应当拿出一定量的资金,运用网络、电视、报刊、人际传播、光盘介质等各种媒介进行休闲城市营销。宣传城市,宣传对象不仅仅是当地休闲消费者,也包括外地乃至外国居民。

(八) 要重视休闲的教育

休闲教育,在一些发达国家早在20世纪60年代就引起了重视。

休闲教育的目标是培养个人休闲能力和个人休闲事业经营能力。个人休闲能力包括休闲价值的判断能力、选择和评估休闲活动的能力、合理运用休闲时间的能力、决定个人休闲行为目标和标准的能力。个人休闲事业经营能力包括休闲社会和休闲经济形态的理解能力、休闲产业的管理能力(包括营销、休闲产品的研发与创新能力)、休闲产业发展战略及谋划能力。休闲教育可以通过社区、家庭、幼儿园学校(大学、中小学)、单位、社会机构及福利机构实施。

(九) 正确处理环境保护和环境利用的关系

休闲城市的经济发展,既依赖于环境、人文因素,又受这些因素的制约。因为环境保护重任在肩,红线难越。人文因素,往往固化居民的意识,与传统的经济人理念背道而驰。

在环境问题上,也不要说一提环境,就什么都不要做了。其实,利用环境是为了更好地保护环境。另一方面,保护环境是为了更久远的利用。要做到"在利用中保护,在保护中利用"。

人文环境也不是一成不变的,也要发展。要以科学发展观对待人文环境。

六、展　望

近年来,一些大城市在休闲设施建设方面,进行了较大规模的投资,在如下领域的变化是很大的。河川和湖泊的清洁治理;绿化;城铁、道路、机场等基础交通设施建设的高潮;娱乐、餐饮服务、体育场馆、艺术场馆、影剧院、博物馆、图书馆等体验或感受设施建设的兴起;酒吧、咖啡屋、茶馆等人际交流设施的普及;旅游观光设施开发利用;名胜古迹的修复;各类非职业技能培训式的成人教育机构和社区学院的建立;网络工程的实施;花鸟以及集邮等市场的扩大;与休闲活动有关的商业投资的增加等,都反映了城市休闲的发展进程。

大量的事实证明,休闲经济已经成为城市新的经济增长点,给城市经济带来了发展活力,促进了城市经济的升级换代,推动了城市经济的发展。同时,由于城市经济发展,也进一步给城市休闲经济的发展提供了资金等方面的支持。从而,加快了休闲城市建设进程。我们预计,在2020年,我国将有1/3以上的城市成为休闲城市。

参考文献

[1] 王琪延:《休闲教育下的人力资本增长》,《光明日报》,2008-02-20。

[2] 杰弗瑞·戈比:《你生命中的休闲》,云南人民出版社 2000 年版,第 157 页。

[3] 魏小安:《中国休闲经济》,社会科学文献出版社,2005 年版。

[4] 马惠娣:《未来十年中国休闲旅游业发展前景瞭望》,《齐鲁学刊》,2002 年第 2 期。

[5] 约翰·凯利:《走向自由——休闲社会学新论》,云南人民出版社,2000 年版。

[6] Sarah Nicholls: Climate change, tourism and outdoor recreation in Europe, Managing Leisure Vol. 11, pp. 151-163 (July 2006).

休闲时间与经济效率

魏　翔* 郝之涯

内容提要：本文认为，在考察经济增长的过程中，除了需要关注人均变量，更需要关注"时人均"变量，因为后者代表单位时间内的人均变量，可用来衡量经济效率，而经济效率是经济增长潜力的源泉。为此，本文将工作时间、受教育时间和休闲时间引入内生增长模型，并突出考虑了休闲对经济个体效率的积极作用以及休闲对技术水平的外部效应，由此刻画了休闲与经济效率之间的非线性关系。随后，在模型结论的框架下，引用21个OECD成员国20多年来的面板数据研究了上述非线性关系，并具体求解到经济体的最优休闲时间。由此说明，可以通过对休闲时间的合理调整与管理来达成最理想的经济效率。

关键词：休闲时间　经济效率　时人均　跨国回归

一、引　言

总量GDP用以衡量经济体的总体经济实力，而人均GDP可以考量经济体的富裕程度，那么如何考察经济体的经济(产出)效率呢？显然，个体每单位工作时间产出的GDP(即，时人均GDP)是衡量经济效率的合意指标。

时人均指标涉及工作时间，而工作时间是闲暇时间的替代。在后工业化社会或"和谐社会"中，效率的意义不仅仅在于物质资本产出比，而应该考虑到工作时间的投入。依赖于高投入(包括高工作时间投入)的高产出喻示了低效率和低发展潜力。为此，我们需要考察如何在投入较少工作时间的情况下获得高产出，更需要思考非工作时间(即闲暇时间)内的活动是否可以促进经济效率进而推动经济发展。

当用时人均指标来表征经济效率时，我们发现一些在人们印象中高效而富有的国家实际上经济效率很低，而有些国家，很好地两全了富裕与效率的"双高"水平。显然，后者更值得我们推崇和思考。以此出发，本文采取了和其他有关经济发展和经济增长研究所不同的视角，突出考察一国的经济效率问题，并探究经济效率

*魏翔，男，北京第二外国语学院中国旅游与休闲经济研究中心副主任，教授。

与其重要根源之一[①]——休闲时间的关系。

虽然经济学家认识到，现实世界大概只有23%的产出波动可以由工作时间来解释，其余的部分须由闲暇时间来解释(Kydland,1995)，但研究几乎都是从闲暇时间形成对工作时间替代的新古典角度来考察闲暇或休闲对经济增长的作用(Pollak，1970；Kydland and Prescott，1982；Mankiw，Rotenberg and Summers，1985；Eichenbaum，Hansen and Richard，1985等)，于是闲暇对经济的积极作用被忽略了，也就失去了全面揭示经济效率的来源以及经济效率与经济发展之间内在联系的机会。一个国家是否可以在资本、技术相对固定的情况下，投入较少工作时间，却获得较高的产出？较多的休闲时间对于一国经济效率的提高是否起到正面的影响？是否存在最优的休闲时间从而使国家的经济效率最高？这些问题被淹没在浩瀚的经济增长理论之中，我们试图从跨国比较的角度来探索闲暇或休闲时间与经济效率的关系，尝试对上述问题给出分析与解答。

二、理论模型：经济效率的决定框架与最优休闲时间

经济发展水平通常用人均GDP来衡量，它表示一个国家的富裕程度，但它无法衡量经济产出的效率，用“时人均GDP”可以很好地衡量由个体组成的宏观经济的产出效率。但遗憾的是，几乎所有的经济增长模型都只考察人均GDP及其增长率(Solow，1957；Romer，1986；Lucas，1988；Aghion and Howitt，1992等)，而没有关注体现经济效率的“时人均”变量。

研究经济效率问题，就是研究经济的发展潜力问题。它不仅要求对原有的变量进行“时人均化”，而且需要考察其内在决定因素：人均GDP和闲暇时间。前者决定经济的基本面，后者是效率的源泉。闲暇时间由受教育时间和休闲时间(含休息、做家务等必要闲暇时间)构成，虽然这些时间对工作时间形成替代，但其本身对经济具有积极意义：人们在闲暇之中酝酿并增进效率，汇总起来进而增进经济效率。将闲暇的这种属性引入经济增长模型，便可揭示经济效率的源泉与实质。

综合内生增长模型(Romer，1986；Lucas，1988)，并引入闲暇时间，得到如下生产函数：

$$Y = \overline{A}K^{\beta}(uH)^{1-\beta} \tag{2.1}$$

其中：K是总资本；H是人力资本；β是产出弹性；u是受教育时间(总时间被标准化

① 经济效率的根源从时间角度看有两个：工作时间内的劳动效率提高(外生与内生技术进步的经济增长理论对此有详尽阐述)和休闲时间内的活动对劳动效率和技术水平的间接促进(这正是本文重点分析的内容)。

为 1);$\overline{A}$ 代表技术水平,其积累路径为

$$\overline{A} = AK^{\alpha}z^{1-\alpha} \tag{2.2}$$

其中:A 是非时变的技术参数;z 代表闲暇时间。

(2.2)式表示技术积累是“干中学”(learning by doing)过程(Romer,1986)和“闲中学”(learning by leisure)过程的结合。前者在内生增长理论中已备述完善,在(2.2)式中表现为 K^{α} 。后者的意义是,在休闲体验中,最有可能产生有意义的学习(Csikszentmihalyi,1981),休闲中学习的潜力是最大的(Kelly,1983),所有的个体都这样,则会提高全民素质和整个社会的创新能力,而创新通过外部性改进全社会的技术水平(Romer,1990; Jones,1995a; Jones,1998)。个体的这种效应对整个经济的影响很小,因此他不会意识到这种作用,但这样的结果汇总起来就使休闲对经济的其他部分提供了有用而“意外”的贡献:它“顺带”提高了生产技术水平。我们将这个类似于“干中学”的过程称作“闲中学”(leaning by leisure)效应,在(2.2)式中表现为 $z^{1-\alpha}$ 。为计算方便起见,我们认为“干中学”和“闲中学”以规模不变的方式促进技术水平提高①。

假设人力资本的形成具有指数路径(Romer, Mankiw and Weil, 1992),其路径为

$$H = e^{\psi_1 u+\psi_2(\varepsilon z)}L \tag{2.3}$$

其中:L 代表未经过训练的劳动力,ψ_1 表示受教育时间 u 促进人力资本形成的速度 $\left(\frac{\mathrm{dln}H}{\mathrm{d}u} = \psi_1\right)$。$\psi_2$ 表示休闲时间 z 促进人力资本形成的速度 $\left(\frac{\mathrm{dln}H}{\mathrm{d}z} = \psi_2\right)$;$\varepsilon$ 是参数。$0 < \varepsilon < 1$,表示除了受教育时间外,ε 比例的休闲时间也参与了人力资本的形成,此过程被称为“闲而优”(advancing by leisure)效应:健康而积极的休闲活动有利于形成人力资本中精神、意志方面的禀赋,即休闲使个体产生“畅”(flow)的感受(Csikszentmihalyi,1975),从而使个体“高度投入、感到自足、忘记时间流逝、被激发出创造性、探索感和冒险精神”(Gunter,1979)。但并非所有的休闲时间都能促进人力资本形成,因此 ε 表示具有“闲而优”效应的休闲时间的比例。

将(2.2)式代入(2.1)式,得

$$Y = AK^{\alpha+\beta}(uH)^{1-\beta}z^{1-\alpha} \tag{2.4}$$

---

① $1-\alpha$ 是休闲时间对技术水平的弹性,因为休闲时间对技术水平的外部性效应是边际递减的,所以 $0 < 1-\alpha < 1$。但是,至少在两种可预见的情形下,$1-\alpha < 0$。一是劳动者如果过度沉迷于休闲或者休闲活动是不健康的、有害身心的,就会对全民素质提高产生负作用,抑制劳动者新知识和创意的产生,此时 $1-\alpha < 0$;二是,针对于低收入国家的劳动者,当收入增加时,他们对闲暇的偏好通常会小于对工作或消费的偏好,这会使居民减少闲暇从而劳动参与率上升,此时闲暇或休闲对产出具有替代效应,当该替代效应大于“闲中学”效应时,就会有 $1-\alpha < 0$ 。

为了衡量经济效率，需要对上式进行“时人均化”，即在式子的两边同除以工作时间与劳动量的乘积 $(1-u-z)L$，并用 $\hat{x}$ 表示变量 x 的时人均量，于是得

$$\hat{y}=A\hat{k}^{\alpha+\beta}(u\hat{h})^{1-\beta}z^{1-\alpha}(1-u-z)^{\alpha}L^{\alpha} \tag{2.5}$$

注意到，通过对(2.3)式进行“时人均化”，可得

$$\hat{h}=\frac{e^{\psi_1 u+\psi_2(\varepsilon z)}}{1-u-z} \tag{2.6}$$

(2.5)式反映，经济效率和时人均物质资本及时人均人力资本成正比，说明资本积累可以促进效率提升(比如通过“干中学”效应和技术进步)，而且劳动力数量 L 以指数形式正向影响经济效率(时人均 GDP) $\hat{y}$，这主要是因为人口越多则人力资本越多、“干中学”和“闲中学”的程度和效率就越大，于是对经济效率产生正向影响——这种人口效应非常类似于 Romer(1990)内生技术进步模型中的人口效应①。

另外，(2.5)式显示，经济效率和休闲时间之间存在非线性关系，可以归纳为以下两个结论。

结论 1：休闲时间对经济效率具有水平效应②，并且同时具有正向和负向的水平效应。

观察(2.5)式可发现，当休闲时间 z 增加时，经由“闲而优”效应提高了时人均人力资本 $\hat{h}$，通过“闲中学”效应提高了技术水平(表现为(2.5)式右边第 4 个乘子的提高)，二者的提高会导致经济效率 $\hat{y}$ 的提高，这是休闲时间正的水平效应。同时，休闲时间的提高“挤出”了工作时间，从而对经济效率产生负面影响(表现为(2.5)式右边第 5 个乘子的降低)。

结论 2：经济体存在一个最优的休闲时间以最大化经济效率。

基于结论 1，则表明休闲时间与经济效率之间存在二次非线性关系，必然存在一个最优的休闲时间能使经济效率最大化。为了求得这个最优的休闲时间，我们对(2.5)式两边取对数然后令其对 z 的一阶偏导数为零，并且，为了计算简便，我们暂且不考虑“闲而优”效应③，即认为 $\hat{h}$ 与 z 无关，于是得到

$$\frac{\partial \ln\hat{y}}{\partial z}=\frac{1-\alpha}{z}-\frac{\alpha}{1-u-z}=0$$

$$\Rightarrow z^{*}=(1-\alpha)(1-u) \tag{2.7}$$

---

① 在 Romer 的模型中，人口规模具有水平效应：人口越多则参与研发的人员越多，这对稳态的人均产出具有正向作用。

② 即 z 的变动会导致 $\hat{y}$ 的变动。但 z 对经济效率并不具备增长效应，即并不影响 $\hat{y}$ 的长期增长率——该结论的一个最简明版本在 Solow(2000)那里得到说明，更为完整的证明过程可向作者索取。

③ 若考虑“闲而优”效应，仍然可以得到最优休闲时间，只是求解的是一个一元二次方程，而且结果中将包含体现“闲而优”和教育时间的参数 ψ_2、ε 和 ψ_1，以及受教育时间 u。

根据 $w=1-u-z$,由(2.7)式可推出,当休闲时间 u 与工作时间 z 之比为 $(1-\alpha):\alpha$ 时,经济效率最高。也就是说,在不考虑"闲而优"效应时,当休闲时间和工作时间按它们对技术水平的边际贡献份额来配置(亦即按照"闲中学"强度对"干中学"强度的比例来配置休闲时间和工作时间)时,能使经济效率最高。

三、统计描述:富裕程度与效率高低的对比

在经济史学家兰得斯(Landers,1990)题为"为什么我们如此富裕,而他们那么贫穷?"的著名演讲中,他用人均 GDP 来衡量国家的富裕水平,随后众多的有关经济增长的研究进一步分析了人均 GDP 及其增长率的生成机制和发展轨迹,然而这些研究没有告诉我们富裕的国家是否就一定拥有较高的经济产出效率,这会导致产生一些似是而非的信念——富裕的国家通常似乎具有较高的经济效率。为了检验这个"信念",首先可以简单地描述下那些富裕国家的产出效率状况。为此,我们比较 OECD 国家的 23 个成员国 1990—2000 年间平均的 GDP 总量(表征国家的总体经济实力)、人均 GDP(表征国家的富裕程度)和时人均 GDP(表征国家的经济效率)在这些国家间的内部排名情况,如表 1 所示。

表 1　23 个 OECD 成员国的产出数据对比 *

国家名称	排名	GDP 总量	排名	人均 GDP	排名	时人均 GDP
USA	1	7351307.281	2	27679.026	2	15.74371537
Japan	2	2795818.362	5	22323.532	11	11.69415235
Germany	3	1758535.668	7	21622.193	5	14.13607912
France	4	1201420.077	11	20797.094	8	12.46901632
Italy	5	1188318.606	12	20770.192	15	10.99064033
UK	6	1138270.436	14	19550.574	12	11.26254917
Mexico	7	649713.159	23	7178.165	23	3.844921729
Canada	8	641230.778	6	21877.332	9	12.34700347
Spain	9	615146.837	18	15619.719	17	9.020202711
Korea	10	495092.474	21	10998.351	22	4.194049127
Australia	11	378499.558	10	20938.308	13	11.24483993
Netherlands	12	331763.381	8	21507.617	4	15.5256024
Belgium	13	215834.215	9	21327.826	6	13.62765552
Austria	14	176982.354	4	22376.17	7	13.51345058

续表

国家名称	排名	GDP 总量	排名	人均 GDP	排名	时人均 GDP
Sweden	15	171421.452	13	19554.525	10	12.17369761
Greece	16	139418.663	20	13169.786	20	6.35315107
Portugal	17	134034.934	19	13357.451	19	7.572251134
Denmark	18	123373.391	3	23581.785	3	15.5547366
Finland	19	99346.213	15	19501.622	14	11.04564593
Hungary	20	96909.384	22	9478.588	21	4.73961205
Ireland	21	64561.229	16	17786.059	16	9.81570585
New Zealand	22	59960.805	17	16359.365	18	8.939836825
Luxembourg	23	14205.321	1	34664.567	1	20.71381356

* 各变量均用 PPP 方法计算得来。GDP 总量的单位为百万美元;人均 GDP 和时人均 GDP 的单位为美元。

数据来源:GDP 总量和人均 GDP 数据来源于中国宏观数据库;其他数据来源于 OECD 官方网站。

表 1 的结果显示出一些有意思的结果。亚洲的两个国家日本和韩国,其时人均排名相对于人均排名都出现下滑,而日本的表现更"突出":尽管它的人均产值之高,属于一流富国,但其经济效率排名下滑了 6 位之多,以此衡量,日本就其发展潜力和真实产出能力来看,仅属于中流国家。我们知道,经济效率高来自于两个方面:工作时间内的劳动效率高和闲暇时间的"闲中学效应"、"闲而优效应"以及自由增加带来的要素配置改善间接导致的劳动效率提高。尽管日本的技术跃迁提升了日本人工作时间内的劳动效率,但众所周知的"工作狂"式工作的生活模式使日本人的休闲时间相对较少,一方面使闲暇的积极效应发挥不出来,另一方面,较长的工作时间抑制个体效率,于是经济体的总体经济效率下降①。

在经济效率方面,排名相对下降的还有加拿大、意大利、澳大利亚和奥地利。我们注意到,意大利、澳大利亚和奥地利在 20 世纪 90 年代的犯罪率都相当低(远低于 OECD 国家平均水平)②,这暗示这些国家的个体的闲暇活动总体上具有积极效应,则其经济效率的下降可能来自于两个方面:技术进步相对较慢进而没有显

① 虽然韩国的休闲时间比日本还要少,但韩国的受教育时间比日本更长。所以韩国的经济效率排名仅比人均 GDP 排名下滑了一位,但需要看到,韩国的经济效率总体上仍处于低位。

② 数据来源于联合国毒品和犯罪办公室网站 www. unodc. org/pdf/crime/ sixthsurvey/TotalRecordedCrime. pdf.

著提升工作时间内的劳动效率,或闲暇时间虽然积极而充分,但也许"过多"了,从而使这些国家的工作产出增长相对较慢。加拿大的情况似有不同,其20世纪90年代的犯罪率远高于OECD国家平均水平,这可以表征该国较消极的闲暇效应,因此可以推测,该国充裕但积极效应较差的闲暇时间影响了其经济效率的发挥。

相反,法国、荷兰、比利时和瑞典的经济效率排名都比其人均GDP排名有所上升,这说明这些国家的相对经济效率较高一在拥有较多的闲暇时间的情况下获得了较高产出。这样的经济发展方式具有更大的潜力。究其原因,一种可能是在这些国家的闲暇时间之中,受教育时间占了很高的比例,从而使这些国家的更多劳动力通过教育转变为有效劳动力——人力资本,导致国家总体经济效率提高。另一种可能是非工作时间,即闲暇时间内的活动,如旅游、休闲、文化娱乐活动等,经由"闲而优"和"闲中学"效应刺激了经济效率的提高。

总之,针对于表1中20世纪90年代的数据,当使用传统的经济指标——人均GDP来衡量时,日本的排名在德国、法国、加拿大、荷兰、奥地利、瑞典等国家之前,说明日本比这些国家更富裕——这也符合人们对日本的普遍印象。然而,当使用时人均GDP作为指标来衡量时,日本的排名却下降到这些国家之后,和美国的距离更是被进一步拉大。韩国的人均和时人均排名都比较靠后。由于时人均GDP消除了工作时间的影响,考虑了闲暇时间的作用,所以,不难看出,和上述国家相比,日本的高经济产出建立在比这些国家工作更长、休闲更少的基础上。因此,日本并不是一个实际经济效率很高的国家,它的长期增长潜力受到挑战①。另一方面,德国、荷兰、比利时、法国和瑞典等国的富裕程度虽然不如日本,但在消除工作时间的影响之后,其排名却上升到日本之前。较多的闲暇时间使它们成为实际经济效率比日本更高的国家。

从以上的统计描述中可以发现,闲暇"挤出"工作,也促进效率提升,但过多的闲暇亦并非好事。那么,为了得到更高的经济效率,休闲时间应该保持在什么水平呢?下面,我们用计量手段来演示问题解答的过程与结果。

四、计量分析:跨国回归与国家固定影响

(一)变量界定与数据来源

根据(2.5)式的一般框架,本文对1980—2003年数据完整的21个OECD国家②的面板数据进行回归。

---

① 日本20世纪90年代以来的低迷表现也对此判断作出了侧面印证。

② 由于数据缺失,剔除了9个国家,入选的国家为澳大利亚、奥地利、比利时、加拿大、丹麦、芬兰、法国、德国、希腊、爱尔兰、意大利、日本、韩国、墨西哥、荷兰、新西兰、葡萄牙、西班牙、瑞典、英国、美国。

被解释变量是三个时段(1980—1989年,1990—1999年,2000—2003年)的时人均GDP。该变量由人均GDP除以工作时间得来。人均GDP指PPP计算后,每人一年创造的GDP总数,单位为美元,其数据来源于中国宏观数据库2354,2355,2356,2357(http://edu1.macrochina.com.cn/tjdata_new/index.shtml)。工作时间指每个工人年平均工作时间,单位为小时,其数据来源于OECD生产力数据库(OECD Productivity Database, January 2006)。

之所以采用面板数据,主要是为了增加样本信息量。在国家内部,对于那些随时间而发生很大变化的变量而言,这种信息非常有用(Barro,1997),例如人均资本存量。

解释变量包括年均受教育时间 u①、休闲时间 z、时人均资本存量 $\hat{k}$ 和人口数 L。年均受教育时间等于25岁以上人群平均受教育年限×365×24小时/人口预期寿命。其中25岁以上人群平均受教育年限的数据来源于Barro-Lee数据库(devdata.worldbank.org/edstats/ThematicDataOnEducation);人口预期寿命指一国全部人口在出生时预期寿命,单位为年,其数据来源于OECD数据库(OECD Health Data 2005, October 05)。休闲时间等于全年时间(365×24小时)减去年均工作时间。人均资本存量用固定资本形成总量的人均值(数据来源于中国宏观数据库2562,2563,2564,2565: http://edu1.macrochina.com.cn/tjdata_new/index.shtml)表征,除以年均工作时间就是时人均资本存量。人口数指人口及移民在人口统计学上的数目,单位为千人,数据来源于OECD经济、环境和社会统计年鉴(OECD, Factbook 2006: Economic, Environmental and Social Statistics-ISBN 92-64-03561-3-2006)。

(二) 回归结果与分析

系统的估计采用固定效应变截距(常斜率)模型,这是因为,首先,21个对象国家均属于OECD国家,虽然其个体经济效率各异,但其经济体制和结构类似,即横截面上个体影响不同(截距不同),但国家间的变化结构类似(斜率相同)。其次,在样本选取时,横截面样本是总体的所有单位,在这种情况下,选取固定效应(fixed effects)模型是一个合理的模型(李子奈、叶阿忠,2000),并且,若采用随机效应(randon effects)模型进行估计,经回归后发现,各解释变量的系数均通不过显著性检验。最后,我们假设各国由于经济结构体制类似,因此各国经济变量对经济效率的边际倾向不存在显著差别,所以可以采取常斜率模型,这个假设主要是借鉴了Barro(1997)在进行类似跨国回归时的处理思路。

本文的数据为面板(panel)数据,即横截面包含很多的观测值,但依时间序

---

① 将(2.6)式代入(2.5)式后 $\hat{h}$ 将被 u 代换掉。

列的观测值相对较少(只有三个时段的三组观测值),因此容易由于国际间的环境因素和不可控因素造成观测值的随机误差异常波动,即出现"异方差"现象,为了消除异方差,在估计时使用加权最小二乘法 GLS (cross section weights)。

因为当同时考虑"闲中学"效应和"闲而优"效应,即对(2.5)式同时引入(2.2)式和(2.3)式时,回归式中将出现 z^2 和 z^3 或二者之一[①],这说明休闲时间 z 和经济效率 $\hat{y}$ 之间存在非线性关系。为了体现休闲时间与被解释变量之间的非线性关系,系统在指标上可以出现休闲时间 z 的二次项 z^2 和/或三次项 z^3。

如果同时考虑"闲中学"效应和"闲而优"效应,尝试将 z^2 和 z^3 同时作为解释变量,得到如表2所示的回归结果。

表2 包含休闲时间二次项和三次项的跨国回归

被解释变量:$\hat{y}$(经济效率)				
总面板观测值:61个				
解释变量	系 数	标准误	t统计量	概 率
受教育时间 u	0.013496	0.005837	2.312115	0.0235
休闲时间 z	−0.059894	0.026172	−2.288498	0.0249
时人均资本存量 $\hat{k}$	4.085150	0.518168	7.883835	0.0000
人口数 L	5.28E−05	2.17E−05	2.436003	0.0172
休闲时间的平方项 z^2	−4.64E−08	6.93E−07	−0.067061	0.9467
休闲时间的立方项 z^3	6.92E−10	2.65E−10	2.609569	0.0109
加权后的统计量				
R^2	0.993751	总残差平方和		117.0089
调整后的 R^2	0.988973	Durbin-Watson 统计量		3.069170
F统计量	1081.437	概率(F统计量)		0.000000

表2显示,z^2 的系数不显著,无法判定其对经济效率的影响,同时,系统很可能存在负的自相关。为此,剔除掉 z^2 项重新回归,得到表3的回归结果。

① 二者如何进入回归方程和其回归系数所代表"闲而优"、"闲中学"叠加效应有关:若只有"闲中学"效应显著,则不会出现三次项,若二种效应均显著,则二次项和三次项可以同时出现,也可以只出现三次项(二次项的影响被三次项所综合表示)。

表 3　包含休闲时间三次项的跨国回归

被解释变量：$\hat{y}$（经济效率）				
总面板观测值：61 个				
解释变量	系　数	标准误	t 统计量	概　率
受教育时间 u	0.013529	0.005762	2.348129	0.0214
休闲时间 z	−0.060179	0.025706	−2.341032	0.0218
时人均资本存量 $\hat{k}$	4.105024	0.487544	8.419805	0.0000
人口数 L	5.19E-05	2.05E-05	2.538905	0.0131
休闲时间的立方项 z^3	6.90E-10	2.61E-10	2.645189	0.0099
固定效应				
AUS-C	199.9102			
AUT-C	196.9683			
BEL-C	197.5403			
CAN-C	199.8093			
DNK-C	196.6666			
FIN-C	198.8467			
FRA-C	195.6099			
DEU-C	192.2942			
GRC-C	204.1401			
IRL-C	201.2727			
ITA-C	199.9816			
JPN-C	187.2503			
KOR-C	195.3966			
MEX-C	196.8686			
NLD-C	193.8039			
NZL-C	200.6972			
PRT-C	197.0717			
ESP-C	196.4551			
SWE-C	196.2885			
GBR-C	198.2844			

续表

被解释变量：$\hat{y}$（经济效率）			
USA－C	186.7609		
加权后的统计量			
R^2	0.993790	总残差平方和	117.1522
调整后的 R^2	0.989355	Durbin-Watson 统计量	2.770852
F 统计量	1400.327	概率(F 统计量)	0.000000

回归结果显示，各解释变量在统计上显著，方程的拟合优度好，且结构相关性显著，基本不存在自相关。

表 3 所展现的回归结果显示，在 1980—2003 年 21 个 OECD 国家范围内，物质资本禀赋的生产效率(包括其中不可见的技术水平)仍是推动经济效率提升的最重要因素(其回归系数为 4.105024)，这是因为，这些国家在这 20 多年来经历了以新经济为代表的大幅度技术进步，技术进步直接提高了工作时间的劳动效率，这是这些国家经济效率变动的主要原因，也说明世界上的主要发达国家还处于从高度工业化向后工业化过渡的阶段——物质资本的经济作用具有决定性作用。与此相对应，表征人力资本禀赋的受教育时间对经济效率的贡献仅次于物质资本。需要注意，受教育时间对各国的贡献存在显著差异。比如日本和韩国，日本的经济效率提升主要来源于物质资本所包含的技术进步因素，而韩国的效率改善主要依靠受教育时间显著增加后带来的人力资本推动①。

人口因素对经济效率产生了微弱的正作用，这说明人口的适度增长确实为人力资本形成、闲暇积极效应的发挥以及“干中学”的外部性发挥起到了推动作用。但需要注意到，这种推动作用是很微小的，同时，人口的增大会间接降低时均物质资本和时人均人力资本从而对经济效率产生负作用。所以，人口仍需要谨慎控制，当然，人口的负增长问题以上分析而需要加以特别关注。

现在，回到本文的重点，我们看到，休闲时间对经济效率在短期内具有不大的负作用(因为休闲时间的线性项系数为负)，但在长期内，休闲会对经济效率有正作用(因为其立方项系数为正)。也就是说，跨国数据表明，在休闲时间水平较低的情况下，经济效率随休闲时间的增加而下降，但是一旦达到适度高的休闲水平后，两者的关系就变成正的。这个过程正好对应于经济社会从工业化社会向后工业化社会、从生产经济向闲暇经济不断发展演进的过程。在工业化社会中，工作及其生产仍是推动经济增长、提高技术水平进而提升劳动效率的主要途径，此时，休闲对工

① 限于篇幅，本文未展示相关数据，有意者可向作者索取。

作的替代效应要大于闲暇的"闲而优"等积极效应,因此休闲会对经济增长和经济效率有一定的"挤出"作用。但是,当社会进入后工业化社会后,服务经济和闲暇经济将占据主导地位,此时,效率的提高更多地需要个体通过快乐而自由的休闲与娱乐来保证与提升,而不是依赖于外界技术手段的提升,在这个阶段,人的作用将大于物的作用。本文表1也显示,在经济效率相对于人均GDP(反映了物质资本和自然资源的禀赋)的排名中,后工业化进程比较快的北欧国家要显著高于仍处于工业化社会的韩国、墨西哥、匈牙利等国,而前者的休闲时间显著多于后者。

从休闲时间对经济效率从短期到长期的非线性影响中,存在一个先抑制后促进的过程,那么,该过程的转折点在哪里呢?

根据表3框架下的回归方程,我们只需要对经济效率 $\hat{y}$ 求休闲时间 z 的偏导数,利用一阶条件(FOC)便可求得使经济效率最大化的最优休闲时间。基于本文跨国回归的一阶条件,有

$$3\times 6.9\times 10^{-10}z^2-0.060179=0$$

$$\Rightarrow z^*\cong 5384\text{(小时/年)}$$

上式说明,对于21个对象国而言,当休闲时间水平发展到每年约5384小时时,能使经济效率最高。参照相关数据①,新西兰20世纪80年代和美国21世纪初(2000—2003年)的年平均休闲时间很接近这个水平。

注意到,本文的休闲时间指除去工作和受教育后的时间,即包含了睡眠和家务等时间。假定所有个体的睡眠时间按8小时/每天计算,于是全年最优的纯休闲时间应为5384－8×365＝2464(小时),将这些小时数折合为正常的天数(即按每天睡眠8小时算)则等于2464÷16＝154(天)。也就是说,对于21个对象国,每年的节假日和休息日在154天左右时,国家的经济效率最高。

现实世界中,在2002年,折算后的纯休闲时间美国为169天,法国和西班牙均为211天,相较于最优的154天而言,美国人休息得稍微多了点,而法国人和西班牙人也许是休息或休闲得过多了,以致于经济效率将受到较大影响。我们看到,为此付出的实际挽回行动之一,是2005年3月22日,法国国会以压倒性多数通过了一项新法案,对每周35小时工作制进行恢复到每周40小时工作制的改革。相反,在2002年的韩国,其纯休闲时间是135天,大大低于OECD国家最优的154天,但这同样对经济效率不利,过少的休闲时间对韩国的经济效率产生了不利影响,其人均产出和时人均产出在OECD国家中均处于倒数几名的位置。日本的情况具有代表性,日本经济约从1988年开始停滞或低速成长,在进入21世纪后,日本的实际纯休闲时间得到较大增长,随着日本人的快乐指数从倒数第一上升到中上水平,

① 限于篇幅,本文未展示相关数据,有意者可向作者索取。

日本的经济效率显然得到了提升,为此,我们看到了日本经济最近几年来回升的迹象和一些实际表现。

结　语

在经济增长理论中,用人均 GDP 及其长期增长率来衡量增长的性状与趋势,但我们的统计描述显示,在人均量方面表现优异的经济体,在以时人均变量衡量的经济效率方面却不一定有同样优异的表现(如日本)。人均变量衡量经济体的发展速度或质量,时人均变量衡量了经济体的效率,后者同时是前者发展潜力的标志与源泉。

时人均变量既然涉及时间,在经济学框架下必然涉及工作时间和非工作时间(受教育时间和休闲时间①),前者是正统经济学充分研究的领域,对后者中的"受教育时间"的研究也获得了巨大进展,本文则强调休闲时间在决定经济效率方面的突出作用。通过将休闲时间提高个体效率的"闲而优"效应和休闲时间对技术水平的外部效应——"闲中学"效应连同工作时间和受教育时间一同引入增长模型,我们发现,休闲时间对时人均 GDP 有重要影响,但二者之间的关系不是线性的,而是存在二次和/或三次的非线性关系。这种关系说明,在给定其他条件的情况下,必然存在一个最优的休闲时间,可以使经济效率达成最大化。

为了验证上述结论,我们依据数据的完整性要求,引用 21 个 OECD 国家 1980—2003 年间的面板数据进行了跨国回归。回归的结果显示,尽管人力资本和物质资本的生产效率仍是影响经济效率的主要因素,但休闲时间已经显现出和经济效率之间显著的相关关系,二者之间存在三次非线性关系。由此我们进一步得到 OECD 经济体的最优休闲时间大约为每年 154 个节假日或休息日。

通过得到最优的休闲时间,就可以指导政府在进行休假制度安排时,为了提高本国的个体效率和经济效率,对现有节假日或休息日的数量与结构如何进行有效调整。

参考文献

[1] Aghion and Howitt, 1992

[2] Barro, R. J., and Lee, Jong-Wha, 1994, *Sources of Economic Growth*, Carnegie-Rochester Conference Series on Public Policy (June): 1 - 46.

[3] Csikszentmihalyi, M., 1975, *Beyond Boredom and Anxiety*, San

① 此处的休闲时间包括了睡眠、家务等必要型闲暇时间。

Francisco: Jossey-Bass, Inc.

[4] Csikszentmihalyi, M., 1981, "*Leisure and Socialization*", Social Forces 60. pp. 332 - 40.

[5] Eichenbaum, S. M., Hansen, L. P. and S. F. Richard, 1985, "*The Dynamic Equilibrium Pricing of Durable Consumption Goods*", manuscript, Carnegie-Mellon University.

[6] Gunter, B. J., 1979, "*Properties of the Leisure Experience*", In Leisure: A Psychological Approach, eds. H. Ibrihim and R. Crandall. Los Alamitos: Hwong.

[7] Kelly, J. R., 1983, "*Leisure Identities and Interactions*", London: George Allen & Unwin Ltd.

[8] Kydland, F. E., 1995, "*Business Cycle and Aggregate Labor Market Fluctuation*", in T. F. Cooley (ed.), Frontier of Business Cycle Research, Princeton: Princeton University Press.

[9] Kydland F. E., and E. C. Prescott, 1982, "*Time to Build and Aggregate Fluctuations*", Econometrica, L, pp. 1345 - 1370.

[10] Landers, David. S., 1990, "*Why Are We So Rich and They So Poor?*", American Economic Association Papers and Proceedings 80 (May), pp. 1 - 13.

[11] Lucas, R. E., 1988, "*On the Mechanism of Economic Development*", Journal of Monetary Economics, 22, pp. 3 - 42.

[12] Mankiw, N. G., J. Rotenberg and L. H. Summers, 1985, "*Intertemporal Institution in Macroeconomics*", Quarterly Journal of Economics, C, pp. 225 - 252.

[13] Mankiw, N. Gregory; Romer, David and Weil, David N., 1992, ": *A Contribution to the Empirics of Economic Growth*", Quarterly Journal of Economics, 107(2), pp. 407 - 37.

[14] Pollak, R. A., 1970, "*Habit Formation and Dynamic Demand Functions*", Journal of Political Economics, LXXVIII, pp. 60 - 78.

[15] Romer, P. M., 1986, "*Increasing Returns and Long Run Growth*", Journal of Political Economy 94(5), pp. 1002 - 37.

[16] Solow, R. M., 1957, "*Technical Change and the Aggregate Production Function*", Review of Economics and Statistics 39 (August), pp. 312 -20.

提高休闲消费品质，促进和谐社会构建

曹诗图* 陈晓亮 谭 婕

内容提要：随着人们生活水平的提高及闲暇时间的增多，休闲已经成为一种大众的生活方式。和谐社会的最终目的之一是促进人的全面发展，而休闲消费品质的提高有助于人的全面健康发展。但是目前我国的休闲还存在休闲消费方式较单调、层次较低、品位不高、休闲功能未能很好发挥等问题。因此，我们需要采取措施来提高人们的休闲消费品质，以更好地促进和谐社会的构建。

关键词：休闲消费 休闲品质 和谐社会

2006年10月11日召开的中共十六届六中全会上，胡锦涛总书记明确指出："要建设和谐文化，构筑社会和谐的思想道德基础，建设社会主义核心价值体系，树立社会主义荣辱观，培育文明道德风尚，营造积极健康的思想舆论氛围，广泛开展和谐创建活动。"休闲作为一种追求身心自由和提高生活质量及品位的生活方式，有利于人的身心健康和全面发展，促进人与自身、人与人、人与自然及人与社会的和谐发展，它对和谐社会的构建有积极的促进作用，已经成为衡量一个国家生产力水平高低的标志，社会文明的尺度。但是我国当前的休闲消费还存在一些问题，如休闲消费方式较单调，层次较低，品位不高，休闲功能未能很好发挥等。消费和谐了，消费质量提高了，消费中的文化含量提高了，就能优化社会机体，培育优良的社会风尚，促进社会文明，促进物质文化、精神文化、生态文化的协调发展。因此，我们必须提高国民休闲消费品质，更好地促进和谐社会的建设。

一、休闲生活方式在构建和谐社会中的地位和作用

2005年2月9日，中共中央总书记胡锦涛首次全面阐述了和谐社会的内涵："我们所要建设的社会主义和谐社会，应该是民主法治、公平正义、诚信友爱、充满活力、安定有序、人与自然和谐相处的社会。"和谐社会是一个具有丰富内涵的概念，社会和谐主要体现在人与自身关系的和谐上，人与自然之间关系的和谐、人与人之间关系的和谐以及人与社会之间的和谐等方面，其中人与自身的和谐在和谐

*曹诗图，1954年生，男，湖北宜都人，武汉科技大学管理学院教授，硕士生导师。

社会的构建中具有根本的作用，只有实现了人与自身的和谐，才能实现人与自然的和谐、人与人的和谐以及人与社会的和谐。实现人与自身的和谐是构建和谐社会的逻辑起点。休闲在实现人与自身的和谐，促进人的健康全面发展上的发挥着重大作用，主要表现在以下方面。

1. 休闲有利于身体机能的健康

通过休闲，人们可以消除疲劳，促进身心上的恢复。特别是休闲旅游，有利于促进身体机能的健康。人们在游览观光过程中，尤其是在对自然风光、名胜景点的游览中，一方面可以享受到在备受污染的都市中所没有的清新空气、阳光及水，另一方面通过跋山涉水等活动得到了身体上的锻炼，从而增进健康、强健体魄，同时，将休闲健身、体育运动、医治疗养及旅游活动等结合起来，可以让人们在休闲中了解体育健身的意义，了解运动机理以及体育、休闲、疗养等方面的知识和技能，对人们的身体健康非常有利。

2. 休闲能调节人的精神失衡

现代工业的不断发展，市场竞争的日益加剧，生存压力的与日俱增，以及太多太重的社会责任，使人们在日常生活中普遍觉得生活紧张、身心疲惫，甚至出现心理失衡和心理疾患，为了缓解压力、调节身心、恢复精力、振奋精神，忙碌而疲惫的人们需要放松和自救，社会心理学家认为，参加一些休闲活动是缓解压力、调节身心、解决心理问题的有效途径之一，没有任何医疗机构能起到这样的解除人类身心疾患的作用。通过参与旅游观光、娱乐、体育等休闲活动，人们可以暂时忘记繁重的工作，快节奏的都市生活，使疲惫的身体松弛下来，恢复体力及创造力，获得心灵的解放和精神的自由，从而达到调节身心平衡的目的。

3. 休闲能够促进人的自我完善

休闲的价值在于它能促进人类进步和人类的发展及自我完善，提高人的生活质量，成就有价值的人生，使人真正成为健全的人。亚里士多德认为，“休闲才是一切事物环绕的中心”，因为人生的忙碌最终是为了休闲，休闲是人生的目的，它是人类最理想的生存状态和应该得到的最完美的幸福。一个只知道工作，只会劳役而不会休闲的人，其生命或生活是有缺陷的。个体生命的目的是追求幸福和快乐，但这种生命的幸福和快乐，与其说是肉体生命与感觉器官的满足，不如说是一种精神上的提升与享受，通过休闲，人们开阔了视野，增长了智慧、活跃了思想、丰富了情感，促使人求真、求善、求美，从而促进人的自我完善和人格的升华。

休闲作为一种追求身心自由和提高生活质量及品位的生活方式，越来越受到人们的重视，休闲质量已成为衡量一个国家生产力水平高低的标志，社会文明的尺度。休闲消费通过它特有的方式影响着人的精神、心理和体魄,成为现代人发现自我、发展自我、亲近自然和融入社会的重要方式。它对人们调节身心、扩大生活视野、改善人际关系,丰富精神生活、开发智力、激发创造力、促进自我的实现等方面发挥重要作用。它有利于人的身心健康和全面发展,有利于人与自身的和谐,因此,休闲消费对我国社会主义和谐社会的构建发挥着巨大的促进作用,是和谐社会建设中不可或缺的一部分。

二、我国居民休闲现状与问题分析

随着我国经济的增长,人们的消费已从以解决温饱问题的生存资料为主,转变为提高自己的生活质量为主,休闲正成为市场的一个新的消费热点。同时,人们的休闲时间明显增多,从数字上看,我国自从1999年推行了“五一黄金周”和“十一黄金周”两个长假后,加上原有的节假日,现在的法定假日为114天(不包括日常生活中的空闲时间)。非常明显,与以前相比,人们的闲暇时间越来越多,休闲已经成为人们生活中不可或缺的一部分,我国已开始进入休闲时代。尤其应注意的是,当今我国存在两种极端的生存状态:一部分人因竞争激烈、工作压力大而经常处于高度紧张状态;另一部分人则因下岗失业或没有事情干而经常处于闲散无聊状态。这两部分人对于休闲、旅游活动的期望更为迫切。休闲生活方式对于当今中国国民有着特别的意义。

从休闲消费观念上看,自从我国成为世界贸易组织成员后,我国正逐步和世界接轨,一些新的思想和观念在人们的心中已悄然发生变化,人们已经不再满足于一些消磨时间的休闲活动,人们更希望通过休闲活动来充实自己,实现自我价值。根据2007年《小康》杂志和新浪网联合的一项调查显示,有64.5%的人与上年相比休闲支出增加;58.1%的人休闲支出在2000～5000元左右;28.2%的人休闲支出在5000～10000元左右,13.7%的人休闲支出在10000元以上;近一半的人每年休闲支出占收入的比例在15%以上。而在2007年初的调查中,67%的人休闲支出在2000～5000元左右,休闲支出在5000～10000元左右的刚过20%,休闲支出在10000元以上的更少。应该说,人们在休闲的消费上比以往更想得开了,更加认识到休闲对改善人们生活质量的重要性。人们的休闲消费已经从满足生理欲望向精神欲望、自我实现欲望的转变,这体现在人们更加追求生活质量的提高,更加注重生活品位的追求。

从休闲消费方式上看,目前,影响人们休闲消费方式选择的主要因素是收入水平、闲暇时间及兴趣爱好,社会人口学统计特征(如性别、年龄、文化程度及职业)等也对休闲消费方式的选择有很大影响。随着物质水平的进一步提高,人们对休闲娱乐的追求也日渐升级换代,从打麻将、看电视、睡懒觉到旅游、度假,从吃喝玩乐到健身益智，越来越多的人选择健康又有意义的休闲娱乐方式。越来越多的人放弃睡懒觉、打麻将、看电视等单调休闲方式，开始参加丰富多彩的高品位的休闲活动，如去图书馆、科技馆、健身房及参加社会公益活动等。通过对上海、长沙、武汉三个城市的市民休闲消费方式的调查可以看出，平时，人们闲暇时间每天有 5 小时左右，除去做家务等非自由处置时间，平均每天有 4 小时的休闲时间，由于时间较短，一般人们都愿意待在家里休闲或者在家附近休闲，一般以看电视、媒体娱乐、逛街购物及其他个人爱好为主，在周末，由于时间相对充足点，人们参加社会团体活动、近距离旅游、吧式消费等的比例提高。在节假日，由于时间充裕，人们更倾向于选择旅游度假及一些社会团体活动，如表 1 所示。

表 1　上海、长沙、武汉三城市市民平时、周末及节假日休闲方式的选择

休闲方式	平时	周末	节假日
旅游度假	4.655%	8.215%	53.435%
参观访问	1.395%	3.645%	3.755%
看电视、影视娱乐和上网	58.025%	30.025%	13.23%
逛街、购物、饮食及闲聊	17.04%	25.345%	8.425%
业余爱好	5.94%	8.395%	3.585%
体育健身	5.445%	6.95%	2.65%
社会活动	1.265%	6.405%	9.23%
吧式消费	2.095%	6.125%	0.445%

近年来，几类主要的休闲消费群体已渐渐形成，主要包括中年高收入群体、年轻白领、青年学生、老年群体等。这些人群或具有较强的休闲消费能力，或具有较强的休闲消费欲望，有力地推动了休闲市场的发展。

随着人们闲暇时间的增多，休闲设施的不断完善，人们的休闲方式趋向多元化，休闲观念也发生了很大变化，但目前人们的休闲活动还存在以下突出问题。

1. 休闲方式较单调、层次较低、品位不高

虽然人们的休闲观念及认识有了很大提高，可选择的休闲方式也越来越多，但实际情况却是很大一部分市民休闲活动显得浅薄和单一。在休闲的意识、形式和内容上，仍然沿袭着多少年来已习以为常的休闲模式，把休闲方式视为简单的休息活动或一般消遣类活动，如不少人依旧习惯于在双休日或节假日整天看电视、睡懒觉、闲聊、闲逛，或者通宵搓麻将、打牌、泡网吧等，这种情况在农村、城市都表现得相当突出。这种现象反映出人们仍然不自觉地迷恋于习以为常的被动的休息方式,不理解或者说尚不能完全理解现代休闲方式对于我们生活质量的提高和促进人的全面发展所具有的重要的社会意义和现实作用。

2. 休闲的功能未能很好发挥

目前,由于休闲产业在我国经济发展中的贡献率越来越大,许多学者研究休闲的功能时也相应的注重了其经济功能,看到了休闲活动带来的经济价值,却忽视了休闲的文化功能、社会功能,特别是休闲对人们身心健康、素质提高、人际交往的需求及自我实现中的作用。人们休闲观念滞后,重物质消费(享受),轻文化消费(享受)。休闲质量较低,甚至出现休闲庸俗化的不良倾向,如讲吃喝、比排场,追求奢华的炫耀性消费而不是寻求更高文化层级的休闲活动以提升自身的修养,因而导致休闲的社会功能、文化教育功能、再生产功能等未能得到很好的发挥。

三、提高休闲消费品质,促进和谐社会的构建的对策

正是由于休闲在促进人的全面发展,构建和谐社会中发挥重要作用,因此,我们必须采取有效措施来提高人们的休闲消费品质,解决休闲消费方式较单调、层次较低、品位不高、休闲功能发挥不充分等问题,其主要途径有五种。

1. 开发多种休闲活动项目,丰富居民的休闲生活

多种休闲活动项目的开发,有利于丰富居民的休闲生活,促进休闲活动的发展,提高整个社会的休闲活动水平。多种休闲项目的开发可以是周末的短程度假旅游,用以缓解人们的疲惫、压力;也可以是城市郊区的郊游、农家乐、农业观光等,让人们贴近自然,进一步与大自然融合;还可以是市区内的娱乐活动、公共休闲设施的利用,如公园、博物馆、图书馆、城市广场以及社区组织的各种活动。在开发尽可能多的休闲活动的同时,需要考虑到不同群体的特点及个性化需求。不同性别、年龄及文化程度的群体对休闲方式的偏好及需求是不一样的。比如针对年轻人就要在休闲方式的娱乐性、时尚性上下工夫;而针对中老年人的场所或产品就应更偏重健身性、精神性和易参与性;高收入群体青睐优质、高雅的休闲产品或服务,中低收入群体则更看重心灵获得的舒适、轻松、安全,而对服务质量的要求更为实际,受教育程度较低群体比较看重于休闲活动的娱乐与趣味对自身的满足,受教育程度高的群体则更看重休闲活动的文化含量和服务的特色。因此,休闲服务与管理都应考虑参与者的个性化需求,让人们在休闲活动中各得其所,让不同的人都能最终获得休闲带来的愉悦等身心满足。

2. 关注弱势群体的休闲生活，倡导公平、共享的休闲方式

休闲不只是有钱人的特权，每个人都有权利也应该去追求适合自己的休闲生活方式。他可以是去异地感受其独特的山水、风土人情，也可以是在当地的博物馆感受古代文化魅力。从实质上来看，休闲更注重的是一种生活品位，是人们精神层面上的一种需求，而不是拘泥于浮华的经济表象。我们应当更新人们狭隘的、势利的休闲观。

政府、相关部门一方面要更关注弱势群体的休闲生活，在观念上引导他们积极参与到休闲活动中，进而指导他们合理有效地安排自己的空闲时间，另一方面，应优先为收入不高的普通大众建设一些他们消费得起的休闲项目和设施，如多在普通市民社区内及附近多建休闲设施和休闲场所，加大博物馆、公园、科技馆、文艺场馆、体育健身场所、图书馆等公共供给性休闲设施的开放程度，向弱势群体、有特殊需要或残疾人群，如弱智者、残疾人等投入更多的人文关怀，为他们多开发新的休闲项目，让普通民众甚至低收入者也能享受到较高质量的休闲方式。有经济实力的地方政府和企业可以针对贫困阶层适当组织开展一些"福利旅游"活动。企业应多开发一些节省时间的且比较廉价的产品与服务，帮助消费者特别是弱势群体消费者减少下班后仍为生计劳碌的"非自由处置"时间，让他们也有一些闲暇时间进行休闲活动。社会应将弱势群体的休闲上升到人权的高度来认识。

3. 将休闲与文化有机结合，提高休闲消费的文化品位

人们目前的审美、娱乐素质有待提高。目前还有相当一部分旅游群体的审美素质还停留在初级阶段，他们的注意力停留在事物的表象，根本没有去体会、感受休闲、旅游活动内涵的意识，甚至还有一些人仅仅是爱慕虚荣才选择休闲和旅游的。休闲旅游、文化旅游的发展能很好地解决这个问题。休闲旅游、文化旅游是以文化为中心展开的，它要求人们在旅游的过程中用心去感受，注重精神方面的追求，寻求人们的身心健康与大自然、社会文化的平衡。现在的社会，人长期处在自己日常的生活、工作圈子里，常感到身心疲惫，人与人之间的关系趋向冷漠，甚至是勾心斗角，人们需要定期放松自我、洗礼灵魂，休闲旅游、文化旅游为人们提供了一个这样的有利环境，进而缓解甚至是解除矛盾，促进社会的和谐。

休闲的发展要提高到一个层次，就需要以文化为依托。只有当文化贯穿于人们的休闲活动过程中时，才是真正意义上的休闲，才能达到休闲的最终目的。可以开展一些有关休闲文化的讲座，开设一些相关的课程和相关的宣传活动，引导人们认识到休闲与文化的关系，鼓励人们提升自己在休闲中的文化内涵，提高人们的文化素养、审美情趣和鉴赏能力，让休闲成为人们感受文明、融于自然、理解文化、陶冶性情的一种综合方式。应努力将休闲发展成为培养和造就自由全面发展的每一个人的重要的生存状态和生活方式。人的自由全面发展是和谐社会构建的基础。只有把握住休闲培养和造就自由全面发展的人的这个"自由存在"的本质,将休闲与文化有机结合,提高休闲消费的文化品位,才能将休闲真正变成构建和谐社会的一种动力,才能最大限度地发挥休闲的功能与社会效益。

4. 发展绿色休闲消费,促进人与自然的和谐

现在社会上普遍存在着一些不文明的、低素质的消极性休闲,如吃喝嫖赌、嗜睡、网络游戏成瘾、过度放纵甚至吸毒、蓄意毁损财产、伤害他人等"黄色休闲消费"、"灰色休闲消费"、"黑色休闲消费"等活动,不仅于人无益,而且会使人颓废堕落,甚至危害社会。"绿色休闲"即健康、积极和创造性的并有利于社会可持续发展的休闲活动,它对于个人及社会都具有重要的作用与价值。

影响市民休闲方式选择的最大影响因素是精神层面的价值观,一定的价值观决定着人们的思想取向和行为选择。只有以健康、积极、正确的价值观引领居民的休闲方式,居民才能过上丰富多彩、合理健康的休闲方式。随着个人参与休闲活动的积极性、主动性和创造性程度的提高,我们应该大力普及"绿色休闲"的新观念,促进休闲活动层次的提升。当前全国上下正在创建和谐社会,我们可以以"绿色休闲"理念以及和谐社会核心价值体系引领居民树立正确的休闲生活方式。

5. 建立并逐渐完善休闲智力系统

首先要加强休闲理论与休闲旅游理论研究,这是建立休闲智力系统的基础。要建立专门的休闲研究机构,尽快完善我国休闲研究体系,发展休闲学科,包括建立休闲哲学分支学科,努力提高休闲学科的研究水平,研究力量要与有关部门密切配合,真正为政府决策、企业投资、居民休闲提供科学的智力支持。研究部门要从我国的实际情况出发,提出政策性建议,促进旅游休闲市场的健康持续发展;要帮助和引导企业,开发休闲市场,促进旅游消费。另一方面要大力对全体国民进行休闲教育。要在各级各类学校的正规教育中,普及休闲文化知识,施以有计划的指导和训练,养成学生正确的休闲观念及休闲活动能力。可以在高校设立休闲教育的选修课程,学习适合个人的休闲技能,改变狭隘的休闲观念和消极的休闲方式。旅游院校(系)可以开办休闲管理专业,或在旅游专业中增设休闲学课程,扩大学生的知识面,为社会培养合格的休闲产业人才。此外,还需要利用大众传播媒体如网络、电视、广播、报纸杂志、书籍等普及休闲文化知识,帮助广大国民树立正确的休闲旅游观念。通过建立并逐渐完善休闲智力系统,积极应对或响应休闲时代的到来。

参考文献

[1]《中共中央关于构建社会主义和谐社会若干重大问题的决定》,《人民日报》,2006-10-12(2)。

[2] 尹世杰:《消费和谐与和谐社会》,《消费经济》,2007年第6期。

[3] 曹诗图:《旅游哲学引论》,南开大学出版社2008年版,第85,87页。

[4] 李永周、魏静:《论城镇居民休闲消费力的培育》,《消费经济》,2006年第1期。

[5] http://finance.sina.com.cn/g/20080102/15304357030.shtml.

[6] 安静静:《城市居民休闲方式选择的性别差异研究——以上海、武汉、长沙为例》,硕士学位论文数据库,2007:19,20,21。

居民休闲：从“政治附属”到“精神支撑”*

——改革开放30年我国居民休闲生活的嬗变历程

张雅静**

内容提要：改革开放前我国居民没有真正意义的休闲生活，如果说有休闲，也只是政治的陪衬或附属物。改革开放后，随着党的指导思想的拨乱反正，居民休闲逐渐摆脱了政治附属的地位，成为居民生命的一种自觉的价值目标选择。伴随改革开放的不断深化，居民休闲的内容不断丰富、形式日益多样、质量稳步提高，并逐渐成为人们生活的重要内容和推进改革开放和社会主义现代化建设的强大精神支撑。

关键词：居民休闲　改革开放　政治附属　精神支撑

居民休闲是衡量一个国家经济和社会发展水平的重要指标，也是推进一个国家经济社会发展的精神动力和智力支撑。我国居民休闲是伴随着改革开放的伟大进程而逐渐恢复、回归、发展的。研究改革开放以来我国居民休闲生活的嬗变历程，揭示改革开放与居民休闲二者的内在联系和相互作用，对于全方位地总结改革开放30年的经验，继续推进中国特色社会主义伟大实践，建设惠及全体人民的全面小康社会具有重要意义。

一、改革开放前后我国居民休闲发展的嬗变历程

休闲生活是伴随着人类的诞生而存在的，但它作为人的一种崭新的生活态度、生活方式和生存状态，是改革开放之后在我国居民中逐渐恢复确立的。

（一）改革开放前30年我国居民休闲生活及特点

改革开放前30年间的我国居民“休闲”，具有强烈的政治色彩，居民私人休闲的时空领域在政治化和理想化中丧失。从1949年洋溢红色激情的广场“休闲”时代到1951年的全民齐做广播操，再到1959年掀起的全国乒乓热，以及以革命性题

*基金项目：国家社科基金项目“休闲文化生活与社会主义和谐社会构建研究”（07BKS019）。

**张雅静，宁波市委党校哲学教研室副教授，哲学硕士。

材居多的集邮活动和看以革命故事和新中国社会主义建设为题材的话剧或小说，等等，始终贯穿着一条激情的红线——“革命化加理想化”。这一阶段居民休闲的一个显著特点就是“整齐划一”，人们在共同的闲暇时间响应党的号召从事共同的“休闲”活动。这些休闲活动虽然都是积极的、健康的，但形式单调，缺乏个性化、丰富化，且在全部生活中所占的份额很少。“文化大革命”爆发后，我国居民的休闲生活发展遭遇到曲折，人们进入一个扭曲的、非常态的生活阶段。一切围绕“政治”的社会生产和生活方式，使得那个时代的人们不能也不敢想、更不敢提带有“资产阶级情调”嫌疑的个人休闲活动。改革开放前居民休闲具有以下三个特点：

一是休闲主体的“非自主性”。“非自主性”表现为休闲主体不是完全的独立主体，这主要是由当时我国居于统治地位的社会组织形式——单位制决定的。我国的单位制是一种独特的社会组织形式，它事实上是一个集经济、政治和社会权力于一体的社会统治机构，是与职工直接打交道的国家权力的化身。“个人对单位组织的服从，同时即是对国家的服从；单位组织对个人的权力，在很大程度上仍然是国家权力的表现。”影响最为消极的是，在单位制下，通常分离的政权和产权、行政管理权和市场交易权被合而为一，单位代表国家成了拥有无限权力的统治机构。其结果之一，就是使居民的私人时空领域普遍丧失，居民休闲基本没有自主性。

二是休闲活动的“非目的性”。“非目的性”表现为休闲活动完全从属于工作和劳动，是为工作和劳动服务的。由于当时新中国刚刚建立，面对满目疮痍的经济社会现状，广大居民在军事共产主义和翻身解放后释放的热情推动下，抱着对社会主义社会的美好憧憬和向往，迸发出了巨大的劳动生产热情，这种热情被党和政府积极加以引导，极大地加速了国民经济的恢复和改造的进程。这种狂热的政治热情，使我们党的主要领导人也因此而产生了狂热情绪，犯了高指标、高速度、急于求成、盲目求纯等错误，国家完全忽视居民的生活质量和消费需求，经济生活和社会生活成了达到政治目标的手段，休闲生活政治化也在所难免。表现在居民休闲生活上，就是这一时期不仅居民休闲的时间难以保证，而且偶尔有一些闲暇时间和休闲生活，也是为了工作，不是把“休闲”本身作为目的。

三是休闲内容的“非选择性”。“非选择性”表现为休闲内容多是“正统”的，普遍带有政治性、革命性的色彩。这一时期，即使在“文革”前 17 年，居民休闲内容可选择性也很小。一方面，居民休闲活动多是以单位福利的形式表现的，如单位发放的电影票，内容多是具有革命和传统教育意义的题材。另一方面，由居民“自由”选择的休闲其实也是非常有限的，能选择的只是休闲的形式，如选择集邮，看电影，读小说或剧本，户外锻炼，却不能选择休闲的内容。因为可供休闲的内容基本上是清一色的革命故事和新中国社会主义建设题材，如集邮多以《十月革命五十周年》等革命性题材居多；话剧和小说主要是《赵一曼》、《刘胡兰》、《钢铁战士》、《红旗歌》等弘扬主旋律的作品，而贴近人们生活，让人们放松、娱乐，达到身心愉悦的休闲内容少之又少。"文革"十年,居民休闲的政治化色彩达到了极限,这一时期狂热的政治理念与人们的现实生活结合得最为紧密、最为彻底,一切围绕"政治"的社会生产和生活方式,使得那个时代的居民休闲与革命狂热和个人崇拜相交织,比如看样板戏,唱语录歌,跳忠字舞等,特别是唱、听、看"八大样板戏"几乎成为居民文化生活的全部,居民仅有的休闲也只是在不断的重复中去品味那艰耐的单调,休闲内容其实根本是没有办法选择的。

(二) 改革开放30年来我国居民休闲生活的发展变化

改革开放后,随着党的指导思想的拨乱反正,居民休闲从政治的"附属"开始回归,逐渐摆脱了政治从属的地位,成为居民生命的一种自觉的价值目标选择。我国居民休闲的发展进程与改革开放进程是紧密相连的,可以划分为三个重要阶段。

第一阶段:休闲意识的觉醒与恢复阶段(党的十一届三中全会后至20世纪90年代初)。这一时期,我国改革开放还处于探索阶段,改革开放的主要任务是解放思想,拨乱反正,回归主流,回归人性,回归民主法治,回归市场经济。改革开放基本国策的确立,使我国经济得到了迅速发展,城乡差距缩小,地区差距不大,各阶层的收入都有相应提高且差距不明显。居民休闲在这一阶段体现了居民作为休闲主体的人性回归,总体特征是:在一系列拨乱反正的回归中,人民群众的创造活力和劳动热情得到了充分的激发,社会生产力得到巨大解放,居民逐渐摆脱了"生存压力型"阶段社会物质产品匮乏的束缚,休闲需求被逐渐激发,休闲意识开始觉醒,休闲生活开始走上正常。城市电影更加大众化,电视机也开始慢慢进入百姓家庭。这一阶段的休闲虽然还处在较低的层次上,但是人们已不再把休闲看作是一种与工作完全不相融的、在劳动之余的空闲时间里用以消磨时间的一些活动,而是"把休闲本身看成是一种目的,而不是从属于工作",更不从属于政治。

第二阶段:休闲需求激发与快速发展阶段(20世纪90年代初至20世纪末)。这一阶段的改革开放,始于邓小平南方谈话,主要任务是加快市场化的经济体制改革和对外开放,是中国改革开放取得方向性突破、经济发展取得重大进展的阶段。我国社会主义现代化建设三步走战略的前两步目标提前实现,全体人民总体达到小康水平。一些发达省、市和地区的人均居民生产总值突破1000美元,居民休闲需求膨胀骤增,率先富裕起来的居民开始拥有了真正意义的休闲生活。表现在休闲生活必需品的消费上,这一阶段以电视、冰箱和洗衣机为主体的家庭耐用消费品、日用消费品等取代了在改革开放前为居民所称羡的"自行车、缝纫机、手表",开始走进普通百姓家庭;大众录像厅也发展迅速;大众传媒和报刊品种急骤增多,等等。更为重要的是,1995年我国《劳动法》和双休日制度正式实施,使居民的工作时间大大缩短,加上家用电器的使用、普及和家政服务的社会化、市场化,也使得居民的家务劳动时间进一步减少。这一阶段,居民的休闲生活不仅有了经济的保障,也有了时间的保证，居民休闲已经从率先“富裕”群体开始向大众休闲和普遍休闲发展。

第三阶段：休闲个性化、多样化阶段(21世纪初至现在)。这一阶段是改革开放进一步深化、全面建设小康社会的阶段，其主要任务是转变经济增长方式，推进科学发展、促进社会和谐，最终确立法治的市场经济体制和建立“民主法治、公平正义、诚信友爱、充满活力、安定有序、人与自然和谐相处的社会”。这一阶段我国人均居民生产总值先后突破1000美元和2000美元的整数关，居民休闲消费从满足“衣食”向“住、行、游”转移，消费从几十元、千元和万元级向十万元甚至百万元级转变，购房和买车等十万元级以上消费逐渐进入寻常居民家，国内旅游和出国旅游热起来，各种现代化的娱乐场所、设施，以及文化载体纷纷出现和繁荣发展，居民的休闲生活开始向个性化和多样化方向发展。涵盖旅游、观光、休闲、度假等的休闲产业快速发展，并向更高水平、更大规模发展。劳动和休闲走向一体化，工作越来越像休闲，而休闲也越来越像工作，居民休闲正在向与工作融为一体的方向发展。这一阶段居民已经基本把休闲当成主要的生活乐趣，从休闲活动中得到满足，感到舒适，并获得自我肯定，人们通过休闲而非工作来体现个性和自我实现。

总之，改革开放30年，我国居民的休闲生活发生了翻天覆地的变化。这种变化不仅体现在居民闲暇时间不断增多、休闲内容不断丰富、休闲形式趋于多元化、休闲生活质量稳步提高上，也体现在休闲对人、经济和社会发展的促进作用上。居民休闲已经成为全面建设小康社会的重要内容和目标，其在民生中的地位也得到了应有的提升。

二、改革开放是引起居民休闲地位变化的根本动因

改革开放是决定当代中国命运的关键抉择，也是引起居民休闲生活发生深刻变化的根本动因。伴随着改革开放的不断深化，我国过去在计划经济时期片面忽视消费的观点开始得到纠正。把人民利益放在第一位，保证人民生活的基本需要成为贯穿改革开放30年来整个社会主义现代化建设中必须坚持的根本原则。改革开放不仅极大地解放和发展了我国社会主义社会生产力，带来了国家的富强、社会的进步，也推动了我国居民休闲理念的重树和休闲生活质量的提升。

(一) 改革开放为居民休闲提供了必要的保障

无论是作为马克思认为的“非劳动时间”、“不被生产劳动所吸收的时间”的休闲，还是作为现代西方休闲学认为的“人的生命的一种状态”的休闲，休闲必须要具备“有钱”和“有闲”两个基本条件。改革开放极大地解放和发展了我国的社会生产

力,使居民实现了“有钱”和“有闲”的统一。一方面,改革开放创造的一个又一个发展奇迹,使我国居民和广大人民群众实现了由贫困型向温饱型、温饱型向小康型的跨越,居民收入有了大幅增长。据国家统计局城市调查队的调查结果显示,在1996年我国城镇居民的年收入达到1万~3万元(小康型)的比例已经达到51.5%,收入达到3万~10万元(富裕型)的比例已经达到8%。可见早在1996年,小康型生活已经成为我国居民生活的主体,富裕的群体已经出现,我国居民的休闲和消费的财力基础已经较强了。另据央视国际报道,我国城乡居民储蓄存款余额近年来直线攀升,2007年已突破17万亿元。居民手中有巨大的资金存量,为他们进行休闲消费提供了可能性,奠定了物质基础。另一方面,改革开放也使社会劳动生产率大大提高,使人们花费在维持整个社会存在和发展所需的社会必要劳动时间不断缩短,从而使居民休闲又有了另一个重要的保障——“有闲”。我国自1994年、1995年先后实行44小时和40小时工作周制度,1999年9月国家在增加法定节假日的同时,还调整休假的方式,形成了春节、“五一”、“十一”三个连休7天的长假(黄金周),2007年12月国务院同时公布了《国务院关于修改〈全国年节及纪念日放假办法〉的决定》和《职工带薪年休假条例》,把“五一”休假由3天调整为1天;“十一”休假3天不变;清明、端午、中秋各放假1天,如今,我国每年的法定节假日已经达到115天,这意味着居民1/3的时间是在闲暇中度过的。居民闲暇时间普遍增多,扩大了居民的私域生活时空及其自由度,有力地促进了居民多方面的休闲消费需求增长,为满足居民全面、和谐“休闲”提供了有效的保障。

(二)改革开放激发了居民休闲生活的需求

美国社会学家丹尼尔·贝尔指出:“生活方式通常有一套价值观为之辩护。”在一定意义上可以说,生活方式就是为一定的价值观所支配的主体活动形式,休闲生活方式也不例外。改革开放的伟大实践,使我国与世界的距离逐渐缩短、与世界文明不断接轨,追求符合人性、自由的休闲生活自然也逐渐成为我国居民和世界人民共同的价值取向。据美国学者杰弗瑞·戈比预测,到2015年前后,发达国家将进入“休闲时代”,休闲将成为人类生活的重要组成部分。在这种大的国际潮流的影响下,一方面,改革开放30年来国民休闲财力和休闲时间的增多,使居民休闲的需求增长、主体范围扩大。主要表现是:伴随着经济和社会的发展,人们逐渐从繁重的体力劳动中解放出来,越来越多的居民开始顺应“休闲时代”的潮流,追求丰富多彩的休闲生活。居民休闲的需求增长仅从21世纪以来居民出行人数就可见一斑。据统计,自我国“黄金周”实施以来,仅休闲旅游的人数,除了2003年因“非典”原因出现负增长以及2001年增长率为5.4%之外,其他年份的增长率都在10%以上。“黄金周”出行人数已从1999年“十一”的4000万人次,发展到2007年“五一”的1.79亿人次。另一方面,现代化所带来的越来越快的工作、生活节奏,使人们从生理上和心理上都迫切地需要休闲。在现代社会，虽然人们不再为生存而忙碌，但人们普遍感到生活节奏不断加快、竞争日趋激烈、工作压力加大。人们迫切需要以休闲来缓解工作上和心理上的压力。“中国人力资源网”对4000人的一次调查结果显示，目前只有31.6%的人认为自己能有效胜任工作并有较高的成就感。另一项大型社会调查结论也显示，中国职场就业者2004年的总体压力比2003年上升21.5%，2005年更比上年高了52.3%。无以数计的人们“工作着但不快乐”，“活着而不幸福”。“不快乐”已经成为这个时代的一种广泛存在的社会病，而“亲近自然”、“与家人游玩”等休闲活动则成为居民最重要的需求主题。

(三) 改革开放不断引领居民休闲“升级”

改革开放不仅使我国居民追求休闲、享受休闲的愿望得到了满足，也使我国居民的休闲理念和休闲生活质量得到不断提升。居民休闲不仅要有时间和物质的保障，而且也要有交通工具、设施和休闲产业等的支撑。改革开放使我国交通和运输业取得了长足发展。据“2008中国交通发展论坛”上透露，截至2007年底，全国公路通车总里程达到357.3万千米，其中高速公路里程达到5.36万千米，位居世界第二；农村交通发展取得新的成效，乡镇通公路率达98.54%，建制村通公路率达88.15%；民用航空机场达到152个，民航航线总条数达1506条。同时，改革开放也带来了休闲娱乐业、旅游业、文化传媒业、体育产业和会展业等五大休闲产业的长足发展。如娱乐业、旅游业，到2006年底，全国经营娱乐业的机构已达20万家，从业人员达107万人；旅行社1.8万多个，从业人员近30万人。这一切使居民休闲的条件极大改善，使居民在休闲的地点、内容和形式上有了更多的选择，扩展了居民休闲的范围，提升了居民休闲的生活质量。另一方面，改革开放也使得我国政府和居民及时融入和了解世界休闲发展的前沿和潮流。借鉴世界各国的先进休闲理念，以和谐的休闲理念和健康、文明、科学的休闲价值观来引领居民，使居民在注重满足个人休闲需求、实现自我价值的同时，更加注重人与自然、社会及他人的和谐。

总之，现代休闲作为我国居民的一种新的生存方式和人生价值追求，是伴随着我国改革开放伟大进程而不断展开并深入发展的，改革开放是推动居民休闲发展和升级的最终动力。

三、居民休闲是推进改革开放不断深化的精神支撑

居民休闲是社会进步的产物，同时也是推动社会发展的重要手段。我国居民休闲的需求是被改革开放所激发的，而居民休闲需求的满足反过来又对改革开放

形成巨大的精神支撑和智力支持。

(一)居民休闲的满足是推动改革开放深化的精神动力

休闲“是一种使人成为人的过程”,它引导人思考生命的意义,追求人与自然、与社会、与他人的和谐,对于人的思想道德素质的提升有促进作用;休闲使人摆脱各种“压力”获得“相对的自由”,“在内心之爱的驱动下”做“有价值”的事情,由于主体的自主选择性而使休闲具有塑造道德人格的作用;人们通过健康文明的休闲活动,可以铸造坚韧、豁达、开朗、坦荡、虚怀若谷的品格,坚定人追求真、善、美的信念,达到人与自我、与他人的和谐,促进人形成良好的心理素质和高尚的思想品质,使道德修养可以得到提升,知识视野可以得到拓展,个人文明素质和整个社会的文明程度可以得到不断提高。休闲的这种对居民的道德教育引导功能,对于加强社会主义核心价值体系建设,树立中国特色社会主义共同理想,巩固全党全国人民共同奋斗的成果,坚持和深化改革开放伟大事业具有重要的促进作用。同时,由于居民是在改革开放过程中才真正体验到休闲生活,才感悟到生命的真正意义和价值的,因此,享受到休闲的人们会自觉成为改革开放的支持者,将会把经过充分休闲而获得精神慰藉化作巨大的精神动力,不断推动改革开放实践向各个领域扩展和深化。

(二)居民休闲的发展为改革开放提供了重要的智力支撑

马克思认为劳动时间的缩短和休闲时间的增加“给所有的人腾出了时间和创造了手段,个人会在艺术、科学等方面得到发展”。而从整个社会来说,居民休闲的发展和休闲生活质量的提高,就意味着要有更多的人用更多的时间专门从事科学、艺术、文化等活动,这些将直接导致人的素质普遍提升。整个人类从事精神生产的人力、物力得到充实和保证,人们就可以在精神建设领域运用新的手段、采取新的方式使人们能更加自由地选择受教育的时间、地点、内容,所有这些为人的全面发展提供了广阔的天地。休闲标示着人类已经摆脱了生存危机,获得了充足的物质财富和自由时间,而这些是人自由地进行自我创造的必备资源;休闲也使自我创造具备了广阔空间,使个体在生活选择和自我创造中获得了充分的自主权,个体可以依据其爱好和兴趣决定其学习、工作和生活;休闲使衡量社会和人自身发展水平的基本尺度不再是物质财富的丰裕程度和生产力的先进程度,而是人自身本质的丰富程度和人进行自我创造的方式和水平。所有这些为精神文明建设提供了广阔的天地,为人的素质的提升提供了现实可能。而精神文明建设特别是科学教育文化的发展和人的文化素质的提升,则又成为改革开放不断发展与深化的重要智力保证。

(三) 居民休闲需求的激发是推动改革开放深化的内在动力

世界相关研究表明,人均 GDP 超过 1000 美元是一个国家观光旅游需求膨胀的时期,也是第三产业的快速发展时期;休闲需求急剧增长的门槛是人均 GDP 达到 2000 美元,那时候就将形成对休闲的多样化需求和选择。据国家统计局数据显示,到 2006 年底,我国人均 GDP 已经超过 2000 美元,但第三产业占 GDP 的比重只有 39.5%,这与发达国家相比相差甚远。现在部分发达国家已经进入以第三产业为主导的工业化后期或后工业化时期。第三产业增加值占 GDP 的比重,美国和法国已经超过 70%,日本、德国、英国、意大利、澳大利亚和新加坡已经超过 60%,俄罗斯、捷克、波兰、巴西和韩国已经超过 50%。目前,美国人用于休闲娱乐的时间、收入和土地均达到了 1/3。面对我国居民休闲多样化需求迅速增长、第三产业发展严重滞后的背景,发展休闲经济和休闲产业将成为中国推动改革开放深化进程的必然选择。发展休闲产业能有效降低经济增长对能源、原材料、运输的依赖程度,有助于优化经济结构,促进经济增长方式的转变,带动相关产业的升级。从更为广阔的视野来看,为休闲而进行的各类生产活动和服务活动正在日益成为经济繁荣的重要因素,特别是在大中城市,各类休闲活动已成为经济活动得以运行的基本条件,城市的经济模式开始转向并依赖于休闲活动的兴旺发达,休闲需求的实现成为决定城市经济能否良性循环的重要因素。完全可以预料,在不久的将来,以休闲经济为主业,具备完善的现代休闲服务设施的中心城市将在世界经济发展格局中充当主要角色。伴随着这一进程的加快,大众休闲会成为我们这个时代的鲜明主题,并将与改革开放共同成为推动中华民族伟大复兴的两大历史巨轮。

参考文献

[1] 刘新平:《百年时尚(1900—2000)——休闲中国》,中国工人出版社 2002 年版,第 171 页。

[2] 李汉林、李路路:《资源与交换——中国单位制组织中的依赖性结构》,《社会学研究》,1999 年第 4 期。

[3] 康永征、武杰:《论休闲与社会进步》,《山西高等学校社会科学学报》,2006 年第 10 期。

[4] 郑国霞:《关于我国中产阶层的思考》,《统计与决策》,1998 年第 9 期。

[5] [美]丹尼尔·贝尔:《资本主义文化矛盾》,商务印书馆 1989 年版,第 6 页。

[6] 罗丹萍:《工作倦怠成中国职场人士通病》,《新浪网》,2004-12-14.

[7] 高路:《上海进行"职场快乐指数大调查"》,《新华网·上海》,

2005-10-30。

[8] 谌强：《文化部等7部门启动“全国娱乐场所阳光工程”》，《光明日报》，2008-1-15。

[9][10] 张雅静：《发展休闲与社会主义和谐社会的构建》，《宁波大学学报》（人文科学版），2007年第1期。

[11] 马克思、恩格斯：《马克思恩格斯全集：第46卷》（下册），人民出版社1980年版，第219页。

休闲与文化

休闲时代美学何为?

程　勇*

内容提要: 作为学科和学问的美学困顿已久。这不能怪美学本身,而是某种流行或普及的美学出了问题。这归因于美学的知识论化,这使得美学即使有智慧,也是知识型的智慧,因而与真正的问题无关。另有一种表现,同样表明美学家并不在思想,他们误以为人民只需要娱乐,而美学的任务就在于为娱乐的合法性提供论证,也为娱乐的可能性提供创意。这是坏的美学。

美学要有所作为,不能再旁听静观,就必须对人民的幸福生活有所规划。事实清楚地表明,我们正在进入一个休闲时代,这意味着休闲不再只是个人的事情,而是社会公共事业,因而是值得思想的事情。休闲是一种"自由活动",休闲时代是人民"普遍有闲"的时代,生命不再只有经济学意义,而是可以享受和欣赏的。然而,休闲也可能符号化和时尚化,成了消费意识形态的展示场所,成了生活的奢侈品。一个严重的误解是把休闲等同于娱乐,但是人民不仅需要娱乐式的休闲,更需要将休闲内在化,休闲不是短暂的节庆,而是生命的节奏。休闲时代也意味着休闲的市场化和产业化,休闲的各个环节都被纳入市场,服从经济运行的游戏规则,休闲产业也创造出巨大产值,形成休闲经济,这是休闲在当代才呈现出的面相。经济学的视野显然有助于思考和规划人民的休闲活动,为人民提供丰富多彩的休闲产品和休闲方式,但还需要其他的视野,是包括美学家在内的人文学者的视野。

休闲时代给作为人文事业的美学提供了开展思想的可能性和必要性,休闲作为经济和文化活动都需要美学的介入。这就形成休闲美学,其基本问题是休闲作为诗性存在何以可能,是对可能的美学生活的筹划,是基于休闲存在论的美学。还有一种审美经济学的可能。审美经济学首先是针对美学经济而言的,是美学经济催生出的思想,是美学与经济学交叉形成的间性存在。能否充分利用美学手段吸引人们的注意力,提供新颖丰富的精神享受,是美学经济成功与否的关键。这就是审美经济学的基本问题。对休闲而言,基于休闲存在论的休闲美学给出的形而上解释正是审美经济学依据之"道",没有这"道"的指引,审美经济学就蜕变为制造没有生命的幻境的技术;但离开审美经济学对休闲所做的具体筹划安排,休闲美学就

*程勇,男,鲁东大学汉语言文学院教授。

如同旧美学一样是漂泊无依的形而上学的游魂。

关键词：休闲时代　休闲美学　审美经济学

一、美学的困局

作为学科和学问的美学困顿已久。英国前美学学会主席哈罗德·奥斯本批评道："今天的美学虽然已经有了大量越来越成熟的著作，但无论是讲演还是著作中，关于美的问题的论述比起柏拉图所生活的那个时代来并不具有更多正确的意义，相反无意义的胡扯倒是不少的。"①这话虽然让致力于美学事业的西方学者泄气，却道出了事实。中国的情况并不比西方好多少，以至于让作为哲学家的赵汀阳觉得"美学属于那种甚至不值得解构的理论，因为美学一直很空洞，从来就没有很完整的思想"②。这不能怪美学本身，因为实际上我们只能针对一种美学发言，而美学却有多种可能性，思想的空间有多大，美学的可能性就有多大，因此只是某种流行或普及的美学出了问题，而造成这种情况的正是以美学研究为职业或志业的美学家。

流行的美学家已不再是思想家，尽管也许会装出很有思想的样子，或者自以为在思想。"所谓思想，就是去想他人、社会、国家和世界。不想大事情，就不是思想，而是感想"，"思想的严肃性来自生活的严肃性"，"生活的意义是一切思想的必要条件"。③ 流行的美学家摆弄各种概念术语，像堆积木一样拼搭出美学的各种造型，却并不在思想。流行的美学家既不相信自己的理论，也总在指责其他的美学理论，因为概念晦涩而导致的内耗，美学已没有精力去思想那些值得思想的事情，正像叔本华所批评的哲学家一样，美学家也制造了一些精美绝伦的宫殿，可自己却并不居住其中。流行的美学不能为人民的美学生活提供证明和支持，尤其不能为人民的幸福生活提供美学规划，美学说了不少很不错的道理，或许还很动听，但与生活无关，因而在生活语境中没有意义。这一点十分关键，这揭示流行的美学已经知识论化了，即使美学有智慧，那也是知识型的智慧，然而知识并不能解决幸福问题——幸福并不仅仅是一个严肃的伦理学问题，也是一个真正的美学问题，因而即使是彻底的知识型的智慧，也与真正的问题无关。

但流行的美学家们并不这么想，而是被知识的炫目光辉所惑，孜孜以求知识的系统性和完美性，至于衡量美学知识系统与否、完美与否的标准则是形式逻辑或辩

---

① 朱狄：《当代西方美学》，人民出版社 1984 年版，第 164—165 页。

② 赵汀阳：《二十二个方案》，辽宁大学出版社 1998 年版，第 237 页。

③ 赵汀阳：《哲学原旨主义》，《中国人民大学学报》2005 年第 1 期，第 12 页。

证逻辑，而不是生活，这给从书本到书本、从概念到概念的知识生产提供了足够强大的理由，这当中有一种布尔迪厄所说的“内在于知识分子姿态中的、无迹可寻的限定之中”的学者偏见，自以为“从远处、从高处来考察一切事物”，却并不具有对人类社会的现实关怀。① 可是，不仅知识未必都是光辉的——因为人类同时也制造了许多无聊的知识，而且正如福柯所说：“对知识的热情，如果仅仅导致某种程度上的学识增长，而不是以这样那样的方式或在可能的程度上使求知者偏离他的自我，那么它归根到底能有什么价值可言？”②流行的美学家对知识的过度迷恋造就了以个体无功利为主旨的静观、旁听的美学，这是“听”和“看”的美学，其特征是对象性思维、体系性追求与本质主义视野，尽管它也强调以人为本、热爱人生，可因为它并非从生命根源之地生长出来，因而就是冰冷僵硬的，即使其学理纯粹到不食人间烟火，但其内在逻辑并不植根于生命，因而是见物不见人的美学。

这是我说美学困局的一种表现。另有一种表现，虽然与此相反，却也同样表明流行的美学家并不在思想，他们误以为人民只需要娱乐，而美学的任务就在于为娱乐的合法性提供论证，也为娱乐的可能性提供创意。娱乐当然不是什么坏事，但并不是人类的最高价值，假如将其视为最高价值，而且竭力标榜，就只能导致社会的堕落和精神生活的鸡零狗碎。事情正像柯林伍德感慨的那样：“在我们生活的世界里，在艺术的名义下从事的绝大部分活动都是娱乐。”③艺术在当代更多地被看做是一种制造不计目的的快感、娱乐和享受的方法，美学则为这消费意识形态摇旗呐喊。显然这不能归咎于人民大众，因为娱乐的意识形态化、娱乐的商业化并非人民的行为，人民被美学制造的光彩幻影和苦心劝慰俘获，而这得到了政府和商人的鼓励，于是“一切必须是当下的满足，精神生活已变成了飘忽而过的快感。随笔性的文章已成为合适的文学形式，报纸取代书籍，花样翻新的读物取代了伴随生命历程的著作。人们草草地阅读，追求简短的东西，但不是那种能引起反思的东西，而是那种快速告诉人们消息而又立刻被遗忘的东西。人们不再能真正地阅读，并与他所读的著作结成精神的同盟。”④

流行的美学家对现代娱乐的实质显然缺乏足够的估计，而是对“为人民服务”做了合乎经济学原理的读解，他们在大众文化市场投入美学资本，并因此获利，从而与散发着铜臭气味的消费意识形态、与无孔不入的现代传媒结成统一战线。对于知识论的美学传统而言，这种举措看起来使美学获得了及物性，但对于那些鸡毛蒜皮的琐碎细节施予美学关注，从根本上说并不是思想，思想所及一定是一些大事

---

① 布尔迪厄・韦肯特：《反思性社会学的邀请》，见《文化资本与社会炼金术——布尔迪厄访谈录》（包亚明译），上海人民出版社 1997 年版，第 102—103 页。

② 福柯：《性史》，上海科学技术文献出版社 1989 年版，第 163 页。

③ 柯林伍德：《艺术原理》，中国社会科学出版社 1985 年版，第 107 页。

④ 雅斯贝尔斯：《现时代的人》，社会科学文献出版社 1992 年版，第 68 页。

情。问题还不仅于此,这种美学关注是“道”“器”分离的,它关心肉体胜于灵魂,关心眼球胜于眼睛,这使得沦为审美工艺学的美学日渐迷失其人文本性,美学成了一种职业,而不是一种事业和志业。理应关注审美工艺学的问题,但一旦缺乏“道”的支撑和导引,就只剩下可怜的技术,也许会像脱缰的野马,将人类领往不可揣测之地。美学并未“道成肉身”,反倒在此肉身化过程中丢了魂儿,这是坏的美学。

二、休闲时代批判

美学要有所作为,不能再旁听静观,就必须对人民的幸福生活有所规划。既然我们不可能复制某一种存在,就只能根据我们所处的时代说话。事实清楚地表明,我们正在进入一个休闲时代,这意味着休闲不再只是个人的事情,而是社会公共事业,因而是值得思想的事情。尽管有统计学数据表明休闲时代的种种特征,但休闲时代并未因此澄明,正像人类所有重大的事情都不能用数字说明。

休闲是双面神,怎样现身取决于我们的态度。从积极的面相说,休闲是一种“自由活动”,“本身就是目的”①,通过休闲人类“成其为人”。这里的关键是“自由时间”:“自由时间内的活动包含有增长人的道德、智性,寻找人生志趣和活力,精神生活得到满足的自由支配性活动。所以没有自由时间,就不会有一切科学、艺术、诗歌等富于创造性,融智慧及浪漫于一体的社会文明。”②休闲因此是社会发展的动力和社会进步的标尺。就其本质而言——这是社会建构的本质,休闲时代不是少数人“有闲”的时代,而是人民“普遍有闲”的时代,人民不再需要用全部生命换取生存资料,生命不再只有经济学意义,而是可以享受和欣赏的,这揭示了休闲的人学意义,唯此休闲才能获得自身。

然而,休闲也可能符号化和时尚化:人民为媒体制造出的幻影所惑——审美工艺学在其中起了重大作用,堕入消费主义的彀中而不自觉,“在传媒引导下的休闲活动和休闲产品如美食、汽车、购物、服饰、美容健身、艺术欣赏、民间工艺、钓鱼、极限运动、家居生活等等,已演变为一种能够体现人们个性、身份、地位、文化品位与生活态度的消费时尚”③,人们关注的并非休闲自身,何时何地以何种方式休闲也并不取决于自己。于是,休闲成了消费意识形态的展示场所,成了生活的奢侈品,或许它是令人羡慕的,但并不切合生活语境。人民或许会驻足旁观,但绝不会信以为真。也正因此,休闲不再轻松有趣,反倒是一件累人烦心的事儿。林语堂说:休闲生活并不是富有者和成功者独享的权利,而是一种宽怀心理的产物。“没

① 李仲广、卢昌崇:《基础休闲学》,社会科学文献出版社2004年版,第96页。
② 马惠娣、成素梅:《关于自由时间的理性思考》,《自然辩证法研究》1999年第1期。
③ 郎小丽、朱春阳:《当前媒体引导休闲文化的批判研究》,载《国际新闻界》2006年第11期,第45页。

有金钱也能享受悠闲的生活。有钱的人不一定能真正领略悠闲生活的乐趣，那些轻视钱财的人才真正懂得此中的乐趣。他须有丰富的心灵，有简朴生活的爱好，对于生财之道不大在心，这样的人，才有资格享受悠闲的生活。"[1]这很能解释为何那些既有"闲"也有"钱"的中产阶级和无"闲"无"钱"的劳苦大众同样不能享受休闲生活。

一个严重的误解是把休闲等同于娱乐，这正与前述对人民的误解相关——"五一七天乐"之类的电视节目清楚地表明了知识精英的这一立场，这直接影响到休闲经济产品和服务的开发设计。这可能会带来相当可观的经济效益——事实上旅游休闲经济已经有力地拉动了国内 GDP 增长，"黄金周"成了商人们的节庆，但我们实在不能不考虑："如果一个民族分心于繁杂琐事，如果文化生活被重新定义为娱乐的周而复始，如果严肃的公众对话变成了幼稚的婴儿语言，总而言之，如果人民蜕化为被动的受众，而一切公共事务形同杂耍，那么这个民族就会发现自己危在旦夕，文化灭亡的命运就在劫难逃。"[2]之所以必须考虑这些问题，是因其直接关系每一个人的生存，这是休闲的政治学意义，因为在休闲时代，休闲已不单纯是个人的事情。但是知识精英（包括美学家）并不这样认为，或许会认为这是言过其词，甚至可能还感到委屈："难道我们的所作所为不正是为人民服务吗？"这里的问题在于，知识精英显然是把欲望与民心弄错了："民心并不就是大众的欲望，而是出于公心而为公而思的思想。那些'为公而思'的观念并不专门属于哪些人，而是属于人类，尽管通常是由精英所思考并说出来，但其所思所虑却不是为了精英集团，而是为了人类共同幸福。"[3]迎合大众的欲望会使休闲变成"生命中不可承受之轻"，而将一个原本无意义的事情弄得煞有介事，这种知识论本身是极为无聊的，无聊只有一个意思，那就是耗费人的生命，而放逐那些真正值得追求的价值。据"公心"而论，人民不仅需要娱乐式的休闲，更需要将休闲内在化：休闲不是短暂的节庆，而是生命的节奏。

休闲时代也意味着休闲的市场化和产业化，休闲的各个环节都被纳入市场，服从经济运行的游戏规则，休闲产业也创造出巨大产值，形成休闲经济，这是休闲在当代才呈现出的面相。经济学的视野显然有助于思考和规划人民的休闲活动，为人民提供丰富多彩的休闲产品和休闲方式，但还不够，因为休闲不仅是经济活动，也同时是文化活动，利益最大化原则可能导致单纯追求经济数量的增长，忽视一些更值得珍爱维护的利益和价值。这当中首先是那些神圣不可侵犯的人类利益和原则，尤其不能为满足少数人的休闲需要而损害、剥夺、践踏多数人的利益，不能以发

---

① 林语堂：《生活的艺术》，华艺出版社 2001 年版，第 148 页。

② 尼尔·波兹曼：《娱乐至死》，广西师范大学出版社 2004 年版，第 202 页。

③ 赵汀阳：《天下体系》，江苏教育出版社 2005 年版，第 29 页。

展经济为借口让休闲变身为暴政和商业暴力的承担者。同样需要避免的是不能为获取短期经济收益而破坏自然和文化生态，这种破坏可能是无法弥补的，即使能够弥补，也需要付出极大代价。“拣芝麻丢西瓜”的事儿人类做得不少，不能老是心存侥幸，不能堕落到“穷得只剩钱”的地步。显然，休闲也有可持续发展的问题。事实上，一些不负责任的休闲创意不仅搅乱了文化秩序，损伤了民族文化的灵根，也已经或正在损毁人类赖以生存的自然环境。经济学的视野是有用的，但还需要其他的视野，对休闲进行规划设计就不单是经济学家、政府和商人的事情，也是包括美学家在内的人文学者的事业。

三、休闲时代美学的可能性

面对业已变动的世界，美学不能再缄口不语，或自言自语，而必须采取行动，对世界和文化有所作为，为此需要转换话语方式，重建知识形态。就此而言，美学确实是知识，但“它需要的不是闭合，而是展现；它不是推论的。确切地说，是那种实际知识，给我们提供这样一种认识：知道怎样使人类和非人类世界中各种事物之间那些富有活力和成果的关系发挥作用”①，这是中国古典知识论的启示。休闲时代给作为人文事业的美学提供了开展思想的可能性和必要性，休闲作为经济和文化活动都需要美学的介入。就思想而言，已经边缘化了的美学与炙手可热的经济学并没有程度或地位的不同，美学的思想对于经济学同样重要，经济学的思想对于美学同样重要。

思想旨在创造，因此美学思想乃是休闲生活的可能性。确切地说，是休闲生活何以成为幸福的美学生活。以自由时间为前提的休闲理应让人感到幸福，而幸福是一个真正的美学问题。“没有来自某种想象美的刺激或抚慰，人类生活就几乎是不可想象的。缺少这样一种盐，人类生活就会变得淡而无味。”②正像尼采所说：“只有作为一种审美现象，人生与世界才显得合情合理。”③休闲也只有成为诗性存在，才可能是幸福的生活，而不是纵情声色式的，或味同嚼蜡式的。休闲本应如此，人类发明休闲的各种游戏，就期望它如此。人民不缺少美学观和休闲观，美学家要做的只是依据“民心”“为公而思”，目的“是为了人类共同幸福”，而不是将一己趣味强加于人民，或者干脆成为意识形态的代言人，这都不是思想的任务，美学家不能太自以为是。这意味着美学不再自欺欺人地依据某种美的本质对休闲生活推论式地作出裁判和限定——这种做法早已被反本质主义美学家们指出其虚妄性，而是

① 郝大维、安乐哲：《汉哲学思维的文化探源·中文版作者自序》，江苏人民出版社 1999 年版，第 6 页。

② 卡里特：《走向表现主义的美学》，光明日报出版社 1990 年版，第 23 页。

③ 王岳川、周国平：《尼采文集·悲剧的诞生》，青海人民出版社 1995 年版，第 111 页。

在思想的逻辑空间里分析休闲生活作为诗性存在的种种可能,并让构成休闲的"各种事物之间那些富有活力和成果的关系发挥作用"。美学在这里将遭遇严峻挑战,超越论和享受论的美学传统都不适用,需要发明新的概念和分析框架。美学必须维持其人文本性,对享乐主义和消费主义的休闲观保持警惕和批判,这有助于休闲重获自身,而美学也将由此获得新生。这就形成休闲美学,其基本问题是休闲作为诗性存在何以可能,是要在思想中如其所是地呈现休闲生活,是运用各种操作手段和程序让休闲自己现身,是对可能的美学生活的筹划,这当中有哲学性的思考。现在也有些美学家在做休闲美学,并提出休闲美之类的新概念,但在做法上有问题,是将休闲作为一个东西固定在那里,再用一套固定的概念作出解释,这些概念包括主体性、自由、非功利等,表明美学家们还没有从旁听静观的旧美学的迷梦中清醒,自然也就不能期望他们的工作对休闲与美学都有所促进,美学的困局仍然存在。休闲美学不是从已有的美学大树上结出的果实,而是从人类生活基壤上破土而出的新芽。之所以如此,是因为休闲正在成为人类的存在方式,而不是如以往那样作为人类生活的一个组成部分,因而休闲美学乃是基于休闲存在论的美学,现在的讨论似乎还没有进到这一层次。

这是休闲时代美学的一种可能,还有一种审美经济学的可能。审美经济学首先是针对美学经济发言的,是美学经济催生出的思想,是美学与经济学交叉形成的间性存在,与其说是一种学科,毋宁说是一种思想。美学经济是一种文化创意产业,包括文化艺术核心产业、设计产业和创意支持及周边创意产业。休闲经济也是一种美学经济,也就有如何将美感生活与休闲产业发展结合起来的问题,这是美学或经济学的单一视野无力解决的。美学经济的核心是注意力和体验——美学经济也因此可称为注意力经济和体验经济,能否充分利用美学手段吸引人们的注意力,提供新颖丰富的精神享受,是美学经济成功与否的关键。这是审美经济学的基本问题,美学在此大有作为。事实上,当学院派美学家沉醉于概念游戏时,创意产业的工程师和技术员已经"摸石头过河"式地从事审美工艺学的实践了,但也正是因为那些严肃美学家的缺席,才造成美学创意的"无道"状况,三鹿奶粉事件就明白无误地宣示了"无道"的审美工艺学在中国所可能造成的恶果,这不只是一个食品质量事件,也是一个美学事件。显然,我们需要一个以"道"驭"技"的审美经济学,至少需要展开如下的思考与对话:

(1) 一种经济行为如果不能促进人类共同幸福,如果不能为人民创造出幸福的美学生活,就是非美学经济。美学经济提供的不仅是产品和服务,还有美的精神享受,前者恰恰因为后者而获得青睐,因此美学经济也是直接和强有力地影响文化的力量。

(2) 既然如此,美学经济就不能仅仅对国民经济增长负责,还要对人类文化健康有序的发展负责。美学经济以不破坏文化生态为前提,也应自觉维护文化的多样性,这是美感生活的精神动源,因此也是美学经济成功的动源。这就有在全球本土化语境中如何开展美学经济的问题。

(3) 打造品牌是美学经济作为创意经济的重要任务,品牌的成功不仅由产品和服务本身的质量决定,也有赖于成功的美学创意和审美工艺学的运作。这就有品牌美学问题,品牌的规划、设计和传播都有美学的参与,需要介入审美哲学和审美心理学的视野。

(4) 利益最大化原则仍然是有效的,在美学经济中,美学成本也应计算在内,因而审美经济学就应考虑如何寻求最小的美学投入而获取最大的经济收益,要选择那些最合乎经济学原则的美学创意,不经济的美学创意即使有魅力,也应被坚决拒绝。

显然,对休闲而言,基于休闲存在论的休闲美学给出的形而上解释正是审美经济学所据依之“道”,没有这“道”的指引,审美经济学就蜕变为制造没有生命没有灵魂的幻境的技术,美得与人无关;但离开审美经济学对休闲所做的具体筹划安排,休闲美学就如同旧美学一样是漂泊无依的形而上学的游魂。如果我们不希望休闲异化为侵夺人的幸福的恶灵,如果我们希望休闲经济造就人民的福祉,那就不能不如此思,如此想。

北宋文人的休闲方式及其对当代的启示

王建疆*

内容提要：北宋是我国文人休闲活动最为发达的时期。这时的休闲活动具有独休、群休、偶休和混休四种方式，并具有乐、逸、雅、俗、利、友六大特点和功能。北宋文人的休闲活动促进了北宋的文艺、经济和社会发展。揭示北宋文人的休闲方式及其对当时社会的影响，不仅可以更深入地了解宋代文艺发展的内在动力，认识宋代审美文化的本质特点，而且可以从休闲文化的角度规划旅游业和文化产业的发展。宋代文人的休闲方式对于当代休闲文化发展和经济增长方式提供了可资借鉴的思想资料。利用这些休闲的思想资料，并结合特定地域的文化背景，创立文艺休闲的新产品，是繁荣当地经济的可行途径。

关键词：北宋文人　休闲方式　特点　当代启示

一、北宋文人多彩的休闲方式

北宋是中国历史上经济最为发达的时代，都市生活的繁华胜过以往。这为文人休闲提供了充分的物质前提。宋代文人休闲方式在唐代蹴鞠、围棋、马球、斗鸡、饮茶的基础上，有了新的变化，主要表现在个人私生活的空前发达。或徜徉于自然山水，或流连于街景水坊，观赏花鸟鱼虫，醉眠于歌楼酒肆，"乘醉听箫鼓，吟赏烟霞"，体现了"大隐隐于市"的士人意识。从而在词、画、园林等艺术方面取得了极高的成就，与北宋时期理学的严峻和刻板形成了鲜明的对比。

（一）北宋文人的休闲方式

从参与人员的数目上可以分为独（一个人）休、群（三个人以上）休、偶休（异性之间）、混休（以上三种方式混合在一起）四种方式。从具体的休闲内容上又可以分为以下方面。

第一，艺术类。（群休）包括琴、书、画方面的创作、表演和欣赏。主要方式是自娱娱人，达到休闲和交友的目的，有别于官场表演和谋利营生。

第二，收藏类。（独休）收藏古玩、字画等，表现出文人的雅趣。

---

*王建疆，男，博士，西北师范大学文史学院教授，博士生导师。

第三,饮趣类。(群休)包括品茗,饮酒等,既有雅趣,又是交友的方式,具有闲适和聚会的特点。

第四,棋牌类。(群休)一如今日之娱乐,不在比赛之列。

第五,游憩类。(混休)到郊外的寺庙、道观和名胜之地观赏、游玩、休憩。

第六,禅修类。(独休)苏黄米蔡为北宋时期书法四大名家。其书被称为禅书逸品,都直接得益于书法家的个人禅修。这种禅修主要还是个人的人生修养体验,而非专门的修道,是在修养文化背景下的休闲方式。

第七,狎妓类。(独休)学中国文学史的人都知道,宋词有相当一部分来自于歌楼酒肆,与文人士大夫狎妓成风不无关系。文人士大夫的狎妓与一般百姓的嫖妓不同之处在于,前者有文化的包装,有艺术的相伴相生,而后者则多为赤裸裸的性交活动。

第八,怡情类。(独休)主要有豢养宠物,养花观鱼等。宋明理学的祖师周敦颐就是在赏花观鱼、观鸡雏的闲适中涵养其道心和人格的。

第九,诗社集会。(群休)宋代商业发达,行会发达。南宋西湖有"七宝社"、"女童清音社""相扑社"等,尤其是士大夫的"西湖诗社"更值得一提。此社"乃行都缙绅之士及四方流域儒人,寄兴适情赋咏,脍炙人口,流传四方,非其他社集之比"①。

第十,运动类。如马球、蹴鞠等,但不以竞技和盈利为目的,属于休闲范围。

宋代文人的休闲方式带来了诗词创作的繁荣。据有人统计,宋代与赏花相关的宋诗就有五千多首,诗句中写茶的就有六百多首,而写自然风光和城市风光的则难以计数。词这种文学体裁在宋代更是直接与士大夫的休闲活动联系在一起。或如观景兴寄,或如与青楼知己唱和,或如娱宾遣兴,在宴会、游览等休闲活动中被大量创制。词的长期即兴而作的实践促进了词艺的臻于完善,成了休闲文化的副产品。另外,一些著名的游记散文如王安石《游褒禅山记》,苏轼《石钟山记》,晁补之《新城有北山记》,范成大《游峨嵋山记》等,也都展示了当时休闲活动的历史轨迹。总之,大量的诗作、词作和散文本身既是宋代文人士大夫休闲的见证,同时,又向我们展示了宋代文人士大夫休闲活动的各个方面。

还有,士大夫宴乐之时,歌伎们争相演唱时下流行的词和曲,并伴以舞蹈,以求博得文人士大夫的喜好,这样就在很大程度上刺激了音乐舞蹈等艺术的发展。同时,一些才子型、词人型的文人士大夫,也积极填词作曲,歌伎们为了获取最初演唱权而多有行贿与伺人的举动。史载,"营卿(柳永)居京华,暇日遍游妓馆。所至,妓者爱其有词名,能移宫换羽;一经品题,声价十倍。妓者多以金物资给之"。因此,说从北宋休闲文化那里开始形成文化市场雏形也不为过。

宋代文人休闲不仅带来了文艺的繁荣,而且对社会文化、思想观念、经济发展

① 宋·吴自牧:《梦粱录》卷19,浙江人民出版社1984年版,第181页。

等都具有积极的意义。

(二) 宋代文人休闲的历史成因

1. 社会原因

首先,城市生活稳定和谐。北宋是中国历史上城市规模空前的时代。由于五代战乱的结束,外族入侵的暂未进行,以及宋代重文抑武政策的实施等,造成当时社会的相对稳定和谐,这为城市生活的繁荣和休闲文化的发展提供了社会基础。

其次,城市经济高度发达。北宋是中国封建时代经济上最为发达的时代,这为文人的休闲提供了物质保障。

再次,消费欲望空前高涨。所谓食饱思淫欲。在优裕的物质生活条件下,文人有了更多的欲望,包括审美的、休闲的、淫欲的,等等。

最后,社会环境宽松。社会风气能够容忍狎妓等容易干犯道德的休闲方式。宋代龚明之在《中吴纪闻》中记载了白居易在杭州的经历:

> 白乐天为郡守,尝携容、满、蝉、态等十妓,夜游西武丘寺,尝赋纪游诗,其末云:"领郡时将久,游山数几何? 一年十二度,非少亦非多。"可见当时郡政多暇,而吏议甚宽。使在今日,必以罪去矣。①

龚明之认为,白居易的休闲活动只有在唐代才会如此裕如。若是放在宋代,也很有可能招致不必要的麻烦。但从大量的史载可以看出,与龚明之的说法恰恰相反,宋代文人士大夫狎妓成风,游走于歌馆楼台,达到了"溺于声色,一切无所顾避"②的疏狂地步。狎妓已成为宋代文人的休闲方式之一。

2. 个体原因

物质生活有余。

个人时间充裕。

心闲。宋明理学的影响,使得宋人多关注宇宙的事,而较少关心人事功用。心闲,故有程颢的"云淡风轻近午天,傍花随柳过前川。时人不知余心乐,将谓偷闲学少年。"

休闲习惯养成。前述如此众多的休闲方式,使得宋代文人士大夫整个处在休闲的氛围中,好像只有休闲才是自然的,才是合乎天理的,是合乎道的,否则就有了问题。而后人从宋代哲学、文学的典籍中无处不能发现这种无处不在的休闲活动。程颢曾说:"再见周茂叔(周敦颐)后,吟风弄月而归,有'吾与点也'之意。"③周茂叔"绿满窗前草木不除"以体验人与万物相合,心与宇宙相通的境界。至于俗士的游

---

① 宋·龚明之:《中吴纪闻》,卷 1,上海古籍出版社 1986 年版,第 15 页。

② 宋·周辉:《清波杂志》卷 3,中华书局 1994 年版。

③《二程遗书》卷 3。

乐、宴饮、狎妓、寻欢等,也都顺着人欲的横流而成自然。

二、北宋文人休闲的功能与特点

北宋文人士大夫休闲活动具有自己的特点和功能。揭示这些特点和功能,无疑会规范对于这种休闲文化的价值判断。经粗略考察,北宋文人士大夫的休闲活动有乐、逸、雅、俗、利、友六个方面的特点和功能。

1. 乐。即诗酒宴乐、娱情适性,纵情声色。《宋稗类钞》卷二有一记载,翰林学士宋祁好客,曾与宾客上元夜点华灯拥歌妓醉欢达旦。叶梦得《避暑录话》记载"韩持国为守,每入春,常日设十客之具于西湖,旦以郡事委僚吏,即造湖上。使吏之湖门,有士大夫过,即邀之入,满九客而止。辄与乐饮终日,不问其何人也。曾存之常以问公曰:"无乃有不得已者乎?"公曰:" 汝少年安知此? 吾老矣,未知复有几春。若待可与饮者而后从,吾之为乐无几,而春亦不吾待也。"这种基于对人生贵贱无常、青春易逝的觉悟,形成了以游妓、蓄妓、宴乐等为内容的享乐之风,即所谓"人人歆艳,咀味于朋游尊俎之间,以此为相乐。"柳永《传花枝》中的"遇良辰,当美景,追欢买笑。剩活取百十年,只恁厮好",晏殊《更漏子》中的"金盏酒,玉炉香,任他红日长",以及《清平乐》中的"劝君绿酒金杯,莫嫌丝管声催。兔走乌飞不住,人生几度三台"之词,无不袒露了宋代文人士大夫那种及时行乐的生活态度。

2. 逸。是一种超然的生活态度,和潇洒的生活方式。宋代的艺术品评有四品。即神品、妙品、能品和逸品。后来,逸品从居位之末进入位首。这不能不说是宋人对超逸生活和艺术的特别看中。逸的基础是闲。没有闲,何来逸。宋代的逸表现在休闲文化的两大方面。一是理学家的超然物外,如周敦颐等人的赏花观鱼,草长不割,睡懒觉而思天理等。另一种是风流才子,潇洒自由,占尽人间春色。当然,如细细数来,这时的禅宗也从唐代的"青峰顶上",来到了"红尘浪里",或者说身在红尘浪里,心在青峰顶上;或曰人在青峰顶上,而心在红尘浪里。总之,无论是道还是俗,都有一种摆脱羁绊,任心自在的飘逸,成为当时休闲文化中最为可贵的人文气质。

3. 雅。关于宋代文人士大夫的休闲活动是雅是俗,一直有争议。但我认为,这主要应该根据休闲方式进行判断。如在品茗、赏花、郊游、禅修等休闲活动中,雅的成分更大。而在宴饮、狎妓中,俗的成分更多。但雅和俗因人而异,往往交织在一起,很难截然分开。尤其是词曲创作中,像柳永这样的大家,就是雅俗结合的典范。他的多数词作是雅的,但也有少数是俗的。其他一些词人也有很多与之相类。

4. 俗。市民文化一般追求感官刺激的娱乐性,宋代文化也不例外。而词与诗比,就如城市之俗与乡村之野。后者更具有自然的空灵和蕴藉,而前者更多脂粉油腻。宋代，词中之俗词、话本、戏曲、杂剧等通俗文学作品的创作进入繁荣时期，甚至其影响力已超过雅文学。原来为皇宫贵族所鄙视的俗词艳曲，这时也从民间堂而皇之地进入了上层社会，甚至进入了宫廷，备受青睐。《后山诗话》载："柳三变（柳永初名）游东都南北二巷，作新乐府，从俗，天下咏之，遂传禁中。仁宗颇好其词，每对宴，必使侍从歌之再三。"足见宋代俗风之盛。

5. 利。由于北宋文人休闲内容对文艺的渗透，文艺更加休闲化，更加世俗化，更容易与社会生活接轨，向利益靠拢，从而出现了"诗可以售"、"画行百姓"、"李成卖画"的现代文化市场雏形。

6. 友。宋代诗词名家多与青楼女子过从甚密。这既激发了诗人词人的创作热情和创作灵感，也加深了与妓女的情感联系。词中许多可歌可泣之词，都关涉与妓女的一段风流情缘。柳永狎妓，但与青楼女子多成好友。没有刻骨铭心的爱，是断难写出女子的情思之美的。这一点，在理学盛行之时，不能说没有特别值得关注的地方。它展示了文人士大夫对人性的理解，对沦落者的真情，也显示了他们对文艺的深刻认识，以及社会不以传统道德做实际统治的宽松与和谐。仅就这一点而言，当代生活中文人的偷鸡摸狗行为反而既不能望古人之项背，又凸显了个体与社会的矛盾，从而提出许多值得反思的社会问题。

三、北宋文人休闲的启示

文人休闲以寻乐为目的，表现为超验之逸。休闲的寻乐性质决定了以俗为主要特点。在休闲的同时，涉及利益。包括文人卖艺，文人付资两个方面。但北宋文人的寻欢作乐往往与艺妓的才艺有关，不同于淫乱，而是交友活动，因而于俗乐之中又不乏高雅。柳永即是明证。北宋文人休闲的以上几个方面，为我们今天开展休闲文化活动，提供了很多有益的启示。其一，经济发展后的城市生活是充满本能活力和消费欲望的寻求逸乐的生活，怎样保护和引导这种消费欲望，直接关系到城市国民经济的发展水平和精神文明建设。其二，文人休闲具有逸乐、审美、交际、交流等多种功能。强化某种功能，弱化某种功能，都会使文人休闲的方式和格调发生变化。如强调文人与艺妓的交往，就会繁荣文艺，并在繁荣文艺的同时繁荣经济，同时，还会涵养社会的宽容量。如果掐掉这条线索，那么，文人休闲就会变得乏味、单调，对文艺和文化的发展也无什么益处。但如果在打压文人与艺妓的交往的前提下，将文人的交友活动导向与暗娼的交往，就不仅会降低文人休闲的格调，而且有害于社会。因此，在文人休闲方式中选择强化某种功能，弱化某种功能，都会对文人休闲带来直接的影响。其三，文人休闲有独休、群休、偶休和混休四种方式。偶休主要是交往异性朋友，并在交往过程中生成高雅的文化和艺术活动。其中，独休和群休方式，如诗会、棋会、球会等，都具有不受地域限制的特点，唯独偶休受到山川人物自然形势的限制。在一个不出丽媛、没有风流历史，包括艺妓历史的地方，是谈不上偶休的。因此，具有偶休传统和历史的地方，尤其是“江南形胜”之地，自古繁华，美女如云，丽媛遍巷，可以多层次、多角度地借鉴宋代休闲文化的有益经验，结合当地实际，制订既不违反当下社会道德规范和法律制度，又迎合文人心理的休闲规划，规范和带动休闲文化的发展。

晚明求适思潮与休闲旅游

魏向东*

内容提要：本文通过对晚明近千篇游记的检索与分析，结合晚明社会转型期思想激荡的社会背景，探寻晚明旅游，尤其是文人休闲旅游兴起的社会与思想根源。笔者放大视野，将目光投注到晚明社会思潮的变迁上，从阳明心学对人性的解放引出了晚明崇奢重适的生活风尚，并带来了人们对旅游观念的重审与重构。旅游不再是玩物丧志的行为，而是人性中所必须与所必有，并且是尚适理念的重要体现方式之一。求适观念与旅游行为的结合，养成了晚明文人纵性任情、寻欢逐乐、不计时日、不计金钱的游风，从而也使得晚明的文人旅游，成为典型的休闲旅游。

关键词：晚明　求适思潮　休闲旅游

在中国古代旅游的发生发展过程中，晚明时期具有特别重要的历史地位。人类的旅游历史源远流长。在中国进入文明社会之后，就有广泛的旅行与旅游活动的存在。晚明时期，王阳明心学盛行，读书人不必以孔子之是非为是非，促成了人们思想的解放，率性任情成为不少士大夫的价值观念，格物致知成为人们认识世界的思想方法。晚明时期的政治腐败又使部分士大夫或则借官符周游四方，或则远离官场，以经世致用为治学圭臬，走出家门，观察世界，以寻求修身齐家、治国救民的良方。晚明社会的流动性大大增强，旅游者的热情远超以前各代，"比起前代来，晚明文人不但只是一般的好游，更进而耽于山水，好游成癖，甚而成痴。山水之癖是以山水景物为'自娱娱人'之极的表现，面对水光山色，表现出如醉如痴的极端状态。这是前所未有，后所罕见的现象。在唐虽有游人，而多数流连光景，作为诗料，在宋游风已经稍杀为少数，在清代几乎萎缩到只有极少数人才热爱山水。而晚明却是登峰造极的好游典型。"造成晚明游风兴盛的原因，与晚明王阳明心学的传播以及由之带来的崇奢求适的生活方式密切相关。

一、阳明心学对人性的解放

明代大思想家王守仁(1472—1528)，字伯安，人称阳明先生，浙江余姚人，主要生活于正德、嘉靖年间。他不但在政治上有所建树，平定了宁王宸濠之乱，官至南

*魏向东，男，苏州大学社会学院旅游系主任、教授。

京兵部尚书，而且在贵州、江西、浙江等地广为讲学，传播自己的学说，培养了大量的人才。后经王学弟子的努力，王学成为晚明时期最重要的思想流派，对社会生活产生了极大的影响。

王守仁提出了一些著名的哲学命题，如"心外无物"，就是说人心乃是一切事物的本源，又说，"心外无理"，就是说万物之理只存于人的内心，认识"理"的途径则是"致良知"，即到内心深处体认先验的伦理道德。王守仁还提倡"致知格物"，所谓"致知"，即"致吾心之良知于事事物物也"，①所谓"格物"，"格者，正也，正其不正以归于正之谓也。正其不正者，去恶之谓也；归于正者，为善之谓也"。② 简单概括王守仁学说的要点，是力求将传统道德从外在的规范内化为人的自发情感，以达到去人欲、存天理的目的。与程朱理学不同的地方，并不在于根本目标的差异，而在于实现手段的不同。王守仁强调人心以及人自我体认的重要性，这就在客观上突出了个人主观内省的作用，促进了社会对个体的关注，同时打破了清规戒律对人们思想与行为的束缚，刺激了人们自我意识的觉醒。

王学后来衍变成诸多流派，其中以王艮(1483—1540)为首的泰州学派，被认为是王学中的"左派"，他们提出了"百姓日用即道"的观念。其后的李贽大力张扬了这一理论，他认为，"穿衣吃饭即是人伦物理，除却穿衣吃饭无伦物矣。世间种种，皆衣与饭类耳"，③意思即是说，人最基本的生活需求即是世间一切的伦理道德，人生在世就应该顺其自然，不应予以人为的限制，这就从根本上否定了理学家所倡导的禁欲主义，为晚明时期盛行的享乐主义大开方便之门。

晚明时期的袁宏道、张岱等一大批文人，极力讴歌世俗生活的快乐，并身体力行，纵欲享乐蔚为时尚。袁宏道公开宣称：人生"真乐有五，不可不知。目极世间之色，耳极世间之声，身极世间之鲜，口极世间之谈，一快活也。堂前列鼎，堂后度曲，宾客满席，男女交舄，烛气熏天，珠翠委地，金钱不足，继以田土，二快活也。箧中藏万卷书，书皆珍异。宅畔置一馆，馆中约真正同心友十余人，人中立一识见极高，如司马迁、罗贯中、关汉卿者为主，分曹部署，各成一书，远文唐宋酸儒之陋，近完一代未竟之篇，三快活也。千金买一舟，舟中置鼓吹一部，妓妾数人，游闲数人，泛家浮宅，不知老之将至，四快活也。然人生受用至此，不及十年，家资田地荡尽矣。然后一身狼狈，朝不谋夕，托钵歌妓之院，分餐孤老之盘，往来乡亲，恬不知耻，五快活也。"④张岱则"好精舍，好美婢，好娈童，好鲜衣，好美食，好骏马，好华灯，好

---

① 明·王阳明：《王文成公全书》卷2，《传习录中》之《答顾东桥书》，吴光等编校，上海古籍出版社1992年版。

② 明·王阳明：《王文成公全书》卷26，《大学问》。

③ 明·李贽：《焚书》卷1，《答邓石阳》，岳麓书社1990年版。

④ 明·袁宏道：《袁宏道集》卷5，《与龚惟长书》，钱伯城校《袁宏道集笺校》，上海古籍出版社1981年版。

烟火，好梨园，好鼓吹，好古董，好花鸟，兼以茶淫桔虐，书蠹诗魔”，[①]无所顾忌地纵欲，肆无忌惮地宣泄，是晚明对人的情感欲望的极度张扬，是对人的自然本性的极度肯定。

在王学重视自我、张扬个性的基础上，晚明人士致力于探索自我，同时积极寻找在现实世界中展示个体存在的更好方式，率性任情成为不少士大夫的价值观念，读书人不必以孔子之是非为是非，而是要听从内心情感的召唤。无论是李贽所提倡的“童心说”，还是袁宏道为首的公安派倡导的“性灵说”，都强调尊重人的自然情感，不拘格套，率性而为，“能为心师，不师于心，能转古人，不为古转，发为语言，一一胸襟流出，盖天盖地”。[②]正是由于这种观念的变迁，造就了晚明通俗文学的极高成就，无论是汤显祖“临川四梦”为代表的戏曲，还是冯梦龙“三言”为代表的小说，以及《金瓶梅》等，都是在晚明率性任情、不拘俗套的社会背景下产生的。

二、崇奢尚适的生活方式

观念的变迁促成了晚明时期以崇奢尚适为特征的多元生活风貌。明代的社会风气，从正德、嘉靖时期开始了由俭入奢的转变，这在史料中多有记载。仅以居室之制为例，“正德以前，房屋矮小，厅堂多在后面。或有好事者，画以罗本，皆相互浑坚不淫。嘉靖末年，士大夫家不必言，至于百姓有三间客厅费千金者，金碧辉煌，高耸过倍，往往重檐兽脊如官衙然。园囿僭拟王侯。下至勾栏之中，亦多画屋矣。”[③]明初所定的以礼制约束生活、以等级规定秩序的制度形同虚设，逾礼犯制已成常态。晚明士大夫为维持奢侈的生活，将礼义廉耻全抛到了脑后，陈邦彦说：“嘉隆以前，士大夫敦尚名节。游宦来归，客或询其囊橐，必唾弃之。今天下自大夫至于百僚，商较有无，公然形之齿颊。受铨天曹，得膻地则更相庆，得瘠地则更相吊。官成之日，或垂囊而返，则群相姗笑，以为无能。士当齿学之初，问以读书何为，皆以为博科第、肥妻子而已。”[④]嘉隆以前的士大夫以宦囊丰厚为见不得人的事，而嘉隆之后的士大夫则以宦囊羞涩为见不得人的事。崇祯大臣杨嗣昌于十二年所上疏中直言不讳地指出：“海内士大夫自神皇末年相习奢侈，凡宫室车马衣服器用之属，无不崇饬华丽，迈越等伦。即或清高自命，宦橐无多，亦称贷母钱，缔构园亭卉木，耽娱山水诗文，以是优游卒岁为快。其亲串朋好，偶逢吉庆生辰，相率敛钱，造杯制帐，

---

① 明·张岱：《娜嬛文集》卷五，《自为墓志铭》，上海古籍出版社 1991 年版。

② 明·袁中道：《珂雪斋集》卷九，《吏部验封司郎中中郎先生行状》，上海书店 1982 年版。

③ 明·林时对：《荷锸丛谈》卷四，沈云龙辑《明清史料汇编》六集，台湾文海出版社影印本 1971 年版，第 7 册。

④ 明·陈邦彦撰，清·温汝能辑：《陈岩野先生集》卷一，《中兴政要书·励俗篇》第四“奖廉让”，清嘉庆十年（1805）版，自《清代版刻一隅》（增订本），复旦大学出版社 2005 年版。

更迭酬赠,以为固然。臣等身在流俗之中,沿染至今,皆不能免。"①虽王朝衰亡已近,但举国上下依然沉迷于奢侈相高的风气中,清醒如杨嗣昌者均不能免俗。

生活资本的丰实,带来了时人重"适"的生活追求,李贽说:"士贵为己,务自适",②"我以自私自利之心,为自私自利之学,直取自己快当,不顾他人非刺"。③ 袁中道宣称:"人生贵适意,胡乃自局促。欢娱自欢娱,声色穷情欲。"④晚明士人大量出外旅游,很多也是受到人生重适观念的驱动。方弘静在《游高岭记》一文中这样阐述:"且夫游适也,已适也,非人适也。奈何侈观。适有二,有物外之适,有尘中之适。物外之适,旷士之所怀也,尘中之适,俗士之所竞也。夫所为林堑峰峭而请回驾者,非以污其灵故乎。"⑤故明人畅游天下,其注目之点"不在游,而在适"。⑥

"人生贵自适",各人之"适"是不一样的,因此晚明生活呈现出情趣多样化的景象。"嘉靖末年,海内宴安,士大夫富厚者,以治园亭、教歌舞之隙,间及古玩"。⑦他们努力追求的人生旨趣,无非是"莳花种竹,赋诗听曲,评古董真赝,论山水佳恶",⑧生活情趣得到了多样化的发展,呈现出多样化的生活风貌,有的人长年累月地游走于山水之间,有些人沉迷于构亭筑园之中。张岱在《陶庵梦忆》中记载了一个痴迷盆栽的个体形象,"范与兰七十有三,好琴,喜种兰及盆池小景,建兰三十余缸,大如簸箕。早舁而入,夜舁而出者,夏也;早舁而出,夜舁而入者,冬也。长年辛苦,不减农事。"⑨虽然辛苦不下农事,但范与兰不以为苦,但以为乐,晚明人沉溺于闲事的痴迷程度,于此可见一斑。

这股风气不仅在士绅中弥漫,而且大量的城市居民也为之倾倒,王衡记苏州一带的人家,"盖今人多伪为雅而吾吴尤甚,兰菊几家置一谱焉,次则君竹而友松,第而至桃花极矣。"⑩明末清初的李渔,将闲趣文化进行了书面总结与提升,其著作《闲情偶寄》专述闲趣理论及实践,总结了晚明时期的休闲生活,文笔细腻,博洽专门,将晚明时期把玩山容水态、花鸟虫鱼、风花雪月、女人琴画等分门别类,细加说明,集中国古代休闲知识之大成。夏咸淳在《晚明士风与文学》一文中曾总结此时

① 明·杨嗣昌:《杨文弱集》卷三十三,《访据疏》,中国科学院馆藏旧抄本。

② 明·李贽:《焚书增补》卷一,《答周二鲁》,中华书局,1975年版第258页。

③ 明·李贽:《焚书增补》卷一,《寄答留都》,中华书局,1975年版第265页。

④ 明·袁中道:《珂雪斋集》卷二,《咏怀》,全三册,钱伯城点校,中国古典文学丛书,上海古籍出版社2007年版。

⑤ 明·方弘静:《素园存稿》卷十一,《游高岭记》,《四库全书存目丛书》集部121:193—195。

⑥ 明·于慎行:《谷城山馆文集》之《游云翠山泉记》,《四库全书存目丛书》集部147:509—512。

⑦ 明·沈德符《万历野获编》卷二十六,中华书局1997年版。

⑧ 明·袁宏道:《袁宏道集》卷二十二,《答谢在杭》。钱伯城校《袁宏道集笺校》,上海古籍出版社1981年版。

⑨ 明·张岱:《陶庵梦忆》卷八,《范与兰》,上海古籍出版社2002年版。

⑩ 明·王衡:《缑山先生集》卷十,《东门观桃花记》,《四库全书存目丛书》集179:12—13。

的休闲生活类型，计有讲美食、嗜茶酒，好女色、重情爱，建园林、赏花草，精书法、通绘画，蓄声伎、听评话，读闲书、喜禅悦，爱旅游、乐山水七种。晚明时期以重“适”为特征的休闲生活实践，使生活艺术化，而艺术则生活化了。

三、晚明旅游观念的重审与重建

“爱旅游，乐山水”，成为晚明时期一种重要的生活类型，与当时人们转变了对旅游的轻视观念有着很大的关系。自古以来，在讲究齐家、治国、平天下的士大夫那里，旅游只是一种以山水比德仁智而修身的手段，只是一种“读万卷书，行万里路”以开广见闻的方法，旅游并不是人们行为的最终目的，当有其他途径可以达到上述目标的时候，旅游就是可有可无的。再加上中国向来讲求以孝治天下，“父母在，不远游”的观念已深入骨髓，小农经济的生产方式要求把人束缚在方寸之间的土地上，不允许人们随意外出，更何况还有历代王朝限制移动、固着人口的相关政策规定，有将人口游移视为社会不安定因素的政治传统，因而旅游无论是在政府政策倡导的层面上，还是在人们日常的生活实践中，都会有意无意地受到种种限制，旅游为人所轻也就成为必然之事。这种风气到明中叶时依然如此，正如周振鹤先生所指出的：“这种观点在当时有一定代表性，因为其时看一般旅游仍非高尚之举。所以延到明后期，李维桢还有‘今天下薄游士’之语。”①这种情况在晚明时期有了极大的改变。

晚明文化对传统有一种天然的叛逆特征，加上其他社会因素的共同影响，晚明人对旅游有了完全不同的认知，这在游记中有非常明显的反映。袁宏道说，旅游“举世皆以为无益，而吾惑之，至捐性命以殉，是之谓溺”。而所谓“溺者，通人所戒，亦通人所蔽也。……苏门之登，至于废起居言笑，以常情律之，则为至怪；以通人观之，则亦人情也。夫此以无妻子为怪，彼亦以远山水为怪。各据其有，则递为富，彼此易位，抑更相苦矣。”②

袁宏道是旅游的狂热奉行者，一生写了九十多篇游记。袁宏道曾反复表述这样的观点：“余曰：恋躯惜命，何用游山，且而与其死于床笫，孰若死于一片岭石也。”③“弟又不常居乡，才了匡山，便入太和。解夏后，入衡岳，遇缘则住，不则去，亦足以乐而待死矣。”④在他的世界中，家居，故土都不如旅游来得重要。⑤ 他的弟弟袁中道也是不安于家的，“予以万历戊申春自都门归，居家一年余矣。筼筜谷中

① 明·李维桢：《大泌山房集》卷二十二，《楚游稿序》，《四库全书存目丛书》集 150：783。

② 明·袁宏道：《袁中郎全集》卷十，《游苏门山百泉记》，《四库全书存目丛书》集 174：514。

③ 明·袁宏道：《潇碧堂集》卷十三之《开先寺至黄岩寺观瀑记》，《四库禁毁书丛刊》集 67：509—510。

④ 明·袁宏道：《萧允升庶子》，《袁中郎小品》，文化艺术出版社，1996 年版第 114 页。

⑤ 明·袁宏道：《江进之》，《袁中郎小品》，文化艺术出版社，1996 年版第 114 页。

修竹日茂,浮绿数十亩,泠泠照人中,又增台榭数处,真可闭门读书,优游卒岁。而其势有不能久居者,家累逼迫,外缘倥偬,俗客溷扰,了无闲时,以此欲离家远游。一者吴越山水可以滌浣俗肠,二者良朋胜友,上之以学问相印证,次之以晤言消永日,人生有几,当趁色力健时了之。一旦老病渐侵,即效宗少文卧游故事,亦已寂寞矣。"[①]很明显,袁中道不仅是为旅游正名的狂热呐喊者,也是适意而游的践行者。

像袁氏兄弟这样崇尚旅游的人大有人在。万历间翰林学士嘉兴黄洪宪曾"偕李生、仇生与儿承昊游圣湖,登三竺、五云,俯瞰江海,卣然有会于心,因顾李生曰:'壮哉,游乎!天下文章,尽在是矣。'盖余尝使三韩、涉七闽,登嵩岱,历齐楚燕豫之墟,几万里而通。然非道漭沆之野,入空同之域,则不足以旷见而适志,乃始知灵台方寸,广大无垠。"其所携之李生,福建人,名兆琳,乙酉年进士,"倜傥有大志,雅好游,初上春官不售,即携家客燕,游大人名公间,缔交天下豪隽士。已复南溯江淮,历金陵,上会稽,探禹穴,讲业檇李之墟,阔武雄健,其游道日广,文章日进,撷江山之胜而抒之毫端。"[②]在明人游记中,像这类性嗜山水、酷爱旅游的表述是很多的,可见旅游在当时人的思想意识与实际生活中所占的地位。

晚明著名旅游家王思任,对旅游与人生的关系认识尤为深刻,他在为自己的著作《游唤》所作序中这样说:"天地定位,山泽通气,事毕矣,而又必生人,以充塞往来其间,则人也者,大天大地大山大水之所托以恒不朽者也。人有两目,不第谓其昼视日、夜视月也;又赋之两足,亦不第欲其走街衢田陌、上长安道已也。"天地生人,而有足目,其功能就是让人们走出家门,认识世界的,而人之所以将自己限制在一亩三分地内,乃是因为"瓦一压而人之识低,城一规而人之魄狭。天之下三山六水,土处一焉。一土之中,蠕蠕攘动。以尽其疆场,是乌能破蜂之房而出蚁之穴耶?"人通过家室、城池等,将自己画地为牢,这是不可取的,也是违背人性的。"夫天地之精华,未生贤者,先生山水,故其造名山大川也,英思巧韵,不知费几炉冶,而但为野仙山鬼、蛟龙虎豹之所啸据,或不平而争之,非樵牧则缁黄耳。而所谓贤者,方知儿女子守闺阈,不敢空阔一步,是蜂蚁也,尚不若鱼鸟,不几于负天地之生而羞山川之好耶?"[③]这些论述,说明王思任已将旅游视为人生中所必不可少之事了。旅游是人情人性,是愉快之事,是求适之举,益人良多,所以人须乘时而游,以适人性。而对于闭门不游的现象,更被时人斥之为俗,朱长春在《适越记》中就旗帜鲜明地说:"人生守门,目不踰境,此为俗民。"[④]

社会上对旅游的新认知,对那些方正严整的政府大臣、道学之士也产生了很大

① 明·袁中道:《珂雪斋近集》卷四,《东游日记》,《四库禁毁书丛刊》集103:543—560。
② 明·黄洪宪:《碧山学士集》卷一,《李于璞壮游编序》,《四库禁毁书丛刊》集30:124—125。
③ 明·王思任:《游唤序》,《王季重十种》贝叶山房中华民国25年版第19—20页。
④ 明·朱长春:《朱太复文集》卷二十七,《适越记》,《四库禁毁书丛刊》集82:427—434。

影响，万历名臣张居正认同以游求适的做法，“张子曰：昔向平欲俟婚嫁已毕，当遍游五岳。嗟乎，人生几许时，得了此尘事，唯当乘间自求适耳。余用不肖之躯，弱冠登仕，不为不通显，然自唯涉世，酷非所宜，每值山水会心处，辄忘返焉，盖其性然也。夫物唯自适其性，乃可永年。要欲及今齿壮力健，即不能与汗漫期于九垓，亦当遍游寰中诸名胜，游目骋怀，以极平生之愿。今兹发轫衡岳，遂以告于山灵。”① 东林名臣高攀龙更为直白，他在《武林游记》中说：“余谓游之益人多矣，山岳之峻绝，江湖之浩漫，皆令人有万仞壁立、百折不回之思，而烟云变态、洞府幽奇，又令人飘然神往，一洗尘世之想。至于登高俯下，千里极目，天地户牖，万象晦明，当此之时，其境有不可得而言者矣。”②

四、适意而游的晚明游风：邹迪光的休闲游程

晚明士绅由于家资优裕，社会地位崇高，其旅游行为大多呈现出典型的休闲旅游行为方式。无锡邹迪光，是一个非常注重享受与舒适的人。他于万历甲戌中得进士，曾提学福建湖广，后退居在家，在当时社会上具有较高的知名度与影响力。退养之后，长年病魔缠身，年近五十时忽然身体转好，乃起意离家肆意游赏。

与无锡紧邻的苏州太湖诸山，山清水秀，历来为名士游赏之地。邹迪光带着“诸酒肴二担，衾被三担，从者四五人”，进行数日之游。到了地头，“苍头以酒至，藉草而坐，并月成八人，命青衣巡酒，敲檀板作歌声，嫋嫋不绝，冯夷若仰而窥，姮娥若俯而听者。余亦击缶歌呜呜，大快。盖天，吾取其清风朗月，地，吾取其湖光与其草木，人，吾取其丝竹，而吾以吾性灵乐之，时有间而吾无间，物有方而吾无方，奚必灭烛绝缨而后愉快。”③仆从歌舞，与在家的闲适生活无异。

邹迪光又曾出游南京摄山，依然不改他的豪奢作派。宿于龙潭镇，“主人楼甚湫隘，而众山当之，旁露大江，飞帆在料虔间。命侍儿唱歌，出所携家酿啜之，红涛和歌，崖谷响应，江云低回不去，不自知其为逆旅舍中也。”④

邹迪光尤为注重旅途中的声色耳目之好，游洞庭山，“朱徐两生善歌，用扣舷代檀板，声应寥廓。明之善画，指点水云烟树，津津有味。家弟雅嗜山水，从旁助缓颊。白生于中亦自小解，相与中流容裔，且歌且说，各极愉畅。更令侍儿五六人歌伊州敕勒，转喉引吭，寻变入节，能使林叶骤脱，渚云不飞，鸥鸟依人，潜鱼出听。”⑤ 游吴中山水，“黄子五文善绘、黄子友上吴子名区善诗、殷子汝寅善琴、华子尔情善

① 明·张居正：《游衡岳记》，《张太岳文集》，《四库禁毁书丛刊》，集 113：441。
② 明·高攀龙：《高子遗书》卷十，《武林游记》，《四库全书》1292：608—613。
③ 明·邹迪光：《鬱仪楼集》卷三十，《游吴门诸山记》，《四库全书存目丛书》集 158：707—712。
④ 明·邹迪光：《鬱仪楼集》卷三十，《游摄山栖霞寺记》，《四库全书存目丛书》集 158：712—715。
⑤ 明·汪道昆：《副墨》，又《太函集》卷七一，《游洞庭山记》，《四库全书存目丛书》集 126：129。

管、陈子性甫善歌,兼善丝竹而旁及于诗”,泊于枫桥之夜,举行晚会,“而同行有微酡者,有既醉者,有傞傞以舞者,酒半各以技进,先歌次琴次管次诗,余为诗一章,命性甫用羽声嘘之,直入寥廓,缥缈徐下,与林木响答。”[①]游南京燕子矶,“维时宋子明之善画,曰此李营丘一大横轴也,可以图;殷子汝寅善琴,曰此山水之间,清音可无答乎,可以操;陈子性甫善歌,曰假令秦青诸人而在,能容山水不傲,江云自去乎,可以唱。而余稍知诗,得五言诗四首,命侍儿敲檀板歌之,游鱼仰沫,水禽齐下,余亦掀髯大啸,作裂石声。独僧吾衍者不诗不歌不绘不琴,而水光山色一以默然坐收之,即佛印之侍长公当不是过。”[②]晚明游子的放浪形骸,风流自赏,于此表露无遗。

最能体现邹氏适意以游的休闲特征的,是他的西湖之行。邹迪光一直对浙东山水念念不忘,专门制订了出游计划,第一站就是天目山。八月出发时天气实在太热,于是又临时起意,来到杭州西湖。“念湖上招提率溽淖毂集,不可托息,觅湖船以居。船广可二丈,深三丈,周遭可列四十筵,上有楼,深广次之,亦可列十筵。”湖居的好处很多,“则日不必张盖,雨不必襏襫,远不必携被而栖,近不必赍粮而饭,朝之霞,夕之月,不必废寝兴,而得可专意于湖而及其山,且也,投刺可逃,报谒尽罢,可专意于湖山而不及其余。”说到底,湖居带给邹迪光的好处,除了自由,就是享受与舒适。

接下来每天随兴所至,第一日从昭庆寺到庆忌塔,第二日移舟断桥,游望湖亭、林和靖墓、放鹤亭、四贤祠、玛瑙坡、梅花屿、岁寒岩等处,“日午热甚归舟,从客五六人或捉麈或手谈,或浮白或鼾睡,一任所便。予命侍儿歌梁州之曲,持巨螯听之,声破寥廓。”第三日“柴仲美拏舟相访,余命童子衍新剧至二鼓罢去,居人游客驾小艇聚观以数十计,每奏一技,赞叹四起,欢声如沸。”第四日游鄂王庙、翊忠祠、宣公祠、西泠桥,下舟而行,“命篙师沿堤容裔,若行不行,若止不止”。黄昏时“驾而之湖心亭”。第五日,“坐小兜子”游仙芝岭、葛翁井、飞来峰、灵隐寺、韬光菴等处,“余时时下兜子,倚长松,籍软草,漱流泉,坐盘石,迂延迤逦”。第六日,游茅家埠、灵石山、风篁岭、龙井、狮子峰,观钱塘江及游各寺庙。第七日游石屋、烟霞二洞,虎跑、九溪十八涧等处。第八日游宝俶山、大佛寺后入舟,赴柴仲美宴请,“要予诸童作剧”。第九日游藕花居、净慈寺、莲花洞、居然亭、万松岭、月岩、御校场等,上柳洲亭,入钱王祠,读苏长公表忠观碑记。第十日游吴山。

在西湖上泡了十天的邹迪光,沾沾自喜地总结自己此行:“夫游亦有道,不惜杖头,不计时日,不较远近,不萦家室为游助,而余皆有之,逐冠盖赴宴饮,乏济胜,喜博弈,群粉黛为游病,而余皆无之,故能穷山之脉,探水之源,极于蹄轮之所不至,而

① 明·邹迪光:《郁仪楼集》卷三十,《游吴门诸山记》,《四库全书存目丛书》集158:707—712。
② 明·邹迪光:《郁仪楼集》卷三十,《游燕子矶记》,《四库全书存目丛书》集158:715—718。

即于耳目记载之所不及。不独好游,称善游云。”[①]总结邹迪光所谓的“善游”之道,就是舍得用钱,不计时间,不论远近,不带家室,任意而行,这正是一种自由状态下的休闲旅游。

“不计时日”的舒缓与随意,典型地体现了晚明士绅所崇尚的求适观念,不少士绅将自己的游程安排得极为轻松、写意,在慢节奏的过程中尽享休闲的乐趣。像邹迪光这样的旅游方式,在晚明士绅中很为流行。顾天竣与其弟共乘一舟,随水西东,在船上两人畅谈天下名山水,意兴正浓之时,其弟忽然说出这样一番话来:“乘一小艇,绿杨野岸,任意憩泊,此况最佳。”[②]马之骏与潘景升二人相谋于采石度岁,达成共识,“贵游苦喧,旅游苦寂,唯闲能衷之。”[③]就在采石度过了几天闲闲的时光。从这些事例中,可见以闲心打发闲暇,置闲身于闲境,是晚明士绅所崇尚的旅游方式,晚明士绅中为数众多的随意而往、舒缓以游、肆情任性的旅游活动,是极具典型意义的休闲旅游。

在中国历史上,晚明时期不仅为中国社会的近代转型准备了诸多条件,而且在生活方式上具有相当多有突破与创新。以旅游而言,晚明时期不仅是中国历史上旅游活动最为兴盛的时期,而且也是休闲旅游最为活跃的时期。社会思潮与生活方式的变化,求适的人生态度与休闲旅游行为的普遍,以及这些社会现象内部的有机联系,是值得加以深入研究,并可为今天休闲旅游的健康发展带来积极意义的。

---

① 以上均见明·邹迪光:《调象庵稿》卷三十,《西湖游记》,《四库全书存目丛书》集 159:761—772。

② 明·顾天竣:《顾太史文集》卷三,《游台荡诗序》,《四库禁毁书丛刊》集 9:67。

③ 明·马之骏:《玄远堂全集·文列集》记二,《采石记》,《四库全书存目丛书》集 184:24—25。

论身体、美感、快感与经济之关系

刘彦顺*

内容提要： 本文所探讨的"身体"不是作为一个审美对象来存在的"身体"，而是在审美活动中作为审美主体感受载体的"身体"。"身体快感"这一概念必须进入美学知识体系的核心区域，成为对"美感"进行全面描述的依据。这就意味着在强调功能性与实用性的审美生活和在空间环境的审美生活中的人的感觉不再仅仅是传统美学乃至于现代美学意义上的美感，它意味着把人放置在特定的事件与空间之中，除了由视觉与听觉带来的审美快感之外，还包括由触觉、嗅觉、味觉等协同起作用的快感。由此，本文探讨了美感、快感及其与身体的关系，这正是审美与经济的重合之处。

关键词： 身体　美感　快感　经济关系

一

之所以提出在身体、美感、快感、经济之间的联系这个话题，是因为传统美学还仅仅把审美与超乎功利相等同，或者是仅仅把审美作为一个产品的附属特性而带来的附加值来看待，我认为前一看法仅仅把审美对象局限于虚拟的、由符号创造而成的艺术作品，而忽略了作为"物"的形态存在的审美对象；后一看法虽然对社会现实中存在的由审美所带来的经济价值有所认知，比前一看法显然更为现实，但是却没有对产生经济价值的根本原因作出清晰的描述。我认为，美感首先是一种快感，而且这样一种快感不管如何特别，也总是一种在现实中发生的审美行为或者审美事件，上述两种看法的共同的弊端在于还无法认识到美感是一种发生在身体上的诸种感觉的统合。经济活动的实质和最终目的就是为了获得最大限度的快感，是为了满足人的感性需要的，在这一角度，审美活动与经济活动恰恰是本质的一致，而不是一种偶然的结合。

本文所探讨的"身体"不是作为一个审美对象来存在的"身体"，而是在审美活动中作为审美主体感受载体的"身体"。之所以说后现代美学观念在"身体"纬度对现代美学的知识体系产生了拓展，是因为现代美学是以视觉、听觉快感为核心和逻

---

*刘彦顺，男，博士，浙江师范大学人文学院副教授。

辑出发点来构筑自己的知识体系的，而视觉与听觉在审美活动中却不能涵盖所有的感知与感受，而且至少在自然美以及功能性的审美对象这两大领域都无法仅仅使用视觉与听觉来解释，都会丧失其界限。“身体快感”这一概念必须进入美学知识体系的核心区域，成为对“美感”进行全面描述的依据。这就意味着在强调功能性与实用性的审美生活和在空间环境的审美生活中的人的感觉不再仅仅是传统美学乃至于现代美学意义上的美感，它意味着把人放置在特定的事件与空间之中，除了由视觉与听觉带来的审美快感之外，还包括由触觉、嗅觉、味觉等协同起作用的快感。由此，本文探讨了美感、快感及其与身体的关系，这正是审美与经济的重合之处。

美学作为艺术理论的对象，与美学作为当代生活中的重要因素是两回事。欧洲思想自18世纪以来所开展的美学理论中，美学通常被看成是关于艺术、艺术作品及艺术欣赏的理论。阿多诺(Theodor W. Adorno)的美学理论大体上也可归类于此一哲学脉络。《美学理论》一书主要是关于艺术和艺术作品的理论，但同时阿多诺试图彻底地连接美学与现代性。他不仅使得美学突破传统学院美学的界限，而接受现代艺术的挑战，另也将美学的领域扩展到广泛的“文化工业”(或译“文化产业”)之上。美学理论的此一扩展显然反映着“美学”在先进资本主义社会中所扮演的角色，亦即反映着将生活美学化的趋势。

在欧洲，美学与宗教逐渐形成了紧张关系，生活的美学化甚至意味着以美学取代宗教的过程。就此，创造性的历史可作为例子。简而言之，创造性的发展代表着美学领域的扩展，因为自文艺复兴以后，人的创造性才逐渐受到肯定，而创造性乃脱离了宗教的范围。在基督教的严格意义下，上帝是创造者，人是被创造者，故肯定人的创造性乃违背其基本教义。由创造性的系谱学来看，美学如何成为贯穿整个日常生活的力量便不难理解。美学若要面对此发展，不得不超出一般的艺术理论，而必须触及以下两个领域：一方面美学作为一种社会、经济、政治的事实，而与种种权力关系相联结；在此脉络下，美学便包含消费文化、奢侈文化、营销、广告、设计等美学工作，并构成广泛的“美学经济”。另一方面，如何反省和批评此一发展则成为美学理论的新议题。本文乃着眼于美学与自我修养的关系，将试图透过阿多诺美学理论来描绘美学修养的某些构成线索。在美学化的情况下，自我展演、自我营销、自我创造、自我实现之类的议题出现，而“自我”本身也成为创作的材质。但美学修养不仅要使自我修养适应这样的趋势，另要以美学修养为批判美学经济的一种起源。如果在美学与自我的关系上区分以上两个领域，则一方面要将自我放在资本主义式民主社会的脉络，而思考自我的美学化及创造化的问题；另者，若涉及美学的自律性问题时，则必须追问美学如何能走出权力关系、经济利益及政治策略的桎梏。为面对以上之问题，本文试图将阿多诺所谓“艺术的双重性格”转化为“美学的双重性格”，而将之运用在美学修养的讨论上。

由阿多诺的美学理论出发,美学修养的问题则可从两个角度加以探索：艺术作品与自我的关系,及艺术作品与文化工业的关系。在当代哲学中,自我可视同一件艺术作品般来进行创作的材质,因此,"何谓艺术作品"便成为必须重新思索的问题。此问题涉及法国哲学家傅柯(Michel Foucault)的修养论与阿多诺美学理论的交错,即傅柯自我创造说与阿多诺艺术作品理论的连接。傅柯曾经提问,为何艺术成为艺术家的专业领域？为何一盏灯或一幢房子可作为艺术的对象？而个人的生活反而是在艺术领域之外？在傅柯的讨论中,将自我看成艺术作品来加以创造的观念,意味着将艺术作品与主体性置于同样的哲学脉络来思考。换句话说,如果自律的主体与自律的艺术作品可产生理论之关系,厘清自我作为美学经济的一部分与自我作为自律美学的一部分此两者间的关系,乃是讨论艺术作品与文化工业的主要目标。

如果说,康德的美学使得在现代意义上作为一门合理合法的美学知识得以确立的话,康德美学就只是关于艺术美的知识。自此而言,我们丝毫不能抹杀康德的伟大贡献,就像卡西尔在《人论》中所说的:"康德在《判断力批判》中第一次清晰而令人信服地证明了艺术的自主性;以往所有的体系都是一直在哲学或道德生活的范围内寻找一种艺术的原则。在这两种解释下,艺术不可能具有自己的独立的价值"①。康德关于审美判断的四个契机尤其是关于"审美无关利害"的命题,在审美作为一种生活或者说作为一个事件、行为的意义上可以得到更为准确的理解,因为这一命题并不是针对艺术作品的本体论的,也不是针对创作论的,而是针对包含了在审美活动的一切因素,尤其是包含了审美主体、审美客体、审美时间这三个混溶而不可分离的因素的审美生活。可以说,康德的美学思想使得美学摆脱了以古希腊为代表的侧重于认识论的美学倾向,也摆脱了以中世纪美学为代表的侧重于唯灵论的倾向。

至少自康德美学以来,我们奠定了以"形式"、"外观"、"结构"、"静观"、"超越"、"虚拟"等概念作为这门知识之核心体系。按照康德在论述审美判断第二契机时对个案——"玫瑰花"的分析,他所追求的是一种近乎理想状态的审美体验：审美作为一种快感仅仅与"纯粹形式"②有关,"纯粹形式"也就必然只适用于视觉与听觉器官;那么,我们对于玫瑰花的感觉是怎样的呢？康德认为:"玫瑰花在气味上是快适的,这虽然也是一个感性的和单一的判断,但不是鉴赏判断,而是一个感官的判断。"③那么,也就意味着审美主体在对一个玫瑰花产生纯粹的审美快感时,把对玫瑰花香味的官能快感分离出去了;当然,康德这一见解在这一角度是很深刻的,也

① 卡西尔:《人论》,甘阳译,上海译文出版社,1985年第1版,第175页。
② 康德:《判断力批判》上卷,宗白华译,商务印书馆1964年版,第28页。
③ 康德:《判断力批判》上卷,宗白华译,商务印书馆1964年版,第52页。

就是如果一个审美主体没有对一朵本来很美的玫瑰花产生审美判断，而只是为玫瑰花的香味所吸引，显然就不会具有普遍共通性，但是，一旦一个审美主体产生了对于玫瑰花的审美判断，那么，对于香味的体验就是绝对不可能分离出去的，而是共同属于一个身体对同一个对象的感觉。

按照一般的划分方法，我们把人类的感官分为五种，即嗅觉、味觉、触觉、视觉、听觉，康德在对五种感官的分析中说："其中的三种（即听觉、触觉、视觉）是客观性多于主观性的，也就是说，它们作为感性直观对于外部对象的认识，比使受刺激的感官被生动地认识到，要有更多的贡献；而后两种（味觉、嗅觉）则是主观性多于客观性的，即是说他们产生的观念于外部对象的认识相比更是享受的观念。"①那么，据此，我们就可以对康德的"玫瑰花"作这样的改写：他所说的纯粹的感觉只适用于照片上的或者是画中的甚至可以是用塑料做成的"玫瑰花"，或者说，我们是用手捂着鼻子来看玫瑰花的。

二

现代美学的知识体系一直是以艺术作品作为自己的合法界限的，因而，审美快感就只能以视觉与听觉为限，由于其不实用，而无法触及经济价值。视觉与听觉器官长期以来被人们称作更加"人性"、"理性"、"神性"的最为文明的感官，"因为只有它们能被抽象化成能够为从感性向纯理性过渡的桥梁"②，视听语言或者说视听符号都可以被利用成一种本身无疑义的、任意性的"记号"，并以此来呈现世界，而且所呈现出的世界是一种使得本真世界的材料与质感消失的世界，即"形式"的世界。而其他感官就被当作最为服从理性支配的器官，而是被当作不容易受理性支配的。即便是对于"感性"的强调，以纯粹艺术作品为阐释对象的美学，也只能把"感性"阐释为失去最直接材质、质感的"感性"，即被符号所描述的"感性"，当然，这是对"此"感性而不是对空间环境美学以及日常用品审美设计学视野中"彼"感性的阐释。

即使是对纯粹艺术品的审美，我们似乎仅仅运用了视觉与听觉的话，那么这样一个审美行为同样是在一个现象界发生的、在一个实在的自然时空环境中进行的，其他感官同样是参与的，只不过参与的性质不同而已。在对艺术作品的审美过程中，人是处在一定的物理环境中的，他的身体的感觉器官是受其限制的，嗅觉、触觉、味觉、皮肤的感觉尽管不直接参与，但却是作为视觉与听觉的功利性的前提来存在的。人在这样一个物理环境中，在这些感觉上必须满足其基本需要，或者对于他们的干预不能超过其所能够承受的最大生理阈限，也就是说，在一个以艺术作品

① 康德：《实用人类学》，邓晓芒译，重庆出版社 1987 年版，第 33 页。

② 叶秀山：《美的哲学》东方出版社 1991 年版，第 90 页。

为对象的审美事件中,也就意味着周围环境的因素,比如温度、湿度、安静的程度、温饱的程度已经满足了审美主体的基本需要,因而,环境中的生态因素就成为审美即使是最为纯粹的审美的最直接也是最为隐晦的支持因素。

试想:在一个凉爽的春季早晨,在安静的树林中,微风习习,躺在两树之间的吊床上,聆听苹果 nano 的 MP3 音乐的感觉,与一个在嘈杂炎热的街道、公共汽车上听音乐的感受,能一样吗?如果我们把一个音乐厅的温度从 23℃ 调到 33℃,听音乐的感受会怎么样?诚然,温度的升高只是影响了皮肤对于温度的感觉,而丝毫没有影响到听觉,但是对于听觉显而易见的影响却是决定性的。我们只能说,在相对纯粹的、往往主要使用视觉与听觉的审美活动中,身体是作为一个整体发挥作用的,只不过由于视觉与听觉所起作用过大的缘故,其他的身体感觉被掩盖在后台了。

所以,功能性的审美对象与"我"的身体的融合以及空间环境之中的人与物的陈设就成为"我"感受的源泉。而审美体验就主要来源于对这一功能性审美对象的使用、接触以及对空间环境陈设结构的注视与游历,同时,这两者所具有的一切物理因素,都会对"我"的感觉与经验产生必然的作用,比如材质、质地、结构、气候、温度、植被、建筑、石头、土壤、"他人"的数量、色彩、空气运动、气味、水等等。不是"我"的听觉与视觉仅仅存在于此,而是"我的身体"存在于此。与纯粹的以艺术为对象的各审美感官相比,视觉、听觉尤其是视觉之外的其他器官更强烈地参与其中。比如,当"我"在视觉上对某一空间环境感到舒适愉悦的同时,也就意味着处在这一空间环境因素相对应的其他感觉器官也同样得到了愉悦,而且所有这样一些愉悦是同时发生的。在对这两种审美对象的意向性关联中,"我"是以全面的身体感觉来参与的,有多少身体感觉器官的参与,这取决于"我"所使用的某一件日用品和"我"所处的自然环境的材料的构成要素。

由于纯粹的艺术作品在"形式"与"结构"上最能体现出如同黑格尔所云的人类理性与理念的创造性,体现出这是一个与现实生活完全不同的虚拟世界,那么,从对日用品的审美设计来看,日用品首先要满足的是"功能性"的需要,例如,我所购买的手机必须是符合我的人体工程学的,必须是方便我的手掌持用的。手机的外观既需要美观,又更需要满足我的皮肤的触觉,比如,手机应该光滑、细腻等等,绝对不可能抛开手机与我身体感觉的接触的界限,去设计、生产一个只具有精神性需要的、完全没有第一度材料质感的手机。从对"自然美"所作的评价上也是如此,假如我们沿用了这一其实是从"艺术作品"中归纳出的标准与评价体系,惯常的体现就是只对接近于"艺术美"的"经典性"的自然景观作评价,典型的"名胜"与"风景"因而才能进入美学的视野,成为传统美学论述自然美的对象,而典型的"名胜"与"风景"只是自然环境审美中极其微小的构成部分。

所以,"身体快感"这一概念必须进入美学知识体系的核心区域,成为对"美感"

进行全面描述的依据。这就意味着在强调功能性与实用性的审美生活和在空间环境的审美生活中的人的感觉不再仅仅是传统美学乃至于现代美学意义上的美感，它意味着把人放置在特定的事件与空间之中，除了由视觉与听觉带来的审美快感之外，还包括由触觉、嗅觉、味觉等协同起作用的快感。但是，单独的嗅觉、味觉、触觉并不能直接地单独地产生美感。在某一具体的审美生活中，身体是以此时此地的整体性来参与审美的。以康德为代表的现代美学知识体系之后的美学应该把功能性的美以及“环境”或更准确地说应该把“空间”引入知识体系，把接触或使用功能性的审美对象以及处在“环境”与“空间”中的人的身体感觉作为基本对象。

美学如果不能确立明确的研究对象，或者研究对象范围过大或者过于狭窄，那么，它就必然走向谬误；而且，对象的更新或者说新对象的出现，必然会导致新美学的产生，或者说会导致美学中新知识的产生——这种“新”往往并不是局部的，而是涉及美学作为一种形而上知识形态在整体与全局上的变化。

在康德的美学思想中，由于追求最为纯粹、最为典型的审美主体性，在他的理性形而上学的建构中出现矛盾与分裂是必然的。一方面他主张一切从经验出发，另一方面，又从先验的形而上原则与概念出发，这导致经验与概念之间无法完全吻合，关于审美判断力四大契机之首——“审美超功利”的命题，正如本文在前文所述，仅仅是适合于以纯粹艺术品为对象的审美活动的，仅仅是对这一审美体验的描述。当然，康德在《判断力批判》当中也注意到了这个问题，也就是当审美主体面对一个具有包含审美特性在内多种性质的事物时，主体的感受应该是怎样的？按照康德的看法，他认为：“对于一物的多样性所感到的愉快，和规定它的可能性的内在目的，这两者之间的关系，是基于一个概念上的愉快。”①所以，康德美学思想的内在逻辑就是：只能针对一个而且只有一种感觉特性，再加上这一感觉是由一个纯粹物体所带来的。这一物体就是纯粹的艺术作品，而“多样性”的对象则是康德加以过滤的对于自然界的审美对象和以功能性为目的的审美对象。总的来看，康德在对审美对象的界定上采用了“本质先行”的做法，在“本质先行”中过滤掉了审美生活中只能由“身体”才能得以完满描述与阐释的两大重要现象，所以，康德美学既是以视觉听觉为核心的现代美学的奠基，同时又是以“身体”为核心现代美学之后的继续的起点，这个起点就必然是——继续从经验出发，从现象出发，扩展现象，在扩展现象的基础上来进行描述与解释，“审美超功利”这一适合于以纯粹艺术品为对象的审美活动的“本质”就必须“先行悬置”，新的美学知识体系因而得以诞生。

① 康德：《判断力批判》上卷，宗白华译，商务印书馆1964年版，第68页。

三

从近现代美学来看,达尔文的进化论美学观可以说是对于“身体感受美学”的草创;现代西方美学中早期的一些美学流派,比如引擎派美学的谷鲁斯的“内模仿说”、伏龙·李的“线性运动说”等都已经涉及在视听感受所引起的身体感受经验的描述问题,而居约则把一些低级的感官活动乃至生殖功能满足所获得的快感都包含在美感经验之中;美国现代哲学家乔治·桑塔耶纳提出了“美是快感的对象化”,主张:“人的一切机能都对美感有贡献。”①他关注了存在于纯粹艺术品所引发的视觉听觉快感之外的,即审美主体处于自然环境中的统觉体验,他说:“让花香从园里飘来,它就会给同时认识到的事物添上另一种感性的魅力,帮助它们显得美。因此,美是在快感的客观化中形成的,美是客观化了的快感。”②他的观点得到了很多其他美学家的赞同,但是,由于他没能为自己的观点找到充分有力的证据,所以一直没能得到更为普遍的公认,而且,更为遗憾的是他没有在这个身体的纬度继续深入地走下去,也没有始终坚持这一身体统觉快感的立场。当代环境美学也开始对空间环境中“身体感受”的问题有了集中的关注,如阿诺德·伯林特就提出美学应关注“身体是环境的”,而且“抓住此种观念就会把我们引入一个完全不同的方向。”③而埃伦·迪萨纳亚克女士在《审美的人》中所表达的看法更是涉及“身体”与美学知识的重写,她直言:基督教对身体的态度与18世纪的“审美无关利害”命题是对艺术身体性的两次打击④。另外,需要指出的是,也已枝繁叶茂的西方设计艺术及其美学也日益进入哲学美学、文艺美学的知识视野中来。但是,就总的发展趋向来看,我认为还没有把现象学对康德哲学与美学的补充发挥得很完善,最集中的体现就在于还没有最为直接地把美学的三大领域——纯粹艺术、空间环境的美、功能性艺术作为一个整体,植入“身体”感受的视野进行更为具体、理性的研究。

在当代中国美学中,对于“身体”感受美学的反思,自张道一就开始了,他认为:“实用性的艺术,主要指建筑艺术、工艺美术和现代工业艺术设计等,几乎包括人们衣食住行用的各个方面。它是在生活中被实际应用的,以其特具的形色及其装饰,使人在用的过程中得到心神的愉悦,对精神起到潜移默化的作用。生活的美好是人的积极进取的一个重要方面。生活环境的美化、理想化也是文明的一个重要的

---

① 桑塔耶纳:《美感》,缪灵珠译,中国社会科学出版社1982年版,第36页。

② 桑塔耶纳:《美感》,缪灵珠译,中国社会科学出版社1982年版,第35页。

③ 阿诺德·伯林特主编:《环境与艺术:环境美学的多维视角》,刘悦笛等译,重庆出版社2007年版,第175页。

④ 参见埃伦·迪萨纳亚克:《审美的人:艺术来自何处及原因何在》,户晓辉译,商务印书馆2004年版,第55页。

标志。早期美学的研究曾忽略了这一点，只是在近半个世纪才逐渐有所认识”①。在新时期美学发展的过程中，张道一的见解是极为重要的，其价值在于弥补了在美学研究中长期存在的、对于造物美学或工艺美术理论的忽视，而美学研究对于造物的审美活动以及工艺设计等以实用为特征的审美现象缺乏应对，就是这种缺陷的表征。叶朗主编的《现代美学体系》在第七章专辟了“审美设计”探讨审美设计学的问题，认为：“十九世纪下半叶以前，美学研究大都局限于艺术，而后忽略了人类日常生活和劳动中的大量审美问题”②。尤其是在我国当代经济建设取得极大进步的情况下，审美生活比起以往的任何时代都要丰富与多样，其中一个重要的变化就是对于实用性、功能性艺术的消费。而面对这一变化，我国美学界在以往狭隘的美学观念的支配下，就丧失了自己的判断力，把这种变化看做是艺术以外的东西。

从我国近10多年来的美学发展来看，美学作为一种知识形态正在发生两个重大的变化，而且两者同属于一个与纯粹艺术美学截然不同的“造物”美学范畴：一是2004年以来关于日常生活审美化的讨论，二是1994年以来关于生态美学的发展，在这两个重大变化中既有长足的学术进展，同时又反映出美学自身在知识体系上的危机。

从日常生活的审美化的讨论来看，其危机就在于，“日常生活的审美化”竟然是一个比喻化的、象征式的新生活运动一般的口号，从业已发表的诸多学人的文章来看，对于日用产品的审美设计几乎完全无知，对于从英国工业革命就已经开始的几乎200年的工艺设计运动毫不知晓，对于中外艺术学界尤其是美术理论界对于工艺美术设计理论的研究十分隔膜，所以，较多学术探讨陷于无谓的争辩。在主客二分的模式已经不能较完整地认识审美活动的现状下，出现了愈来愈多地强调生活与存在的倾向，出现了诸如艺术化生存、审美化生存、诗意存在、审美化人生、艺术化人生、生活审美化、生命美学、日常生活审美化、生活美学、生命艺术化、艺术生命化等等很多不同的提法。但是，我认为，以上一些提法在概念上是极为不合逻辑的，总的来说是欠缺一个核心——“身体”，具体来看主要是表现在三个方面，第一，容易造成把审美活动与审美生活比喻化的倾向，因为给人的感觉是在谈论一种缥缈的象征与理想；第二，这样一些提法不具备理论分析与思辨的可能性，因为在审美生活中核心的时间、主客体、需要、世界等因素事实上是被抽空了。第三，把艺术与生活绝对的孤立化，只认为审美价值存在于精神性较强的非功利的纯粹的文学、音乐、绘画、雕塑等作品之中，而对功能性的审美对象以及自然美不屑一顾，这实际上是人为地缩小了美学的研究领地，也大大地缩小了人类审美活动与审美生活的范围。

---

① 张道一：《张道一文集》，安徽教育出版社，1999年10月第1版，第26—27页。
② 叶朗主编：《现代美学体系》，北京大学出版社，1988年10月第1版，第396页。

因而，在日用品以及我们所居的空间中所获得的审美活动的身体快感，也和经济及社会进步一样具有指标性意义。创新美学与企业美学经济具有相当程度的关联，因此持续的在美学层面上增进产品的附加价值与创新研发活动无形资产的投入，能使企业创造更多的效益。不论何种审美经济因素内涵，均与创新美学构成下的“生产美学的原则”呈现显著相关性，因此在生产创造的技术流程上除了有高效率外，更要能不阻碍劳动者的感性及创意；而创新的审美构成的“人才的审美素养”对其他美学经济特性都有较大的影响，可见“创意人才”是创新过程的最大资产，创新研发人员的人格特质与素养必须具有更丰富多元的审美思维及涵养。唯有追随审美经济体，才能掌握消费的趋势，并为社会创造更多的审美价值，也就是为社会创造了快感，由此快感的质与量来衡量此产品或者作品的价值。

对中产阶级化的艺术区与休闲区重叠的积极评价

——以北京798艺术区为例

周尚意* 唐 立 赵 婧

内容提要： 在中国许多城市出现了美术产业区，例如北京的798，上海的M50、田子坊和深圳的OCT等。这些美术产业区同时也成为城市新的休闲地，咖啡屋、酒吧和茶室等则成为这些美术产业区的组成部分。对于这样的现象，正面评价是休闲业给美术产业区带来了人气，促进了它们的发展；负面的评价是休闲业破坏了艺术创作的氛围，使得艺术家离开已然变了味儿的艺术创意区。本文以北京798艺术区为例，从中产阶级化的角度，分析休闲业与美术产业在空间上重叠的利弊。中产阶级化是美国城市20世纪60年代出现的一种运动，中国目前城市发展过程中也出现了中产阶级化迹象，与英美等发达国家相同的是，这个过程是城市改造或更新中的现象，旧的房地产（尤其是闲置的工业用地）通过新的利用成为新的文化娱乐业集中区。与发达国家不同的是，中国的土地权属的变更形式不一样。本研究只关心前一个相同点，因此一些国外的概念和理论可以应用到此研究中。本文的结论有三点：第一，从艺术区流动人员社会文化结构和车辆结构上判定，798艺术区在空间上与休闲区重叠为一体；第二，798艺术区与休闲区的重叠可以使中产阶级艺术文化与社会其他阶层的文化互动，避免社会阶层隔离；第三，798艺术区与休闲区的重叠可以增强付租能力及稳定性，从而使艺术区有一个稳定的文化生产空间。

关键词： 艺术区 休闲区 中产阶级化

一、城市艺术产业区出现与中产阶级化地区

1. 中产阶级化的起源与特征

“中产阶级化”亦翻译为“绅士化”，它是1964年英国社会学家Ruth Glass提出的一个术语，该概念是指城市郊区富裕的人群重返城市中心，进入低收入的工人

---

*周尚意，女，北京师范大学地理与遥感学院教授、城市与区域规划所所长。

阶层居住区,替代他们的现象。她用这个概念分析了英国伦敦的 Islington 居住区。[①][②]美国对中产阶级化的定义更为简单,即指居住区从低价地区变为高价地区的过程。[③]其他典型的西方城市中产阶级化的地区还有英国曼彻斯特的 Roxbury 区、芝加哥的 Near South Side、纽约的哈莱姆、柏林的 Prenzlauer Berg、汉堡的 Altona 以及布达佩斯的 Ferencváros。后续的城市中产阶级化区域已经超出了城市中心地区的居住地区。[④]

在国外,中产阶级化地区的表征之一是这些地区经历了人口的转变,首先是中档收入人群的进入,其次是少数民族人群的减少,最后是家庭规模的减少。表征之二是这些地区的土地利用形式变化了,从工业用地转变为商业用地和居住用地,从而使得这些地区的地租和地价提高了。[⑤] 表征之三是这些地区出现了新文化的集群。[⑥]

城市某些贫穷地区被中产阶级化的原因有"供给说"(supply side)和"需求说"(demand side),前者认为,因为城市某地区提供了吸引中产阶级的住房,所以那里被中产阶级化了。城市更新运动(urban renewal)为中产阶级提供了新居住区,对那些专业人士、空巢家庭更有吸引力。[⑦] 需求说认为中产阶级对该地区有了新的土地需求。本文讨论的北京 798 艺术区则更接近后者的情况。许多城市追求全球城市(global city)地位,从而使得城市社会出现极化(polarization),极化的表现之一是中产阶级群体增加,制造业工人下降。John Friedman 等学者指出,全球城市中具有优先权的阶层决定着城市的走向。[⑧] 我们认为这种走向中也包含着空间格局的走向。中产阶层掌握着一定的资本和财富,当他们携带资本进入城市中某些衰落地区居住或经营时,就出现了该地

---

① Atkinson, Rowland and Gary Bridge. Gentrification in a Global Context: The New Urban Colonialism. London and New York: Routledge. 2005.

② Glass, Ruth. London: Aspects of Change. London: MacGibbon & Kee. 1964.

③ Health Effects of Gentrification. Centers for Disease Control and Prevention.

④ McDonald, S. C. Human and Market Dynamics in the Gentrification of a Boston Neighborhood. PhD thesis. Harvard University. Mass. 1983. cited from Sharon Zuki. Gentrification: Culture and Capital in the Urban Core. Annual Review of Sociology, Vol. 13. (1987), pp. 129—147.

⑤ Lupton, Bob. Everyday Life, Gentrification With Justice. in Faith Magazine (Presbyterian Church of America).

⑥ Zukin, Sharon. Gentrification: Culture and Capital in the Urban Core. Annual Review of Sociology, Vol. 13. (1987), pp. 129—147.

⑦ Maureen & Paul Leanard Kennedy. Dealing with Neighborhood Change: A Primer on Gentrification and Policy Choices. The Brookings Institution Center on Urban and Metropolitan Policy and PolicyLink(April 2001).

⑧ Friedman, John. The World-city Hypothesis. From World Cities in a World-System. Paul L. Knox and Peter J. Taylor (eds), Cambridge: Cambridge University Press, 1995, pp. 317 - 331. (originally published 1986) p. 322.

区的中产阶级化。而城市许多地区的衰落正是城市全球化过程中制造业萎缩的结果。

中产阶级化的地区有其大致相似的景观特征，即有大量的特色小店(shops)、咖啡店(cafes)和小型时装店(boutiques)。它们点缀在城市中心办公楼构成的天际线(a downtown skyline of office towers)之下，这里既充满着艺术和闲适的氛围，又具有政治机构(political institutions)的那种责任气质(with a responsible social ethos)，这种氛围是中产阶级特有的。因为中产阶级既对审美情趣、对高质量生活有更高的需求，①同时也是对社会有一定发言权的人群。

有些中国学者也开始研究中产阶级化在中国城市的表现与作用，例如南京中产阶级化对城市中心更新的作用。②

2. 798 艺术区是否符合中产阶级化特征

798 原为民主德国帮助设计的军工厂，20 世纪 90 年代后期开始转产，部分厂房空闲出来。2002 年黄锐、李象群等有影响的艺术家在这里租用厂房作为他们的工作室，至 2003 年 4 月，这里便拥有了 38 家画廊、艺术基金会、出版传媒、设计广告、时尚品牌、咖啡店、餐馆、酒吧等机构和 46 个艺术家工作室。后逐渐有许多艺术家向这里聚集。在北京，城市中心的更新尚未引起的中产阶级化地区的出现。798 位于城市中心区东北边缘的酒仙桥地区，从地理位置上与西方许多中产阶级化地区不一样，但是这里是否具有其他中产阶级化的特征？

798 中产阶级化特征之一是人口构成的转变。798 原本是传统电子制造业工人阶层工作的地方，附近也有一些工厂宿舍区。随着艺术家群体的进入，这里的人口结构开始转变。中外艺术家、中外艺术品收藏家等云集在此，这样的一个现象正好符合了 Benjamin Grant 所定义的城市中产阶级化(urban gentrification)的人口特点。③

798 中产阶级化特征之二是这些地区的土地利用形式变化了。这里近 70%的土地已经从传统工业用地转变为艺术产业用地，见图 1。

798 中产阶级化特征之三是这些地区出现了新文化的集群。截至 2008 年 9 月底，这里聚集了 301 家艺术画室、画廊和与之配套的企业。④

---

① Johnston R J. Ecological Validity. In: Johnston R J, Gregory D, Smith D M (eds.), The Dictionary of Human Geography. Oxford: Blackwell, 1986. p 616.

② 朱喜钢、周强、金俭：《城市绅士化与城市更新——以南京为例》,《城市发展研究》,2004 年第 4 期。

③ Grant, Benjamin. What is Gentrification?. Public Broadcasting Service. www.pbs.org, (June 17, 2003).

④ 2008 年 798 艺术节地图附录，798 七星集团，2008 年 9 月。

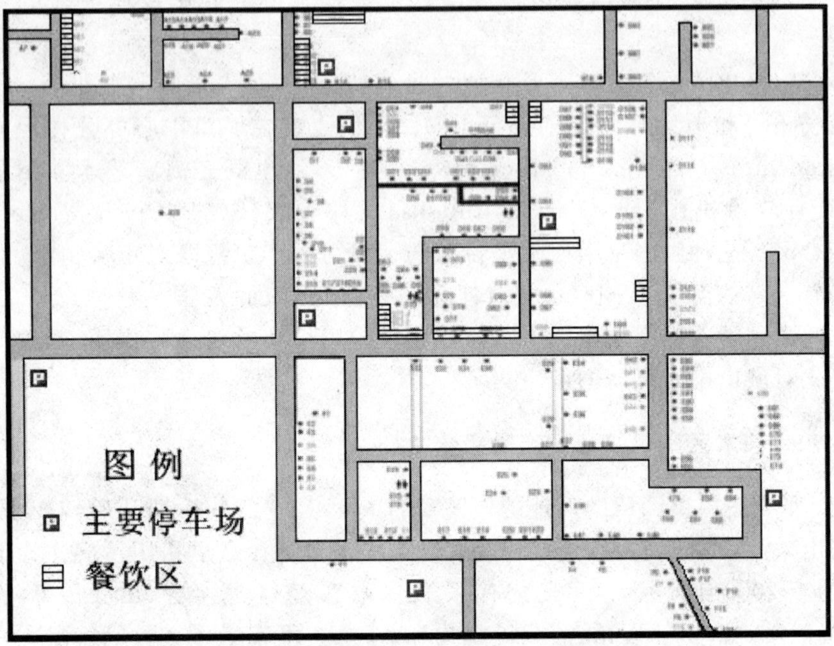

图1　北京798艺术区艺术功能与休闲功能分布图①

二、休闲区渗入中产阶级化的艺术区

1. 艺术区与休闲区重叠的空间特征

2005年以来,798逐渐成为北京城市文化旅游的重要地点之一。2007年11月,北京市工业促进局等单位举办"工业旅游——伴您走进2008"活动,该活动向市民推出两条工业旅游线路,798艺术区就是线路的第一站。2007年年底,北京朝阳区为了加强798艺术区的旅游接待能力,开始对798艺术区进行环境升级改造,新铺了所有的道路,增建扩建了10个停车场,新建了12处景观广场。目前6辆电瓶车已经投入使用,在艺术区循环运行,游客免费乘坐。2008年7月3日,798艺术区新建的旅游服务中心开始启用,该中心提供导游、茶歇、包裹寄存、对讲机租赁等服务。这标志着该艺术区已经按照旅游景区的设施建设了。② 798艺术区还是北京奥运会期间重要的旅游接待站。根据统计,2004年、2005年到798艺术区的游客达50万人,2006年逾百万人,2007年近150万人,其中有很多是外国游客。

① Map of 798, http://www.798art.org/map.html.

② 郭爱娣:《798艺术区旅游服务中心启用》,《京华时报》,2008年7月4日。

目前798艺术区接待外国游客的数量已经超过故宫。[①]从图1、图2我们可以看出，在798艺术区中已经有许多餐饮区出现，目前餐饮服务的店面已经超过30家。七星集团物业公司也规划了相对集中的餐饮区，餐饮区主要分布在主路路面。与之相对应的是，许多画廊和画室则分布在厂房之内。这样的分布使得艺术区的视觉景观更贴近休闲区。

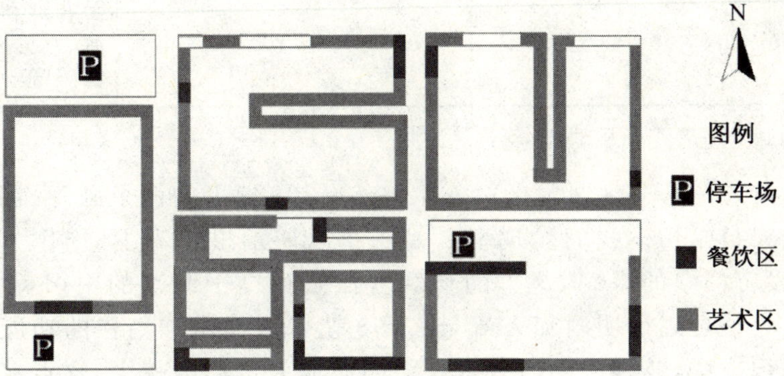

图2　北京798艺术区核心区的餐饮业分布图
（图2对应图1中的虚线矩形部分，数据由赵婧调查）

2. 艺术区与休闲区重叠的社会文化特征

一个地区的社会文化特征可以由该地区的人群社会文化特征体现。798是否具有中产阶级化的特点？通常可以从职业、收入和价值观三个方面考察。本文所讨论的中产阶级采用了中国社会科学院学者定义的"中产阶层"的职业分类。[②]中国的中产阶层的职业包括建筑师、律师、私人企业中的技师、商业营销人员、经理、IT业工程师、与市场运作密切相关的影视工作者、教授、医生、股票经纪人与自由职业者等人群，此外还包括中国的垄断行业及半垄断行业的高收入职工如烟草、电力等，以及获得"灰色收入"的公务员。《中国中产阶层调查》课题组认为，在中国个人月收入达到5000元（2005年）就可以计为中产阶层。一些研究认为，中国中产阶层还没有形成统一的价值观，因此本论文只从职业和收入来分析798艺术区中产阶级化特征。

---

① "开放·跨越——798开放日"举行新闻发布会，《雅昌艺术网》，2008年7月8日. http://www.artjingya.com/Html/zixun/zonghe/328258615.html.

② 周晓虹：《中国中产阶层调查》，社会科学文献出版社2005年版。

表 1　798 游客结构

画廊	面积(m^2)	高峰流量(人次/小时)	本地人(%)	艺术职业人员(%)	备注
A	33.5×23×0.4×0.4=123	464	85	3～4	无人逗留超过 5 分钟,年轻人超过 60%。
B	22.5×15=337.5	78	80	1	无人逗留超过 5 分钟,70% 为 20～30 岁,大部分为学生。

调查时间:2008 年 9 月 30 日,画廊名称以字母替代,调查者周尚意、吴莉萍。

本调查选择了 798 艺术区第一主路——798 路上的两个画廊,调查统计了人流量和人员结构。我们发现 798 是一个以展示出售为主、创作为辅的艺术区,由于没有门票的限制,这里的参观者流量远高于北京的中国美术馆,表 1 高峰流量一栏可以说明画廊人流量。798 艺术区展示和销售的功能决定着进入人员的构成中,艺术家和与艺术相关的职业人员比重较少,这点在表 1 艺术职业人员一栏可以体现。表 1 备注栏说明,在调查时段内,无人停留 5 分钟以上,即有意购买艺术品的参观者寥寥。这样的人员结构还说明,艺术区同时也是一个公共休闲区,人们到这里来的目的是欣赏艺术作品。表中备注一栏的信息说明,进入画廊的人员年龄结构偏年轻,大比例的高校学生和年轻人人群削弱了艺术区艺术品销售的功能,因为这样的人群不是真正拥有艺术品购买力的人群。

由于收入涉及个人隐私,不容易调查,因此我们通过调查停车场车辆的档次结构,大致估计进入 798 艺术区人群的收入结构。798 的停车场分为免费停车场、收费停车场两种,后一种停车场主要是为在 798 工作的单位和人员服务的,因此也称为专用停车场。图 3 与图 4 是调查日人流高峰时段(上午至下午四个半小时)内两类停车场车辆的档次结构。图 3 表明,参观者车辆的结构以中低档车为主。如果我们以 20 万元以上的汽车作为中产阶层及以上家庭的用车的底线,那么其比例大约为 20%。尽管这个数字超过了中国中产阶层在人口中的百分比,但是由于许多抵达 798 艺术区的人采用了其他交通工具,所以免费停车场的车辆档次结构仅具有限的参考价值。图 4 专用停车场车辆档次结构表明,中档的车辆比例最高。这说明在艺术区工作的人员中收入多达到了中产阶层的水平,而以本地车牌为主。

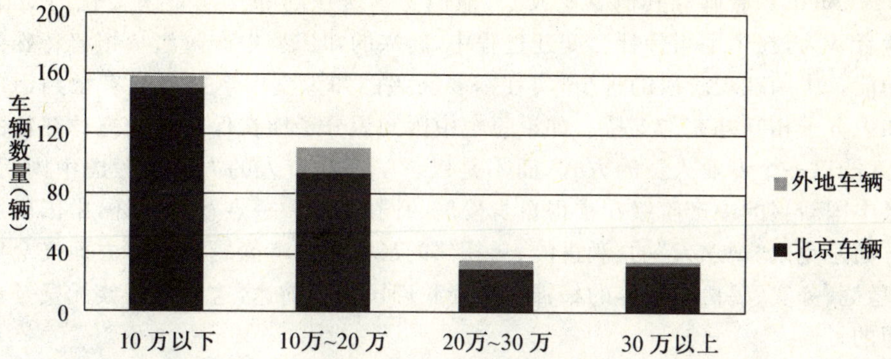

图3　798西主门免费停车场车辆档次分布
（2008年9月30日由唐立调查）

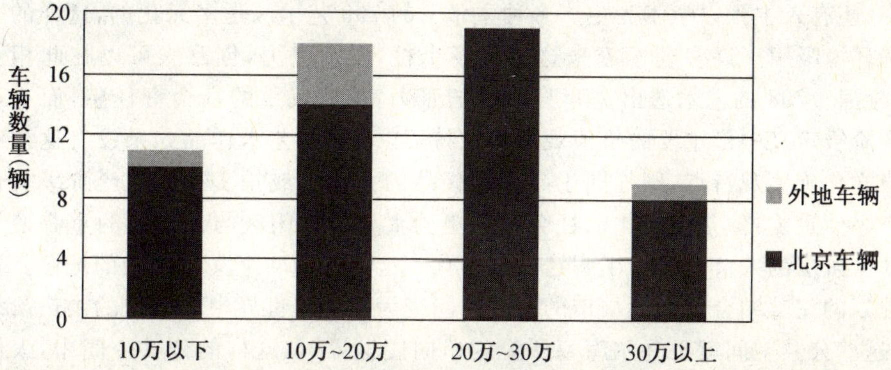

图4　798主要专用停车场车辆档次分布
（2008年9月30日由唐立、吴莉萍、周尚意调查）

三、对艺术区休闲功能中产阶级化的评价

（一）新文化的生产与社会互动的公共空间

上一部分调查看出，798艺术区的艺术家主要为中产阶级，参观者以非中产阶级为主。著名地理学家David Ley指出，中产阶级将形成“文化的新阶级”（cultural new class），[①] 在西方国家，这个群体的核心是艺术家、文人（cultural

① Ley, David. Gentrification and the Politics of the New Middle Class. Environment and Planning D: Society and Space 1994, v. 12, pp. 53—74.

professionals)、教师和其他专业人士，他们为其所在的邻里区带来文化的变化。① 有学者认为，在中国当代社会变迁过程中，新兴的知识型中产阶级承担着特殊的社会功能。中国在现阶段的进步，实在需要新兴的知识型中产阶级与有批判话语权的知识分子相互补充与支持。如果每个中国知识分子能在保持他的道德热情的同时，又能以一个专业人员的方式，而不是以哲学家和诗人的方式来考虑中国问题；如果中国新兴的中产阶级在求得自身发展的同时，能多一点社会关怀，中国就可能一方面避免以“观念人”的、激进的、乌托邦的形式来思考问题。另一方面又会以渐进、稳健、务实、妥协与宽容的精神来选择我们民族的前途，这样的民族无疑是更有希望的。②

798 艺术区是一个艺术形式、风格和题材多样的文化创意源地、文化展示园地，其中也不乏批判现实主义和政治波普的作品。关于 798 艺术风格的定位一直存在争论。有些人认为要面向社会和大众，尽量做得时尚一点，以新闻效应、时尚为主；还有人主张以学术为主。多种主张下的 798 艺术区是多元化的，这样的文化生态环境吸引了许多艺术家来这里张扬个性、发挥潜力，创意人可以在此相互交流、碰撞。798 的艺术透出宽容与激进的张力，透出沉重的社会责任感，而这正是中产阶级定义中最重要的价值观和文化特征。798 的艺术作品如果没有这种中产阶级文化价值观特点，则等同于高档奢侈品的大卖场或拍卖行。中产阶级文化的生产固然重要，但是其文化的社会传播更为重要。休闲区与艺术区的重叠使得其他社会阶层的人群也开始了解这里的文化。这里成为一个文化互动的地区。资本与规划的完美结合正在把城市的公共空间变为迪斯尼世界中的人造的中产阶级乐园，这些公共空间就是马尔库塞所说的单向度世界，在这样的公共空间中，人们失去了否定与批判的向度。798 艺术区是一个例外的城市公共空间，它是多元的社会交流公共空间。有国外学者反思到，纽约的 Lower East Side 已经成为中产阶级化的牺牲品，十余家剧院已经迁出，③整个地区服务于有偏的消费者(sporadic consumers)。④而促进地区文化的共享与互动是良性社会需要的。休闲区渗入 798 艺术区可以促进阶层间文化的互动。

① Nicole Brydson. Brooklyn, The Borough: A Case of Gentrification. The New York Observer (May 23, 2008).

② 萧功秦：《当今中国的中产阶级与知识分子》，http:// www. tecn. cn /data/ detail. php? id =4161.

③ Salkin, Allen, Lower East Side Is Under a Groove. The New York Times, June 3, 2007. http:// www. nytimes. com/2007/06/03/fashion/03misrahi. html? scp = 76&sq = collective% 20unconscious&st = cse. Retrieved on 11 August 2008.

④ Lloyd, Richard. Neo-Bohemia: Art and Commerce in the Postindustrial City. New York: Routledge, 2006. 104.

2. 空间重叠可增强租金支付能力的稳定性

798艺术区出现的地区与英美城市里的许多艺术区有很多相似性，即原本为废弃的工厂厂房和仓库。例如美国明尼苏达州的明尼阿波利斯市有一个区叫北环线邻里区（North Loop Neighborhood），那里原来是一个仓库区，后来成为艺术家工作室（artist lofts）、音乐人的空间（musician spaces）。[①②③]废弃的厂房和仓库不会永远是艺术家的乐园，随着艺术区地租的提高，许多艺术家被迫迁离，例如在20世纪60—70年代，纽约SOHO的Loft区基本上被艺术家、嬉皮士以及他们的追随者占据，[④]但是当这里的地租和社会地位上升后，这些艺术家就迁到纽约其他的地区了，如Park Slope、Brooklyn、新泽西州的Hoboken。在20世纪90年代和21世纪初，East Village和现在的Lower East Side成为新的中产阶级化地区。这是因为当一个中产阶级化的艺术区为人熟知后，对利益和该地氛围趋之若鹜的中产阶级和有钱人便大举进入，这最终导致该地区新一轮的房地产开发和房价升高，当地租和房价超出艺术家的支付能力，他们便不得不迁居到适合他们的地方。文化创造成就商业利益，在SOHO有一个例子：著名的古根海姆美术馆的下城分馆将其中一部分空间租给品牌店Prada，而租期到约的画廊也不得不让位这些盈利更高的商业企业。

消费指向的理论（consumption-side theory）这样解释中产阶级化地区的出现：中产阶级化的社区不但改变了城市贫穷地区的基础设施、[⑤]降低犯罪率[⑥]，同时还提供了一种新的"产品"。在后工业化的社会中，人们开始消费符号，消费符号化的空间，而艺术家积聚的地区正好为人们提供了一种可消费的符号空间。但该理论无法解释艺术家离开中产阶级艺术区的现象。地理学家Neil Smith用生产指向的理论（production-side theory）解释了这种现象。他指出资本的流动形成了城市空间格局。第二次世界大战后低租金的城市郊区成为资本投资的地区，城市中心区衰落了，中心区的地租也随之下降，当下降到足够的程度，资本又会重新回投到这

① Roberts, Chris. Getting a Handle on Gentrification in Nordeast. Minnesota Public Radio. December 6, 2002.

② Stone, Adam. Home at loft, The Warehouse District is attracting many new condo and apartment dwellers. Minneapolis / St. Paul Business Journal. Friday, August 13, 2004.

③ NE Mpls Arts District. Northeast Minneapolis Arts Association. February 03, 2008.

④ Zukin, Sharon. Loft Living. Piscataway(New Jersey): Rutgers University Press, 1989. 121—3.

⑤ Fannie Mae Foundation

⑥ Betsky, A. Queer Space: Architecture and Same-sex Desire. New York: William Morrow & Co. 1997.

个中心地区。[①] Sharon Zukin 认为在对中心区的这些土地进行投标时，原来住在那里的制造业工人无法与律师、艺术家、会计师、银行职员等人竞争，[②]因此有些中心区就开始中产阶级化了。中产阶级的付租能力是一定的，所以当地租和房租上涨后，他们自然也要迁到符合他们付租能力的地区。798 艺术区是否会重蹈纽约等城市艺术家迁出的覆辙？

2002 年，798 集团的物业公司因成功地将部分厂房租给画家作为画室，而荣获了七星集团的“年度贡献奖”，当时的租金为每天每平方米 0.7～0.8 元，大大高于厂房的收益。而现在(2008 年 9 月)，798 艺术区的房租经过几轮转租，已经增长近 10 倍。与东部 2 千米之遥的环铁国际艺术城相比，798 画廊的房租高出 3 倍；与东北部 4 千米之遥的北皋盛邦艺术区相比，798 房租是那里的近 10 倍(资料来自北皋盛邦艺术区招租广告)。这样的价格空间梯度，已经使许多画家从 798 艺术区迁出，搬到附近的艺术产业园。有人担心艺术家的离去是否会造成这个艺术区的衰落。但是 798 艺术区与休闲区的空间重叠有助于稳定该区域的付租能力。首先，大量的休闲客流，使得 798 艺术区非奢侈消费和服务的营业收益提高，而这部分收益相对于奢侈艺术品的收益是稳定的，非奢侈消费品的收入价格弹性比较小，在经济下滑时期稳定的销售收益更为重要；其次，休闲客流将强化 798 艺术区的展示功能，而展示功能收益相对于画室的收益稳定。目前创意新品的发布会、画展的开幕式和新闻发布会是 798 画廊稳定而重要的收入来源。在 798 所在的地理位置和城市规划的约束下，目前尚未有与画廊相竞争的行业。

结论与讨论

本文的初步结论有三点：第一，本文从艺术区流动人员社会文化结构和车辆结构上判定，798 艺术区在空间上与休闲区重叠为一体；第二，798 艺术区与休闲区的重叠可以使中产阶级艺术文化与社会其他阶层的文化互动，避免社会阶层隔离；第三，798 艺术区与休闲区的重叠可以增强付租能力及稳定性，从而使艺术区有一个稳定的文化生产空间。

本文由于调查资料的局限，尚未探讨休闲区是否会引导中产阶级文化的媚俗。这点仍需要今后的讨论与分析。

---

① Smith, N. Gentrification and the Rent-gap. Annals of the Association of American Geographers 1987. 77 (3) pp. 462—465.

② Zukin, Sharon. Loft Living. Rutgers UP, 1989. (originally published 1982) xiv.

台湾休闲产业与文化创意

高崇云　高鹏翔*

内容提要：当前生活富裕的台湾，大众拥有了更多的金钱与时间，因此如何加以运用来从事休闲活动已经成为现代人十分重要的课题。由于休闲风气提升与休闲时间增加、民众从事休闲活动的意愿提高，以及许多相关单位和团体的提倡，在软、硬件设施的建设日益完善，使休闲时间的安排与活动的选择，成为生活不可或缺的部分。休闲已经是一项具有巨大商机的产业，满足人们休闲需求导向的各式休闲事业纷纷产生，休闲成为人们生活中的必需。近年来台湾推展休闲活动不遗余力，通过兴建体育场、主题公园、公营休闲机构民营化等措施，使休闲相关行业蓬勃发展，加上政府部门对旅游资源的整合以及各相关单位所举办的活动，更增进民众重视及安排健康的休闲活动。事实上，休闲产业发展至今也有了新的趋势，尤其是当休闲观光与创意结合之后，艺术村、产业观光、休闲农业、新式旅游、民俗及长居(longstay)等相继形成，然而其中最令人关注的还是文化创意的休闲产业。

文化创意产业自2002年列为台湾重点发展计划，挑战2008——发展重点计划(2002—2007)进一步提出"文化创意产业"，积极以产业链的概念形态，重新定义文化产业的价值，开拓创意领域，结合人文与经济以发展兼顾文化积累与经济效益的产业。由此可见台湾休闲产业与文化创意有相当密切的关系。本文拟以文献分析及历史研究方法予以探讨，除前言及结论外，分为：一、台湾休闲产业的发展，二、台湾休闲产业演进与未来趋势，三、文化创意与休闲产业的结合等三大部分加以论述，最后强调文化的重要性，个人认为杭州成为"东方休闲之都"绝对不能忽视的是文化创意。

关键词：休闲产业　文化创意　长居

序　论

当前生活富裕的台湾，大众拥有了更多的金钱与时间，因此如何加以运用来从

---

*高崇云，男，博士，台湾德明财经科技大学讲座教授，台湾中华工商研究院院长，台湾中华观光学会副会长，台湾中华旅游休闲协会副理事长；高鹏翔，男，博士，台湾中华技术学院助理教授，浙江大学亚太休闲中心访问学者，台湾中华观光学会副秘书长，台湾中华旅游休闲协会副秘书长。

事休闲活动已经成为现代人十分重要的课题。由于休闲风气提升与休闲时间增加、民众从事休闲活动的意愿提高,以及许多相关单位和团体的提倡,在软、硬件设施的建设日益完善,使休闲时间的安排与活动的选择,成为生活不可或缺的部分。

休闲已经是一项具有巨大商机的产业,满足人们休闲需求导向的各式休闲事业纷纷产生,休闲成为人们生活中的必需。近年来台湾推展休闲活动不遗余力,通过兴建体育场、主题公园、公营休闲机构民营化等措施,使休闲相关行业蓬勃发展,加上政府部门对旅游资源的整合,以及各相关单位所举办的活动,更增进民众重视及安排健康的休闲活动。

事实上,休闲产业发展至今也有了新的趋势,尤其是当休闲观光与创意结合之后,艺术村、产业观光、休闲农业、新式旅游、民俗及长居(longstay)等相继形成,然而其中最令人关注的还是文化创意的休闲产业。

文化创意产业自2002年列为台湾重点发展计划,挑战2008——发展重点计划(2002—2007)进一步提出"文化创意产业",积极以产业链的概念形态,重新定义文化产业的价值,开拓创意领域,结合人文与经济以发展兼顾文化积累与经济效益的产业。由此可见台湾休闲产业与文化创意有相当密切的关系。

一、休闲产业的定义与内容

Kelly(1990)指出休闲产业有两种形式:第一种形式是直接与休闲相关的商品和服务提供,直接提供游憩活动需要的设备与环境,第二种形式则是与休闲活动相关的间接提供者①。

Maclean 将休闲产业定义为:"消费者经由付费而达到休闲游憩的目的,而供应者的目标则是从其中获取利润。"②(Maclean, Peterson and Martin, 1985)

Youell 在 1996 年出版的《休闲旅游与观光完全手册》(*The complete A-Z leisure travel and tourism handbook*)一书里将休闲产业(leisure and recreation lndustry)定义为:"指由营利性商业,私人和志愿所组成非营利性商业的部分与两者重叠,相互关连三个部分所组成。"③

本文则将休闲产业(leisure and recreation industry)定义如下:"整合自然和人文资源,并结合休闲、游憩、观光、运动、文化等多元化活动,提供直接或间接商品或服务,满足人们心灵和生活需求的产业。"

---

① Kelly, J. R., Freedom to A New Sociology of Leisure. NY: Macmillan Publishing Company, 1990.

② Maclean, J., Peterson, J. & Martin, D., . Recreation and Leisure: The changing scene (4th ed), New York: John Wiley & Sons, 1985.

③ Youell, L. R, The complete A-Z leisure travel and tourism handbook. British Library Cataloguing in Publishing Data, 39. 128 - 129, 1999.

休闲产业的内容和范畴可以分为休闲运动产业、文化产业和观光游憩产业及娱乐产业四大部分。

（一）休闲运动产业

黄煜、林房攒两位学者将运动产业分为参与性运动商品、观赏性运动商品、运动技术产品及运动赞助服务等四大类别①。

（二）文化产业

联合国教科文组织关于文化产业（cultural industries）的定义是：结合创作、生产与商业的内容，同时这些内容在本质上具有无形资产与文化概念的特性，并获得智慧财产权的保护，而以产品或服务的形式来呈现。

（三）游憩观光产业

根据 WTO 的定义，认为观光包含了三个基本要素：第一，观光客从事的活动是离开日常生活居住地，第二，这些活动需要交通运输将观光客带往观光目的地，第三，观光目的地必须提供设施、服务等，以满足观光客各种活动需求②。包含了下列四项基本的服务：（1）接待服务；（2）观光目的地景点提供；（3）运输服务；（4）旅行服务。

（四）娱乐产业

陈思伦学者等将休闲产业定义为："举凡提供人们从事休闲时所需之相关产品或服务之企业，皆可谓之为休闲产业。"而若将休闲产业依其性质加以分类，则可分为：（1）一般娱乐事业；（2）观光游憩事业，而其中一般娱乐事业系指提供民众日常休闲生活所需之事业，通常多位于都市内。包括：电玩业、出版业、唱片业、娱乐业、百货业、餐饮业等。此类事业提供民众日常生活食、衣、住、行、育、乐相关之休闲服务③。

综合而言，休闲产业是一种包含多种关联产业的集合产业，可以说是一种经济活动的次系统（subsystem）。由于休闲产业具有许多整合经济结构中不同部门的特性，使得休闲产业的发展成为政府和民间产业共同关注的议题④。

---

① 参阅黄煜、林房攒：《台湾运动产业之范畴与分类研究》，2000 年国际体育运动管理研讨会论文，台湾体育学院，2000 年。

② 参阅钟温清、王昭正、高俊雄编着：《观光资源规划与管理》，空中大学，2000 年。

③ 参阅陈思伦、欧圣荣、林连聪：《休闲游憩概论》，空中大学，2002 年。

④ 参阅苏维杉：《台湾休闲产业发展之探讨》，云林科技大学体育期刊，2005 年。

二、台湾休闲产业发展分析

前文论及,休闲产业有四大部分,本文拟就前三者予以探讨,而将娱乐部分并入运动产业及文化产业中。

(一) 休闲运动产业

根据学者 Broughton 等人的研究指出,20 世纪之全球运动休闲产业年产值已高达 5000 亿美元,而美国的运动休闲产业迅速扩展,每年并为全球各大企业与非营利性组织创造价值超过 2000 亿美元的庞大商机,其经济影响力早已令各国政府及学术界刮目相看①。

在台湾运动休闲产业所创造的经济附加价值中,运动商品制造业从 20 世纪 70 年代迄今一直占有重要地位,例如自行车、健身器材、高尔夫球具、运动鞋等。这些制造业大都是从接受委托制造(OEM)起家,接受欧洲国家和美国、日本等企业委托制造后外销;之后,有些企业自创品牌,行销国际,并且回销到台湾地区,跨入批发零售服务业的领域,例如捷安特自行车、乔山健身器材。虽然这些产品因为国际产销的分工,已经逐渐从台湾地区转到其他国家制造加工,运动休闲用品制造业仍然为台湾创造每年超过 500 亿元经济产值②。

在 2004 年,台湾规律运动人口已经成长为 13.1%,不规律运动人口 72.9%③,平均每人国民所得已经达到 12381 美元④,娱乐、休闲和文化消费占所得比例达到 18.7%。运动休闲人口以及消费增加带动了批发零售业的成长;而有些人开始喜欢欣赏精英运动员,在竞赛中追求力与美的表现,于是职业运动、运动赛会筹办、信息媒体传播与行销等活动也应运而生。这些属于服务业范畴的运动休闲事业,不仅创造了每年超过 300 亿元的经济产值,也开始对台湾社会民众的身心健康与生活品质产生正面影响与贡献⑤。

推动"挑战 2008——发展重点计划"之"活动产业整合发展"之下,以及经建会"服务业发展纲领及行动方案——观光、运动休闲服务业"案之"运动休闲服务业推动计划"等重要计划进行中,运动休闲产业相关事项已有极大的发展。

① 参阅林房攒、刘秀端:《运动休闲产业发展重要课题与策略》,《国民体育季刊》145 期,2007 年 3 月。
② 参阅中华征信:《台湾运动产业产值推估与经济效益评估》,台湾行政主管部门体委会,2002 年。
③ 参阅台北,《康健杂志》,2004 年 11 月。
④ 台湾行政主管部门主计处,《台湾统计月报》,2004 年 2 月。
⑤ 参阅高俊雄:《创造运动休闲的新价值》,《国民体育季刊》145 期,2007 年 3 月。

（二）文化产业

世界各国均强调各自的文化特殊性，产业升级、面对全球化变迁挑战来对包括世界古文明遗址的宣传、文化观光与永续发展理念的推广等，这也是可参酌发展的方向。检讨当前的趋势可以了解到“文化”逐渐演变成观光、休闲与地方发展的核心。观光事业的发达与否，是先进国家国民生活品质优劣的一项指针，在相关单位的规划下，文化与观光已逐步统筹在“创意产业”之中，而台湾各项文化产业的概况如下：

（1）视觉艺术产业：2003年视觉艺术产业的营业额约55亿，2003年外销收入1亿3762.3万元。

（2）音乐与表演艺术产业：台湾此产业至2003年共有738家，营收总额为39亿8869.9万元。

（3）工艺产业：2003年度工艺产业共计10614家，营收总额约635亿3557万元。

（4）文化展演设施产业：2003年文化展演设施产业包括舞台音响设备出租、社会教育机构、剧院经营、音乐厅经营，共计205家。

（5）电影产业：2003年电影产业之经营家数约696家，总营收为124亿元且皆以内销为主，内销达118亿元。

（6）广播电视产业：2003年度广播电视产业之经营家数为1789家，营收总数为966.6亿元，皆以内销为主，内销收入达957亿元。

（7）出版产业：2003年出版产业经营家数为3190家，营收约为668亿元。

（8）建筑设计业：2003年建筑设计业经营家数为7518家，其中多为有限公司（共计4438家），次为独资（共计2333家），外国公司有14家，营收约为656亿元。

（9）广告产业：广告业营利事业家数共计为10587家，2003年营业额约为1亿2265.7万元。

（10）设计产业：2003年设计产业厂商家数为1826家，总营业额363亿1024万元，其中内销收入占66.9%，外销收入占33.1%。

（11）数字休闲娱乐产业：2003年数字休闲娱乐产业经营家数共计7576家，营收总额将近188亿元①。

（三）旅游观光产业

据统计来台旅客人次屡创新高，2007年来台旅客达371.61万人次，其中2007年12月更创下历年单月最高36.39万人次。台湾观光形象更加鲜明，而2007年

① 台湾行政主管部门主计处，《文化统计》，2004年。

以“观光”目的来台旅客达164.85万人次，与计划执行前(2000年)之87万人次相较，成长率高达89.48%。观光整体收入稳定成长观光整体收入自2000年之3379亿元台币，成长至2006年之3894亿元(成长率15.24%)，2007年达3903亿元台币(成长率15.51%)。

旅游竞争力国际评比表现亮眼，依据世界经济论坛World Economic Forum(简称WEF)于2007年10月31日发表旅行和旅游竞争力报告，其基本资料来自124个国家或地区的政府官方报告，包含世界银行World Bank、世界贸易组织WTO、世界旅游组织UNWTO、世界货币金融组织IMF、国际航空运输协会IATA的年度报告及调查数据，以3大项16小项，分7等距评估指标，对124个国家或地区进行旅行及旅游Travel and Tourism(T&T)的全球竞争力评估。亚洲地区以中国香港地区和新加坡、日本排列1、2、3名，中国台湾地区排名亚洲第4名，全球第30名，总体评分4.82分。

以“减量原则、环境优先、国际水准、便利游客”之原则，台湾套装旅游线景点风华再现，整合13条套装旅游线公私部门资源及经费，敦聘专家学者担任企划总监与地景顾问、完成重要旅游景点建设、整顿道路景观及指针系统，提供友善旅游服务，营造便利旅游环境，改善水岸游憩设施，建置步道及自行车道系统，重塑城乡新风貌，套装旅游线游客量及观光产值提升，游客量成长76.14%(从2002年2116万人次至2007年3727万人次)，创造观光产值约745亿元。

观光客倍增计划系一跨部会之整合型计划，推动6年来，在扩大来台旅游市场规模、开拓国际观光客源、提升旅游品质、营造友善环境及催生新兴潜力景点已见成果。2008年起更规划推动“2008—2009旅行台湾年”工作计划，将透过各项宣传、节庆赛会、产品开发、国际传播及建置旅游服务网络等计划，积极推动台湾观光休闲事业之发展，期盼将台湾打造成为亚洲主要旅游目的地之一。

而台北故宫南部分院、环岛铁路观光旅游线、旧山线复驶、安平港历史风貌园区等计划，深获大众期待，将持续推动，未来游客将能体验崭新的故宫南院、怀旧的旧山线铁道、知性的安平港历史风貌园区等新兴景点新风貌①。

不少地方政府与民间单位以推展地方特色美食、设计主题活动等方式行销地方产业，成绩不俗，有效降低区域间的贫富差距之余并收环境保护与永续发展之效。此外地方特色产业升级、旅游消费形态大转变：重新规划专业的生态旅游、地方发展与经营管理模式，一方面能让环境得以在发展中维持平衡，同时，也使得台湾的地方特色产业等级提升。尤其是地方相关单位也开始朝大型化、主题化及客源分层等方向着手规划主题式观光活动，如宜兰县的“宜兰童玩节”、彰化县的“花

① 台湾交通主管部门：《“挑战2008——发展重点计划”观光客倍增计划》，重要成果摘要报告，2008年2月。

卉博览会”、台北县的“莺歌陶瓷嘉年华”等活动的设计，皆希望能够创造出更具休憩性、生态性及教育性功能的休闲生活。

观光旅游产业需要仰赖许多相关产业的支持，台湾近期项目趋势朝向结合休闲农业与传统观光产业下的新旅游商品发展，充分整合周边资源，使台湾休闲产业更具特色①。

三、现阶段台湾休闲产业概况及未来趋势

台湾有人口 2400 万人，居住在 36000 平方千米之面积内，休闲产业蓬勃发展，以下简介其概况。

(一) 休闲购物中心

目前，台湾尚未有世界型大型购物中心成功经营的案例，唯下列两个项目购物中心有极佳的绩效：

1. 风城购物中心：新竹风城 WINDANCE 购物中心号称东南亚最大的购物中心，其楼地板面积达 10 万多坪，较目前各大型购物中心，台北京华城 6 万坪，微风广场 3 万多坪更为宽阔。供消费者生活机能全方位满足，其目标是打造东南亚最大的娱乐休闲购物中心。

2. Taipei 101 Mall：Taipei 101 Mall 卖场面积达 2.8 万坪，是台北市的购物中心市场内，继微风广场与京华城之后的另外一家最受瞩目的购物中心。

(二) 餐饮服务业

1. 快餐业：西式快餐连锁店口味“台式化”，麦当劳供应饭类套餐，肯德基也推出三杯鸡翅。

2. 高级餐厅：2003 年之后餐饮业变动很大。

3. Pub：沙发酒吧(lounge)在台湾流行不久，提供上班族品酒谈心的休闲空间，是时尚夜生活的新潮流。

(三) 设施参与业

1. 会员制俱乐部：包含统一健康世界等。

2. 休闲健康俱乐部：主要是精致型健身俱乐部崛起。

3. 主题乐园：六福村、剑湖山等民营游乐区。六福村于 2005 年在屏东县南州乡设立以“野生动物”为主题的游乐园，企图在旅游市场中扮演重量级角色。布鲁

---

① eJob 就业 e 网，新兴热门产业——观光休闲业，http://www.ejob.gov.tw,2008/05/14.

乐谷亲水主题乐园：耐斯企业剑湖山世界，入主高雄市布鲁乐谷亲水主题乐园，兴建大型室内儿童游乐场已成为高雄最大型水上及室内主题乐园。

4. 博物馆、花园、公园观赏业：如海洋生物博物馆和花莲海洋公园。

(四) 比赛观赏业

赛车运动场：卡特(Kart)赛车运动场与远东国际赛车场。

(五) 住宿休闲业

民宿(B & B)：民宿经营者为结合当地人文、自然景观、生态资源及风俗民情与农林渔牧产业，提供旅客乡野生活的住宿处所，让旅客留下深刻印象。民宿发展便利。

由于民宿发展空间大，从整合自然资源开发、培训导览解说人员、改善交通状况着手，营造良好的旅游环境。对乡野村镇而言，可以带来新的发展契机。

(六) 度假村(Resorts)

理想度假村占地 250 公顷、投资高达 250 亿元，西班牙高第式建筑的花莲“理想度假村”颇为知名。

(七) 温泉和水疗会馆(Spas)

台湾最近掀起一股 SPA 风潮，SPA 水疗被视为疏解压力，放松心情的利器，近年来包括游乐区、度假村及“养生馆”，Orient SPA 北投温泉馆：登琪尔与太平洋温泉会馆合资成立 Orient SPA 北投温泉馆，企图营造一处充满阳光绿意的休闲度假温泉 SPA。在经营上采取芳香疗法研究中心与 SPA 二合一之古老养生法，结合天然温泉、身心运动，及度假饭店 Resort 式的环境，提供都会人一个不必出门即可享有的身心休憩之旅。春天酒店二馆“雪村馆”及“春秋乌来”Resort & SPA 也相当吸引游客，春天酒店在 1998 年由皇甫建设公司开发推出，轰动一时，后来因故爆发财务危机，原来的管理团队另起炉灶，在台北县乌来投资 2 亿余元，盖了另一所高档的温泉和水疗会馆，名为“春秋乌来”。

(八) 休闲农场(Farms & Ranches)

台湾在实施周休二日后，兴起一股休闲度假风潮。近年来，游客到农庄、民宿度假逐渐成为主流，农庄市场前景看俏。而农庄/农场颇受欢迎的地方有：

1. 君达香草健康世界：花莲君达香草健康世界为台湾第一个获得“农委会”核发执照的休闲农场及丹堤香草农庄，依季节不同，分别种植熏衣草、向日葵及其他香草花类的丹堤香草农庄。

2. 清境农场：清境旅游线因位处高海拔山区，是全台唯一最完整的高山农牧场，空气清新、景观迷人，且该区民宿大都是具有欧式庭园特色的建筑。

（九）酒庄

1. 台糖酒庄：利用台糖台东糖厂厂房，结合当地居民小米酒酿造传统，既可发展观光又能为居民创造就业机会。

2. 南投酒庄：首家取得酿酒执照的南投县信义乡农会酒庄，辟建酒庄馆舍、购入橡木桶等储酒设施，正式投入水果酒和小米酒生产。

（十）健康器材专卖店

高岛健康生活馆产品线相当齐全，包括电动按摩椅、跑步机、滤水器、空气清净机及甚至健康食品等①。

台湾休闲服务业未来发展趋势的重点如下：

1. 为数字及生化科技发展影响生活形态，如：纳米布料穿出健康，又如应用在高尔夫球杆头，让球飞得更远。

2. 为保健养生及娱乐文化产业蓬勃发展②。

台湾休闲产业在趋势特征方面则分析如下：

1. 大众已死、小众诞生：分众与专业是台湾服务业的新兴主流，针对特殊族群、提供特殊服务项目和提供与众不同的附加价值，是台湾“分众”的服务业。

2. 新工人阶级产业兴起：一个新兴的工人服务产业正在形成，不但具有庞大的商机，更提供庞大的就业机会。全台湾按摩市场将近有100亿，有200万的SPA人口，105亿～110亿的搬家，上兆的清洁公司市场，其他举凡快递业、宅配业等相当发达。

3. 通路是王的时代：台湾已是一个供给大于需求的市场，谁掌握了“通路”谁就掌握了行销的命脉。

4. 巨大的心灵人文市场：人文、感性是过渡物质时代，人类心中最渴望的“粮食”。需要有“梦想”的心灵价值存在。

5. 大家来赚富者的钱：1991年台湾贫富差距已达6.16倍，贫富心理感情差距将愈来愈大，“知识经济”是影响社会地位经济价值的主因，然而，富者愈有享受知识资源的优势。掌握“富者阶级”的创业商机，才能掌握轻松赚钱的要诀。

6. 压力族群创造新兴创业商机：台湾有21.56%的人有精神疾病，“压力”所制造的蓝色旋风，使得疏解压力的创业商机兴起。

---

①② 参阅赖文仁：《台湾休闲服务业的现况与未来发展趋势》，2003年11月12日。

7. 老人市场结构性改变：台湾老年人口已占台湾总人口数9%以上，预估2025年成长至16.5%，所以殡葬市场、抗衰老商机、健康食品市场前景看好。

8. 年轻人是消费市场的巨龙：年轻人平均每人拥有4张以上的信用卡。

9. 新商品概念："商品"不是消费者所需要的。商品的利益及加价值才是消费者所需要的。

10. 资源整合的套装服务：在网络资源整合时代，有了新商品价值的概念，就可以整合所有的外在最好资源，整合成为一个最好的商品。①

四、文化创意与休闲观光的结合

台湾创意产业的重要性日益增加并且有惊人之产值(以文化创意产业为例)，根据专家表示，目前创意经济每天创造220亿美元的产值，并以5%的速度递增。在一些先进国家增长得更快，如美国为14%而英国则为12%。

至于台湾文化创意产业发展情况如次：文化创意产业自2002年列为重点发展计划，2004年台湾文化创意产业家数共有50111家(不含设计品牌时尚业)，其中以广告业的家数最多，达11175家，其次为工艺产业10676家，最少的为创意生活产业为53家。

2004年台湾文化创意产业营业额共有5565.49亿元，较2003年成长10.61%。2004年台湾文化创意产业的附加价值达2954.30亿元，较2003年成长10.80%。

挑战2008——发展重点计划(2002—2007)中进一步提出"文化创意产业"，积极以产业链的概念形态，重新定义文化产业的价值，期开拓创意领域，结合人文与经济以发展兼顾文化积累与经济效益的产业。

事实上从迪斯尼到黑鲔鱼，创意其实是一种宝，人类的大脑只被开创3%～7%，其效果就极为惊人，爱因斯坦只有30%的创意就影响了全世界，所以文化创意有其价值。而在文化创意产业的典范方面：迪斯尼在美国以及铁道文化产业、黑鲔鱼文化季在台湾即是一种文化创意。

所以当休闲(观光游憩)加上创意(文化产业)后就会产生火花，如：传统生活碰上创意，就有棺材板(土司＋料)、包子(馒头＋馅)、珍珠奶茶等出现，而当休闲观光碰上文化创意后，艺术村、产业观光、休闲农业、新体验式旅游、民宿等则纷纷大行其道。

因此，随着高科技及全球化经济时代的到来，产业结构正在发生移位元素之蜕变，新的产业正在逐渐成形，并改变着人们的生活、观念和精神，产业被高科技赋予

① 台湾休闲农业发展协会：《休闲产业分析》，http://www.taiwan-farming.org.tw/.

了新的内涵①。

台湾在2002年将文化创意产业的发展纳入《挑战2008——发展重点计划》，也主要以产值、营业额与就业人数作为国际接轨的重要表征，但因文化创意产业涵盖视觉艺术产业、音乐与表演艺术产业、文化展演设施、工艺、设计、设计品牌时尚、建筑建设及社会休闲等多达13项产业的关系，产值就相当惊人。

台湾文化创意产业整体发展的现况如下：

1. 家数：2003年台湾文化创意产业家数共计48024家，其中以工艺产业的家数最多，达10614家，其次为广告产业的10587家，最少的为文化展演设施产业的205家。

2. 营业额：2003年台湾文化创意产业营业额共计4930.5亿，其中以广告产业的营业额最多，达1226.6亿，其次为广播电视产业的966.7亿，最少的为文化展演设施产业，仅7.6亿。

3. 附加价值：由于无法取得文化创意产业附加价值数据，采用由营业额扣除中间投入的方式处理。其中广告产业的中间投入率最高达0.70，即营业额中有70%属于中间投入，附加价值的创造仅有30%，附加价值最高的为视觉艺术产业，达72%。

4. 就业人数：2003年台湾文化创意产业就业人数共计167443人，但该数据仅涵盖7个行业。文化创意产业的就业人数以广告产业最多。

5. 产业结构分析：组织形态：文化创意产业2003年家数增至47922家，其中以独资家数最多，有2万余家。经营年数：5年以上及未满5年约各占5成。

2003年中国台湾地区文化创意产业占GDP比重为2.78%，低于美国的5.98%，英国的8.0%，韩国的6.57%，澳洲的3.3%，新西兰的3.10%，以及中国香港地区的3.8%，而就业比重1.75%，也低于美国的3.51%，英国的6.64%，澳洲的3.8%，新西兰的3.6%，中国香港地区的5.10%②。换言之，台湾地区在此一项目仍有发展的空间。

结　论

最近美国中产阶级最喜爱的旅游杂志*Travel*+*Leisure*进行年度10大城市选拔，近期公布票选结果，由曼谷夺下第一名宝座。这个由全球读者根据城市的特色景点、文化艺术、待客之道、购物环境、消费价值、美食餐厅所评鉴出的全球10大魅

① 参阅黄胜雄：《从休闲行为理论到创意产业的发展趋势》，“屏东商业技术学院”。

② 台湾经济部主管部门：《2004年台湾文化创意产业发展年报》，台湾经济主管部门文化创意产业推动小组。

力城市,可以看出世界的旅游趋势①。以下是排名及简析:

(1)曼谷,特殊文化,平价过瘾。(2)布宜诺斯艾利斯,欧洲风情,机能完善。(3)开普敦,海洋闲情,美味齐聚。(4)雪梨,自助旅游,充满活力。(5)佛罗伦萨,迷人古都,没有淡季。(6)库斯科,高山古城,物价便宜。(7)罗马,景点处处,美如梦幻。(8)纽约,电影场景,欲望城市。(9)伊斯坦,欧亚风情,双重感受。(10)旧金山,徒步逛街,交通便捷。从上述各都市特质研判,文化观光已逐步成为重点。而中国的城市未列入,当然这份调查并不代表全球,但也是足以令人警惕。中国如何吸引到观光客及发展休闲产业已是当务之急。

据台湾相关单位统计,2007年12月来台旅客为36万3916人次,2007年全年来中国台湾地区的旅客累计371万6063人次,日本116万6380人次、韩国22万5814人次、美国39万7965人次、新加坡20万4494人次、马来西亚14万1308人次、欧洲18万6483人次、新西兰和澳大利亚6万523人次②,中国港澳地区49万1437人次,尚未达到既定的目标。事实上台湾在此一方面仍有待大陆观光旅客的支持。

针对两岸三通的问题,日本专家大前研一提到,在开放三通之后,台湾地区将直接和祖国大陆接触。但在面对香港、澳门和深圳所形成的经济三角区域时,台湾可以朝向三个方向发展,一是成为超级“硅谷”,以创新与研发为中心;二是成为服务业的麦加,朝专业的服务发展,甚至可将加工出口区的经验外销;第三则是成为观光胜地,再多创造出观光景点。他强调,台湾现在必须找出不一样的道路,才能打造自己的特色。

他表示:现在台湾一年可能来100万名大陆观光客,他估计五年之后祖国大陆来台人次将会突破2000万。台湾必须在观光方面下工夫,努力创造更多的观光景点,就像美国有著名的环球影城、拉斯韦加斯的赌城一样③。

而在日本由国土交通省以日本观光客最多的十五个外国观光地区为对象,进行对日本观光客旅行满意度的调查结果指出,印度尼西亚排名首位,中国台湾地区名列第九④。在另一项调查中显示,其实来台旅客对台湾所代表的海洋中华文化相当向往。近期以还,台湾各界纷纷等待大陆观光客的到来,尤其在全球中华文化圈即将形成新兴力量的今日,大陆与台湾如何携手合作,共创休闲产业的光明坦途,应该是最重要的课题。

论及中国休闲产业时,世界休闲组织执行官杰拉德近日表示:“中国传统文化是区别于其他国家的最大优势所在,中国发展休闲产业的潜力很大。”杰拉德认为,

---

① 台湾“中国时报”:《2008年全球十大魅力城市》,2008年8月24日。

② 台湾交通主管部门观光局:1996年12月暨全年观光市场概况概要新闻稿。

③ 卡优新闻网,大前研一:台湾发展观光、陆客破2000万,2008-6-18。

④ 台湾“中央社”,《调查:日观光客海外旅行满意度台湾排名第九》,2008-8-24。

休闲产业是全球经济发展五大推动力中的第一引擎，它具有行业关联度高、产业带动能力强等特点。

中国自1995年5月起开始实行5天工作制，1999年又开始实施春节、“五一”、“十一”三个“黄金周”长假。人民现有114天是法定休息日，一年中1/3的时间都在休假。中国人民大学休闲经济研究中心的抽样调查显示：城市居民平均每天闲暇时间为6小时6分。从终生时间分配来看，工作时间仅占人生的1/10，闲暇时间约占1/3，中国正在进入一个休闲对人们生活越来越重要的时代。

而有关研究又证明，当国民平均所得达到1000美元时，就会产生休闲旅游需求。2003年中国已步入这个阶段。而包括旅游在内的更大范畴的休闲产业。据预测，休闲、娱乐活动及旅游业将掀起下一轮经济大潮，并席卷世界各地。专门提供休闲的第三产业，在2015年左右将主导劳务市场。从现在到2015年，新技术的发展等因素可以让人们把生命中50%的时间用于休闲。有些咨询机构已经将休闲业与海洋新兴产业、垃圾产业、养老业、体育产业、农业科技产业和配套产业等列为中国未来最具商机的七大产业。

因此休闲产业庞大的市场和诱人的商机直接促进了休闲制造业的快速发展，据中国海关统计，仅2004年全球户外休闲用品的交易额就高达320亿美元，中国(未包括台湾省)达4.8亿元人民币，位居全球第一。世界旅游组织则预测，到2020年，中国(未包括台湾省)旅游业总产出将占生产总值的8.64%，旅游消费将占总消费的6.79%，接近世界平均水准①。

由上述分析研究及剖析未来趋势的发展，可以了解到文化创意是全球华人特有的资产，其价值将是无限之大，而在中国台湾地区以及韩国都纷纷将休闲产业转型为文化创意产业为其重点之际，祖国大陆的领导及相关机关是否已经做好了准备与台湾及海外华人共同合作，开创中华文化创意与休闲产业结合的新契机，将是两岸人民不能忽视的重大议题。

笔者认为在祖国大陆各城市扮演的角色中，北京是政治中心，上海是经济中心，而杭州的美景加上文化的熏陶不但可以成为最佳东方休闲之都，而且如果从文化创意着手，进而成为传统中华与伦理道德的形象代表及文化中心，则杭州的重要性将与日俱增，而更可以与世界各国最重要的都市一较长短。吾人深切盼望杭州能成为全球最适人居、最有文化气质的东方代表都市。

参考文献

[1] 台湾“中央社”：《调查：日观光客海外旅行满意度台湾排名第九》，2008年

① 侨报：《中国发展休闲产业潜力巨大》，2006-05-03。

8月24日。

[2] eJob 就业 e 网:《新兴热门产业一观光休闲业》,http://www.ejob.gov.tw,2008-05-14。

[3] 台湾交通主管部门:《"挑战 2008——发展重点计划"观光客倍增计划》,重要成果摘要报告,2008年2月。

[4] 林房攒、刘秀端:《运动休闲产业发展重要课题与策略》,《国民体育季刊》145期,2007年3月。

[5] 高俊雄:《创造运动休闲的新价值》,《国民体育季刊》145期,2007年3月。

[6] 侨报:《中国发展休闲产业潜力巨大》,2006年5月3日。

[7] 苏维杉:《台湾休闲产业发展之探讨》,《云林科技大学体育期刊》,2005。

[8] 台湾经济主管部门:《2004年台湾文化创意产业发展年报》,台湾经济主管部门文化创意产业推动小组,2005年。

[9]《康健杂志》, 2004年11月。

[10] 台湾行政主管部门主计处,《统计月报》,2004年2月。

[11] 钟温清、王昭正、高俊雄编著:《观光资源规划与管理》,空中大学,2000年。

[12] 台湾行政主管部门主计处,《文化统计》,2004年。

[13] 赖文仁:《台湾休闲服务业的现况与未来发展趋势》,2003年11月12日。

[14] 陈思伦、欧圣荣、林连聪:《休闲游憩概论》,空中大学,2002年。

[15]"中华征信":《台湾运动产业产值推估与经济效益评估》,台湾体委会,2002年。

[16] 黄煜、林房攒:《台湾运动产业之范畴与分类研究》,2000年国际体育运动管理研讨会论文,台湾体育学院,2000年。

[17] 台湾休闲农业发展协会:《休闲产业分析》,http://www.taiwan-farming.org.tw/.

[18] 黄胜雄:《从休闲行为理论到创意产业的发展趋势》,屏东商业技术学院。

[19] Youell, L. R., *The complete A-Z leisure travel and tourism handbook*. British Library Cataloguing in Publishing Data, 39. 128-129, 1999.

[20] Kelly, J. R., *Freedom to A New Sociology of Leisure*. NY: Macmillan Publishing Company, 1990.

[21] Maclean, J., Peterson, J. and Martin, D., *u Recreation and Leisure: The changing scene* (*4th ed*), New York: John Wiley & Sons, 1985.

休闲与体育

论体育的符号意义及其社会功能

陆小聪*

内容提要：本研究主要运用文献研究的方法，从社会学、人类学、体育学、心理学以及政策研究等学科视角，以体育的社会符号意义的分析作为切入点，论证体育在构建和谐社会中的作用及其机制问题。体育的社会意义是一个不断被建构的过程，它所依赖的不是其自身的物质性，而是它所有的符号意义及其象征性特点。象征意味着对既存的事物赋予新的意义，正是各种文化的、语言的符号建构了体育的丰富内涵。在制度化的竞技体育中，其象征意义主要反映在国家的展现和对于国家的认同上。体育竞技场是国家符号充分展示的场所，成为国家利益、民族精神展开竞技角逐的场所。而对于大众体育而言，其象征意义则使得人们的个性得到释放，达到自我价值的实现。同时，大众体育具有符号消费的象征意义，即不同阶层的人们通过选择不同的体育运动方式，作为消费符号来显示其阶层的特征。

关键词：社会整合　仪式意义　象征符号　国家认同

伴随着现代化进程的加速，中国的经济发展取得了举世瞩目的成就，同时社会也进入了所谓的"转型"时期。"转型"所形成的社会压力以及"社会失范"现象也成为中国社会进一步发展需要面对的问题。国家建设"和谐社会"理念的提出正是针对这一社会现实而提出的一种社会实践。体育作为有益社会发展的联结群体、民族、国家以及个体的社会活动，加之承载在这一活动之上的仪式与象征意义，因此蕴涵着其独特的社会整合功能。

本研究主要运用文献研究的方法，从社会学、人类学、体育学、心理学以及政策研究等学科视角，以体育的社会符号意义的分析作为切入点，论证体育在构建和谐社会中的作用及其机制问题。

一、社会人类学视野中的仪式

仪式是一种社会性质的行动，只要借着参与一个联合的公开行动，就表示参与

---

*陆小聪，男，上海大学社会学系教授、博士生导师，体育学研究中心常务副主任。

者接受了共同的社会道德秩序,这种秩序超越了他们个人的地位。Leach 认为仪式是人为的时间流,人在这个时间流中从世俗地位改变为神圣地位,再转变为世俗地位。整个流程分为四个阶段:(1) 分离,一个道德人由世俗世界进入神圣世界;(2) 中介状况,道德人处于神圣世界,一个中空的状态,日常社会时间完全停止;(3) 结合,人从神圣再回到世俗世界,世俗时间重新开始;(4) 原来平常的世俗生活。V. Turner 阐述并发扬了 Arnald Van Gennep 的观点,认为所有的仪式都具有三个阶段:隔离、中介、整合。在第一阶段,人们从群体中退出,开始从某个位置或地位,朝向另一个位置或地位移动。中介阶段是处于两种状态的一段时期,是中间模糊地带,人们已离开了某个地方或者地位,但是没有进入或者参与下一个。仪式往往都是集体性的,出现集体中介状态,被称之为集体中介性。通过仪式的中介状态,产生出紧密的群体精神,具有强大社会凝聚力、群体归属感。正在共同经历中介状态的人们,形成了一个由同等地位者所组成的社群。无论是先前还有后来出现的社会身份区隔,都被暂时遗忘。中介状态是每一种通过仪式的基本构件之一。更进一步,在某些社会,有些中介象征可能被用以将某个群体和其他群体区分,以及和整个社会区分开来。这类永久中介团体的最典型例子出现在复杂社会——民族国家。仪式提供了社会功能,在人群中创造了暂时或永久的凝聚关系——形成一个社会群体①。

二、体育的仪式意义

体育的起源总是与民间节日或者宗教典礼有关,具有明显的仪式性,能够起到连接个人与群体的关系的作用②。在重大的体育活动中,除了进行着体育项目的活动外,还包含着诸多国家象征意义的仪式性活动内容,如升国旗、奏国歌等,而这些符号对于形成国家认同有着重要的意义。1984 年,Joseph R. Gusfield 和 Jerzy Michalowicz 在《美国社会学年刊》所发表《世俗象征:现代生活中的仪式、礼仪和象征秩序研究》,运用源于象征人类学的概念和视角,探讨了象征行动和非象征行动的区别等问题。该文回顾了三个关于行为的主要研究领域:(1) 关于制度的研究,特别是政治、法律和社会控制。(2) 关于仪式的研究,包括生活圈仪式、体育和节日。(3) 关于日常生活的研究,包括消费商品和食物以及大众文化。通过对地点和维度的方法论辩论,以及不同形式的象征分析中,作者得出的结论是:象征意

① Conrand Phillip Kottak:《文化人类学》,徐雨村译,美商麦格罗·希尔国际股份有限公司台湾分公司 2005 年版。

② Susan Birrell, *Sport as Ritual*: *Interpretations from Durkheim to Goffman*, Social Forces, Vol. 60, No. 2, Special Issue (Dec., 1981), 354—376.

味着对既存的事物赋予了新的意义①，比如说，狮子代表力量；国旗象征国家。

Susan Birrell 认为：在涂尔干的理论中，仪式过程本身是为了连接个体与道德共同体(a community of moral order)服务的，虽然宗教仪式是一种神圣的行为，但是具有世俗的意义，例如美国将士阵亡纪念日(Memorial Day)的仪式意义。戈夫曼的理论则更进一步强调仪式中的每一分钟，它是个人观察和改变自身行为的互动过程。卢克曼认为这两个理论最大的区别在于：涂尔干关注的是那些特有的宗教仪式，并揭示它们的满足现实功能需求的意义，指导个体如何去了解道德秩序；戈夫曼则强调生活中的各种情景都可以被理解为一种仪式，从这种互动中能够产生道德社会秩序。

对于这两种仪式的观念，可以用韦伯的克里斯玛(charisma)的理想类型来沟通，即一个英雄的出现，既满足了仪式教化观众的功能，又在英雄的这种自我展示中重构了观众的理解。而体育则借助媒体把运动员塑造成英雄，把戈夫曼所说的特定情景中的互动，拓展到整个公共领域。因此，体育倡导的一些精神，就在这种"仪式"中，通过传递具有公共的价值特征。这方面的研究主要包括以下几个方面：

勇气(courage)——这是体育运动所特有的内在的特质，许多项目的运动员都具有不怕死亡或者伤残的勇气，例如斗牛、登山和赛车等等。而在足球、篮球、冰球等一般项目中，人们也总是试图通过暴力行为来表现男子气概。

比赛精神(gameness)——指运动员那种坚持不懈的精神，例如长跑选手在胜利无望的情况下仍然奋力到底，体操选手在多次摔倒后仍然爬起来等等。此外，刚强也是一种表现形式。

正直、诚实(integrity)——体育运动必须做到对于规则的遵守和维护，哪怕在别人不知晓的情况下。表现为自律、谦逊和勇于承认错误等等，这方面也会成为现代人的道德榜样。

沉着、镇定(composure)——在紧张激烈的比赛中会遇到各种情况，运动员必须具备沉着处事的心智。最重要的就是：全神贯注、职业风范和场上自信。此外，对抗压力、冷静和如何面对伤病等等，都是人们关注的。而这种气质，会成为人们模仿的对象。

因此，运动员们是具有道德示范性的符号象征，群体的价值观容易在他们身上得到体现，他们也能够影响喜爱他们的人。"英雄崇拜"(hero worship)使体育能够成为现代宗教仪式观念的替代品，甚至影响"无宗教信仰"的人们的共有价值的形成。

体育作为一种国家象征，能够实现国家内成员的自我认同，使得国家内成员的

① Joseph R. Gusfield, Jerzy Michalowicz1, 1984, *Secular Symbol: Studies of Ritual, Ceremony and Symbolic Order of Modern Life*, Annual Review of Sociology, Vol. 10 (1984), 417—435.

凝聚和整合。竞技体育,尤其是奥运会的比赛场也成为国家符号充分展演的场所,成为国家利益、民族精神竞技角逐的地方。某些重大的比赛中的国家代表队,会成为整个国家人民共同关注的焦点。人们在为自己国家的运动员加油、呐喊,一起期待、一起庆祝的过程中,能够深刻地体会到国家共同体的存在,并且对其产生深刻的认同。

无论是仪式性的教化还是情境中的互动,作为仪式的体育,向大众传递着公共的价值特征和道德规范:勇气、比赛精神和正直诚实等等。体育作为一种大众喜爱、高度参与、高度模仿的互动形式,对于价值、规范的倡导,是一种效果广泛、影响深入的方式。友好、平等、自强不息的体育精神对于健康的社会价值观的塑造具有重要的作用。从普遍性的大众体育到高水平的竞技体育,从一般运动爱好者到专业运动员、著名的运动员,存在着一种模仿与被模仿的关系。体育的良好风尚,特别是那些优秀的运动员,起到了韦伯所言的克里斯玛(charisma)的理想类型的作用。作为体育明星,向大众特别是年轻人转达了一种自强不息、平等友爱的精神。这些明星成为大众的模仿典范,宣传了主流的、良好的道德风尚,人们在观看他们的表现、模仿他们的过程中也吸纳了这些价值观并且内化于自身。所以说,把握好体育的仪式性的特点能够促长社会良好风尚、促进社会的和谐。

三、体育与社会认同

在传统社会中,每个人的生活空间基本是固定的,参与社会交往的人相对是确定的,甚至所担任的社会角色也是先赋性的,因此,社会认同基本上是不言自明的。但在全球化背景下,确定的时空边界和交往网络开始消失,正在进入一个全面相对化、没有确定性、同时风险日益增多的生活场景之中,这在根本上抽空了社会认同所必须依赖的确定的参照群体。按照吉登斯的说法:全球化与风险性是现代社会发展的主要特征。全球化意味着时空分离与重组,风险性导致信任机制的缺失,日常生活的许多领域被符号化,个人直接面对着社会的各项制度,而缺乏必要的连接纽带,社会认同的基础也因此受到动摇。因此,充分运用各种社会整合资源,促进广泛的社会认同以增强社会整体的凝聚力,成为在和谐社会构建过程中必须努力去构筑的社会发展目标。

所谓认同,一般说来,它与人们对他们是谁以及什么对他们有意义的理解有关。这些理解的形成与先于其他意义来源的某些属性有关,包括性别、国籍或民族以及社会阶层等。认同它被认为是一种军事、暴力等硬权力所无法企及的具有独特的非凡能量的“软权力”。在建构主义者看来,“认同”是一股非常强大甚至神奇的力量,它虽然是想象的,却可以建构出实在来。因为不同的认同,可以生产出不同的社会;成为不同的民族国家共同体;甚至可能成为不同民族国家之间冲突的重要根源;并构成个人本体性安全的基础。

卡斯特认为:“在一个普遍充斥着组织崩溃、制度丧失合法性、主要的社会动员消失无踪以及文化表现也是朝生暮死的历史时期里,认同变成是主要的,有时甚至是唯一的意义来源。”就个体层面而言,具体的社会认同(如对于家庭、社区、职场以至于国家等)影响一个人的各种行为和基本偏好,对于个人融入社会生活,维护个人的本体性安全,确立生活和道德的方向感等方面都有重要的作用。人们因此得以“安身立命”,获得有意义的生活。而从社会层面来看的话,认同是确定群体的符号边界,实现内群体的向心力的生产和再生产,确立群体的内向的合法性的必要条件”。因此,社会认同是实现和谐社会目标的重要条件。

社会认同具有多种多样的形态,比如对于家庭、亲属,对于特定的社区、群体、工作单位、民族和国家等。本研究探讨的焦点在对于民族—国家的认同上,即体育尤其是奥运会对于国民在民族—国家认同上的作用问题。

在强调“我们或者我们的土地、人民和文化”与“他们”的差异时,实际上并不足以建立国家形象和自我认同,因为相近的文化是具有包容性的。但是有一个变量可以确立这种认同,那就是地理意义上的国家范围,只要是在这个范围内的公民,那么必定是这个国家的人,并以此来强化“我们”的认同。国家队的观念之所以如此重要,是因为它确认了一个显而易见的事实,即它代表了这个国家所有的人。所以,在国家认同问题上,体育运动具有重要的意义,通过“体育英雄”和“国家胜利”能够确立并强化有关“我们”的观念及其集体意识。亨廷顿在政治学的意义上,对于认同提出了耐人寻味的观点:为了建立关于“我们”的认同,必须寻找对立面,即建构“敌人”,从对“敌人”的想象中寻求我们自身的形象。无论亨廷顿提出这个观点是出于怎样的用意和动机,但是对照体育的现场来看,是一个接近于事实的说法,因为体育竞赛经常是建构“我们”和“他人”边界的理想道具。因为对手的存在,才强化了我们是这一方的意识,从而在心理上形成归属感,同一群体的人之间产生连带意识,达到互相之间的认同。

在重大的体育活动中,除了进行着体育项目的活动外,还包含着诸多国家象征意义的内容,如国旗、国歌等,而这些符号对于形成国家认同有着重要的意义。人们通过国旗、语言、文化、代表队来区别彼此获得自己的国家认同;同样,以肤色、语言、习俗等方面的差别来获取自己的种族认同。奥运会的参与都是以地域上的国家代表队来进行,这样就打破了文化相似性,而强调了民族国家的认同。为获胜者举行的升国旗仪式,对奖牌的认同背后是民族、国家、文化的自豪感;人们在为自己国家的运动员加油、呐喊,一起期待、一起庆祝的过程中,能够深刻地体会到国家共同体的存在,所以,体育,特别是竞技体育对人类文化的个性及民族国家的建构和认同有着深刻的影响。

奥林匹克运动自产生之日起,即在促进或推动民族认同方面发挥着重大的作用。作为全人类水平最高、规模最大的体育盛会,奥运会对于增进国家、种族认同有着重大的、不可替代的作用。由于各个民族、国家的高度参与,以及在全球的巨大宣传影响效应,奥运会成为一个各个民族、国家进行展演、交流的巨型舞台。从开幕式的进场、比赛、领奖等一系列的过程中,国家和种族的象征、文化得到充分的展示,这些都构成了国家与种族的认同的重要契机。人们通过国旗、语言、文化、代表队来区别彼此来获得自己的国家认同;同样,以肤色、语言、习俗等方面的差别来获取自己的种族认同。

结 论

体育的社会意义是一个不断被建构的过程,它所依赖的不是其自身的物质性,而是它所有的符号意义及其象征性特点。象征意味着对既存的事物赋予新的意义,正是各种文化的、语言的符号建构了体育的丰富内涵。在制度化的竞技体育中,其象征意义主要反映在国家的展现和对于国家的认同上。体育竞技场是国家符号充分展示的场所,成为国家利益、民族精神展开竞技角逐的场所。而对于大众体育而言,其象征意义则使得人们的个性得到释放,达到自我价值的实现。同时,大众体育具有符号消费的象征意义,即不同阶层的人们通过选择不同的体育运动方式,作为消费符号来显示其阶层的特征。

天津市奥体中心休闲体育产业集群化发展模式研究*

李宗浩　梁　强**

内容提要： 如何实现对休闲体育资源的有效整合，促进休闲体育产业的集群式开发和发展，是提升天津奥体中心产业竞争力并以此带动地方经济发展时必须思考的战略问题。本文基于对天津奥体中心休闲体育产业发展现状的考察，认为产业集群模式是天津奥体中心休闲体育产业发展的战略选择，并据此提出天津奥体中心休闲体育产业园区持续健康发展的对策建议。

关键词： 天津奥林匹克中心　休闲体育　产业集群

引　言

"十一五"时期，天津市经济社会进入一个新的历史时期，全市人均生产总值将超过 7000 美元，提前 3～4 年实现两个收入比 2000 年翻一番。在这种形势下，天津市市民休闲体育需求和休闲体育消费需求增长会更加显著，政府最大限度地满足大众日益增长的休闲体育需求和休闲体育消费需求的任务也会更加紧迫。因此，新一届市委做出"加快发展服务业，把天津建成国际港口城市、北方经济中心和生态城市"的重大决策。研究表明，"十五"期间，天津市休闲体育产业总值占全市国民生产总值的比例还不足 0.5%，而且，天津市休闲体育产业总值仅为北京的 1/12，浙江、广东的 1/28，体育服务业增加值不及北京的 1/10，甚至不及辽宁的 1/4，这种情况表明，天津市休闲体育产业既比较落后又具有较大的发展空间。因此，发展作为我国服务业基本组成部门的休闲体育产业，不但可以满足大众日益增长的休闲体育需求和休闲体育消费需求，而且也是拉动天津服务业乃至天津经济又好又快发展的新的经济增长点。产业集群已经成为一个世界性的经济现象，并得到许多国家和地区政府的重视。通过集群来实现资源的有效整合和企业间的竞争与合作，是提高地区竞争力和经济发展水平的重要途径。如何实现对休闲体育

---

*基金项目：国家社科基金资助项目：基于 SCP 范式的城市休闲体育产业发展模式研究（08CTY010）；天津市哲学社会科学研究规划项目（TJTY07－021）；天津市高等学校人文社会科学研究项目（20072601）。

**李宗浩，男，天津体育学院教授；梁强，天津财经大学体育训练部讲师。

资源的有效整合,促进休闲体育产业的集群式开发和发展,是提升天津奥体中心地区休闲体育产业竞争力并以此带动地方经济发展的战略问题。

一、天津奥体中心休闲体育产业发展现状考察

1. 休闲体育产业发展的资源禀赋

天津奥林匹克中心位于天津市西南部,隶属南开区,东临卫津南路,西至水上西路,南临凌西道,北至宾水西道,区域划分为竞技区和配套区。竞技区总占地约56公顷,建筑面积约34万平方米,包括天津奥林匹克中心体育场、天津奥林匹克水上中心以及已经建成的天津体育馆。考察天津市社会经济区域发展格局和休闲体育资源不难发现,以奥林匹克中心为核心的南部城区已经形成城市文化、体育的品牌特征。该区域不但竞技体育场馆资源丰富,而且还拥有适宜开展水上运动和户外运动的水上公园与堆山公园等休闲活动资源、武术传统之乡——小南河的武术文化资源以及天津体育学院优质的休闲体育教育资源。奥林匹克中心更是以2008年北京奥运会为契机,与城市建设、经济发展形成良性互动,已经形成竞技区和配套区两大区域。总体规划中的竞技区不仅可以满足国际足球、水上运动等要求,还设有卖场、展馆、会议厅、室内游泳馆、五星级宾馆等多种公众服务设施,配套区的建设包括45万平方米的公建区和55万平方米的高档住宅区,综合服务功能齐全。可见,以奥林匹克中心为核心,涵盖水上公园、堆山公园、小南河、天津体育学院的原生性休闲体育产业园区日益凸现。但是,由于缺乏政策引导与科学规划,发展比较缓慢。因此,借助政府的力量并进行科学规划构建以天津奥林匹克中心为核心,提供体育休闲服务和体育休闲产品功能的"天津休闲体育产业园区",在满足市民休闲体育需求的同时,加快发展天津市休闲体育产业和休闲体育经济,拉动天津整体经济发展,已经成为我市全面建设小康社会,构建社会主义和谐社会的迫切需要。

2. 休闲体育产业发展存在的问题

综合来说,从休闲体育消费市场发展趋势来看,奥体中心区休闲体育产业正处于一个快速增长期。与天津市消费结构向高级化方向发展相对应,奥体中心区在经济社会逐步转型过程中乃至转型后,区域居民消费结构也将不断向高级化转变,这些都为奥体中心区休闲体育产业发展奠定了消费基础。高档特色体育资源的集中为奥体中心区休闲体育产业的集聚发展提供了可能。因此,面向未来,奥体中心区休闲体育产业可以在壮大现有特色优势的基础上,进一步发展辐射全市的休闲体育产业,最终有望在该区形成产业集聚效应。但是,当前奥体中心休闲体育产业

发展需要关注的几个问题是：

(1) 产业定位模糊。调查显示，奥体中心区休闲体育产业的发展，基本处于一种自然成长状态，缺乏对现有休闲体育资源的"战略定位"，缺乏区域的品牌定位、功能定位、价值定位、消费群体定位和项目开发计划等。由于没有明确的产业定位，尽管环奥体中心坐拥体育场馆、休闲山水以及文化教育等特色资源优势和区位优势，但由于对这些资源缺乏深度开发与整合，对外包装宣传也缺少有力的措施，因此，区域的休闲体育服务能力无法跟上天津居民日益提高的休闲需求。

(2) 产业缺乏关联度。奥体中心区的体育健身健美业、体育竞赛表演业、体育旅游业、体育娱乐业等主体产业和体育服装业、体育器材用品业、体育书刊、音像制品出版发行业、体育康复、保健业等相关产业市场的关联度低，产业没有融合发展，没有产生规模效应。另一方面，休闲体育服务业发展无法满足休闲体育产业发展必需的基础硬件条件要求，无法与休闲体育设施组合成为有吸引力的商业模式，与人们休闲体育的消费取向不相符合。

(3) 产业发展没有强有力的协同推动机制。休闲体育产业是一个相互配套的系统工程，涉及许多的上下游产业和部门。但目前奥体中心区的管理部门更多从日常的工作职能定位考虑问题，尚缺乏统一推进休闲体育产业发展的全局机制，休闲体育产业也没有形成与地区规划相结合的完整战略规划。

(4) 产业没有成为区域形象品牌。虽然具有休闲体育产业发展的亮点与特色，但是没有形成区域休闲体育产业发展的整体形象。奥体中心区需要围绕奥运，强化公众对奥体中心区休闲体育产业的认知度，增强公众对城市中央休闲区(CRD)的认识，让休闲体育真正成为奥体中心产业发展的有力支撑。

二、产业集群——奥体中心休闲体育产业发展战略选择

1. 休闲体育产业集群内涵及形成机理

波特指出，产业集群是一组在地理上靠近的、相互联系的公司和关联的机构，它们同处或相关于一个特定的产业领域，由于具有共性和互补性而连接在一起。产业集群实际上是把产业发展与区域经济通过分工专业化与交易的便利性有效地结合起来，从而形成一种有效的生产组织方式。休闲体育产业生产过程的整体性和组合性、产业范围的宽泛性、产业结构的层次性、产业关系的关联性，使它具备了集群形成、发展和存在的客观性和必然性。因此，休闲体育产业集群是由休闲体育要素企业、关联企业以及辅助企业和相关机构，围绕优势旅游资源或区位条件优越的旅游目的地而形成的空间地域集聚体，它是休闲体育产业高级化阶段的产物和

适应经济全球化和集群化发展的必然趋势。

从资源禀赋角度来看,休闲体育产业集群是按某种有效的方式,将某一区域的休闲体育产业要素有效地组织起来,从事某种对本地区来讲最具有竞争优势的经济活动的一种资源配置方式。从产业链的角度来看,表现为以具有竞争力或竞争潜力的休闲体育企业为链核,以产品、技术、资本等为纽带,通过包价或零售方式将休闲产品间接或直接地销售给消费者,以助其完成客源地与目的地之间的休闲和游憩,从而在旅行社、饭店、餐饮、休闲园区、交通、商店等行业之间形成链条关系。从经济系统角度来看,休闲体育产业集群融合了休闲体育产业和产业集群的理念与机制,以合理的利益分配机制为基础,以核心休闲体育产业为支撑,形成多层次、多结构的休闲经济活动地域系统和体育企业战略同盟,具有鲜明的产业集聚优势和带动辐射效应(见图 1)。

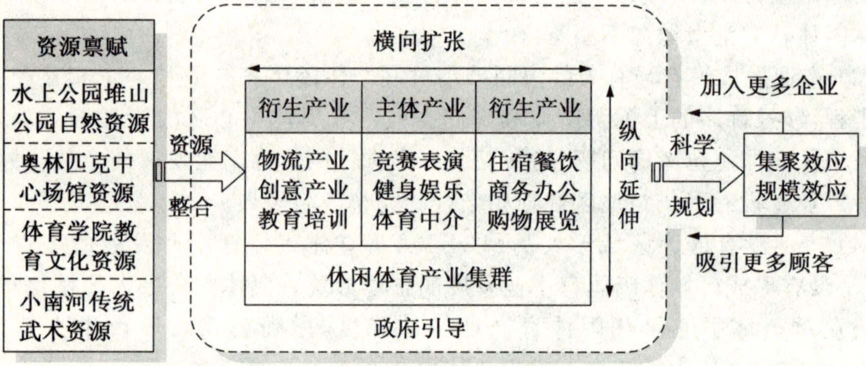

图 1　奥体中心休闲体育产业集群耦合机理

2. 休闲体育产业集群化发展战略选择

按照“把天津逐步建设成为环渤海地区具有强大辐射力和吸引力的旅游休闲中心城市”的战略部署,充分发挥奥体中心综合优势,遵循以人为本的理念,坚持可持续发展思路,以规划为起点,以市场为导向,以项目为核心,将奥体中心打造为以生态为体,以体育为魂,以文化创意、休闲娱乐等产业为支撑的 CRD(Central Recreation District,中央休闲区)。发挥休闲体育园区的示范作用、集聚作用、辐射作用,促进产业互动协调发展,实现休闲经济的快速、健康、可持续发展。

(1) 资源整合战略。根据“中心辐射、轴线扩展、优化组合、特色互补”的原则,以天津奥体中心区域的休闲体育资源为基础,以强势资源和强势项目为重点,以日益发展的休闲市场需求为导向,遵循“整体性、协调性、特色化、互利化”的整合原则,把奥体中心周边各具特色和优势的体育设施、自然景观、历史文化及相关资源进行整合包装。从观念整合、制度整合、空间整合、市场整合等角度入手,不断完善配套服务体系，加快构建功能协调、空间有序、内外呼应、产业联动的休闲体育园区开发体系，促进奥体中心地区休闲空间的合理化构建及休闲体育项目的差异化设计。

(2) 区域联动战略。要坚持统筹兼顾，推动滨海新区龙头带动、中心城区全面提升、各区县加快发展三个层面的联动发展，这是天津市贯彻落实科学发展观指导思想，实现天津经济又好又快发展的战略选择。要不断拓展合作的领域和深度，加强合作，以商务、宗教、教育、体育、文化等为平台，积极开拓国内外休闲市场。加强与区县之间的合作，以交通整合为先导，优化线路，共享资源，借助便利、通达的空间网络来实现大范围内休闲体育产业集群的联动发展。

(3) 产业优化战略。寻找休闲体育产业与当地相关行业发展的内在经济联系和结合点，调动相关行业部门共同发展休闲体育产业集群的积极性和创造性，把发展休闲体育与发展区域经济结合起来，通过依托、挖掘、整合、联动相关产业，实现休闲体育产业与交通业、商贸业、房地产业的有机结合，从纵向和横向培育休闲体育产业链，优化产业结构。

(4) 文化传播战略。作为奥运会协办城市，天津将着力打造"近代中国看天津"文化旅游品牌，叫响"奥运在北京、观光到天津"，"奥运在北京，休闲到天津"。休闲体育园区建设应改变以初级模仿为主的局面，重视对多元文化的引进和把握，在休闲体育活动中实现文化传播。奥体中心休闲产业园区应在文化、功能、品牌等各方面实现多元化发展，鼓励中外文化、现代与传统文化、都市与乡村文化以及高雅与民俗文化的和谐共存、相互促进、交相辉映。

(5) 品牌提升战略。强调精品意识，增加科技含量，有效引进国际化的休闲产品、休闲信息及休闲服务，整体提高休闲体育产业园区的策划水平、建设水平和服务水平，在更高层次满足国内外休闲度假者的需求，引领休闲体育产业发展潮流。遵照"突出重点、统分结合"的原则，将专项资金用于休闲体育核心产业及重点休闲区块的建设工作。将奥体中心休闲体育产业园区品牌上升为区域品牌，将小范围的集群优势转化为城市的综合优势。

四、天津奥体中心休闲体育产业集群化发展对策建议

1. 明确定位，科学决策

休闲体育产业是新兴的成长型产业，对作为奥运会协办城市场馆所在地，发展休闲体育产业，既面临着2008年北京奥运会的历史机遇，同时也面临着其他区域的竞争。因此，奥体中心区休闲体育产业必须抓住迎奥运和天津市大发展的重大

机遇,整合聚集优势,提升开放层次,推动高水平发展。从休闲体育产业园区定位和区域产业转型的战略高度,根据市场趋势、区域位置和产业基础,以科学思维和科学方法对区域休闲体育产业主动进行整体战略定位,走出一条错位竞争、差异发展、特色鲜明的产业发展道路。

2. 整合资源,统筹规划

树立一盘棋的发展大局观,突破单打独斗式的发展方式,统筹规划,整合区内的场馆资源、旅游资源、商业资源、基础设施。实现休闲体育产业的整体推进,协同发展,提高产业区域竞争力。奥体中心范围的资源禀赋将为休闲体育产业提供巨大的发展载体,休闲体育产业的统筹规划,不仅要考虑现有的资源,还要考虑潜在的重要资源。譬如,奥运会结束后,奥体中心"水滴"场馆设施可向市民开放。"水滴"一楼的商业店铺可以成为体育产业的聚集地;二楼、三楼除保留餐饮、娱乐设施外,可以进驻电子竞技俱乐部及乒乓球、羽毛球等时尚体育娱乐项目,形成体育设施、文化、休闲、娱乐一条龙的体育城。

3. 龙头带动,产业联动

实施龙头带动战略,积极培育休闲体育的龙头项目和龙头企业,一方面发展壮大奥体休闲购物中心、体育主题公园、体育会展、数字体育产业等休闲体育产业的亮点,另一方面注重优势要素与市场发展趋势的结合,培育新的重大支撑性亮点项目。同时,通过龙头带动作用,突破传统产业的界限,增强产业合作的纵深,促进产业的融合发展,打造集休闲体育、娱乐、数字动漫、会展、购物和商务办公等功能为一体的城市休闲体育中心区。

4. 引入要素,品牌打造

以大运作的思路发展环奥体中心区休闲体育产业,引入强势品牌、策划机构、项目运作机构、精品赛事等关键要素,从项目策划、产品形象、传播渠道方面强化品牌打造,使休闲体育产业实现质的突破。一是注重利用奥运会的眼球焦点效应,形成休闲体育产业发展的持续效应,充分利用奥体中心区的奥运比赛场馆,打造有影响力的精品赛事;二是根据环奥体中心区的现有特色资源,对数字体育、儿童游乐等进行关联开发,引入国际休闲体育方面的品牌策划机构,形成天津奥体中心休闲体育产业园区独有的品牌项目。

5. 加强协调,政府推动

政府以积极的姿态介入新兴产业的培育,促进休闲体育产业在奥体中心区的快速成长。政府在休闲体育产业的推进过程中要发挥三个方面的作用:一是组织的协调者。组织的协调包括区内行政部门的协调和区外行政组织的协调。区内主要是与休闲体育产业发展相关的政府部门和产业推进组织，取得共识，在重大项目的推进与资源的整合方面步调一致，合力推进，区外与上级行政领导部门和产业推进组织建立良好的交流机制，借用外力，拓展空间。二是政策环境的完善者。政府从资金资助、空间提供、渠道推广等方面为休闲体育产业的发展营造一个良好的制度环境，塑造休闲体育产业发展的地区形象。三是品牌项目的推进者。政府关注国际上休闲体育产业的品牌项目，发挥政府在产业推进方面的组织引导功能，着眼高端，引入和培育有重大影响力的品牌项目。

参考文献

[1] Michael E. Porter, *Clusters and the new economics of competition*. Harvard Business Review, Nov/Dec98, Vol. 76 Issue 6, p77—90, 14p.

[2] 郭峰：《产业集群可持续成长的战略选择》，《河北大学学报》（哲学社会科学版），2005年第5期。

[3] 王辑慈：《创新的空间——企业集群与区域发展》，北京大学出版社2001年版。

[4]【美】派恩·吉尔摩著：《体验经济》，夏业良译，机械工业出版社2002年版，第10—32页。

[5] 梁强：《基于体验经济背景的城市休闲产业集群构建研究》，《天津财经大学学报》（现代财经），2008年第2期。

[6] 金宗强：《天津市发展休闲体育产业的SWOT分析》，《武汉体育学院学报》，2005年第7期。

[7] 蔡宝家：《区域休闲体育产业发展研究》，载《2007休闲发展国际论坛论文集》，2007年，第251—257页。

[8] 梁强、罗永泰：《现代服务业视角下天津市创意产业升级战略的思考》，《城市》，2008年第5期。

休闲体育的心理功效

周毅刚* 刘 晖 郭玉江

内容提要：本研究重点从心理学层面上探讨休闲体育的内涵及其功效，并进一步论证休闲体育产生心理功效的理论机制。研究显示：休闲体育作为现代社会中一种积极、文明、健康的社会生活方式，具有积极的心理功效；其产生心理机制符合考克斯(Cox)提出的六项基本假说。

关键词：休闲体育 心理功效

前 言

进入21世纪，在人类历史发展的新起点上，健康的休闲生活方式和高质量的生活内容成为人们的追求，人们更加讲究营造人性化的环境和氛围，选择人性化的内容，采用人性化的方法，享受生活。休闲体育作为现代社会中一种积极、文明、健康的社会生活方式，以其独特的魅力吸引着人们投身其中。

目前有关休闲体育的价值、功效的研究，多从广义的视角探讨了休闲体育的功效，而专门针对休闲体育的心理功效的研究还很少，本研究重点从心理学层面上探讨休闲体育的内涵及其功效，并进一步论证休闲体育产生心理功效的理论机制。

一、休闲体育的内涵

1. 何谓休闲

在西方，对休闲的认识最早可以追溯到古希腊的亚里士多德，他把休闲誉为"一切事物环境的中心"，"是科学和哲学诞生的基本条件之一"。他认为，"休闲可以使我们获得更多的幸福感，可以保持内心的安宁"。

但是，真正把休闲放在学术层面加以考察和研究，并形成学科体系则是近100多年的事。美国国家休闲研究院主席杰弗瑞·戈比(Geoffrey Godbey)在《你生命

*周毅刚，女，河南信阳人，教授，郑州大学体育学院副院长。

中的休闲》一书中这样阐述,“休闲是从文化环境和物质环境的外在压力中解脱出来的一种相对自由的生活,它使个体能够以自己所喜爱的,本能地感到有价值的方式,在内心之爱的驱动下行动,并为信仰提供一个基础”。

《国际休闲宪章》中指出,所谓休闲就是人们在完成工作和其他任务之后,在自由支配的时间内所进行的活动,是以补偿性活动为基础的活动。

本文认为休闲是一种观念,不论外部环境如何,只要投入其中,就能够在一系列的活动中获得一种心灵上的自由和良好的情感体验。

2. 休闲体育的概念

休闲体育在英语中是“Leisure Sport”,我国一些学者把它翻译成余暇体育,有些人则认为应该是休闲体育,还有些人认为应译为娱乐体育或休闲运动。

于涛则认为用“休闲体育”一词标记哲学意义上的 Leisure Sport 的含义,要比余暇体育全面、准确得多,同时也符合汉语的习惯。“休闲体育是在工业社会和后工业社会创造的物质财富和精神财富基础上,人们抱着自我完善、自我充实的自觉态度,积极主动地追求和享受体育活动乐趣的一种现代行为方式。”

石振国给休闲体育下的概念是:“人们在休闲时间里自愿参与、自主选择的,以身体参与为主要手段,以缓解压力、恢复体力、娱乐身心、调节情绪、强身养生为主要目的的一种健康科学的身体活动方式。”

马惠娣老师认为:以休闲的方式(或休闲的心态)参与体育活动,谓之“休闲体育”。

本文对休闲体育的定义是:人们在休闲的时间里,怀着自由的心态,充分利用所喜爱的休闲和体育活动的各种资源,努力营造一种良好的氛围,通过客体的活动,达到娱乐消遣、放松恢复、陶冶情操和发展个性的一种健康科学的生活方式。

3. 休闲体育的心理学内涵

(1) 良好积极的心理状态。在休闲体育活动中,参与者有较强的内部动机,积极性高、情绪热烈、兴趣浓厚、注意力集中、思维活跃、记忆深刻。

(2) 自由、放松感。在休闲体育活动中,参与者不论外部环境如何,他都会相信,他是自由的,是他在控制局面,而不是被环境所控制。

(3)“高峰体验”。参与者应该感觉到“畅爽”(flow),以及在锻炼中所出现的“跑步者高潮”。这些良好的情绪体验,它们是奖励性的、难忘的和强有力的个人体验,这种体验可以提高人们的生活质量,提高人的健康幸福感,这与休闲体育的目的是完全一致的。

二、休闲体育的心理功效

1. 有助于减少负面情绪,促进人的正面情绪效应

古语云:“人非草木,孰能无情?”影响我们日常生活的负面情绪,对身体极为有害,有时竟会成为致死的重要因素。《三国演义》中的周瑜和王朗,一个被气死,一个被骂死,就说明了负面情绪的可怕。负面情绪像发酵的垃圾,会污染我们的身心及影响到我们正在进行的事业,因此,健康人要善于向负面情绪说不。而正面的情绪可以使我们保持乐观、积极、向上的心态,在对待生活、工作和学习中的事件有一个良好的评价和认识。

体育锻炼对心理健康影响的最主要标志,是可以改善人的情绪状态,能直接给人带来愉快和喜悦,并能降低紧张和不安,从而调节人的情绪,改善心理健康水平。Berger 研究显示,有规律从事中等强度(60%~75%VO2max,最大摄氧量)活动的锻炼者,有利于改善情绪。大量研究表明,运动能有效调节紧张情绪,缓解心理上的紧张压力,改善抑郁情绪,减轻抑郁程度。其机理可能与神经递质如内啡呔、儿茶酚胺等(主要作用是协调和统一应激状态下全身各系统的机能)含量改变导致运动中的情绪变化。

在紧张忙碌的工作、学习或是卸下其专业、家庭及社会责任之后所自愿参与到休闲体育中,不仅可以忘记烦恼、忧愁,而且能够休养生息、自我娱乐、增加自我知识及增进其感兴趣的技能,而且能够更好地体验和享受生活。凡是美的事物都可以使人获得精神上的快感,或使人兴奋,或使人陶醉。休闲体育活动可以使人们更加健美、健康,使人们感受到生命之美、大自然之美,感受到大自然的勃勃生机以及旺盛的生命力。

2. 有助于增进“我们关系”,改善人际交往关系,增强个体的社会适应的能力,提高个体的认知能力

“我们关系”(we-relationship)是一种亲切并相互信任与尊敬的关系,有高度的“自家人”的感觉与认同。经常参与休闲体育活动的人们有较强的“我们关系”。休闲体育既是一种走向社会,又是一种走向大自然的健身运动,通过休闲体育锻炼可以增强“我们关系”。休闲体育不仅是休闲娱乐、健身的载体,也是消除孤独寂寞、拓展交际、增进情感交流及交友的润滑剂。人们通过休闲体育运动可以结识许多不同身份、年龄、性别的人,丰富精神生活和增进相互间的感情交流。

体育锻炼作为一种重要的应激源,其直接效果可能产生生理、心理上的代偿失调,这种作用可能促使人更理性地看待生活中所发生的问题。另外,体育锻炼总是

在一定的社会环境中进行，它总是与人群发生着交往和联系，人们在运动中能够很好地克服孤僻，忘却烦恼和痛苦，协调人际关系，扩大社会交往，提高社会适应能力。

参加休闲体育与人群在一起，可以有效地提高人的社交与处事能力和收集信息的能力。休闲运动，一般是要走到户外，投入大自然，使人体的适应能力得到很大提高。很少有单个人进行的，少则两人，多则几十人以上。从个人参与意识的形成，到场地、设备和活动过程的始终，具有广泛的社会学意义，特别是在人际交往、关系与感情协调，更显示出良好的效应。休闲体育在某种意义上扩大了生活环境、生活内容，使人们不断认识他人，重新认识自己，适应变化着的新环境，提高人们对社会的适应能力和社会心理平衡能力，具有积极的作用。

毛泽东主席在《体育之研究》曾有这样的论述：夫知识之事，认识世间之事物而判断其理也，于此有须于体者焉。直观则赖于耳目，思索则赖于脑筋，耳目脑筋之谓体，体全而知识之事以全，故可谓间接从体育以得知识。

3. 有助于增强自我意识，促进个性的发展

自我(self)是指个人人格经社会规范调教和文化熏陶出来的部分，而经常参加休闲体育活动的人们非常强调自我，并通过在参与休闲体育活动的过程中追求自我实现，获得人生自我价值的体现。

在休闲体育运动中，锻炼者对运动技能掌握的成功体验可增强自我效能感；增加参加者的自信和自尊，进而提高躯体自尊、自我自尊以及追求自我实现。自我效能感的提高对个体的成长有积极的促进作用，而自尊作为个体人格的核心成分，它不仅与心理健康有直接联系，而且对整个人格的发展起重要作用，而长期从事休闲体育锻炼可以影响、改变人的自尊。国外有研究显示，休闲体育活动对参与者的身体外观和躯体意象的知觉有显著影响，因而可以成为提高个体整体自尊水平的有效活动类型。国内也有研究显示，身体自尊作为整体自尊的一个具体领域，是影响整体自尊水平的重要因素。身体活动是改善身体能力的最有效、直接的方式，所以休闲体育活动可以提高身体自尊进而提高个体的整体自尊。

4. 有助于提高生活满足感和主观幸福感，更好地体验和享受生活

随着社会文明进程推进和生活质量的提高，个体的生活满足感和主观幸福感也日益受到关注。生活满足感(life satisfaction)是指个体对自己生活的满意程度。主观幸福感(subjective well-being)是指个体根据自定的标准对自己生活质量的总体评价，是反映某个社会中个体很难干活质量的一个重要的心理参数。

生活满足感是主观幸福感的一个重要指标，而生活满足感与休闲体育活动有着密切的关系，一直以来都受到研究者的极大关注，而休闲体育活动能够促进生活

满意感的推理更是被许多学者的研究所证实。Berger(1988)研究身体活动对老年人生活品质的影响时发现,休闲体育活动可以提升老年人的生活品质,对老年人的人格、生活满足感、幸福感、自我效能、自我概念、个人形象等皆有正面的效应,而且还会减少压力、焦虑及沮丧。休闲体育活动可以培养积极向上、乐观开朗的性格,使参与者对未来的情况比较乐观自信,能够很好地面对问题,解决问题,还可以建立良好的社会联系,在这种联系建立以后,就能够获得重视、关注和体验成功的快乐,因而也能够得到足够的资源来应对可能遭遇的问题,降低挫折和体验负性情绪的可能性。休闲已经成为现代人文明生活的一个重要标志,在休闲运动中可以不断提高参与者的生活满足感的水平,在物质上和精神上都可以得到满足和实现,进而提高主观幸福感。

5. 有助于获得精神层面的自由感和解放感

庄子和惠子在观鱼,惠子问道:"子非鱼,安知鱼之乐?"庄子道:"子非我,安知我不知鱼之乐也。"人们在休闲体育运动中可以得到放松、休闲,使身心得到充分的休息和恢复。达到庄子所追求的"独与天地往来"的那种逍遥、自在、愉悦的精神状态。

休闲体育有助于获得精神层面的自由感和解放感。休闲体育向人们展示的丰富多彩的内容,已经远远超过了一味追求物质利益的生活方式。休闲体育所倡导的走进自然、娱乐身心、放松心情、释放个性正是人本思想"回归自我"的最好阐释。休闲体育活动与日常的工作、学习和生活不同。工作和学习涉及责任、成就、名誉地位等个人的前途与发展,即使你不想做也不得不做,因而它们都具有一定的强制性,加之这些事情日复一日、年复一年简单地机械性地重复,必然使人感到厌倦和烦恼。而休闲体育活动既不涉及责任成就,也不属于必做之事,参加者可以自由选择参加与否以及参加何种形式。这种自由参加性和自主选择性可以使人暂时忘记工作、学习和生活中的种种不快和烦恼,感受到按照自己意志自由自主地从事活动带来的轻松和愉快,从而获得一种精神上的自由和解放,达到庄子所谓的"出游从容鱼之乐也"逍遥、自在的状态。

6. 有助于缓解心理压力,促进身心健康和谐发展

杨建雄等研究发现,在焦躁神经症、歇斯底里、抑郁症3项中,锻炼人群与非锻炼人群存在着显著性差异。并得出锻炼人群的心理健康水平要优于非锻炼人群的心理健康水平。

王玉梅等研究发现体育锻炼对军校大学生的身心收益是多方位的,他们在经过持续有效的体育锻炼之后,在体育成绩显著提高的同时带动了军事训练成绩的上升和身体素质的提高,与其伴之而来的是外部的表扬称赞和内心的自我肯定,这些积极的刺激有效地增强了他们的自信心和克服困难、抑制焦虑、战胜恐惧的勇气与能力，从而较好地实现了心理健康水平和身体素质的同步提高。[16]

随着中国社会进入总体小康社会，物质的丰富，生活质量的提高，社会的进步使人们的生活及体育观念发生了巨大的变化。当今世界是一个快节奏、高效率的社会，现代社会生产方式和城镇生活模式使人与人之间的空间距离缩短了，但心理距离增大了，人们之间的关系疏远了，因缺少交流与沟通而感到精神上的孤独与空虚；文明、科学、健康的休闲体育生活方式所追求的是一种健康、高级、崭新的现代生活目标，它是社会成员排遣精神压力、散发心中郁闷和青少年发泄积蓄精力的一个安全释放口。传统的纯粹的体育健身的观念，已经向健身、益智、休闲、娱乐的多重性的方向发展。项目目标的多极化导致了项目的多元化，休闲体育作为人类最为健康的一种休闲生活方式，既能强身健体，又是一种绝佳的生命体验，像游泳、攀岩、冲浪、登山、拓展、定向越野等，休闲体育日益成为现代社会中一道最迷人的风景线。

休闲体育可以缓解压力、陶冶情操。而相对生活化的休闲体育形式和内容，从感受上和精神上宛如一缕和煦的春风，使人们沐浴在这身心俱健的春风里，感受着人与人之间的豁达与友爱，陶冶着良好的情操和稳定的心情，从而缓解了快节奏生活给人们带来的心理压力，进而增进了心理健康。

三、休闲体育的心理学机制

美国学者考克斯(Cox，1994，1998)在前人研究的基础上归纳总结，提出了身体活动促进心理健康的原因的六项基本假说：(1) 认知行为假说——运动可诱发积极的思维和情感，这些积极的思维和情感对抑郁、焦虑和困惑等消极心境具有抵抗作用，从而促进心理健康。(2) 社会交互作用假说——运动中与朋友、同事等进行的社会交往是令人愉快的，它具有促进社会心理健康的作用。(3) 分散注意力假说——运动给人们提供了一个机会，使他们能够分散或转移对自己的忧虑和挫折的注意力，从而使焦虑、抑郁等消极情绪出现短时间的下降。(4) 心血管功能假说——心境状态的改善同心血管健康状况的改善相关。运动能增强心血管系统的功能，增加心血管的收缩性和渗透性。健康的血液循环可使体温恒定，有助于保持神经纤维的正常传导性，从而有利于心理健康。(5) 胺假说——运动中神经递质类化学物质分泌量的增加同心理健康状况的改善有关。(6) 内啡肽假说——运动促进大脑分泌一种具有类吗啡作用(消痛并出现欣快感)的化学物质，内啡肽引起的这种欣快感可降低抑郁、焦虑、困惑以及其他消极情绪的程度。

休闲体育的上述心理功效都可以从考克斯的假说中得到合理的解释。休闲体育活动中的很多现象、经验和证据可以很好地表明其假说有一定的现实依据。

结 论

21世纪的休闲体育正以一种“文化生活方式”、“文明健康的生活方式”迅速走进人类的生活当中。随着知识经济的到来,有人预测2015年前后,发达国家将进入“休闲时代”,休闲将成为人类生活的重要组成部分。休闲体育作为现代社会中一种积极、文明、健康的社会生活方式以其独特的魅力吸引着人们投身其中,休闲体育作为人类社会的一种文化形态和社会实践,其意义在于维系人类的健康,满足人类的享受和发展的需要,让休闲体育走进自己的生活和心灵世界,才能使人生更加充实与美丽,才能更好地实现人生价值和自我价值同时获得健康和快乐。

参考文献

[1] 马惠娣:休闲:《人类美丽的精神家园》,中国经济出版社2005年版,第113—115页。

[2]【美】杰弗瑞·戈比:《你生命中的休闲》,云南人民出版社2000年版,第1—14页。

[3] 孔祥华等:《“休闲体育”的概念及理论诠释》,《广州体育学院学报》,2007年第2期。

[4] 于涛:《余暇体育·还是休闲体育·关于Leisure Sport概念和定义的批判性回顾》,《体育文化导刊》,2004年第8期。

[5] 石振国等:《闲·休闲·休闲体育》,《体育文化导刊》,2004年第8期。

[6] 马惠娣:2008年3月20—23日广州休闲体育国际研讨会,“休闲、休闲体育、后北京奥运”的主题发言。

[7] Berger,B. G. Motl R. W. Exercise and Mood: A subjective review and synthesis of research employing the profile of mood states. Journal Applied Sport Psy,2000,12;69—92.

[8] Morgan W P. Affective Beneficence of Vigorous Physical Activity. Med Sci Sport Exe,1985,17(1): 94—100.

[9] Bandura A. A Self—efficacy Mechanism in Human Agency. Am Psy, 1982,37(2): 122—147.

[10] Farmer M E. Physical Activity and Depressive Symptoms: the NHANES 1 Epidemiologic Follow—up Study. Am J Epide, 1998,128(6): 1340—1351.

[11] 蔡文辉、李绍嵘:《简明英汉社会学词典》,中国人民大学出版社2002年

版，第 200、245 页。

[12] 丁庆建、范方：《运动处方对矫正大学生心理障碍效果的研究》，《北京体育大学学报》，2002 年第 4 期。

[13] 杨建雄等：《高等师范学生体育锻炼人群与非锻炼人群心理健康水平的对比研究》，《北京体育大学学报》，2003 年第 5 期。

[14] 黄希庭：《简明心理学词典》，安徽人民出版社 2004 年版，第 335，513 页。

[15] Berger, B. G. *The role of physical activity in the liquality of older adults*. American Academy of physical EducatioPaper, 22, 42—58.

[16] 王玉梅：《体育锻炼对军校大学生心理健康水平影响的统计分析》，《北京体育大学学报》，2006 年第 3 期。

[17] 张力为、毛志雄：《运动心理学》，华东师范大学出版社 2003 年版，第 375—377 页。

[18] 托马斯·古德尔等：《人类思想史中的休闲》，中国经济出版社 2000 年版，第 8 页。

基于SECI模型的城市商业体育休闲组织知识管理初探*

任　慧　和金生　杨晓晨**

内容提要：随着奥运经济后续效应的不断展开，休闲体育产业必将成为城市经济新的增长点。同时，伴随居民闲暇时间的拉长，收入水平的提高、健康意识和体验式消费需求的增强，休闲体育消费也将成为城市居民的新宠。因此，各种商业体育休闲组织的涌现势不可挡，然而，当代知识经济形态的存在，使得知识成为组织进行市场竞争的法宝，知识管理成为它们保持持久竞争力、不断创新的工具手段，这对商业体育休闲组织的管理提出新的要求。本文试图以日本管理学家Nonaka和Konno所提出的SECI模型为基础，主要对商业体育休闲组织的界定及其实施知识管理的必要性以及如何搭建知识管理系统平台等问题逐一进行探讨。

关键词：SECI模型　知识管理　城市商业体育休闲组织

伴随2001年中国申奥成功，一直到2008年北京奥运会的成功圆满闭幕，长达8年的全民备战，使得亿万大众对体育休闲消费的热情空前高涨。在此期间，体育产业得到了全面的发展。随着中国竞技体育的发展，中国承办各种大型体育赛事的能力快速提高、各种经济运动项目遍地开花、国际顶尖的华籍运动员人数不断飙升，国内人们对体育的认识逐渐全面化，越来越多的体育运动项目被人们所熟知，并且由原来的"贵族式"消费转化为"平民式"体育休闲项目，这就必然为国内休闲健身娱乐体育的发展提供了千载难逢的良机。城市作为一个地区经济文化中心，在休闲产业的发展上具有得天独厚的优势：城市居民闲暇时间较长，收入水平提高、健康意识和体验式消费需求强烈，城市居民用于个人健身的消费每年以高30%的平均速度递增。所以，顺兴这一发展趋势和规律，城市内各种以赢利为目的的商业体育休闲组织的发展势不可挡。这些商业体育休闲组织往往把各种休闲元素融入体育运动中，形成了诸如健身休闲组织、运动休闲组织、保健休闲组织、健美休闲组织以及体育美容休闲服务组织，另外一些为特殊人群提供体育专项休闲运动项目的休闲组织如雨后春笋般涌现。

---

*基金项目：国家社会科学青年基金项目资助(项目编号：08CTY010)。

**任慧，女，讲师，天津大学管理学院博士生，现就职于江西师范大学传播学院；和金生，男，天津大学管理学院教授、博导；杨晓晨，女，天津体育学院学报编辑。

与此同时，大量民间资本介入的商业体育休闲组织的投资活动中，国内大型连锁的休闲健身组织不断增多，这些休闲组织规模不断扩大，2007年初，全国健身俱乐部达到15000家左右，使全国每10000人拥有一家健身俱乐部的概率上升到每8000人拥有一家健身俱乐部；与此同时，体育休闲服务整合趋势加强，各种娱乐组织的服务项目彼此交叉，相互学习。比如，体育休闲服务除了专门的商业体育休闲组织机构提供外，还有一些其他的部门也存在体育娱乐项目，如旅游、教育部门、军事卫生等体育休闲。另外，国内一些大城市也出现了一些以体育为核心的休闲园区，所涉及的体育休闲项目门类齐全，名目繁多。在这种情况下，如何加强管理，提高组织绩效，成为这些商业组织今后发展的首要任务。

本文认为，在知识经济时代，任何以赢利为目的的商业组织必须以知识为导向，其获利能力不仅仅取决于有形资本，还在于对知识等无形资产的收集与利用能力。在激烈市场竞争中的企业无论采取何种竞争战略，它的核心竞争力都来自于它所拥有和发展某一领域的知识。所以在瞬息万变的市场环境中，商业组织如何通过开展知识管理，保证组织内外知识的传播和利用成为他们创造和保持竞争力的关键。

一、商业体育休闲组织管理存在的问题

1. 不掌握会员信息，大部分体育休闲组织的会员流失严重

经过近30年的发展，我国的商业体育休闲组织逐渐发展成为以休闲健身俱乐部为主体，其他多种形式为辅的组织体系。但是，由于大多数休闲体育组织不能很好地掌握会员知识，造成他们不知道自己失去的是哪些会员、什么时候失去，也不知道为什么失去。目前，大多数商业性体育休闲组织都会为流失会员而苦恼，他们试图通过招揽新会员来弥补。这意味着回头重新经营那些曾经存在的会员关系，将会是一个明智的选择。

2. 员工间交流少，大部分体育休闲组织知识匮乏

目前，我国休闲组织内知识交流大多仅限于单向信息交流，即领导对员工发布施令信息，但是员工却很少、甚至不反馈，只是照章办事。而同时，这些体育组织内的员工的交流渠道很窄，似乎也仅限于职员的开会，对管理层管理精神的领会和记录，而针对特定问题提出建议的流程、企业内部网上的论坛及其反馈要求的建设很落后，体育休闲组织内各种类型的员工面对面交谈的机会很少，缺乏交流已经成为大部分体育休闲组织知识匮乏的主要原因。

3. 信息管理系统不完善,大部分体育休闲组织对市场敏感度差

我国的体育休闲行业在日益国际化的大环境中不断发展,国内休闲市场环境的日益完善,体育经济的大旗越来越吸引着境外著名商业体育休闲组织纷纷涌入我国。他们拥有完善的服务项目设计、良好的服务环境以及高度发达的信息管理体系,而目前国内本土企业多数没有建立一套处理各类信息的系统体系,这意味着国内体育休闲组织将面临更大强度的管理挑战。不能对外界瞬息万变的市场信息进行及时的处理和更新,并在此基础上做到信息向知识的转化。所以,与国外休闲体育组织相比,本土体育休闲组织提供的服务项目单一,不能做到项目创新,提供的休闲服务价值链低下。

4. 对知识认知不够,大部分体育休闲组织知识管理形式化

现今产业发展的趋势已经转化为知识导向,企业的主要获利能力不再取决于有形资本,而是决定于对知识等无形资产的收集与利用能力,所以知识管理成为商业组织策略管理中相当重要的一环,其执行的绩效对于组织的竞争优势有绝对性的影响。可以说,随着知识经济时代的到来,处在激烈市场竞争中的企业无论采取何种竞争战略,它的核心竞争力都来自于它所拥有和发展某一领域的知识。在知识经济时代,企业组织感知外界变化和迅速响应的能力,很大程度上来源于知识管理程度的高低。我国休闲体育产业尽管发展迅速,但产业化运作和公司制经营起步较晚,即使有少数商业体育休闲组织开展知识管理,其管理更多只重视形式上正规化,其知识管理的细节仍没有太大改观,这样就使得它们所提供的服务和档次大打折扣。所以迅速开展知识管理,将商业体育休闲组织变成一个不断自我更新的学习型组织,已经成为这些企业组织今后发展的共识。

二、SECI模型及商业体育休闲组织内知识的界定

1. SECI 模型

1991 年,日本管理大师 Nonaka 等提出了知识分享与转移的 SECI 模型,即 socialization-externalization-combination-internalization 模型,这个模型认为知识通过社会化—外在化—组合化—内在化—社会化的循环转化过程实现组织知识螺旋增长(spiral of knowledge development),促使知识由低级向高级转变,不断创造新的知识,使企业组织成为一个创新不断,具有发展潜力的组织机构。

2. 知识类型及商业体育休闲组织内知识的界定

(1) 商业体育休闲组织显性(explicit)知识。显性知识主要是那些能较为容易在组织、团队或个人之间进行传播、交流和扩散并具有明确的语言或符号表达的知识,在商业体育休闲组织中,其经营章程、工作流程、教练员传授的技术动作的文本形式等都属于该组织的显性知识。

(2) 商业体育休闲组织隐性(tacit)知识。隐性知识主要是存在于个人头脑中的,难以口语化和形式化的知识。商业体育健身俱乐部经营中,俱乐部管理技巧、顾客关系处理上经验积累以及俱乐部体育文化、组织内人员的工作习惯和不同教练员各自所具有的技术和沟通诀窍等都属于难以直接编码化的隐性知识。

三、知识管理及商业体育休闲组织知识管理系统平台的构建

1. 知识管理内涵

知识管理主要涉及自上而下的监测和推动与知识有关的活动、创造和维护知识基础设施、不断地更新组织和转换知识资产、使用知识以提高其价值的一系列涉及知识的管理活动。知识管理这一商业活动的根本目的是为了有效地支持知识的使用、共享、转移和创新,组织知识管理平台是组织知识的主要载体,通过它可以实现组织内外知识以及个人与组织间知识的互动,从而促进个人学习和组织学习不断进行,从而保证知识在组织和个人间隐性知识和显性知识的转换。具体来讲,商业体育休闲组织知识管理有四大要素。

2. 商业体育休闲组织知识管理系统平台构建元素

(1) 知识员工(people)。商业体育休闲组织内与知识管理的相关人员。这些人员不仅指作为体育休闲服务提供者的教练,还有处理顾客关系的管理人员、各个部门的相关组织内信息搜集者、整理者、评估者甚至组织外的顾客、同业竞争者。作为一支庞大的队伍,它关系知识管理平台能否贯彻下去。

(2) 信息科技(technology)。商业体育休闲组织选择适合自己的知识信息计算机管理系统,这个系统直接面向自己的员工、决策者以及与之相关的外部相关者。主要是各行各业组织完成自己使命时,用来收集、保留和处理信息的所有资源——过程、行为和系统。同样在信息社会,任何商业体育休闲组织的发展都离不开它。通过它,可以实现组织内外使用者对知识进行快速、准确的分析、过滤、整合与传播,提高自己决策的管理能力,组织内员工对知识的共享以及组织外休闲消费

者信息的获取渠道和便捷性,另外,它还可以为组织提供开发新产品和服务。不同的信息技术可以协助商业体育休闲组织完成不同的管理任务,如事务处理系统可以协助各部门员工协调一致地完成业务,而管理信息系统和决策支持系统可以实现组织的高端决策和战略规划等等。

(3) 知识(knowledge)。商业体育休闲组织内隐性和显性知识资产。作为知识管理平台构建的对象,一些人员、技术手段和分享环境都是为了能更好地实现对知识的分类—储存—整合—评估—利用—分享—分类—储存,从而实现知识在组织内外的互动和管理完善。作为知识经济形态下的知识,是颇具价值的资产。它的储存方式分成人际为主(people-based)、媒介为主(media-based)、电子索引(e-indexed)以及电子驱动(e-actived)等形式。借助高端信息技术手段,现代商业体育休闲组织的知识储存方式以电子形式为主,其他方式为辅。

(4) 吧(bar)。体育休闲组织内的文化和制度安排保证其他要素的顺利运行,营造知识转换和传播的环境。既包括供员工交流的对话吧,也包括供组织对获得的信息进行假设、试验,反复练习形成对系统知识的练习吧。

3. 商业体育休闲组织知识管理系统平台构建

在一个一定规模的体育休闲企业组织的知识管理平台体系中,处于核心地位的人的元素与平台中各个组织部分之间都是相关的。体育休闲组织内员工从组织外的消费群、与自己形成竞争态势的休闲服务的提供者中,获得外部市场环境变化带来的新的知识信息,这些信息对组织知识的创新和提升具有不可替代的作用。在现代市场条件下,员工获取这些信息大多通过组织所拥有的计算机信息系统等技术手段,如系统内知识库、搜索功能、知识门户以及知识保密等各个功能,实现组织内外信息的沟通和对核心知识的保护。一旦获得新的知识信息,组织内的员工和相关的社区和专家网络就应该通过对话吧和练习吧讨论、沟通并进行适当的试验练习,交流后的信息反馈到知识员工的层面,员工通过各种知识信息储存手段,将这种来自组织外新信息和组织本身具有的知识融为一体,从而将新的知识融入休闲产品设计和改善上。基于以上分析,我们构建了图1的知识管理框架。

从这一过程来看,知识管理系统首先将来自组织外(顾客和其他竞争者)的隐性知识转化为组织内的显性知识,并用各种储存手段保存的临时知识(E);而经过临时储存的显性知识经过交流和沟通又进一步使显性知识扩散,知识重新组合,形成新的显性知识,变成组织本身储存的永久知识资产(C);经过组织内工作人员对这些新的显性知识的运用,形成了自己的体验,变为属于自己的隐性知识。显性知识形成了员工自己的隐性知识,这是知识的内在化(I);经过内在化的员工个人隐性知识要再一次转化为组织隐性知识,这个知识社会化要在体育休闲组织范围内形成的乐于分享、试错是空间内才能实现(S)。组织新形成的隐性知识经分享又进

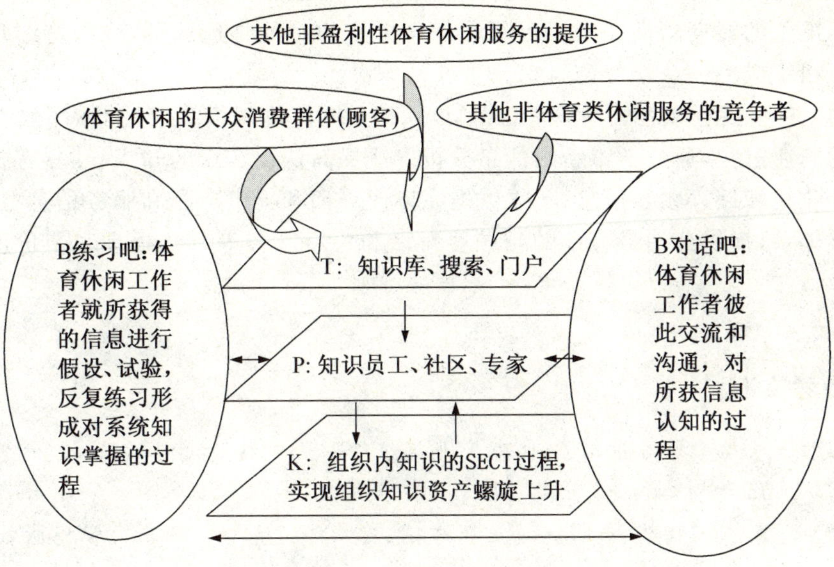

图1 商业体育休闲组织知识管理平台框架设置

一步外在化(E)，这种循环往复的知识流动，最终实现组织知识的螺旋式增长。

结　语

商业体育休闲组织的获利来源是向顾客提供各种优质的休闲健身服务，在建设知识管理体系的过程中，关键要注意几点，才能在发展中不断创新思维、创新服务项目产品和提高服务价值。

(1) 建立信任氛围，鼓励员工进行跨组织结构交流。在如今精简、重组、合并和收购成为主流的时代，员工很可能不愿意同他人分享自己的想法和意见，鼓励员工充分交流的关键在于建立整体互信的企业交流空间，并对交流的知识信息进行及时更新，形成编码化的组织内员工共享的知识结构。而对于其领导者来说，要使交流成为体育休闲组织里的优先事项，让每个员工都知道你重视交流，这样才能保证一个充满信任的空间能够实现。

(2) 借助信息管理平台主动出击，搜集市场信息。对于商业体育休闲组织原始知识信息的获取并不是完全被动的，很多时候需要其市场开发部、市场营销部门等积极地开展调研，提前了解市场信息，引导消费者的消费理念，同时从其他休闲娱乐行业中汲取前瞻性的经验知识。所以，商业体育休闲组织知识管理系统平台的导入期要有充分的经费和软硬件建设作保证。

(3) 持续培训员工，提高其知识含量。商业体育休闲组织虽然在经营初期，都会对员工进行一些普通常识和一套标准化销售流程或技巧的培训。但是仅仅依靠这些标准化的短期培训在知识更新和信息爆炸的时代是远远不够的,持续培训才能保证组织成为一个学习型组织。

(4) 持续投资顾客关系管理(CRM)。商业体育休闲组织应把 CRM 作为一项长期的商业过程,通过学习新的信息分析方法提高认识客户的知识;建立客户数据库用于收集和储存顾客信息;建立数据库以便查询和提供产品和服务信息;建立会员投诉体系,提供公司最直接的与顾客对话和售后服务等方法提高客户价值和公司价值。

参考文献

[1] 丹尼尔·科维尔等:《体育产业组织管理—对绩效负责》,清华大学出版社 2005 年版,第 236—257 页。

[2] 迈克尔·利兹、彼得·冯·阿尔门:《体育经济学》,清华大学出版社 2003 年版。

[3] Nonaka I. *A dynamic theory of organizational knowledge creation*. Organization Science. 1994(5).

[4] 帕克豪斯:《体育管理学:基础与应用》(第 3 版),清华大学出版社 2003 年版。

[5] 江文年、杨建梅:《企业知识管理方法论研究》,科学出版社 2006 年版,第 23 页。

[6]《健身产业投资行情分析》. http://hi.baidu.com/wc69903/blog/item/d56c62c2953a0e1e0ff47747.html, 2008-07-02.

[7]《前休闲时代》. http://finance.sina.com.cn/leadership/sxyxx/20080102/16404357352.shtml,2008-01-02.

[8] 面对更多同业竞争 健身俱乐部出尽法宝[EB/OL]. http://www.zaobao.com/stock/pages13/local050829a.html,2005-08-29.

休闲体育产业生态系统分析与竞争战略选择*

杨晓晨**

内容提要：休闲体育产业是一个按照人们的消费动机将能够满足大众休闲体育需求的众多产业组合而成的产业集群，具有商业生态系统的特征。该系统由核心价值链与扩展价值链、金融链与政策链、互补产业与替代产业等要素构成并形成错综复杂的价值网络，为实现创造有价值的产品和服务以满足顾客休闲体育需求的目的，从系统层面和企业层面提出休闲体育产业生态系统的竞争战略。

关键词：商业生态系统　休闲体育产业　休闲体育产业生态系统　竞争战略

前　言

我国新《国民经济行业分类》国家标准(GB/T4754－2002)中将组成国民经济的行业分为20个行业大类，其中没有关于休闲产业的分类，也没有体育产业，更没有休闲体育产业，与休闲联系密切的行业大类只有住宿和餐饮以及文化、体育和娱乐业。在国外，美国学者也认为，很难对休闲产业的范围有个全面的统计，几乎所有的产业，包括国防，都有一些与休闲相关的工作。对于本文所要讨论的休闲体育产业，它同样也不是局限于某一个或几个具体的行业，而是打破传统的"供给"视角，从休闲体育消费需求的角度，将各种能够满足人们休闲体育需求的行业从传统产业划分的框架中剥离出来，提供以休闲体育产品为核心，以人们的休闲体育消费为市场的综合性产业，涉及教育、公安、医疗、交通、商业、旅游、通信、文化艺术等众多社会部门。如何保证如此复杂、众多的行业、部门形成流畅的休闲体育产业链以满足大众日益增长的休闲体育需求，已成为关乎建设和谐社会进程中民生问题的重要课题。本文从商业生态系统理论的视角分析休闲体育产业生态系统的内涵、结构，并通过分析其价值网络、缝隙市场，从系统层面和企业层面提出竞争策略，为我国休闲体育产业健康发展提供参考。

---

*基金项目：国家社会科学基金项目(项目编号：08CTY010)。

**杨晓晨，女，讲师，天津体育学院学报编辑部。

一、休闲体育产业生态系统的内涵与结构

1. 休闲体育产业生态系统的内涵

1993年,穆尔首次提出商业生态系统的概念。后来,他进一步系统地论述了商业生态系统理论。穆尔认为,商业生态系统是以组织和个人的相互作用为基础的经济联合体。组织和个人是商业世界的有机体。这种经济联合体生产出对消费者有价值的产品和服务,消费者是生态系统的成员。有机体还包括供应商、主要的生产者、竞争者和其他风险承担者。由此可见,根据穆尔的观点,可以认为:(1) 各类企业所处的环境不应用行业来描述,而应该用"商业生态系统"来分析。(2) 商业生态系统横跨了许多行业,突破了传统的以行业划分企业的认识。(3) 商业生态系统的本质在于,它强调企业生态位的思想,其本质是系统内企业的协同进化,即各类企业在合作与竞争中协同发展,这是商业生态系统区别于其他企业网络的根本特征。

通过以上对商业生态系统分析,笔者认为休闲体育产业具有商业生态系统的特征。休闲体育产业并不是根据传统产业以生产(供给)的特点为划分的依据,而是按照人们的消费动机对其所从事的与体育有关的各种活动进行分类,同时具有主观性。因此,在实践中就形成了这样的情况,休闲体育产业不仅局限于某一个或几个具体的行业,而是将各种能够满足人们休闲体育需求的行业从传统产业划分的框架中剥离出来,以提供休闲体育产品为核心,以满足大众休闲体育需求为目的,以大众的休闲体育消费为市场的综合性产业,涉及教育、交通、商业、旅游、文化艺术等众多社会部门,表现为健身娱乐业、体育竞赛表演业、体育文化休闲业、体育旅游业等。基于以上分析,将休闲体育产业生态系统定义为:以提供休闲体育产品的企业和组织的协同发展为基础的经济联合体。其内涵至少应包括以下4方面内容:(1) 以提供休闲体育产品的企业和组织构成;(2) 以满足大众休闲体育需求为出发点和归宿点;(3) 以大众的休闲体育消费为市场;(4) 其本质是系统内的企业和组织协同进化的经济联合体。

2. 休闲体育产业生态系统的结构

休闲体育产业生态系统具有层次性。首先,休闲体育产业生态系统是更高层次系统的子系统,即它首先是社会系统中的一个子系统。其次,休闲体育产业生态系统本身就是一个复杂系统,包含有多层次的子系统。休闲体育产业价值链上的主要参与者构成核心层次,包括休闲体育设施、器材制造商(如体育场馆、健身器材与服装的制造商等)、休闲体育服务提供商(如提供体育竞赛表演产品的组织、各类

健身俱乐部等)、休闲体育产品与服务销售渠道及附加产品与服务及核心产品的顾客等,其良性运行保证休闲体育产业核心价值链的实现。上游供应商和间接顾客构成核心层次的扩展层次,连同核心价值链构成休闲体育产业的扩展价值链,而金融链(休闲体育产业基金、投资商、银行等)、政策链(政府与其他制定规章的准政府组织、行业协会、制定标准的机构等)、互补的产品与服务以及其他休闲产业作为休闲体育产业的竞争者形成生态系统的内环境。金融链可以为休闲体育产业的供应商在融资、客户基础、营销渠道等方面提供重要的支持,行业协会也有利于休闲体育产业生态系统的健康发展,它们的作用主要表现在制定标准、规范行为、建立信任、提供咨询等。其他休闲产业作为竞争者,其产业政策、产业结构、经营方式等对休闲体育产业具有积极或消极的影响;政治、经济、法律、文化、技术条件等构成系统外环境,对休闲体育产业生态系统的发展模式、发展路径产生间接的影响(见图 1)。

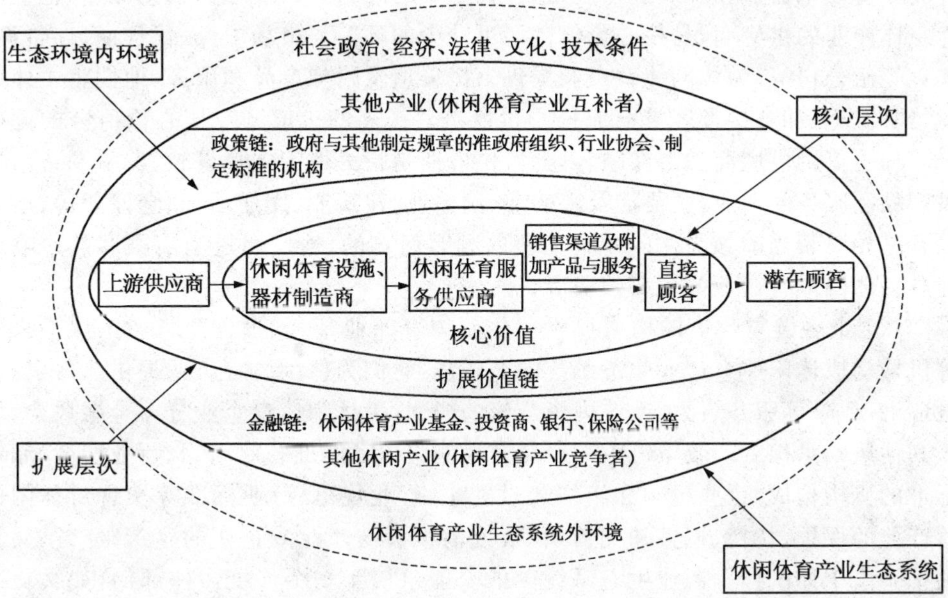

图 1　休闲体育产业生态系统结构

二、休闲体育产业生态系统构成要素及其价值网络

1. 休闲体育产业生态系统构成要素

由休闲体育产业生态系统的结构可知,该系统含有 4 条价值链,分别为核心价

值链、扩展价值链、金融链和政策链，这4条价值链上每个环节就成为休闲体育产业生态系统的主要构成要素。除此以外，作为休闲体育产业互补品的餐饮业、零售业等以及作为休闲体育产业替代品的其他休闲产业对休闲体育产业的发展具有正向或负向的作用，因此，餐饮业、零售业作为休闲体育产业的互补品，其他休闲产业作为休闲体育产业的竞争者也应该成为该系统的构成要素。

(1) 核心价值链与扩展价值链构成要素。核心价值链由能够提供休闲体育产品的组织和企业、销售渠道及附加产品服务和直接顾客构成，其中能够提供休闲体育产品的组织和企业包括提供各类竞赛表演的组织和企业、商业性的健身中心、户外运动俱乐部、提供体育旅游的旅行社和景区、以提供体育培训为主要服务的组织等，这些企业和组织可以满足大众欣赏、参与体验以及教育培训的需求，成为休闲体育产业中的主体产业，为主体产业提供各类休闲体育器械、设施的企业群体，如各类健身娱乐器械和服装制造公司、体育场馆的经营公司等称为辅助产业，他们成为主体产业的供应商，是核心价值链不可缺少的环节。市场中介(代理商、广告商、体育经纪公司等)为休闲体育产业提供营销渠道及附加产品和服务，他们将主体产业、辅助产业和直接顾客贯穿成核心价值链。扩展的价值链在核心价值链的基础上增加了上游供应商和潜在顾客，上游供应商是指为休闲体育设施、器材制造商提供产品和服务的产业，主要涉及采矿业、制造业、建筑业、交通运输、仓储业等；潜在顾客是相对于当前参与休闲体育消费的顾客而言的，他们通过当前顾客的影响可能成为休闲体育产业的现实消费者。

(2) 金融链与政策链构成要素。休闲体育产业基金、投资商、银行、保险公司等机构构成休闲体育产业生态系统的金融链，它们为休闲体育产业提供投融资、金融咨询、保险等服务，保证系统内资金流的畅通，为休闲体育企业分摊金融风险，属于其他风险承担者。政策链由政府与其他制定规章的准政府组织、行业协会、制定标准的机构构成，这些机构和组织通过立法、行业规范、行业标准等实现对休闲体育产业的保护、扶持、调整和完善，积极或消极参与产业或企业的生产、经营、交易活动。由于休闲体育产业生态系统中的企业隶属于多个传统产业部门，如文化部门、体育部门、园林和旅游部门等，多头管理的体制造成休闲体育资源很难得到合理配置，行业垄断性强，开放度不高，使整个行业经营不畅，运行困难，最终降低了休闲体育产品与服务供给的数量与质量。因此，综合协调不同管理部门间的关系，理顺管理体制成为休闲体育产业生态系统政策链良性运行的关键。

(3) 休闲体育产业互补产业与替代产业。经济学中的互补品是指经常放在一起使用的产品，对休闲体育产业而言，餐饮业、零售业(尤其是体育用品零售业)等可以称为休闲体育产业的互补品，他们总是放在一起被消费者消费，且餐饮业、零售业的产品种类、价格、营销策略等对休闲体育产业的消费具有一定的影响。替代品是指在消费中相当程度上可互相替代的产品，体育休闲方式与其他休闲方式在满足大众休闲需求方面具有很强的替代性，在追求多元化休闲生活的今天，体育消费仅是人们众多休闲消费中的一种，其他休闲消费与休闲体育消费在很大程度上可以互相替代，即休闲体育产品的替代弹性较大。因此，作为休闲体育产业的竞争者，无论是宏观层面的产业政策，还是微观的企业经营策略，其他休闲产业对休闲体育产业具有重要的影响。

2. 休闲体育产业生态系统价值网络

在商业生态系统的生命阶段，控制企业间建立合作关系的序参数只有一个，那就是价值，这个序参数反映了支配商业生态系统过程运转的本质。业务流转的过程其实就是价值增值和价值传递的过程，这种价值的传递形成了价值链。在休闲体育产业生态系统中，处于核心价值链与扩展价值链、金融链与政策链、休闲体育产业互补产业与替代产业的组织和企业相互协作，向休闲体育产业顾客提供有价值的产品和服务，形成了错综复杂的价值链，不同的价值链之间相互交织进而形成价值网络（见图 2）。类似自然生态系统中各生物成长借助物质循环、能量流动、信息传递而相互影响、相互依赖，形成具有自适应性、自调节和自组织功能的复合体，休闲体育产业生态系统正是借助这些物流、资金流和信息流形成一个复杂的价值网络，创造有价值的服务。

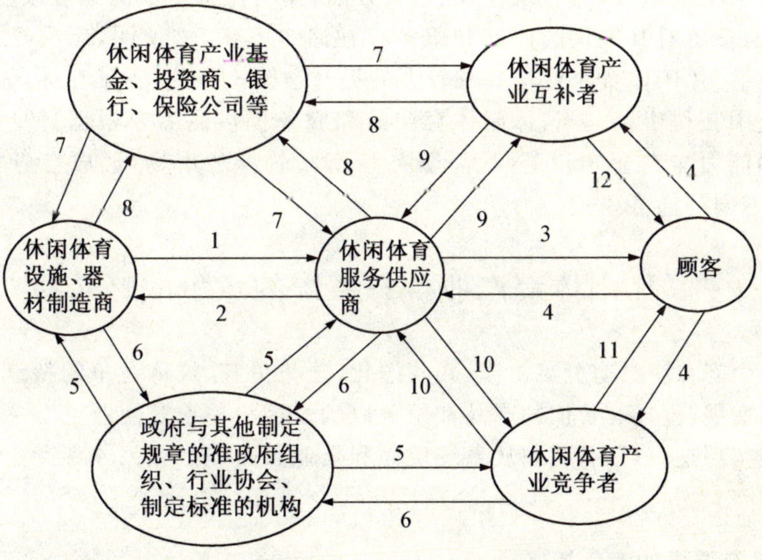

图 2　休闲体育产业生态系统价值网络

注：1. 休闲设施；2. 资金支付；3. 休闲体育产品与服务；4. 费用、信息、营销策略调整；5. 政策约束、管理；6. 接受监督；7. 投融资支持；8. 利息；9. 合作策略；10. 竞争、合作策略；11. 其他休闲产品与服务；12. 休闲体育产品附加产品与服务

3. 休闲体育产业生态系统的缝隙市场

Iansiti 和 Levien 认为：健康的商业生态系统要具有缝隙市场的创造能力(niche creation)。在生态学中 niche 是生态位的意思，“生态位是与生物所处环境直接相关的一个重要概念。1957 年，G. E. Hutchinson 称生态位是生物对环境(温度、湿度、营养等)的选择范围”。与此相似，各类企业和组织在休闲体育产业生态系统中也要有其相应的“生态位”，实际上就是提供休闲体育产品与服务的企业和组织如何进行市场定位的问题，包括提供哪些应用服务、服务于哪个缝隙市场。

一般情况下，系统中的企业和组织应能够提供从简单到复杂的种类繁多且具有差异化的休闲体育产品和服务，包括适用于个人、家庭、团体的产品，以及对不同消费对象能够提供多种可供选择的产品。但目前我国休闲体育产业的市场结构表现为以健身娱乐业为主，其他休闲体育产业相对滞后，产业结构较单一；中小型企业居多，规模较小，处于市场发育的初期，市场集中度低；相对发展较好的健身娱乐业提供的产品也比较单一，产品差异化程度低。根据产业经济学的理论，企业的定价行为、广告行为是由市场结构决定的，在目前的市场结构下，休闲体育企业的主要经营手段，即定价策略、广告策略并无实质差异，市场行为又最终决定了市场绩效，已有研究表明，一方面，休闲体育企业的经济效益不高，另一方面，消费者对其提供的产品和服务存在诸多不满，这说明，无论经济效益还是社会效益，休闲体育企业均具有较大的提升空间。因此，为了在休闲体育产业生态系统中获得生存空间，休闲体育产品和服务提供商需要根据自身的以及能够获取的能力与专业知识的状况，服务于不同的缝隙市场，形成自身核心竞争力，生成不同的商务模式。

三、休闲体育产业生态系统的竞争战略选择

商业生态系统具有分工协作、共同进化、迭代更替、群体竞争的特点。系统内企业协同发展，创造有价值的产品和服务以满足客户需求是商业生态系统的本质属性。为实现这一目的，我们从系统层面和企业层面提出休闲体育产业生态系统的竞争战略。

1. 系统层面的竞争战略

Iansiti 和 Levien 认为健康的生态系统有三个重要的度量标准：(1) 生产率，持续创新地将技术和原材料低成本地转换成更具价值的新产品的能力；(2) 生命力，系统能够在破坏性变化以及外部冲击中生存下来；(3) 缝隙市场的创造能力，

系统能够不断地创造更多有价值的缝隙市场的能力。基于上述对健康生态系统的评价标准,休闲体育产业生态系统的宏观竞争策略可以从以下 3 方面入手。

(1) 基于价值创造的战略选择。顾客选择休闲体育产品而不选择其他休闲产品,是因为休闲体育产品能够提供其他休闲产品不能满足的需求。体育休闲以其独特的方式(观赏或身体直接参与体育休闲活动)使大众获得健身、社会交往、宣泄情绪、愉悦身心等多方面的需求,这种获得满足的方式是其他休闲活动所无法提供的,因此,关键在于在观赏或身体直接参与体育休闲活动的过程中满足顾客的需求,提高顾客的价值认同。同时,顾客的需求不断发生变化,休闲体育产品提供商应该具有快速开发新产品的能力、不断创造培育市场需求的能力。只有这样,才能保持休闲体育产业生态系统的完整性,使系统的物质循环、能量流动实现良性互动,促进商业生态系统健康发展。新价值的持续循环和利益的增加,能够使休闲体育产业生态系统内的顾客和提供商、其他利益相关者之间、产品和服务、过程和组织的联系更加丰富和健康。

(2) 基于协同进化的战略选择。像生物生态系统一样,商业生态系统中的各成员之间的关系是协同进化,每个成员在自我改善与改造的同时,都必须对系统中的其他成员加以注意并积极配合以协调一致,同时其他成员也应该对自己进行改进并努力实现共同的目标。实际上,休闲体育产品提供商与价值网络上的其他成员共同向客户提供有价值的应用服务,他们共享来自客户的资金收入,因此休闲体育产品提供商应该加强同其他成员的关系。同时,也应该加强与其他竞争者的合作,共同改善市场环境、创造价值,满足客户需求,否则,如果因为市场恶劣竞争致使客户失去信心,将导致整个休闲体育产品市场的崩溃,最终危及休闲体育产业生态系统中的所有成员。

(3) 基于缝隙市场空间的战略选择。在生态系统中,每一个物种在长期的生存竞争中都拥有一个最适合自身生存的时空位置(即生态位)。休闲体育产业生态系统中的成员也应该寻找各自合适的生态位,这就是所谓的缝隙市场战略(niche strategy,也称利基战略),通过专一化于自身的独特能力,利用其生态系统中其他方所提供的关键资产,来强调差异化。例如,提供健身娱乐产品的商业性健身俱乐部通过专业服务于某些顾客(如白领女性)提供适合这一人群的服务,强化他们在某个缝隙范围的专业知识,从而建立在这个缝隙市场中的权威。除此之外,休闲体育产品提供商并不是一定要坚持旧的缝隙市场,健康的生态系统能够创造新的缝隙市场。休闲体育产品提供商应及时评估新兴技术能够在多大程度上创造出有价值的应用服务或缝隙市场,并以各种不同的新型商务模式和应用服务产品加以应用,所以,保持持续的创新能力是相当重要的。

2. 企业层面的竞争战略

当前,我国休闲体育产业的企业在制定竞争战略时存在以下缺陷:由于提供的休闲体育产品差异性较小,只有通过压低成本来降低价格才能赢得市场,同时,一些大型企业总是凭借自身的强势力量剥削和压榨小型企业,获取更多利润。但是,随着我国市场和法制的不断完善,这些方法不再有效,企业必须寻找新的方法发展自己。基于商业生态系统视角的企业竞争战略有助于休闲体育产业企业转换思维,避免恶性的同质化竞争、促进产业结构升级乃至整个经济健康发展。根据在休闲体育产业生态系统中的地位及发挥的作用,可将系统中的企业大致分为两大主要角色:价值主宰型企业和缝隙型企业。

(1) 价值主宰型企业——走创造价值,分享价值之路。价值主宰型企业是指外部环境比较混乱的情况下,企业生态系统资源处于共享状态,在复杂众多企业中处于中心地位的那个企业。价值主宰者致力于改善生态系统的健康状况,提供给系统中的成员相对稳定、可预测的前景,在整个生态系统中,可以说起着至关重要的作用。大型体育场馆在其休闲体育产业生态系统中就是一个典型的价值主宰型企业,大型体育场馆通过举办大型赛事、开展健身娱乐活动创造核心价值——满足大众的休闲体育需求,并且在创造价值的过程中与其他成员(休闲体育用品供应商、餐饮企业、零售企业等)分享价值,以保证其生态系统健康发展。因此价值主宰型的企业可以通过制定和维护行业标准,并在扩大盟友群落方面进行投资,占领市场的主导地位,不断创新,吸引其他企业,培养和建立自己的商业生态系统,努力构建一个简单的能够供很多企业运行的一个平台,在此基础上实现成员企业的互动。同时,通过与成员企业分享价值或者传播相关的价值理念,吸引更多的成员企业加入自己的商业生态系统。

(2) 缝隙型企业——走专业化、差异化之路。在休闲体育产业生态系统中,大多数企业采取了占据缝隙市场的经营策略。缝隙型企业致力于培养自己的专门能力,把自己与系统中的其他成员区别开来,利用其他缝隙型或价值主宰企业提供的互补性资源,该企业就能将所有精力投入专业产品或服务水平的提高上。具体而言,在企业内部,缝隙型企业应根据价值主宰型企业的特点和需求选定一个领域集中力量发展专业化,确定自己的核心竞争力,力求使自己成为商业生态系统中的一个不可或缺的环节,加强对价值主宰型企业的吸引力。在企业外部,充分利用和整合自己所处的商业生态系统中的各种资源。在休闲体育产业生态系统中,大型体育场馆、体育主题公园等价值主宰型企业为了更好地发展自身,常常开放本企业的技术、服务和产品,缝隙型企业需要学会在商业生态系统中挖掘和利用这些免费的资源。同时,为减少对某价值主宰企业的过分依赖而造成的风险,缝隙型企业可以选择一个或者多个商业生态系统,增强自身的讨价还价能力。

结　语

休闲体育产业是一个有别于传统产业划分框架下的产业，它是一个按照人们的消费动机将能够满足大众休闲体育需求的众多产业组合成的产业集群，用商业生态系统的视角分析休闲体育产业，不仅为打破传统产业框架下各个产业之间政策、制度的壁垒，按照商业生态系统的模式制定休闲体育产业的产业政策提供理论依据，而且可以使人们重新审视系统中各个成员之间的关系，变相互竞争为协同发展，企业根据自身的角色制定发展战略，最大限度地创造价值，更好地满足大众休闲体育需求。

参考文献

[1] 唐湘辉：《长沙休闲产业研究》，湖南师范大学硕士学位论文，湖南师范大学，2006 年。

[2] Moore J. F. *Predatorand prey*: *a new ecology of competition*. Harvard business review, 1993, May-June: 75—86.

[3] 詹姆斯·弗·穆尔：《竞争的衰亡》，北京出版社 1999 年版，第 18 页。

[4] 薛涛：《休闲体育产业与假日体育消费探析》，《体育与科学》，2006 年第 6 期。

[5] 唐湘辉：《我国休闲产业结构特征及其影响因素分析》，《求索》，2006 年第 12 期。

[6] 保罗·萨缪尔森、威廉·诺德豪斯：《经济学(第十六版)》，华夏出版社 1999 年版。

[7] 张延林：《论商业生态系统竞争战略》，广东工业大学，2003 年。

[8] Iansit I. M., R Levien, Strategy as Ecology. Harvard Business Review, 2004, 82(3): 68—78.

[9] 杨忠直：《企业生态学》，科学出版社 2003 年版。

[10] 俞琳：《我国都市体育产业发展的四部曲路径研究》，《天津体育学院学报》，2006 年第 1 期。

[11] 蔡军、苏明理、许西薇等：《体育健身休闲娱乐业供求现状的调查研究——西安市九区四县体育健身休闲娱乐业供求状况调查》，《中国体育科技》，2006 年第 6 期。

[12] 王俊：《我国休闲体育可持续发展的若干思考》，《武汉体育学院学报》，2007 年第 2 期。

[13] 金宗强:《休闲体育产业的产业特性分析》,《西安体育学院学报》,2006年第1期。
[14] 侯赟慧:《从商业生态系统角度谈企业管理》,《特区经济》,2004年第10期。
[15] 高建荣:《商业生态系统在我国企业制定竞争战略中的应用分析》,《经济问题》,2007年第11期。

建设“富裕阳光”的运动休闲之城

——富阳建设“运动休闲之城”的战略探讨

富阳运动休闲委员会课题组(执笔：黄健)*

在中共富阳市第十二次党代会上，新一届市委明确提出了打造“富裕阳光之城”城市品牌，建设“生活富裕、生命阳光”和谐新富阳的发展目标，这对富阳的发展来说是一个新的机遇。因此，如何进一步接轨上海、杭州大都市圈，融入长三角一体化进程，打造既具有地域特点，又具有时代特色的富阳新品牌，提升富阳的知名度和美誉度，以“接轨大都市，建设新富阳”为目标，向特色鲜明的江南山水文化名城、运动休闲之城不断迈进，将是富阳区域经济转型和获得又一增长点与可持续性发展的新起点。

一、区域经济转型与富阳发展运动休闲的优势

经济发展规律表明，当一个区域人均 GDP 超过 3000 美元时，其传统的产业结构和国民消费模式将迎来一个新的调整和转型时期，其特点是要求该区域能够获得经济发展的自我更新，也即进一步调整经济结构，优化核心产业，发展特色产业，形成龙头企业，进行技术和管理创新，大力发展产业集群，加强城市基础设施，推进区域协作和经济一体化，重视和充分发挥企业家才能，加快农村城市化转型等。

据相关数据表明，近年来富阳的人均 GDP 已超过 5000 美元，正面临着传统产业的调整、转型和国民消费模式转变的问题。如何使富阳尽快在长三角一体化进程中显示自身的优势，加快融入上海、杭州大都市圈，实现经济发展模式的有机更新，不断地提升富阳的综合竞争力，从区域经济转型的相关理论角度来看，富阳依据自身的特点和优势，提出打造“运动休闲之城”的战略，应是一个符合富阳历史文化传统和城市发展特点的战略构想和选择，并且在区域经济转型中，这也是具有“塑造”和“引领”的战略构想和选择，推动富阳经济转型和持续发展的重要行动。结合富阳的实际情况来看，富阳发展运动休闲的优势在于以下几方面。

---

*黄健，男，博士，浙江大学人文学院中文系教授，博士生导师，浙江大学亚太休闲教育中心学术研究部副主任。

1. 区位与基础优势

富阳毗邻杭州,地理区域位置优越,交通条件便捷,320 国道、杭新景(杭千)高速公路以及沿江一级公路与沪杭、杭甬、杭宁高速公路相连,05、23、19、14 等多条省道纵贯全境,距离杭州火车站、杭州萧山国际机场都在半小时车程内,水路经富春江、钱塘江、杭州湾可抵杭州、上海、宁波、无锡等地。富阳山清水秀、景色迤逦,独具风情。

富阳是国务院首批沿海开放县市,先后荣获中国优秀旅游城市、全国园林绿化先进城市、全国卫生城市、国家环境保护模范城市、全国科技工作先进县(市)、浙江省文明城市、浙江省文化先进市、浙江省教育强市、体育强市、科技强市、省平安县(市)、省农村基层组织先进县(市)、省级双拥模范城市等荣誉称号。富阳的社会经济综合发展指数列全国百强县(市)第 26 位(2008),连续四年列为浙江省财政收入十强县(市),是国家明星县(市)和浙江省首批小康县(市),被《福布斯》评为中国最适宜民营企业投资创业的百强城市。此外,富阳还荣获了“中国十大特色休闲基地”和浙江旅游十大“城市金名片”等称号。

对于运动休闲产业核心之一的旅游业,富阳的资源十分丰富。①根据旅游业发展三年行动计划(2005—2007),计划 2007 年旅游经济总量指标,分别是实现旅游接待国内旅游者 548 万人次,国内旅游收入达到 27 亿元;国际旅游者 6 万人次,国际旅游收入达到 2000 万美元。②自制定打造“运动休闲之城”战略以来,全民运动会、横渡富春江游泳邀请赛、农民篮球赛等体育赛事经常举行,富春江全国公开水域游泳邀请赛、全国航海模型锦标赛、全国甲 A 女篮联赛、全国乒超联赛等大型赛事也成为富阳发展运动休闲的亮点。富阳现有省级体育强乡镇 9 个、省级体育先进街道 3 个、杭州市级体育强乡镇 12 个、杭州市级体育先进社区 7 个、杭州市体育

---

① “天下佳山水,古今推富阳。”富阳处在“西湖—富春江—千岛湖—黄山”国家黄金旅游线的前站,钟灵毓秀的鹳山坐落市区,一川如画的富春江横贯境内,既赋山城之美,又具江城之秀,是典型的江南山水城市。富阳有投资 2.3 亿元人民币、华东地区最大的杭州野生动物世界,被亚太旅游组织誉为“能够体现杭州文化特色的旅游景点”——中国古代造纸印刷文化村,中国民间保留最完整的明清古建筑群——三国孙权后裔聚居地龙门镇,亚太地区第一洞厅的九霄碧云洞,以及总投资 6500 万美元的杭州富春山居国际高尔夫球场。富阳境内人文胜迹众多,有罗隐碑林、黄公望结庐处、郁达夫故居等远近闻名。随着近年来一大批景区景点的开发,如融山、水、村落、溶洞于一体的富春桃源,垂直高度达 120 米的通天飞瀑,千年古刹的天钟山等景区,都成为富阳独具特色的亮点,中外游客纷至沓来,富阳已成为运动休闲、观光度假的旅游胜地。

② 资料来源:富阳新闻网、《富阳日报》等相关报道。富阳用于旅游发展的资金逐年增加,现已从开始的每年 100 万元,增加到每年 600 万元,2002—2004 年,投入旅游专项资金 2500 万元。近几年来,累计投入 10 多亿元,以富春江为背景,改善城市环境,策划开发旅游项目 24 个,吸引投资 30 亿元,逐步推出富春江水上之旅、新三国文化之旅、工业观光之旅、农业生态之旅、民俗修学之旅等特色旅游路线。2005 年 1 月 8—11 日,富阳通过创建中国优秀旅游城市国家验收组检查验收,同年 12 月,国家旅游局正式命名富阳市为中国优秀旅游城市。

小康村21个。到目前为止,全市健身苑(点)310个、篮球场341个、体育活动室261个。全市行政村体育健身工程覆盖率达73.5%。

2. 经济发展的优势

改革开放以来,富阳经济活力迸发,逐渐形成了造纸、通信器材、医药化工、机械电子、新型建材、轻纺、体育用品等特色产业和"国家(富阳)光纤光缆产业园"、"中国白板纸基地"、"中国球拍之乡"三大产业品牌,三次产业结构比例调整到8.3∶61.3∶30.4,产业结构更趋优化。2007年,富阳的经济社会呈现平稳较快的发展态势,全年实现生产总值289亿元,财政总收入38.76亿元,全社会固定资产投资130.5亿元,城镇居民人均可支配收入19042元,农村居民人均纯收入9601元。

富阳农业经济稳步发展,年均增长13.3%。农业和农村基础设施建设扎实推进,累计投入水利建设资金6.67亿元。都市效益农业也稳步发展,建成产业化基地147个、农产品基地10万亩。农业产业化经营步伐加快,龙头企业增至56家,销售收入突破21亿元。农村专业合作组织增加到81家,成为省农民专业合作社发展先进县。农产品质量安全不断提高,两个农产品基地获得"浙江森林食品基地"称号。在工业发展方面,富阳坚持"工业立市"战略,工业经济年均增长26.2%,其中规模以上工业企业产值584.4亿元,年均增长35.4%。近年来,富阳的现代服务业也迅速发展,第三产业增加值72.6亿元,年均递增20%。旅游总收入21亿元,年均增长16.8%;接待国内游客373.8万人次,增长21%,并拥有富春桃源等3家国家4A级景区、白鹤村等3处"浙江省星级乡村旅游点",曾成功举办"龙门古镇民俗风情节暨杭州世界休闲博览会富阳分会场开幕式"、"2006年中国乡村游浙江开游式"等活动,完成龙门古镇保护与开发一期工程,启动杭州野生动物世界二期等旅游项目,建成南国大酒店等一批高档次的旅游设施。此外,房地产、金融、保险、文化、通信和中介服务等其他服务业迅速成长壮大。在运动休闲产业发展方面,富阳是中国球拍之乡,生产的中低档羽毛球拍占全球市场销售量的70%以上。同时,富阳又是赛艇之乡,无敌牌赛艇成为2004年雅典奥运会唯一指定的比赛用艇,金都国家网球训练基地即将竣工;另外还有龙舟生产企业、健身器材厂、山地自行车配件厂等。在富阳,以"山水+文化、基地+配套、运动+休闲"的农家乐、乡村游也初具产业发展的规模。

3. 城市发展机制优势

富阳置身于改革开放的前沿,接受各种先进理念的辐射,思想敏锐,勇于进取,开拓性强,发展潜力巨大。进入新世纪,富阳通过实施"政府主导型"战略,加快基础设施建设,树立城市形象,推进城市基础建设,城市功能得到完善,成为浙江省的发达县市。随着“打造富裕阳光之城”的城市发展战略定位和目标的确立，富阳的发展有了一个新的起点，其特点是抓住休闲运动发展的机遇，利用富阳独特的山水资源，把山水旅游、历史人文资源整合起来，致力打造富阳“运动休闲之城”。在新的发展起点上，富阳注重运动与休闲相结合，制定“运动山水、运动城市、运动体育、运动比赛、运动旅游、运动观光、运动休闲、运动娱乐、运动聚会、运动交流、运动时尚、运动文化”的战略决策，旨在实现城市资源的最大化、城市功能的最大化、长远利益的最大化、公共利益的最大化、旅游效益的最大化，从而打响“休闲杭州、运动富阳”的特色品牌，实现“生活富裕，生命阳光”的发展目标，走出一条“共性(富裕阳光之城)+个性(运动休闲之城)”永续发展的，具有强大生命力和核心竞争力的科学发展之路，使富阳的旅游保持可持续、高效益、优质快速的发展。

从富阳的优势中，我们可以看到，在长三角一体化进程中，富阳发展运动休闲对于塑造自身特色经济和产业，引领富阳向新的经济发展和社会综合发展高峰迈进，具有重要的价值和意义。富阳率先提出打造“运动休闲之城”，具有开先河之特点，占据天时、地利、人和的优势，加上置身于长三角最发达的区域，区位、交通、经济、产业和体制优势明显，这势必会吸引大量的资本来这里投资，吸引大量的消费群体来这里消费。可以预见，在未来相当长的一段时期内，只要政策和措施得当，对富阳的运动休闲产业投资将会大幅增加，消费也会呈持续增长的态势。同时，加上长三角和国内外对运动休闲产品的需要量十分大，富阳在这方面的扶持力度不断增大，需求和供给的增加都将会促使运动休闲经济的发展。正是在这个意义上，运动休闲将是推动富阳区域经济转型和增长最强劲的动力。

二、富阳运动休闲的战略思路与空间布局

富阳积极发展运动休闲，在资源整合、形象塑造、招商引资、项目开发、行风建设、市场整治、宣传促销、品牌建设、管理服务等方面，具有一种创新特色的战略思维和思路。

1. 明晰的战略发展思路

富阳在打造“运动休闲之城”中，提出了“融入大都市”的发展理念，由此构筑“四个一”的战略体系，即“一个城市品牌——‘富裕阳光之城’、一个核心战略——‘融入大都市战略’、一个主导工程——‘环境升级工程’、一个特色定位——‘运动休闲之城’”。对于富阳来说，这种战略思路明晰，定位准确，对于打造“运动休闲之

城”具有重要意义。[①]基于这种战略思路，富阳打造“运动休闲之城”战略，在实践层面上具有以下特点。

（1）精品品牌战略

富阳注重打造与本地自然和文化资源相关的运动休闲品牌，开发适合现代市场需求的适销对路的运动休闲产品，实行综合开发利用与保护一体化的产品生产与开发的方针，形成独具富阳特色的运动休闲的“拳头产品”，[②]使运动休闲产业充分利用市场的机制，加速发展，自我增值，滚动发展，取得经济效益与社会效益的双丰收。

根据这种战略思路，富阳在运行休闲产业上，也注重加大运动休闲产品开发力度，形成多样化的运动休闲产品，顺应运动休闲的发展潮流。针对国内外市场需求，富阳主动积极顺应休闲运动浪潮的机遇，充分利用富阳扎实的体育产业基础和浓厚的群众运动氛围，把运动和休闲结合起来，打造“运动休闲之城”，打造“运动山水、运动城市，运动体育、运动比赛，运动旅游、运动观光，运动休闲、运动娱乐，运动聚会、运动交流，运动时尚、运动文化”，打响“休闲杭州、运动富阳”的品牌，把富阳建设成为上海、杭州乃至整个长三角的运动休闲、康体健身大本营，让越来越多的人到杭州体验月光和休闲，到富阳感受阳光和激情，让越来越多的人到富阳共享山水、共享阳光，共享运动、共享休闲，共享健康、共享生活。富阳积极调整投资结构，实行运动休闲品牌的多元化，倡导低能耗，高效能源利用、低环境损害的运动休闲旅游等开发模式，立足于情景设计、运动体验，充分体现以人为本的思想，形成人性化的新型品牌运动休闲产品，进一步提升富阳运动休闲品牌知名度和美誉度。

（2）区域联动战略

作为长三角区域的重要县域，富阳在打造“运动休闲之城”中，注重实施区域联动战略，充分发挥区域合作的集约效应、联动效益。富阳市委、市政府认识到区域一体化已成为一种发展潮流，长三角地区科学发展、率先发展已经上升到国家战略的高度，这是富阳发展的新机遇，因此，富阳提出要跳出富阳发展富阳，站在上海长三角发展富阳，主动融入杭州大都市，主动融入大上海、长三角，实现差异化竞争、一体化发展。在这方面，富阳的具体做法是：融入杭州、大上海、长三角，就必须形

① 富阳的“运动休闲之城”，是以整个城市就是“一个大大的运动场”为特色入选的。有关专家认为，富阳打造的这个城市个性品牌很有特色，不光符合富阳本身的资源条件和产业基础，更重要的是符合整个国家的休闲发展步伐。

② 仅以2007年为例，3月中国女篮甲级联赛在富阳开打，2万多球迷饱了眼福；8月，第二届环沪港国际自行车大赛第四站在富阳开赛，这是富阳首次举办高规格的国际赛事；9月，2007中国乒乓球超级联赛登陆富阳，世界冠军王皓登场；9月2日，首届富春江运动节更是华丽开幕，引来中央、浙江省、杭州市33家媒体记者现场聚焦，成功打响富阳城市节庆品牌第一炮。在2008年，全市排定的大小体育赛事有300多场，几乎每天都有，竞技体育遍地开花，运动休闲品牌逐步打响。

成自身发展的制高点，并把这个制高点确立为“运动休闲”。为此，在与杭州的关系上，形成“总与分、静与动”的关系。杭州是大都市，是总；富阳是杭州的郊区县，是分。杭州有静静的西湖，喝茶聊天，是静；富阳有流淌的富春江，可以把整个富阳建成一个大大的运动场，建立一个户外活动基地（大本营），定位于户外、郊外、野外，填补杭州喝茶聊天以外的空白，对杭州休闲活动进行功能互补，是动。由此实现与杭州的动静结合、相互融合，功能互补、良性互动，相辅相成、相得益彰。不断地扩大区域之间的联动、合作，差异与错位发展，首先就是要扩大与长三角区域都市群的合作（目前特别是加强与杭州、上海这两个大都市的合作），使之与周边的旅游形成良性的联动效应，实行“强强联合”，“区域合作，资源互补，市场共拓，利益共享”，构建大区域的良好发展环境，打响自身的品牌，加快融入长三角都市群发展的进程，明确自身的区域分工特性，在区域合作中不断壮大自身，创造自身的精品品牌。

（3）国际化发展战略

在对接和融入长三角都市群发展的进程中，富阳的运动休闲开始确立国际化的发展战略。作为中国经济发展最迅猛、最具活力的长三角区域，其国际化发展的程度日益增强，富阳的运动休闲发展紧密跟上长三角都市群的国际化发展步伐，注重在城市建设、产业布局、产品设计、项目建设、管理机制、营销手段、服务水平上达到国际化的程度。同时，也注重抓好入境旅游，有针对性地开展境外促销，特别是日、韩和东南亚国家，以及中国香港、澳门、台湾地区的旅游促销，促使富阳运动休闲品牌不断地提高国际化的水准。就现阶段而言，富阳的运动休闲国际化主要有两大方向，一是依托杭州、上海大都市，提升富阳的国际化水平，二是推出一批面向国际市场的特色项目。按照打造“长三角运动休闲基地”的目标，形成既有鲜明的中国特色，又有国际认同的运作方式，按照国际一流的标准，打造富阳的运动休闲，用国际先进的营销、传播手段，把富阳运动休闲推向世界，提升富阳运动休闲的优良品质和知名度、美誉度。

2. 合理的空间布局框架

“运动休闲之城”的概念已被富阳全市上下所接受，这一品牌已初步打响，运动休闲正成为富阳最大的新兴产业。根据《富阳运动休闲发展总体规划》初步设想，富阳将在未来几年内形成“一江四片”的运动休闲产业空间布局。

所谓“一江四片”，即以富春江为轴，把富阳的运动休闲产业划分成四个区片。东面以东洲岛、新沙岛为核心，以北支江改造作为最大亮点，把富春湾、东洲湾连为一体，结合城市森林公园、黄公望森林公园、国际高尔夫球场、农家餐饮休闲区、中国造纸印刷文化村等，融合山水与文化、运动与休闲，建立一个“运动休闲迪斯尼”，打造山水综合型运动休闲基地；北面依托320国道环线外移，融入运动休闲、文化教育、科技研发、医疗养老、生态观光元素，打造生态经济型运动休闲基地；南面以龙门古镇、龙门山为核心，包括天钟山、亭山、安顶山、永安山、常绿石梯，打造山乡观光型运动休闲基地；西面以岩岭湖、碧云双洞为核心，包括半山桃花、阳光生态园等，打造生态旅游型运动休闲基地。目前，富阳已有许多运动休闲项目，流淌的富春江就是一个户外活动大本营，还有国际顶级的高尔夫球场，杭州龙门古镇、富春桃源、杭州野生动物世界三个 4A 国家级风景区，中国古代造纸印刷文化村（华宝斋）、黄公望国家森林公园、白鹤乡村农家乐俱乐部、永安山滑翔基地、龙门山户外拓展训练基地等现有的运动休闲之地。可见，富阳运动休闲的空间布局都十分合理，其目标是最终形成生态、运动、休闲三大系列的产品开发体系，推出一批具有富阳特色的精品项目。

三、富阳运动休闲的发展模式与产品类型

富阳提出打造“运动休闲之城”的目标，战略发展思想是要持续强化运动休闲产业所具有的拉动力、辐射性、关联度，不断增强富阳运动休闲经济的市场竞争力和可持续发展力，进一步提高运动休闲经济在全市经济中的比重，改变经济增长过度依赖工业拉动的格局。这在发展模式上，具有区域可持续性发展的特色。依据运动休闲的发展趋势，富阳的发展模式特点有以下几个方面。

1. 山水文化型发展模式

该模式立足于富阳丰富的山水和文化资源，致力于打造富阳“运动休闲之城”品牌，由此带动相关的产业和产品的开发，形成相关的产业链。富阳的山水资源在全国同类城市中是不可多得的，富阳充分利用自身独特的山水资源，把山水自然生态资源与区域历史人文生态资源整合起来，做透山水与历史人文的生态文章，不仅卖产品，更要卖山水，走山水路、打山水牌、建山水城，实现环境再造、功能再造、活力再造，文化立市，通过提升环境优势、发挥文化软实力，打造竞争优势、构筑产业优势，最终实现城市转型、产业转型、整体发展战略转型。这是一种综合性的、全方位的、多功能的发展战略导向，是一种涵盖一、二、三产业、城乡建设、人文精神的城市发展的“导向牌”、城市形象的“金名片”。

2. 经济引导型发展模式

该模式使富阳运动休闲能够尽快适应现代经济发展需要，其特点是有意识地引导现代经济理念进入运动休闲发展模式之中，促进运动休闲与现代经济的紧密结合，不断提升富阳运动休闲产业和产品的经济含量，提高运动休闲的创新能力，推动运动休闲产业与富阳现代经济产业的联袂和扩张。

3. 城市化带动型发展模式

该模式强调富阳作为中国百强县(市)和杭州都市经济圈重镇,体现大都市圈的经济、文化、旅游等辐射的效能,以此借杭州大都市经济圈建设和以上海为龙头的长三角都市群一体化发展的历史机遇,扩大富阳"运动休闲之城"的知名度和美誉度。

4. 综合服务型发展模式

该模式立足于城市消费文化和城市的基本点,响应富阳融入上海、杭州大都市(长三角都市群)的发展思路,大力发展满足市民提高生活水平和精神文化需求的第三产业,包括休闲、旅游、会议会展、购物服务、房地产业、金融贸易、中介代理和现代物流业,将会形成富阳特色的运动休闲产业群和产业链,从而促使富阳经济的整体升值,使之成为重要的区域性节点和运动休闲最适宜的区域中心。

各种发展模式均有自身的特点:山水文化型发展模式突出对城市的环境保护、文化开发、城市形象塑造等方面的高标准要求,经济引导型发展模式强调人才、体制创新及经济保持快速、稳定、持久增长的重要性,城市化带动型发展模式则强调城市的管理控制功能、辐射功能和创新的引导作用,综合性服务型发展模式要求城市人居环境、消费服务、精神文明和治安等方面服务体系的完善。富阳运动休闲产业的发展,在模式的选择上,采用"主导型+辅助型"的方式,以"城市化带动型和综合性服务型"为辅助的混合与多元发展模式,以促使富阳运动休闲产业的健康、快速的发展。

运动休闲已成为经济增长的强大引擎,造就了一个以旅游业、娱乐业、服务业、文化产业为支撑的庞大经济形态和产业系统,造就了巨大的市场需求,成为经济增长的"发动机"。根据富阳运动休闲的发展趋向,在产品类型和设计方面,具体战略设想勾勒如下:

高端运动休闲产品类型。富阳利用富春江良好的水体旅游资源,在富春江富阳段鹳山以东沿江风景优美的区域,建设富春江豪华游艇俱乐部,利用富春江良好的水域资源条件和新沙岛等原生态的自然环境及周边潜在的市场需求能力,打造集游览、观光、娱乐、商务、休闲为一体的多功能豪华游艇旅游区,使其成为华东地区首屈一指的水上黄金旅游线,并开展豪华游艇项目,为长三角一带的高收入人群提供高端休闲娱乐项目,不仅能全面领略富春江优美的自然风光,而且提供了一个理想的商务洽谈场所。占地 124 公顷,由度假酒店、SPA、度假别墅、高尔夫球场,以及上海 T8 餐厅组成的富春山居度假村,已获世界权威旅游杂志 *Conde Nast Traveler* 评出的世界 116 家"全球最佳新酒店"称号,"世界最具影响力高尔夫球场"、"中国城市最佳高尔夫球场"、"最佳会所服务球会"等多项国际荣誉,已成为杭州市国际化特色最鲜明的高端休闲产品之一。

城市运动休闲产品类型。为适应长三角城市群一体化发展进程，富阳注重打造适合城市运动休闲名品，以高起点和大旅游的要求，重点推进富春江旅游度假区的规划、开发和建设，逐步形成以城区为核心、富春山水为背景，以高尔夫、温泉、豪华游艇、房车露营等为品牌的层次较高、配套完善、功能全面、市场领先的城市运动休闲产品新体系，同时也注重打造自驾车露营基地，利用中沙和东洲沙的自然生态环境，选择一些适宜露营的缓坡和滨江地进行开发建设，为自驾车爱好者提供环境优美、设施齐全、服务周到的大型自驾车、房车露营基地，提供一种集观光、健身、休闲、度假于一体的深层次旅游活动，使富阳的运行休闲产品进一步精品化。

运动休闲赛事产品类型。富阳运动休闲好戏连台，如举办了富春江运动节，第二届环沪港国际自行车大赛富阳站、全国甲A女篮联赛、全国乒超联赛、全国航海模型锦标赛、富春江全国公开水域游泳邀请赛、全省中老年柔力球比赛等赛事，同时还将举办富春江运动休闲产品展览会、杭州龙门民俗风情节等系列活动，举办全国定向运动锦标赛等等。这些运动休闲赛事产品，也将有利于打响富阳“运动休闲之城”的品牌。

运动休闲型农(林、渔)庄产品类型。为配合运动休闲产业的发展，发挥富阳毗邻杭州主城优势和农产品资源优势，在稳定粮食生产能力的前提下，富阳加快农业园区和专业村的建设，其中休闲农庄和乡村旅游活动产品设计，内容包括田园观光、农事体验、果园采摘、农家居住、乡土民俗等产品类型。休闲林场也可增加运动休闲内涵，如提供森林有氧运动、增设运动游憩设施，如森林步道、森林小木屋、森林氧吧、体能训练场、人工圈养狩猎等产品类型。休闲渔场则可重点发展淡水养殖类的休闲产品，如发展亲水活动、垂钓、溯溪、田野餐饮、民宿、野营等运动休闲、游憩活动等产品类型。这些产品设计，目的是要发挥富阳以运动休闲为优势特色的现代型农业(休闲观光农业)，在提升农业产业化经营和服务水平的同时，强化运动休闲的产品内涵。在形式上注入更多运动休闲元素，让游客更多参与运动项目，形成“基地＋配套、运动＋休闲、山水＋文化”的新模式。

运动休闲型农家乐与大众化产品类型。富阳依据自身区域特有的历史文化、乡村民俗来设计相关的运动休闲产品，如目前列入杭州“十大乡村旅游示范点”白鹤村，重点建设永安高山农庄农业观光休闲项目等，其特点是注重挖掘乡村农业农事文化和民风民俗文化特色，促进乡村旅游的有序健康发展。此外，还有黄公望运动休闲主题公园，注重发挥黄公望森林公园的生态优势、人文景观特色、科普资源特点，结合黄公望村新农村改造，并注入运动休闲元素和完善相关配套设施，形成合力，打造一个集农家乐、森林景观游、运动休闲游的新景点，让更多人来富阳感受阳光、绿色、休闲。

运动休闲型文化旅游产品类型。该产品是以自然与历史文物和人文景点的观光、休闲、度假、娱乐服务为核心,带动饮食、旅馆、交通、商业、娱乐演艺业、保健业、园林建筑业、乡村民俗文化等配套发展的一个重要运动休闲业群,也是城市运动休闲产业发展的重要内容。富阳自然风景秀丽,历史文化遗产丰富,旅游景点星罗棋布,并建设了一批既有富阳特色,又具有时代特点的新景点和项目,如独一无二的中国古代造纸印刷文化村,又如打造了"新三国"文化旅游精品,高起点、高标准保护和开发建设龙门古镇,采取国际通行的 BOT 运行模式,完成龙门古镇首期旅游保护与开发建设工作,把龙门古镇打造成为新三国文化旅游的旗舰,并以此作为突破东亚和东南亚国际旅游市场的重要产品。

运动休闲型养生度假产品类型。与运动休闲相关联,近几年越来越多的人开始注重养生之道,热衷度假休闲,投资理财养生休闲也日益成为时下生活的焦点。越来越多的都市人将他们的居住眼光扩张到周边环境较优越的副城区域,如杭州人就将富阳这一"半小时车程圈"的周边地区,作为休闲养生旅游的最佳选择地之一。富阳结合运动休闲、休闲养生的发展,也将注重休闲养生度假的房产开发,这样既带动了富阳的房地产业的发展,也促进了富阳运动休闲的发展。富阳注重以"真山真水、度假天堂"的金字招牌来开发休闲养生度假旅游市场,将"郊县"转变为大都市的"郊区",在融入长三角都市群的发展进程中,以运动休闲为主导的休闲养生度假旅游的产品,也将会有更大的发展空间。

四、区域经济增长与富阳运动休闲的优质发展

在中共富阳市第十二次代表大会上,新一届市委明确提出:"今后五年的奋斗目标是:率先基本建成全面小康社会,并向率先基本实现现代化奋力冲刺,实现经济发展更加高效、社会进步更加全面、城市特色更加鲜明、居民生活更加宽裕、生态环境更加优美、体制机制更加完善,努力建设一个网络化大都市、长三角城市群中'定位准确、扬长避短、错位发展、差异竞争、功能互补、设施配套、个性鲜明、优势突出'的特色城市,一个'生活富裕、生命阳光'的和谐新富阳。"①基于这一指导思想和宏大目标,对富阳发展运动休闲来说,其主要目标应是:初步建立与社会主义市场经济体制相适应,政府调控市场、市场引导企业的运行休闲产业运行框架,把运动休闲培育成为区域经济新的增长点,在优化国民经济结构中发挥重要作用。

随着长三角一体化进程,区域经济的大格局和不同分工势必会对区域经济发展带来新的机遇,加上杭州大都市建设规模的扩大,最终形成不同的产品市场、资本市场、消费市场共同推动区域经济增长的局面,而快速提高区域经济增长速度和

① 徐文光同志在中国共产党富阳市第十二次代表大会上所作的题为《以科学发展观为统领,加快融入大都市,建设和谐新富阳》的工作报告。

经济规模，乃是富阳经济和社会综合发展的目标和基本任务。因此，对于富阳发展运动休闲产业来说，当务之急应是加快形成有富阳特色的运动休闲产业及产业集群。①所谓产业集群，即上百家关联企业在利益最大化的共同目标下，聚居在一定区域，以一家或数家企业为龙头，相互依托，从设计、原料、包装到销售、服务的上下游产业链。以产业集群为核心的区域经济发展模式，催生了新一轮中国沿海的区域经济发展浪潮。②据经济学家研究，最近几年，中国政府极为重视产业集群的发展，并将发展产业集群视为中国和谐崛起的希望之路。以往走了多年高消耗、高污染的经济发展之路，中国政府开始认识到，发展相关的产业集群，一方面可以实现能源的充分或循环利用，同时可以集中治理污染，规模发展有利于降低经济成本，是发展循环经济的一条捷径。依据长三角经济发展的特点，富阳在发展运动休闲产业和产业群方面，目前主要还是集中在向“内”发展上，即不像“外向型”经济那样“两头在外”，而是致力于“内需”，首先要做好长三角的“内需”市场，进而扩大到整个国内市场，再其次是国际市场。针对国内大多数的产业集群还没有形成集群特有的创新功能，富阳发展运动休闲产业与产业群，应有一定的超前性和跨越式的战略思维，加大产业和产品的创新力度，引进国内和国际的一流赛事，建立国内和国际一流的运动基地，并充分利用现代传媒，加大富阳形象传播的力度，使具有富阳特色的“运动休闲之城”能够以崭新的姿态展示在人们的面前。

“家在严陵滩下住，秦时风物晋山川。碧桃三月花如锦，来往春江有钓船。”这是富阳籍现代著名作家郁达夫题为“自述诗”的一首描写和赞美富阳的诗句。诗人用“花如锦”这一人间仙境、圣境来形容富阳秀丽的山山水水，其寓意是深远的。我们有理由相信，随着富阳打造“运动休闲之城”目标的确立，富阳的运动休闲将会得到突飞猛进的发展，成为富阳可持续发展的一个新的亮点。

① 目前，中国280多个城市中的160个城市拥有不同程度的产业集群，大大小小的产业集群约数千个。《中国经济周刊》最新报道说，众多产业集群的发展和壮大，打造了中国产品进军世界的强大竞争力，是“中国制造”何以物美价廉、风行世界的主要原因，同时亦成为中国区域经济增长的“加速器”，并将极大地助推中国走上和谐崛起之路。

② 中国区域经济产业集群的形成和发展已有20多年的历史，不仅浙江、广东和福建等省的许多城市的产业集群明显，中西部的广大城市也出现了产业集群，目前大大小小的产业集群约数千个。

休闲与旅游

市民旅游与休闲经济

姚昆遗*

内容提要：随着休闲经济的兴起，市民旅游成为一种新的旅游业态受到关注。市民旅游是指城市居民借助城市旅游资源和设施，以休闲度假为主要目的，以特定的文化景观和服务项目为内容，在本地区的游览、娱乐、观光、休闲、健身、疗养等旅游活动。本文通过对上海市民的旅游实践进行实证分析，对市民旅游的概念进行界定，分析了市民旅游的表象和特征，指出发展市民旅游对发展都市旅游、繁荣休闲经济，建设和谐城市、和谐社会的积极意义。文章以上海为例，提出发展市民旅游的相应对策。

关键词：市民旅游　休闲经济　上海　对策

一、中国进入了休闲经济时代

休闲是指人们对在自由时间(休闲时间)里所参与的使自己身心得到放松和愉悦的活动的一种需求。休闲不仅仅是一般意义上的休息，不仅仅满足人们感官的需求，而且是满足人们身心的需求，包含有解闷消遣和自我启发等多方面活动。精神享受是休闲度假的重要内容甚至精髓。休闲活动包括在家庭里的休闲活动、在户外的休闲活动和离开自己居住地一定时间和距离的旅游活动。我们常说的休闲度假旅游，就是以休闲度假作为目的的旅游活动，它不是一个单纯的走马观花的观光旅游，而是一个在自由时间到异地愉悦身心的过程。随着经济的发展，人类物质生活条件的改善，对精神生活的需求也将愈加强烈，休闲逐渐成为一种普遍的观念，休闲已经不仅是一种个体生活状态、一种观念，更成为一种文化、一种产业，这样，大众化休闲时代逐渐到来。国外有一种说法，进入休闲经济时代，人们消费的1/2、甚至2/3将与休闲有关。

自20世纪90年代以来，随着经济持续发展，城市化速度加快，人们生活水平不断提高，相互交流不断增加，人们对精神文化、娱乐休闲等需求不断增长，中国开

---

*姚昆遗，男，上海对外贸易学院会展与旅游学院教授。

始进入休闲经济时代，呈现出四个明显的特点：

其一，20世纪90年代以来的中国经济一直保持的持续高速增长，为休闲经济时代培育了广阔的市场空间。1978年中国人的生活指数中恩格尔系数还高达57.5%，而到2006年底城乡居民的恩格尔系数已经分别降到36.7%和45.5%的水平，标志着中国人已经由温饱型消费转变为生活质量型消费。与之相适应，作为关联性、带动性很强的产业旅游业，影响和带动了相关产业和社会事业的发展，成为促进现代社会经济繁荣与发展的新兴产业，部分地区的旅游业已经发展成为对当地国民经济起着重要作用的支柱产业。

其二，我国城市化程度加剧。2000年我国的城市化水平还只是36.09%，到2005年已经达到42.99%。城市化水平的提高，市民阶层的不断扩大。市民的消费已从温饱型上升为小康型，消费的对象与热点从解决温饱问题的生存资料为主，演进为提高生活质量的小康型生活资料为主。

其三，我国1995年起实行的五天工作制和1999年10月起实施的黄金周制度，大大推动了休闲经济时代的来到。2008年休假制度进一步改革。目前我国已经有法定假日115天，再加上国家正在逐步推广的带薪休假制度，在不到20年的时间内，中国人的闲暇时间迅速增长，实现了西方国家花了100余年的时间才达到的休闲境地。休闲日渐成为中国市民的常态生活方式。

其四，随着"十一五"时期我国进入全面建设小康社会、构建社会主义和谐社会和推进现代化建设的重要战略机遇期，旅游消费将发生结构性变化，观光旅游将继续保持较快增长，商务、会展旅游渐成态势，休闲、度假旅游需求有显著增长。人们为了追求更高的生活质量和工作效果，逃避都市喧嚣，到郊外寻找新的城市生活和工作环境，成为休闲度假旅游的常见形式。

2006年，杭州市举办了首届世界休闲博览会，第九届世界休闲大会也在杭州举行，这是中国休闲经济生活中的重要事件。关注休闲、注重闲暇生活质量引起人们普遍关注，休闲日益成为人们瞩目的话题。中国开始步入休闲经济时代。

二、市民旅游的兴起

市民旅游的发生，是和休闲经济时代同步来临的。随着生产力水平的提高、城市化程度的发展以及人民整体生活水准的提高，旅游业面临由从大众游到个性游、由感性游到理性游、由"赶场"游到欣赏游、由"集中时间"游到"分散"游、由观光旅游到休闲度假游、由国内游向国外游转变的新挑战。作为一种休闲经济时代人文关怀的重要内容，作为提高人的综合素质的途径和手段，以及传播先进文化的重要载体，市民旅游应运而生。

1. "市民旅游"的概念界定

市民旅游是指城市居民借助城市旅游资源和设施，以休闲度假为主要目的，以特定的文化景观和服务项目为内容，在本地区的游览、娱乐、观光、休闲、健身、疗养等旅游活动。

作为一种旅游活动，市民旅游具有四个最基本的特征：

（1）市民旅游的主体专指在本市生活或工作的市民，不包括从外地到本市来的旅游者；

（2）这种活动完全以休闲为目的，包括游览、娱乐、观光等方式，而不带有任何经济的追求和工作的性质；

（3）这种活动虽然发生在本市范围，但在空间上仍然是一种离开自己居住地的跨区域的活动；

（4）这种活动导致在时间上会有短暂的停留，一般都会超过3小时。

有必要对"市民旅游"与相关概念进行辨析：

（1）旅游。市民旅游具有"旅游"的最基本的特性：它不但是要求旅游者走出家门的"旅"，也是旅游者要求满足身心愉悦、休憩的"游"。作为支撑旅游活动的六要素——吃住行游购娱，同样也是市民旅游的基本要素。

但是"市民旅游"又不同于一般的旅游。一般的旅游定义规定：旅游是非定居者的旅行和暂时居留而引起的现象和关系的总和，这些人不会导致永久居留，并且不从事任何赚钱的活动。这个旅游定义强调了旅游者应该是离开自己平时居住和工作的地方，是停留超过24小时的短期游客。而市民旅游的主体则是本地市民，是本地市民走出家门，在本地区的休闲旅游活动。

（2）大众旅游。大众旅游是指，既能适应大多数群众经济水平，并能满足多数人物质和精神需求的旅游活动，这种旅游活动并不一定追求高档的住宿、交通和服务等方面享受，而更多的是放松心情、调剂生活的休闲度假。随着人民生活水平的不断提高，对生活质量的普遍追求，大众旅游正成为当代人生活方式的一种发展趋势。市民旅游就是一种大众旅游。

（3）都市旅游。依托大都市的经济社会地位，根据都市的功能定位和资源特点，把都市风光、都市文化和都市产业融为一体，作为自身旅游发展的特色和目标定位，这就是都市旅游。都市旅游具有鲜明的文化特征，即经济的繁荣性、时尚的趋前性、文化的独特性、信息的密集性，现代大都市最能体现现代社会的时尚和文化品位，因而历来是旅游者向往的目的地。

市民旅游以当地的旅游资源和吸引物为对象，满足本地市民的休闲度假需求，广大本地市民是都市旅游不容忽视的客源，市民旅游应该是包容在都市旅游之中的一部分。

（4）休闲旅游。从广义上来理解，旅游是休闲的一种方式。而通常讲的“休闲旅游”，是指以旅游资源为依托，以休闲为主要目的，离开定居地到异地作短暂逗留、休息的旅游活动。与其他旅游的不同之处在于，休闲旅游更加追求闲适恬淡、放松心情，而并不一定专注于观光、游览或某种特定内容或形式的旅游活动。

市民旅游作为城市居民休闲度假的一种方式，也可以归诸于休闲旅游，只不过市民旅游是城市居民主要在本市城区或郊区范围内的休闲活动。

2. 市民旅游的表象和特性

（1）市场主体主要为广大一般市民。市民旅游是一种大众消费形式。当前在我国，随着人民生活水平的日益提高以及带薪假期的增多，离退休人群的扩大，尤其是双休日制度和黄金周制度的推行，市民旅游已在一般的收入阶层所流行，不仅年轻人接受，老年人也接受。

（2）出游方式以家庭为主。市民旅游的主要形式是家庭旅游。家庭群体是社会最基本最重要的群体，尤其是独生子女的增多，家长对子女的关爱超过任何以往时期，家长希望并且已有能力让孩子见多识广，或借休闲方式放松一下紧张的学习生活，或者跟朋友一起出去旅游，放松一下工作中的紧张情绪。市民旅游不需要长途的跋涉，为家庭旅游提供了极大方便，受到家庭的青睐。

（3）旅游客体提供和选择的多样性。市民旅游的目的主要是为了度假、休闲，它既不像观光旅游那样急着走马观花看景点，也不需要花太多的时间在路途中。游客对旅游具体产品和方式的选择，往往并不那么严格。景观游览、节庆活动、庙会集市、演出赛事，都成为市民旅游的对象。

（4）对旅游产品和环境的更高要求。市民旅游是为了放松精神、调节生活，市民旅游又往往是三口之家或者三代同行，因此对产品和环境的选择有更多的追求，要求有益身心、有益健康，能够提供健康、安全、多样化、大众化的娱乐、休闲，其侧重点与其他旅游相比，要求更高。

（5）重游率高。对于一般的观光旅游，旅游者很少会多次反复地游览同一个旅游目的地。而市民旅游的特点之一就是重游率高。市民旅游的目的地范围是市民居住生活的周边地区，市民可以不拘时间方便一游，随时偕同家人或朋友就自己熟悉和喜欢的方式以及目的地，好好休息和放松身心，重复消费。

（6）没有旺淡季的悬殊。市民旅游地域近便，时间灵活，而且本身就是市民忙里偷闲，在休假日日常的休闲活动，随时可以进行，所以很少会发生黄金周的游客“井喷”现象，在更多时候还会起到平抑客流的作用。

（7）对导游依赖程度低。市民旅游者是在自己熟悉和喜欢的旅游休闲度假地进行重复消费，不同于外来观光旅游者要在有限的时间内游览和观赏更多的景物，尽可能多地了解异地的风土人情，因此市民旅游者对旅游目的地导游的依赖程度低，不必专门请导游引领讲解。

(8) 对经济能力较少要求。市民旅游就近消费、分散消费，对经济能力没有明显要求，市民也没有集中支出的压力，所以对市民来说低消费也可以享受旅游，但是由于市民旅游的群体面广量多，对旅游企业仍然蕴涵着相当商机。

3. 市民旅游和市民赴外省市旅游比较

(1) 不同的消费构成。市民旅游一般都是短距离的旅游行为，在住宿、交通方面的消费一般较低，而在门票、娱乐、购物、饮食方面的消费占有很大的比例。而市民赴外省市旅游时由于时间、空间跨度较大，住宿、交通方面的花费必然占有很大的比例。

(2) 出游方式。市民旅游一般不会参加旅行社的组织，旅伴一般是家庭成员为主，朋友为辅，其他方式占的比例更小。而市民赴外省市旅游，有相当部分是通过旅行社组织的，旅伴以同事、朋友为主，家庭出游占有的比例远低于市民旅游。

(3) 出游时间。由于市民旅游对时间的要求比较低，出游时间比较灵活，不仅在各种长假可以出游，在周末甚至在正常的工作日里同样可以利用闲暇时间出游。不同于市民旅游，市民到外省市旅游时对时间的要求比较高，除了赴周边江浙地区旅游时对时间的要求相对较低外，到其他地方旅游时对出游时间可选择的空间相对狭窄。

4. 市民旅游和外省市旅游者来沪旅游比较

(1) 对景点的选择不同。从调研的情况来看，现代建筑和特色街这些代表上海都市旅游资源的传统景点依然受到广大市民和外省市旅游者的青睐。但是从对市区与郊区旅游者的统计数字中发现，市区外来旅游者占有的比例(27.8%)大于郊区(17.6%)，同时在市区旅游的市民中在上海工作的外地人——新上海人(36.8%)高于上海本地人(35.4%)，在郊区旅游的市民中新上海人(33.3%)又低于上海本地人(49.1%)。

(2) 不同的消费构成。与市民旅游和市民赴外省市的旅游的情况相似，外省市旅游者来沪旅游往往在交通、住宿方面的花费占有很大的比例。但同时由于上海都市旅游这种独特的旅游发展模式，使得游客在娱乐、购物等方面的消费同样占有很高的比重，在这些方面，外省市旅游者来沪旅游与市民赴外省市旅游又是不同的。以旅游过程中消费构成的最高两项分别占市民和外来旅游者的百分比进行统计，结果如图1，可以看出外来旅游者旅游消费与市民旅游的旅游消费特点是截然不同的。

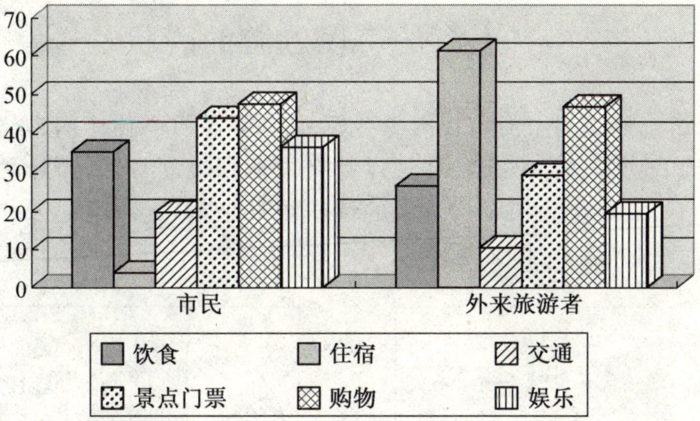

图1

(3) 不同的出游时间。如前所述，市民旅游的灵活性较高，基本上不受时间的限制，在周末和各种假日里市民旅游者比例浮动并不是很大。而外省市旅游者来沪旅游一般选择在各种节假日，在各种节假日外来旅游者占旅游者总数比例远高于平时。

(4) 不同的出游方式。在市民旅游中，上海市民一般很少选择通过旅行社的方式来参与旅游活动，市民中的上海本地人以家庭出游的方式为主，朋友同事出游为辅；而生活在上海的外地人（新上海人）家庭在上海的，一般都以家庭出游为主，很多家庭不在上海，在出游方式上则往往以朋友同事一起为主。

外来旅游者来沪旅游时的出游方式与生活在上海的外地人有相似的地方，以朋友同事一起为主，家庭出游为辅。以“在上海旅游，您最喜欢的出游方式”进行统计，各种出游方式占该群体的百分比如图2。

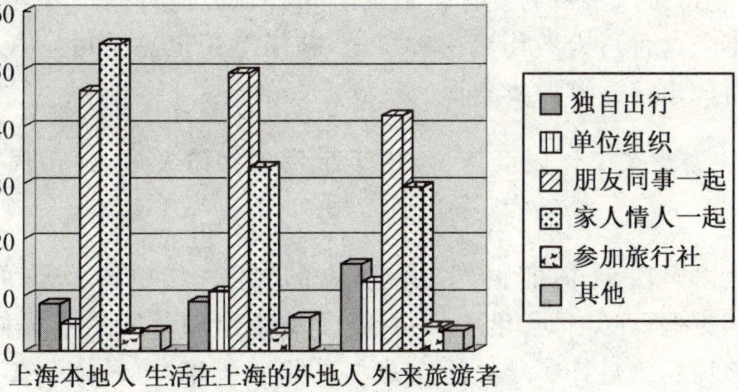

图2

三、上海的市民旅游的现状

当前,旅游已经成为上海市民日常生活中最重要的一种休闲、娱乐方式,节假日、周末以及其他空闲时间,上海各景点都有本地市民的身影,而且是整个旅游者大军的主体。从对市区和郊区旅游者的调研统计来看,上海本地人和生活在上海的外地人是都市旅游的主体。见图3。

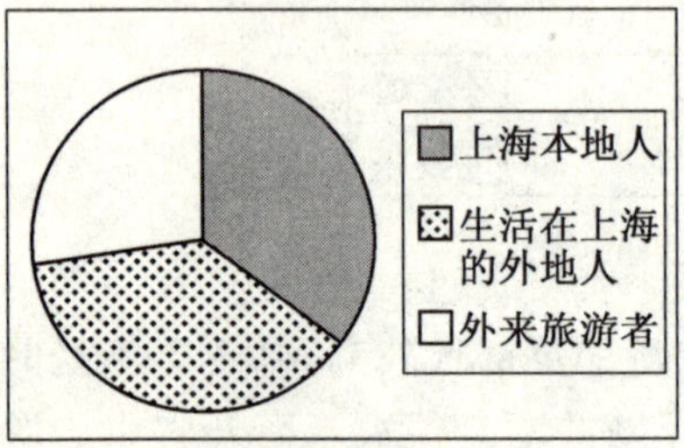

市区景点旅游者

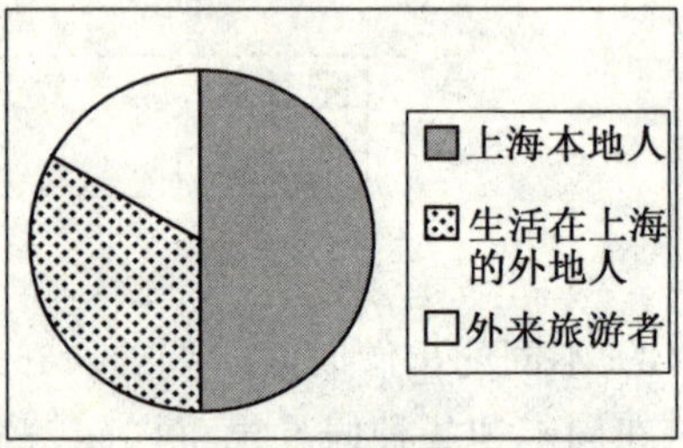

郊区景点旅游者

图3

1. 市民旅游已经是一种客观存在,但市民旅游的理念尚未深入人心

目前市民旅游的大势已经形成。从调研的情况来看,很多的市民已经有意或无意地参与到各种市民旅游活动中,市区的市民利用闲暇时间到郊区观光度假、郊区的市民到市区游览享受现代城市发展的成果、青年学生到野营基地体验生活等等,构成了事实上的旅游活动。“百万市区居民游郊区”、“百万郊区农民游市区”、“百万市民游浦东”三个百万,以及上海旅游节和各种节庆活动动辄数以十万计的市民参与者,也都是以市民为主体的旅游。市民旅游已经是一种客观存在。然而很多市民并不把这种行为看作是一种旅游,在潜意识里总觉得只有远离上海才能称得上是旅游。市民旅游的概念没有得到很好的普及。

2. 市民旅游繁荣了休闲经济、促进了上海的经济发展,但市民旅游没有引起足够重视

上海的旅游节庆、上海的旅游景点、上海的文化旅游市场、上海的旅游购物、上海郊区的休闲度假,在某种程度上可以说,上海都市旅游的主体就是本地市民,是本地市民的旅游行为烘托了整个都市旅游的繁荣景象,市民旅游在休闲经济及促进经济发展方面具有重要的位置。然而当前市民旅游还没有引起地方政府及旅游企业的足够重视,政府没有对市民旅游做适当的引导工作,旅游企业没有开发适合市民需求的旅游产品。

3. 市民旅游的参与性很强，但具有很强的“阶层性”

无论是在黄金周还是在周末甚至是在正常工作日，上海很多景点都呈现川流不息、人满为患的市民旅游热闹景象。但是对这些旅游者及旅游状况做个简单的分析，会发现不同收入阶层之间的旅游行为具有很大的差异性。以旅游景点的选择为例，高收入的市民会选择高档次的产品，如欣赏高品位的音乐会、观看 F1 赛事、度假区打高尔夫玩游艇等，低收入群体一般选择门票低的或无需门票的旅游产品。所以说市民旅游呈现出一种很强的“阶层性”。

四、发展市民旅游的意义

1. 发展市民旅游对建设和谐城市、和谐城乡的意义

(1) 有利于和谐社会的建设。市民旅游作为一种生活方式，让市民充分享受改革开放的成果，成为新世纪生活幸福指数的一种考量要素，同时也体现了上海作为一个现代化大都市共建共享“生活品质之城”的需要，对和谐社会的建设起到了积极的作用。

(2) 有利于塑造现代化国际大都市形象。市民旅游的发展，要求文化氛围的打造、人居环境的改善，正是展现城市形象的最佳载体，反映市民对生活质量提高的期望，让国际化的大都市凸显它的文化魅力，提升城市的文化品位。

(3) 有利于增强都市的游憩功能。居住、工作、游憩与交通是城市最基本的四大功能。市民旅游的发展，弥补了上海都市旅游功能的不足，满足市民对休闲的要求，进一步增强了都市的游憩功能。

(4) 有利于加强人的全面发展。市民旅游的发展为市民创造了一种新的生活方式，既体现了人们对精神生活的追求，又体现了人们对良好人际关系及环境关系的追求，在促进人的全面发展上有着不可替代的积极作用。

2. 发展市民旅游对都市旅游的意义

(1) 丰富都市旅游的内涵。发展市民旅游，作为休闲经济的一部分，将进一步挖掘都市旅游的内涵，整合城市的各种资源，以整个城市为载体，把文化产业、娱乐业、商业，一直到农业、工业、市政、体育、教育等各种产业和旅游结合，发掘其旅游元素，成为市民旅游的对象，使都市旅游的主题越来越丰富。

(2) 提高旅游活动中的文化含量。市民旅游把旅游当作一种休闲娱乐，在旅游类型的选择上更倾向于文化含量较高的旅游产品及旅游活动，出游的市民在旅游行为方面，不是简单的留影纪念，而是“赏”文化，“吃”文化，“买”文化，“体验”文化;而以家庭为主体的市民旅游更自觉地抵制不健康的旅游产品及旅游行为,促进了健康、文明旅游文化的发展,促进了社会文明和社会全面进步。

(3) 提升上海都市旅游的竞争力。研究市民的旅游需求,了解他们心理和行为以及对各种旅游产品的需求情况,掌握需求动态,特别是要了解不同类型的市民的不同需求,能有针对性地组织旅游产品的开发和供应、更好地提升都市旅游的整体竞争力,整体繁荣城市的休闲经济。

五、发展市民旅游、繁荣休闲经济的对策研究

1. 理念转变

对于像上海这样的国际性大都市来说,休闲是城市的重要功能之一,市民旅游是休闲经济的重要组成。必须转变以往只考虑外来旅游者对当地的经济作用的发展理念,着眼旅游业从产业拉动型到社会消费连带型的转化,用消费需求代替产业需求,把发展市民旅游、繁荣休闲经济作为一项"民心工程"来抓,把市民旅游与国际旅游、国内旅游放在同等重要的位置,不断推动市民旅游的发展,推进都市旅游的发展和休闲经济的繁荣。

旅游企业应当转变经营理念,在企业的发展规划中必须考虑市民旅游,从市民的旅游需求出发,设计旅游产品,提供旅游服务。

要转变市民理念,作好市民旅游概念的普及工作,为营造市民旅游的大气氛做必要的工作,使市民旅游理念深入人心,这是市民旅游最重要的基础。

2. 政策倾斜

当前市民旅游尚处于起步发展阶段,市民旅游的概念还没有得到普及,市民旅游的氛围还没有形成,各种市民旅游的基础设施和服务体系都还不健全,市民旅游直接带给很多旅游企业的经济利润还很有限。要解决制约市民旅游发展的这些瓶颈,保障市民旅游发展的畅通性,必须给予适当的政策倾斜、政策支持和必要的投入。

3. 构筑社会公共服务体系

(1) 构筑市民旅游社区服务体系。社区是城市的细胞。发展市民旅游,要充分利用社区这个平台,完善基础服务设施、提供基本服务窗口,建设市民旅游服务志愿者队伍,构筑市民旅游社区公共服务体系。

(2) 构筑市民旅游信息服务体系。把市民旅游信息化建设纳入发展的重点,使旅游信息及时、准确地传送给市民,保障市民能及时掌握各种旅游信息。

(3) 构筑市民旅游交通服务体系。虽然市民旅游对时间距离和空间距离要求

不是很高，但正是由于市民整个旅游过程中的总体时间跨度较小，而不愿意把有限的时间浪费在交通上。要在开发新的旅游交通工具的同时，利用城市现有的各种交通资源进行有效的整合并加以利用。

(4) 构筑低收入群体旅游保障体系。由于经济条件的限制及其他的原因，相当部分中低收入的市民没有外出旅行的经济能力，只能选择在本市进行旅游活动，而且这一群体中很多人只是选择游览无门票的景点，如外滩、人民广场等。景点的门票问题在一定程度上制约了市民旅游的发展，门票问题致使很多市民无法享受旅游的权利。目前要全部免费敞开所有的旅游景点或许还不是很现实，但是从发展市民旅游及建设和谐社会的角度出发，各景点、各企业、政府必须着手建立一种市民旅游的保障体系。

4. 假期制度的创新

时间问题是影响市民旅游的又一个障碍因素。很多市民即使有参与旅游的动机，但是由于时间的限制，很少有机会参与到市民旅游中去。应该尝试更多更灵活的休假制度，鼓励各个单位大胆进行创新，允许多种形式并举，这不仅是发展上海的市民旅游，也是发展整个上海的都市旅游，甚至是全国休闲经济发展中的尝试。

参考文献

[1] 保继刚：《城市旅游：原理·案例》，南开大学出版社 2005 年版，第 327—396 页。
[2] 郭一新：《假日生意经·旅游休闲篇》，广东经济出版社 2000 年版，第 1—102 页。
[3] 楼嘉军：《娱乐旅游概论》，福建人民出版社 2000 年版，第 128—233 页。
[4] 谢贵安、华国梁：《旅游文化学》，高等教育出版社 1999 年版，第 137—250 页。
[5] 杨国良：《城市居民休闲行为研究——以成都市为例》，《旅游学刊》，2002 年第 2 期。
[6] 姚昆遗、贡小妹：《旅游文化学》，旅游教育出版社 2006 年版，第 25—39 页。
[7] 姚昆遗、王怡然：《上海都市旅游的理论与实践》，上海辞书出版社 2007 年版，第 187—252 页。
[8] 郑怡清、朱立新：《上海市民休闲行为研究》，《旅游科学》，2006 年第 4 期。
[9] 庄志民：《旅游经济文化研究》，立信会计出版社 2005 年版，第 77—98 页。

基于新休假制度上海市民出游方式研究

楼嘉军　徐爱萍*

内容提要：休假制度是影响居民出游活动的重要条件。本文以上海为例，在市场调查的基础上，针对新的休假制度颁布后，上海居民在出游方式选择上表现出来的各种偏好，进行了分析并对相关特点展开了阐述和探讨。

关键词：新休假制度　出游方式　特点　上海

一、研究背景与样本概况

1. 研究背景

第一，新休假制度构成了新的出游时间模式。进入新世纪以来，上海居民家庭收入水平持续提高，出游欲望不断高涨，而休假制度的不完善，尤其是带薪休假制度的缺失，已成为制约居民出游方式转型的瓶颈因素。2008 年开始实施的新休假制度，不仅使居民全年的各种休假时间之和约占全年的 1/3，而且形成了具有现阶段中国特色的“1＋2＋5＋43”的休假时间模式，即 1 个带薪假期；2 个黄金周（春节、十一）；5 个小长假（元旦、“五一”、清明、端午、中秋）和 43 个周末双休日①。目前，与居民休闲和旅游活动相关，我国已形成了包括公休假日制度、法定节假日制度和年休假制度在内的比较完整的休假体系。

第二，选取上海作为研究对象的原因。将上海作为研究样本的收集地主要有以下几方面考虑。一是城市人口因素。上海现有人口 1845 万，从旅游市场人口规模看，无疑是我国最大的城市旅游客源地市场。二是城市经济因素。2007 年上海国内生产总值达到 12001.16 亿元，人均 GDP 为 8594 美元②，在国内 31 个省市中位居第一。良好的经济发展水平为居民从事各种形式的出游活动奠定了坚实的经济基础。三是消费导向因素。上海是一个体现海派文化特性的工商业城市。自

---

*楼嘉军，男，博士，华东师范大学旅游系主任，教授；徐爱萍，女，华东师范大学旅游系硕士研究生。

① 每年有 52 周，其中因春节和十一两个黄金周连休占用 4 个周末，元旦、清明、五一、端午和中秋因连休用去 5 个周末，剩下 43 个周末双休日。

② 如果根据国际惯例，将常住上海一年以上的人口算作“常住人口”，则上海人均 GDP 可达 8949 美元。

20 世纪初以来,上海居民的休闲行为在国内具有一定的导向示范作用。

正是基于这一背景,关注和研究休假制度调整对上海居民出游行为的影响,是一个在理论、实践与政策层面上都必须高度重视的现实问题。尽管由于新的休假制度实施时间尚短,有关休假制度调整对于上海居民出游行为影响的研究成果还非常缺乏。然而,通过此次实证调查和分析,在一定程度上可以了解休假制度调整后居民出游意愿选择偏好以及形成的相关特征,从而为旅游管理部门加强旅游市场调控,以及旅游企业制定市场发展战略提供决策依据。

2. 研究方法和样本构成

本项研究主要采用问卷调查法,调查对象以在职人员为主。课题组于 2008 年 3 月在上海部分企事业单位,以及图书馆和社区等场所发放问卷 350 份,回收有效问卷 334 份,有效率为 94.2%。以下是本次调查样本构成的基本情况:

(1) 性别构成。男性 46.71%,女性 53.29%。

(2) 婚姻状况。未婚 71.56%,已婚 28.44%

(3) 年龄结构。18 岁以下 0.60%,18~25 岁 46.41%,26~35 岁 48.20%,36~45 岁 2.69%,46~60 岁 2.10%,60 岁以上 0.00%。

(4) 学历水平。初中及以下占 0.30%,高中及中专、职校占 21.56%,本科及大专占 72.16%,硕士及以上占 5.99%。

(5) 家庭月收入。1500 元以下 4.49%,1500~3000 元 35.33%,3000~5000 元 36.83%,5000~8000 元 14.97%,8000 元以上 8.38%。

(6) 职业。管理人员 54.2%,企事业单位职工 28.14%,自由职业者 3.0%,其他从业人员 12.6%。①

总体而言,在本次调查样本中,考虑到出游市场的现实性需求和潜在性趋势,年龄结构偏重于中青年群体,26~35 岁群体约占被访者总数的 48.20%。从职业构成讲,从事管理工作(公务员)的人员占了较大比重,约占 54.49%。这部分群体所受教育程度较高,个人文化素养较好,收入也较为稳定且富裕,是上海出游市场的生力军。因此,本次调查样本提供了比较合理和现实的研究视角。

二、居民出游方式选择倾向

1. 关于出游频率

出游频率反映了客源市场对旅游产品的需求,可以作为旅游目的地选择目标

① 调研时还设有"公务员"、"个体劳动者"、"在校学生"三项,由于调查结果统计时三项样本较小,所以归入其他类。

客源市场的重要依据。调查数据显示,休假制度调整后,上海居民的出游意愿为93.11%,其中有67.66%的被访者希望一年内能够出游1~2次;而期望获得3~5次出游机会的占22.16%;另有3.29%的被调查者希望可以获得6次以上的出游机会(见表1)。

表1 居民出游频率选择倾向

类 别	1~2次	3~5次	6次以上	不参加
百分比(%)	67.66	22.16	3.29	6.89

2. 关于出游时段

出游时段选择反映了人们在一年中,最期待安排旅游活动的时间,真实反映了居民对出游季节的偏好。在本文设置的11个出游时段选项中,带薪假期处于首位(25.9%),说明居民对使用带薪假期的高度期盼。而人们在传统节假日时段显示出低迷的出游倾向(2.58%),应该引起有关部门的重视。另外,与十一黄金周相比,"五一"小长假的出游意愿也出现明显的下降幅度①(见表2)。

表2 居民出游时段选择倾向

类别	带薪假期	十一	周末	五一	寒暑假	春节	中秋	清明	端午	元旦	重阳
%	25.9	16.92	16.62	14.24	8.88	7.33	2.58	2.58	2.48	1.75	0.72

3. 关于出游形式

出游形式反映了人们从事旅游活动时对社会人际交往关系的期待和依赖的价值定位。从调查结果看,上海居民在总体上体现了既依赖亲情,又偏爱友情的社会交往特征。但是从相对意义上讲,不论哪个时段,居民更倾向选择与亲朋好友共同出游的形式,而家庭的重要性却退居次席。当然,旅行社的作用也随着出游时段的变化而发生波动(见表3)。

表3 不同时段居民出游形式选择倾向

出游方式	1~3天		5~7天		7天及以上	
	比重(%)	排序	比重(%)	排序	比重(%)	排序
亲朋搭伴	40.93	1	36.20	1	33.86	1

① 据携程旅行网的有关调查,2008年"五一"小长假居民出游意愿比2007年下降约20%。搜狐新闻. http://news.sohu.com/20060416/n242831935.shtml.

续表

出游方式	1～3天		5～7天		7天及以上	
	比重(%)	排序	比重(%)	排序	比重(%)	排序
家庭旅行	23.31	2	30.11	2	28.60	2
单位同事	14.23	3	12.90	4	11.23	4
独自上路	11.03	4	7.71	5	6.66	5
参加旅行社	10.50	5	13.08	3	19.47	3
其　他	0.00	6	0.00	6	0.18	6

4. 关于出游动机

调查统计数据显示，休假制度调整后，居民出游动机选择表现出明显的一致性。在不同时段内，居民出游动机的首选都是度假休闲，其后才是观光游览，两者合计比重约占总数的70%以上。而在假期中，又表现出对日常工作环境鲜明的排斥倾向。由此表明，利用节假日外出旅游，逐渐成为居民体现休闲价值的重要形式(见表4)。

表4　不同时段居民出游动机选择一览表

出游目的	1～3天		5～7天		7天及以上	
	比重(%)	排序	比重(%)	排序	比重(%)	排序
度假休闲	36.03	1	41.33	1	46.08	1
观光游览	34.56	2	33.19	2	32.92	2
探亲访友	17.21	3	14.81	3	11.60	3
商务/公务会议	5.29	4	5.19	4	3.13	5
文体科技交流	3.82	5	2.37	6	2.19	6
宗教/朝拜	2.21	6	2.81	5	3.45	4
其　他	0.88	7	0.30	7	0.63	7

5. 关于出行工具

交通工具是连接居住地和旅游目的地之间的物质载体。调查显示，居民在不同时段对交通工具的选择有一定的差异性。对于在长三角区域内的短途旅游而言，火车(32.41%)和大巴(25.84%)选择意愿集中，而近年来引起市场关注的自驾车出游意愿位居第三(14.45%)。不过，随着出游距离的延伸，自驾车出行的意愿明显递减(5.28%)。对于中远程旅游来讲,居民出游工具选择意愿最集中的则是飞机(43.64%),位居次席的是火车(28.41%)(见表5)。

表5 不同时段居民出行工具选择一览表

出行工具	1～3天		5～7天		7天及以上	
	比重(%)	排序	比重(%)	排序	比重(%)	排序
火　车	32.41	1	32.58	2	28.41	2
公路旅行	25.84	2	18.25	3	15.86	3
自驾车	14.45	4	5.28	5	3.92	5
飞　机	21.61	3	35.44	1	43.64	1
船舶航运	4.82	5	7.84	4	7.85	4
其　他	0.87	6	0.61	6	0.32	6

6. 关于出游的空间距离

从居民国内旅游目的地选择看,在空间上大致形成了如下特征:在400千米以内,选择杭州的意愿较高;在400千米～1000千米的范围内,居民选择意愿普遍较低;在1000千米～2000千米范围内桂林和海南是两个热点城市;在2000千米以上的地区,西藏是近年来居民向往的地区。从境外出游看,中国港澳、日韩和东南亚一带是本次调查中居民选择意愿最高的地区,应该值得关注。此外,居民对欧美和澳洲地区的选择意愿也比较高(见图1)。

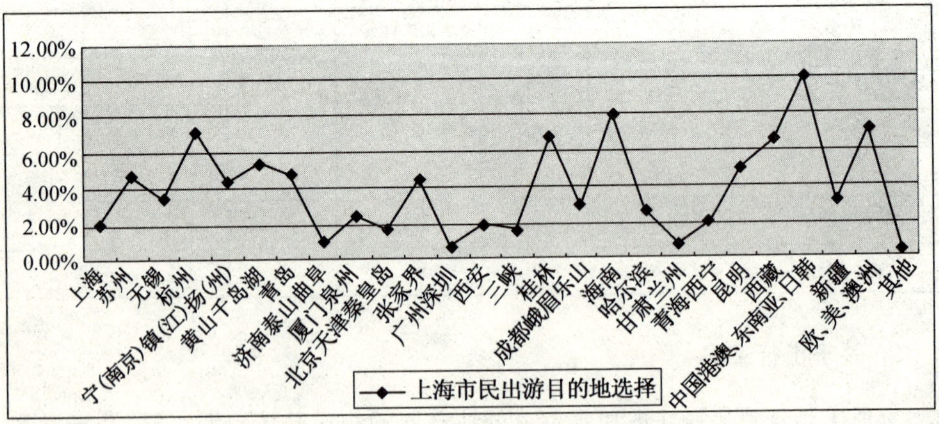

图1 上海居民目的地到访率变化图

7. 关于出游花费

就居民休闲旅游花费而言，旅游活动消费意愿随着假期延长和距离延伸呈现梯级递进的结构。调查结果显示，上海居民在选择1～3天的短途旅游时，消费意愿集中在1000元上下的区间。选择5～7天的中远程旅游时，消费意愿集中在3000元上下的区间。选择7天以上的远程旅游或境外旅游活动时，消费意愿集中在5000元及以上的区间(见表6)。

表6 不同时段居民出游花费选择一览表

旅游花费	1～3天		5～7天		7天及以上	
	比重(%)	排序	比重(%)	排序	比重(%)	排序
300元以下	2.73	5	0.00	6	0.00	6
300～500元	28.18	2	1.83	5	0.30	5
500～1000元	33.64	1	18.60	3	2.44	4
1000～3000元	27.88	3	39.02	1	18.29	3
3000～5000元	6.67	4	32.32	2	37.80	2
5000元以上	0.90	6	8.23	4	41.17	1

三、市民出游方式选择特点

1. 出游方式的时空关系特征

第一，市民的出游意愿随着时间和空间关系的演变而发生了相应的变化。休假时间的长短决定了市民出游目的地的空间选择倾向。调查发现，休假时间较短，市民往往选择就近的旅游目的地；休假时间延长，市民选择出游目的地的空间距离则越远。因此，在1～3天的短时间休假中，居民选择的出游空间距离大致在400千米之内；在5～7天的中长假期中，往往选择出游空间距离在1000千米～2000千米左右的旅游目的地；在7天以上的长假中，出游空间距离的选择意愿扩展到2000千米以上的地区。

第二，从旅游目的地的性质来看，休假时间的长短对居民选择旅游目的地的偏好产生一定的影响。具体而言，上海市民根据自身休假时间的长短，在目的地选择偏好上呈现出以下的规律：短途旅游目的地偏重人文景观；中远程旅游目的地偏好山水景观；远程旅游目的地关注异域文化。这为形成短途自助休闲游，中远程度假和观光游相结合的市场新格局提供了理论依据。

2. 出游方式选择趋向多元化

第一,出游时段选择多元化。所谓多样化是指新休假制度在出游时段长、中、短配置层次上更加丰富,在出游时段季节分配上更加均衡。新休假制度使居民拥有一个带薪年休假,两个可用来长距离旅游活动的黄金周,多个可以用于中短途旅游的"小长假"。分散了集中出游的可能性,使居民在多个季节和时段内自主地安排旅游活动。

第二,出游交通方式多元化。首先,出行交通工具的选择偏好与出游距离远近之间存在对应关系。调查显示,居民的短途旅游以火车为主,而中远程旅游则以飞机为首选,火车退居次席。其次,出行交通工具的选择偏好与城市收入水平之间存在相关性。上海城市经济发展水平在国内的领先性成为居民出游的坚实基础,居民的出游活动已经完成了由过去低档经济型向高档享受型的转变。调查显示,飞机已经成为人们的最爱,享受游程也成为人们休闲娱乐活动的一部分。

第三,出游形式多元化。其一,上海市民在总体上体现了既依赖亲情,又偏爱友情的社会交往特征。亲情是以血缘关系为基础的家庭成员,体现了活动伴侣的亲密性特征,友情是以业缘与地缘为关系基础的朋友和同事,突出了活动伴侣的社会性特征。但从选择比例上看,人们对于亲朋好友的依赖超过对亲情的依赖,显示了居民在旅游伙伴的选择上日趋社会化的演变过程。其二,随着出游时间的增加,独自出游的市民逐渐减少,而越来越多的市民选择参加旅行社。这主要是因为休假时间的增长,人们进行长假旅游和远程旅游活动的比例上升,旅行社的组织优势在此类旅游活动中得到充分的体现。其三,伴随着休假时间增加到7天及以上长度,出现了一些其他形式的出游伙伴,如通过网络进行的"驴友"召集等方式,更显多元化和个性化。

3. 休闲度假理念的全方位转变

2008年实施的新休假制度形成了具有现阶段中国特色的"1+2+5+43"的休假时间模式,居民的出游时间在法律制度层面上得到了保证,促使旅游者的旅游方式发生了巨大转变,即从过去仅在长假中才能享受的度假行为衍生到全面的休闲度假中来。调查发现,旅游者意愿的出游动机首选为休闲度假,其后才为观光游览,人们对休闲度假的热衷因为新制度的确立而得到了全方位的释放。当然,新休假制度的实施是否能进一步推进上海这一国际大都市率先跨入休闲时代的门槛还有待于进一步研究。

4. 出游决策影响因素理性化发展

通过对旅游者出游决策的影响因素的简单排列来看,可以发现上海居民出游倾向发展的一个基本态势，即个人价值判断为核心的影响作用正在不断加强，理性的出游方式成为大众的新宠。具体来看，“旅游目的地的社会治安”(m=3.28)是最重要的影响因素，其次是“个人可用于旅游的时间”(m=3.11)、“个人收入水平”(m=3.07)、“个人身体健康状况”(m=3.06)和“旅游目的地的景观特色”(m=3.02)，最不重要的是“旅游广告的宣传介绍”(m=2.19)(见表7)。

表7　旅游者出游决策影响因素的重要性排序

影响因素	均值	影响因素	均值	影响因素	均值
旅游目的地的社会治安	3.28	周围朋友参与旅游活动的热情	2.81	家人和朋友的支持	2.54
个人可用于旅游的时间	3.11	旅行社接待服务	2.81	旅游信息发布单位的权威性	2.50
个人收入水平	3.07	旅游目的地交通服务	2.80	以往旅游经历	2.45
个人身体健康状况	3.06	企事业单位带薪假期规定	2.79	企事业单位对旅游的提倡和支持	2.42
旅游目的地景观特色	3.02	个人旅游习惯	2.78	他人对旅游产品和服务的推荐	2.39
旅游花费开支	2.97	生活和工作的压力	2.78	旅游目的地距离	2.38
旅游过程中食宿服务水平	2.93	个人对旅游产品的偏好	2.64	旅游目的地经济发展状况	2.30
旅游目的地从业人员的服务水平	2.84	旅游信息的吸引力	2.61	传统节日(如清明，中秋)	2.28
旅游售后服务与投诉处理	2.84	调整后的休假制度	2.54	旅游广告的宣传介绍	2.19

第一，居民出游因素经历了由物质性过渡到精神性的阶段[①]，更偏爱于脱物化价值的需求，这主要是与上海市社会经济发展水平的不断提高有关。第二，上海居民将旅游目的地的安全因素作为出游选择的重要因素，是与国际旅游业发展所面临的严峻挑战相吻合的。自20世纪90年代以来，国际恐怖主义造成的生命安全问题构成了影响国际旅游业发展的两大核心问题之一，也成为影响人们出游决策的制约因素。第三，旅游者的个人可支配收入及时间仍旧对旅游者的出游决策产生至关重要的影响。而旅游广告的影响力已经开始逐步弱化，居民出游决策的制

① 据2004—2005年的相关调查资料显示，对上海居民休闲活动选择影响非常大的因素中，个人兴趣、心情和服务水平等三项位居前列。参见岳培宇：《长江流域城市居民休闲方式既影响因素研究——以上海、武汉、成都为例》，华东师范大学硕士论文，2006年第70页。

定逐渐走向理性化。第四,休假制度的影响开始显性化。2008年新休假制度的实施保障了居民享受带薪假期的权利,超过半数的居民肯定了此次休假制度调整对今后出游活动的影响,假期结构使人们的出游计划更加符合自身的习惯,对旅游活动的影响日趋明朗。

总之,新休假制度的实施将对上海居民出游市场产生深远影响。一是不断递增的收入水平和不断增强的出游欲望,与新的休假制度等三个要素构成了一个新的出游平台,从而使上海居民的出游市场有可能进入倍速增长的新时期。二是新休假制度加速居民休闲活动多元化和休闲方式的常态化发展,推动了城市休闲产业的进一步深化发展,为推动上海率先进入休闲时代提供了坚实的制度保障。三是在新的休假制度的保障下,上海居民将逐渐形成短途自助休闲游、中远程度假和观光游相结合的市场新格局。

参考文献

[1] 吴必虎、徐斌、邱扶东:《中国国内旅游客源市场系统研究》,华东师范大学出版社1999年版,第108—142页。

[2]【美】杰弗瑞·戈比:《21世纪的休闲与休闲服务》,云南人民出版社2000年版。

[3] 程遂营:《基于旅游活动背景的我国现行休假制度刍议》,《人文地理》,2006年第5期。

[4] 邱扶东:《心理学范式的旅游决策研究》,华东师范大学博士论文2004年,第33—40页。

[5] 陈允文:《上海市民休闲方式研究》,华东师范大学硕士论文,2005年,第30—35页。

[6]【英】苏珊·豪娜、约翰·斯沃布鲁克:《国际旅游管理案例分析》,辽宁科学技术出版社2005年版,第343—354页。

[7]【美】查尔斯·R.戈尔德耐、J.R.布伦特·里奇、罗伯特·W.麦金托什:《旅游业教程——旅游业原理、方法和实践》,大连理工大学出版社2003年版,第311页。

乡村休闲与农村经济发展

——以江西安义古村群为例

黄细嘉　宋丽娟*

内容提要： 近年来，乡村休闲正悄悄走进我们的生活。目前，乡村休闲尽管尚处于自发的萌芽状态，但其彰显的经济价值与社会效益已展示出强劲的发展趋势，不失为一个促进经济社会协调发展尤其是城乡协调发展的有效切入载体。随着全面建设小康社会进程的加快，乡村休闲成为我国目前农村经济转型和农村经济发展中面临的新课题和新机遇。然而，当前学术界的研究大多侧重于从乡村旅游业与新农村建设的角度进行探索，很少站在乡村休闲产业的角度来研究，视角稍显宽泛。本文选择从乡村休闲和农村经济发展的角度，重点阐述乡村休闲的方式、农村经济转型的方向以及乡村休闲在农村经济转型中的积极作用和着力点。并且以江西安义古村群为例，探讨了古村休闲旅游的开发对当地农村经济发展产生的积极影响。期望能够丰富乡村休闲产业的理论内容，起到对乡村休闲发展的启示作用，以此来促进农村经济的转型与健康发展，构建和谐新农村。

关键词： 乡村休闲　新农村　农村经济

引　言

休闲是人类社会发展的产物，是社会进步的标志。随着经济社会的发展，休闲已越来越成为人们生活的重要组成部分。美国《未来学家》杂志曾载文指出，2015年前后，世界发达国家将进入“休闲时代”，休闲将成为人类社会的重要组成部分。我国目前还属于发展中国家，离真正的“休闲时代”还有相当距离。但随着经济的发展、人民生活水平的不断提高，休闲产业在我国已初露端倪，在21世纪最初的三十年里，休闲产业将是我国新的经济增长点。

近年来，乡村休闲正悄悄走进我们的生活。目前，乡村休闲尽管尚处于自发的萌芽状态，但其彰显的经济价值与社会效益已展示出强劲的发展趋势，不失为一个促进经济社会协调发展尤其是城乡协调发展的有效切入载体。随着全面建设小康社会进程的加快，乡村休闲成为我国目前农村经济转型和农村经济发展中面临的

---

*黄细嘉，男，南昌大学旅游规划与研究中心主任、教授；宋丽娟，女，南昌大学经济与管理学院研究生。

新课题和新机遇。然而,当前学术界的研究大多侧重于从乡村旅游业与新农村建设的角度进行探索,很少站在乡村休闲产业的角度来研究,视角稍显宽泛,仅有朱德位(2005)认为乡村休闲是促进协调发展的强劲产业,并探讨了推进乡村休闲有序发展的基础条件;孙明泉(2007)探讨了发展乡村休闲产业对城乡互动统筹发展的重要意义以及乡村休闲产业健康发展的产业扶助和政府规制。理论上的不足使对实践的关注力度明显不强,因此,本文选择从乡村休闲和农村经济发展的角度,重点阐述乡村休闲的方式、农村经济转型的方向以及乡村休闲在农村经济转型中的积极作用和着力点。并且以江西安义古村群为例,探讨了古村休闲旅游的开发对当地农村经济发展产生的积极影响。期望能够丰富乡村休闲产业的理论内容,起到对乡村休闲发展的启示作用,以此来促进农村经济的转型与健康发展,构建和谐新农村。

一、农村、乡村与休闲概念之阐述

1. 农村与乡村概念

大多数学者把"农村"和"乡村"视为城市的相对面,即不去区分"农村"和"乡村"在用词上的差异。学者袁镜身先生在《中国乡村建设》一书中也把"农村"和"乡村"合二为一进行论述,认为"乡村,是相对于城市的、包括村庄的集镇等各种规模不同的居民点的一个总的社会区域概念。由于它主要是农业生产者农民居住和从事农业生产的地方,所以又通称为农村"。

从字面意思来理解,"乡村"和"农村"的区别可能在于认识的角度不同。"乡村"是从生活和居住的角度来看,表明乡村中的聚落,带有浓厚的文化气息;而"农村"可能更多的是从生产的角度来认识,意为从事"农事活动"的人群聚落。"乡村"聚落的居民未必是农民,而"农村"聚落的居民则一定是农民。很多城里人居住乡村,他的身份可能依然是城里人;而很多农村居民居住在城里,他们所从事的活动也与农业生产活动无关,可他们依然被视为农民。本文为了论述的方便,将不对乡村和农村的概念进行严格的区分。

2. 休闲概念

对于什么是"休闲",理论界已经有了许多的界定:美国宾夕法尼亚州立大学著名的休闲研究教授杰弗瑞·戈比认为:"休闲是从文化环境和物质环境的外在压力下解脱出来的一种相对自由的生活,它使个体能够以自己所喜爱的、本能地感受到有价值的方式,在内心之爱的驱动下行动。"于光远先生在《论普遍有闲的社会》中指出:"休闲是人们对可以不劳动的时间的一种利用,它是人的行为,是可以自我做主的。"休闲的阐释还有许多，这里不再列举。

从语义上讲，汉语中的休闲包含两层含义：休，停止劳作，休假，休息；闲，闲适、悠闲的状态。这里，我们更倾向于休闲是一种面对生活的状态与心态，是人们在可自由支配的时间内自主选择地从事某些个人偏好性活动，并从这些活动中获得惯常生活事务中所不能给予的身心愉快、精神满足和自我实现与发展。真正的休闲不是消遣，不是打发时间，而是在休闲时间里能够提高自身的素养。总之，休闲是人的生命状态的一种形式，是社会文明的重要标志，是人类全面发展的必要条件，是现代人追求精神生活的一种方式，是人类生存状态的较高目标。

二、乡村休闲方式与农村经济转型

1. 乡村休闲方式

(1) 乡村休闲产业。乡村休闲是以旅游业、娱乐业、服务业为龙头的综合性产业，当然，这里所说的乡村休闲，并不一定是在村庄里休闲，也不仅是指已经发展起来的乡村景点景区，而是一个包罗范围较广的环都市乡村地带。这个地带与城市保持有一定的距离，环境主体是生态的，城市化和工业化尚未或很少侵入，大体上保留着山水和田园生态面貌，交通条件一般较好。乡村休闲以其乡村性、平民性、参与性和体验性，适应了人们对原生性和生态性的要求，因而受到越来越多人的关注和喜爱。

(2) 乡村休闲方式。由于乡村消遣、乡村旅游、农耕体验和其他"发生在乡下"的乡村休闲活动，是一种社会现象，而非一种生产活动，休闲消费者所获得的只是一种经历，一种体验，远非传统意义上的"产业"所指，"经历"和"体验"产品供给是相关厂商群的彼此相互协作、有机组合的"共同产品"。因此我们认为，乡村休闲产业至少包括乡村旅游产业、乡村娱乐产业、休闲观光农业、乡村休闲度假产业等。近年来，不断增长的乡村需求强力促进了乡村休闲的发展，目前乡村休闲的内容形式主要包括乡村旅游、果蔬采摘、农家乐、农耕体验、乡村娱乐、农家美食等。具体来讲，主要表现为：一是大城市附近的农家乐；二是高科技农业体验观光园；三是农业新村，特点是经济发达、乡村城镇化，在发展中有意识地使本村成为有特色的旅游目的地；四是古村落的开发，如江西安义的古村群、皖南古村落西递和宏村等；五是农业的绝景和胜景，如桂林的龙胜梯田和云南的元阳梯田等；六是乡村娱乐和休闲度假。

事实上，不管是哪一种形式的乡村休闲方式，在构建和谐社会、建设社会主义新农村的时代背景下，大力发展乡村休闲对促进我国农村经济转型和农村经济发展有着重要的实践意义。

2. 农村经济转型方向及问题

所谓经济转型指两个方面的转变：一是体制转型，即从高度集中的计划再分配经济体制向市场经济体制转型；二是结构转型，即从农业的、乡村的、封闭的传统社会向工业的、城镇的、开放的现代社会转型。经济转型是由供给约束向需求约束的经济运行机制和形态的变化。我国当前的经济转型主要表现是：经济增长由供给约束转变为需求约束，由资源约束转变为市场约束。

农业是国民经济发展的基础，抓好农业和农村工作事关改革、发展和稳定的大局。改革开放30年来，在以家庭联产承包经营为基础，统分结合的双层运行机制下，我国农村发生了历史性巨变。前20年乡镇企业异军突起，农村经济和社会事业全面发展，农民生活水平显著提高；后10年农村居民大量进城，在城市繁荣的基础上，农村和农民获得了一定的收益，但不可否认的是农村经济社会发展相对弱化，农业的发展由过去的资源约束变为现在的资源和市场的双重约束，可以说当前农村的发展面临新的挑战。要实现农村经济转型，当前和今后一个时期的战略目标，就是要千方百计改变农村经济增长方式，全面提高农业和农村经济的整体素质和效益，促使农业向质量和效益型转变。在这一转型过程中，需要进行产业结构调整，开发高附加值的新型产业，而乡村休闲则是当前农村经济中最具附加值的产业之一。加强乡村休闲的发展将大大促进农村经济的高效、优质发展，有利于解决“三农”问题，提高农村整体的发展进程。

3. 乡村休闲在农村经济转型中的作用和着力点

作为一项综合性的产业，乡村休闲能促进一、三产业的紧密结合，在发展中具有立体式的乘数联动效应：可以使农民在既不离乡也不离土的情况下扩大就业；能使农产品直接面对消费者，跨越流通环节，适时缓解农业产业化中购销体制不畅等诸多难题；能有力地推进乡村第三产业的发展，拓宽农民增收渠道，改善乡村环境等(见图1)。

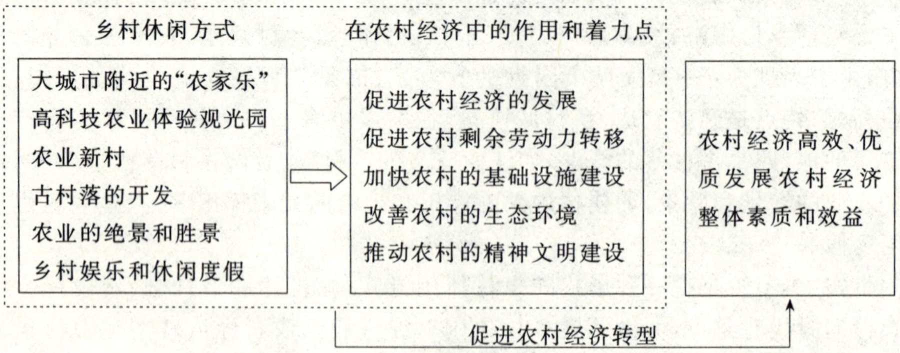

图1

(1) 乡村休闲促进农村经济的发展。乡村休闲是农村地区扶贫的重要突破口，而且可以推动广大农村第三产业的发展，为农村经济的发展提供有利的条件。乡村休闲能够充分发挥和挖掘农业资源的价值和作用，发展乡村休闲能把农业的田园生态环境、农村的民间民俗文化和农村的山水空间形势等有形无形资产转化为具有循环利用价值的资源。因此，顺应时代发展潮流，强化市场导向功能，摆脱传统的单一种植业开发模式，运用现代手段和技术，发展乡村休闲，可以提高农业经济效益，增加农民收入，提升农村发展水平。另外，农业经济不能快速发展的原因之一是农业的购销体制不畅，而产供销一条龙是解决这一问题的有效途径[8]。乡村休闲的发展在促进第三产业中的商业、饮食服务业发展的同时，可打破产业界限，有助于形成产供销、服工农、科工贸一体化的产业体系和购销渠道，从而促进农村经济的全面发展。

(2) 乡村休闲促进农村剩余劳动力转移。乡村休闲是一个劳动密集型产业，这类产业需要的劳动力多，其基本的服务工作对员工技能的要求并不是很高，或是经过一定的岗前培训就可以胜任。而且乡村休闲产业的关联度高，它与餐饮、娱乐、交通、建筑、食品、旅游工艺品等产业密切相关，可以为农村地区提供大量的就业机会。这就意味着大量的农村剩余劳动力可以得到很好的转移，农民的就业问题一定程度上可以得到缓解。

(3) 乡村休闲加快农村的基础设施建设。乡村休闲的开发是一项综合性的工程，需要有与之相配套的基础设施，以提高游客进入旅游目的地的便利性，因此必须完善各种基础设施建设，譬如道路交通、通讯、医院、商业服务等基础性设施。乡村休闲的开发将进一步改善当地的基础设施状况，逐步解决制约经济发展的“瓶颈”，促进农村经济全面、快速、健康发展。

(4) 乡村休闲有利于农村生态环境的改善。要维持乡村休闲市场的持久性，就必须注意并保持乡村生态系统的持久性。乡村休闲把发展社会生产、保护原生环境和维护人文内涵结合起来，它的生产要素就是人与自然和谐发展的乡村环境，遵循的是人与自然和谐共存、可持续发展的准则。通过乡村休闲的规范开发，可以将可持续发展的思想贯彻到农业、农村发展的过程之中，更好地创建清洁优美的乡村环境，维护和改善农村生态环境，塑造良好的乡村氛围，使整个农村成为物产丰富、风景秀丽的生产基地和生活乐园。

(5) 乡村休闲推动农村的精神文明建设。通过发展乡村休闲，可以将先进的文化和观念引进农村地区，改变农村地区信息闭塞的状态。在与外来游客交往的过程中，当地人民的思想进一步解放，视野逐渐开阔，思想道德素质得以提升，这就为社会主义新农村的精神文明建设提供了契机。乡村休闲产业是服务产业，又是文化产业。如果没有“宾客至上”的服务理念，就难以立足于市场，更难以产生经济效益。因此，发展乡村休闲产业还可以培养农民的市场经济意识和服务顾客的文明意识。

三、安义古村群之休闲旅游与农村经济发展

1. 安义古村群之休闲旅游发展现状

江西历史文化名村——安义千年古村群,坐落于南昌市郊安义县的东南,距县城10千米。安义千年古村群由罗田、水南、京台三个自然村组成,三个古村落相距约二华里,呈三角形分布。三个村都有深厚的文化积淀以及保存完好的明清建筑群,体现着赣鄱文明与江右文化的创造力和创新性。100余幢保存完好的古建筑,为安义古村群赢得了"中国江南第一古村群"、"江西省首批历史文化名村"、"南昌新豫章十景"、"南昌城市名片"等诸多美誉。

安义古村群的休闲旅游是以古村的古风古韵、民俗风情、农业田园风光和古村空间环境为依托进行的旅游开发,是现代旅游业向传统农业和乡村的延伸。近几年来,安义古村群休闲旅游呈现出良好的发展势头,吸引了香港恒茂集团投资2亿元加盟古村群的深度开发,精心打造江南最美的古村落。同时,旅游餐饮、住宿等旅游接待设施也渐趋完备,不仅吸引了大量游客的到来,满足了旅游者休闲娱乐的需求,更重要的是,古村休闲旅游作为乡村休闲的一个重要增长点,不断完善乡村休闲产业链,给农民带来更多的就业机会和收入,给农村带来综合经济利益,加速缩小城乡差距。

2. 安义古村群休闲旅游对农村经济发展的影响

安义古村群休闲旅游的发展对当地农村经济的发展起着积极的促进作用。具体表现在:

(1) 加速了农村产业结构调整步伐。旅游业既是一个依托性强的经济产业,又是一个产业链长、带动性强的新兴产业。安义古村通过"以旅促农",大力发展古村休闲旅游,不仅充分发挥了古村群的古郡风韵、民俗风情、田园风光的比较优势,同时还有效带动了农产品的销售,促进了农副产品的加工与开发,推动了农村产业结构的调整。例如,安义水磨糯米粉,古村农民家家会做,在附近的石鼻镇还有工厂化的大批量生产。此外,还有千年古村黄酒、安义米粉、安义薯粉皮等。这些农产品的生产、加工和销售,成为广大游客喜爱和购买的旅游商品,既带动了农业产业结构的调整,又促进了农业生产和农村经济的发展。

(2) 改变农民收入结构和增长来源。古村群发展休闲旅游之前,当地农民的收入来源较为单一,以农业和粮食收入为主体,实物收入占很大比重。伴随着休闲旅游活动的产生以及不断发展,当地农民收入来源的多元化和非农化的趋势越来越明显。农村靠发展旅游获得的直接或间接的收入和外出打工收入日益成为农民

增收的主要部分。从事管理、导游、环卫、售票等直接游览服务，经营餐饮、旅馆、商店等为游客提供旅游配套服务，出售当地土特产品等为游客提供附加服务等，都可以获得丰厚的收益，也拓宽了农民的收入来源。

（3）扩大就业门路，促使农民增收。发展古村休闲旅游可以大大减轻当地农村人口转移的巨大压力，实现富余劳动力的就地转移，扩大就业门路，增加农民直接收入，帮助脱贫致富奔小康。主要表现在：① 在安义古村群旅游开发公司的员工中，从事古村开发、工程修建的当地农民就占到了 3/4。以古村休闲游中的导游为例，大部分导游都是当地的农民，他们忙时是导游，闲时就是农民，虽是作为兼职导游，但是平均每个导游的年收入都可以达到 8 千元到 1 万元，大大拓宽了农民的就业渠道。② 古村中已经从事休闲旅游产业的农户年均收入一般都在 4 万～5 万元，尤其以从事旅游餐饮的农户见长，他们可以直接为游客服务，产生家庭收入。③ 古村中的农民通过种植、加工、销售当地土特产品、民间工艺品、旅游纪念品等多种途径直接或间接为旅游者提供服务，并从中获得可观的经济收入，仅是一些出售土鸡蛋等土特产品的古村老年人年收入就可达到 5000～6000 元，大大改善了农民生活。总之，在古村的休闲旅游发展中，农民不离乡、不离土、不离田，就实现了角色的转移，增加了收入，富裕了生活。

（4）促进农村基础设施建设，改变农村面貌。发展古村休闲旅游，一方面对农村的基础设施建设提出了要求，同时也为农村基础设施的建设提供了资金来源。一般说来旅游者期望目的地有便利的交通设施、舒适的住宿条件、完备的健康救护机构、顺畅的通信联络、便捷的购物场所等等，所以发展古村旅游，要求当地农村综合性基础配套设施完善。在古村休闲旅游的发展过程中，企业投资古村景区建设，建设农民新村。企业经营景区旅游，农民从事旅游配套服务，古村面貌改变全方位展开。安义古村群旅游开发公司已投入 2000 万元，大力修建古村的游步道、公厕和修缮古道，实施强电入地，负责主要景点的修缮保护工作等。而休闲旅游的发展，也使古村获得了改善基础设施的资金来源。古村村委会把每年从休闲旅游中获得收入的大部分投入排水系统、卫生设施等基础设施以及农村校舍等基础教育设施的改善中。在改善当地的基础设施条件的同时也改善了农村的环境，实现了社会主义新农村建设所要求的农村村容整洁的目标。

（5）有利于培育社会主义新农民。发展古村的休闲旅游，农民一方面必须提高自身文化素质、相关技能和市场经济意识以适应旅游业发展要求，同时农民在其服务于城镇居民过程中，又耳濡目染到城镇居民带来的先进文化与生活方式，有利于促进自身素养的提升。

安义古村群发展休闲旅游需要有导游、讲解员以及其他一些专门的从业人员。安义古村群休闲旅游刚开发时，农民们连“旅游”这个词都不了解，农民服务和市场意识差、旅游项目单调。现在，古村群休闲旅游中的导游员都是聘用当地农民，他们上岗前要经过系列的培训，客观上提高了农民自身的文化素质。同时，当地人们的思想观念迅速转变，市场经济意识明显增强。很多农户在旅游发展中都有了商业意识，他们会从事一些简单土特产的经营，如出售土鸡蛋、野生竹笋等。发展古村群的休闲旅游，一方面为当地农民提高自身素养提出了要求，另一方面也为农民提高文化技能提供了可能，同时，也提供了农民提高文化技能的舞台。

结 论

综上所述，乡村休闲的发展缘于旅游者的消费动机所形成的新型生活方式和休闲市场需求。社会主义新农村建设与乡村休闲旅游发展形成良好的互动机制，发展乡村休闲能够促进社会主义新农村建设，新农村建设为乡村休闲的发展提供了物质基础。乡村休闲作为农村发展的新型业态，其形态表现、作用机制、实践价值需要总结和提炼，以作为"休闲时代"农村地区发展的借鉴。通过上文分析和论证，笔者认为：

(1) 乡村休闲产业至少包括乡村旅游产业、乡村娱乐产业、休闲观光农业、乡村休闲度假产业等。目前乡村休闲的内容形式主要包括乡村旅游、果蔬采摘、农家乐、农耕体验、乡村娱乐、农家美食。具体来讲主要表现为：一是大城市附近的农家乐；二是高科技农业体验观光园；三是农业新村；四是古村落的开发；五是农业的绝景和胜景；六是乡村娱乐和休闲度假。

(2) 乡村休闲在农村经济转型中的作用和着力点主要体现在：乡村休闲促进农村经济的发展；促进农村剩余劳动力转移；加快农村的基础设施建设；有利于农村生态环境的改善；推动农村的精神文明建设。

(3) 安义古村群的休闲旅游是以古村的古风古韵、民俗风情、农业田园风光和古村空间环境为依托进行的旅游开发，是现代旅游业向传统农业的延伸。近几年来，安义古村群休闲旅游的开发大大促进了农村经济的发展。

在这里，本文的研究主要侧重于乡村休闲对农村经济发展所起到的积极作用，而如何规范和发展乡村休闲是该专题未来研究的方向和重点。

参考文献

[1] 罗书林：《发展我国休闲产业的必然性研究》，《苏州工职院学报》，2008 年第 1 期，第 55 页。

[2] 朱德位：《乡村休闲：促进协调发展的强劲产业》，《农村·农业·农民》(A 版)，2005 年第 11 期，第 24—26 页。

[3] 孙明泉：《乡村休闲产业发展的动力源泉和产业扶助》，《生产力研究》，

2007 年第 8 期，第 29—30 页。
[4] 袁镜身：《中国乡村建设》，中国社会科学出版社 1987 年版，第 49—58 页。
[5] 马娟：《休闲与人的全面和谐发展》，《江南论坛》，2008 年第 4 期，第 46—47 页。
[6] 张广瑞：《关于休闲的研究》，《社会科学家》，2001 年第 5 期，第 20 页。
[7] 张映芹：《经济转型时期农村社会保障体系的构建》，《理论导刊》，2005 年第 1 期，第 42 页。
[8] 刁宗广：《中国乡村休闲旅游的兴起、发展和建设刍议》，《中国农村经济》，2006 年第 11 期，第 65 页。

休闲产业对旅游产业与文化产业的激活效应

——以云南为例

刘　婷*

内容提要：满足人们休闲文化消费需求的各类生产和服务活动正日益成为经济繁荣的重要因素。休闲与经济有着内在的联系，政府可以根据休闲时间长短，制定新的经济政策和促进不同方面的消费，调整新的产业结构，建立新的市场。当然，只要人们以消费语言来定义休闲，那么休闲与经济的关系就愈密切，并成为可能的经济收入。本文结合云南区域经济实际，探寻云南休闲文化消费的主要形态，从休闲产业、旅游产业与文化产业三者的结构、互动与机制上寻求理论支撑，提出就云南现有相关产业的关联度而言，通过发展介于旅游产业和文化产业之间的休闲产业，可以推动相关产业结构升级，使旅游产业、休闲产业和文化产业整合为一个大平台，以便这三大产业能够有机、互动地获得整体性发展。同时，也可以将“旅游产业—(旅游休闲)—休闲产业—(文化休闲)—文化产业”作为云南产业的轴心产业构架之一，或许这一产业轴心构架可以使云南经济发展获得一种新的产业范式。

关键词：休闲产业　旅游产业　文化产业　激活效应

按《国家标准产业分类》办法，隶属第三产业的社会服务业中的休闲业大致包括度假旅游业、宾馆酒店业、歌舞业、美容美发业、餐饮业、沐浴业等行业。但实际上，在今天，休闲的内涵与外延都得到了不同程度的发展。休闲产业是产业边界最模糊的一个产业，其产品类型具有根据人类生活不同层次、不同方面，不断衍生出类型不同的特征。笔者建议，休闲产业应该在文化产业和旅游产业之间获得界定：旅游产业—(旅游休闲)—休闲产业—(文化休闲)—文化产业，即休闲产业介于文化产业和旅游产业之间。发展休闲产业对于旅游产业和文化产业均具有激活功能，而发展旅游产业和文化产业又直接刺激了休闲产业的发展。

旅游业已经成为云南五大支柱产业之一，云南旅游业已经有了雄厚的基础，同时云南文化产业正在兴起。然而，现今云南旅游业的发展却正在遭遇“瓶颈”。这一重大市场信息表明，云南旅游业必须有所提升。在此情况下，提出发展云南休闲产业具有重大的战略性意义，对于旅游产业和文化产业能够产生激活功能，可以同

---

*刘婷，女，云南省社会科学院哲学所助理研究员，文化研究中心科研助理。

时提升云南旅游产业和云南文化产业的发展。同时，充分开发利用云南丰富的民族文化资源和旅游资源，把休闲产业培育成云南新的产业优势生长点，建设成为一大优势产业，无疑具有十分重要的现实意义和深远的历史意义。

一、旅游产业—休闲产业—文化产业

1. 三者的结构

文化产业的分析体系可以分为微观、中观和宏观三个层面。文化产业的微观体系专注于文化产业的生产系统，这一系统可以按产业链、产业部类和企业运营三个角度进行考察。从产业链角度看，文化产业由文化需求创意设计业、文化产品生产业（包括文化产品的制作、传播和服务提供）、文化产品营销业三个互相衔接的部分组成；从产业部类角度看，文化产业可以划分为文化制造业、文化销售业、文化服务业三个方面；从企业运营角度看，文化产业则可以划分为演出业、影视业、文化娱乐业、文化旅游业、网络文化业、图书报刊业、文物和艺术品业以及艺术培训等行业。文化产业的宏观体系集中在国家或地区的文化产业结构、产业布局和产业关系方面，侧重于对国家或地区的文化服务业、信息业、内容业进行整体考量，并对国家或地区文化产业的综合能力和竞争力进行评估，关注的是文化产业在构筑国家或地方产业体系、提升国家或地区综合实力方面的价值意义。文化产业的中观体系把握的则是文化产业的集约化市场空间。城市的人群集中、消费集中导致了市场的集约化；城市的资源集中、生产集中导致了供给的集约化。城市产业的集约化正是建立在市场集中、供给集中的基础之上。在城市这样一个集约化的产业和市场空间，文化产业找到了最大的需求、供给和消费市场基点。

现代意义的休闲伴随产业革命和机器大工业的发展而发展，基本上与现代社会人们生活方式演进同步。一般认为，休闲产业是近代工业文明的产物，发端于欧美发达国家，在 19 世纪中叶初现端倪。到 20 世纪，尤其是“第二次世界大战”以后，得以迅速发展。从某种意义上讲，西方休闲产业的发展是人们追求消费生活的结果，特别是消费成为大众时尚的结果。其中，有三种社会因素起了关键作用，即自动化生产线和规模经济、消费信贷和分期付款，以及广告。20 世纪初，由于上述三种社会因素的出现和成功运作，终于铸就了消费社会的物质基础：自动化生产线使社会产品得以高速涌流，日益趋向物美价廉，成为消费生活大众化的可靠物质保障；消费信贷和分期付款制度为堆积如山的消费品的价值实现提供了财力基础，持续增强了社会购买力；而日益兴旺的广告业和铺天盖地的广告宣传，更是推波助澜，加速消费社会在西方世界兴起。在此之间，发展最为迅速的当推休闲业。全国政协委员朱树豪列举美国的例子为证：“美国在最近 100 年间，生活必需品消费占社会总消费的比例下降了60个百分点，而休闲业却增长迅速，占到了总消费的67%。”

那么，“旅游产业”又是一个怎样的概念呢？一般的解释是：旅游产业指除了直接的旅游基础设施外，还包括与旅游业有关的交通业(如航空、海运、铁路、汽车等)、旅馆业(如旅馆、饭店、汽车游客旅馆等)、饮食业(如餐馆、点心店等)、娱乐业(如剧院、电影院、歌舞厅、音乐厅等)、休闲业(如高尔夫球、滑水、探险等)、制造业(如土特产品、纪念品等)等等。

如此，三者在结构上呈递进包容关系：文化产业→休闲产业→旅游产业。

2. 三者的互动

决定产业互动的要素主要有市场、资源和产业关系三个方面。对文化产业而言，这三方面的要素主要集中在休闲市场层面，这从文化产业的微观体系中可以找到根据，因此，文化产业向休闲市场集中的趋势可以说是必然的。此外，文化产业的目标市场与休闲市场存在的合契程度最高。从市场要素来看，休闲市场中的消费人群、消费品和消费价值与文化产业目标市场中的相关要素是一致的；从市场幅度来看，休闲市场涵盖了文化产业的绝大部分，所以，文化产业向休闲市场集中，实际也是文化产业市场机制的驱动。

同时，经济的发展和居民收入的提高，恩格尔系数在50%以下持续降低运行，带薪假期和闲暇时间不断增多，丰富的休闲生活信息引发等等，这些因素综合的结果是：生活在不同密度空间中的人们向往着充满自由意境的休闲生活，渴望以个性化的方式愉快、自愿地去体验各种场景和活动，感受从工作环境和物质环境的外在压力下解脱出来的相对自由的生活方式，追求获得生理和心理能力方面的“重生”机会，以提升自己的生存质量。在这样的背景下，旅游产业也就必须在功能、价值方面顺应着人们对休闲生活的利益和价值的诉求。

“旅游产业—(旅游休闲)—休闲产业—(文化休闲)—文化产业”是一个产业集群模式。在这一产业集群模式中，产品类型极其复杂而繁多，如休闲娱乐、休闲文化、休闲度假、休闲旅游等。其中，“文化旅游”和“文化休闲”是两种不同的产品。文化旅游是以人化自然、历史文物景点观光为核心，而文化休闲是指人的一种思想和精神的态度。

从文化角度看休闲，是指人在完成社会必要劳动时间后，为了不断满足人的多方面需要，而采取的一种文化创造、文化欣赏、文化建构的生命状态和行为方式。休闲的价值不在于实用，而在于文化，它使人在精神的自由中历经审美的、道德的、创造的、超越的生活方式。休闲是有意义的，而非功利性的，给人们一种文化的底蕴，支撑人们的精神。因而，休闲被誉为“是一种文化基础”，“是一种精神状态，是灵魂存在的条件”，“它是一种对社会发展的进程具有校正、平衡、弥补功能的文化精神力量”(皮普尔)。休闲包括情感、理智、意志、生理、价值、文化及所有组成行动感知领域的一切,也包括价值观、语言、思维方式、角色定位、世界观、艺术、组织等等。

从旅游角度来看,申葆嘉先生认为,“休闲早于旅游,休闲是比旅游更大的范畴,如果说休闲是自古就有,那么旅游只是随着产业革命的发生以及市场经济的形成而产生的”,“是作为一个有组织的商业性的活动,是将旅行商业化和产业化的结果”。人的旅游行为不仅满足了人的欣赏、好奇、远足和愉悦身心,而且可以促进人与自然、人与人的和谐、友爱以及不同文化的交流,故而旅游的最初动机在于休闲,在于旅游活动主体的内在感受和休闲效果。

3. 三者的机制

休闲产业发展的内在机制存在于“旅游产业—休闲产业—文化产业”三者的内在关联中。休闲市场和休闲产业在概念、形态和功能方面的内在机制促进了休闲市场和产业的要素整合,推动着休闲产业不断向前发展。这种发展体现为与旅游产业和文化产业的耦合:一是休闲市场的需求、供给和消费的耦合,二是市场和产业结构关系的耦合。前者表现在两个方面:一是需求和供给在数量与质量、种类与创意、储量和运营方面的市场化有效配置;二是购买力、购买习惯、购买意愿、购买引动和销售渠道、销售模式、销售场景和销售服务的市场同步实现。后者则表现为,休闲产业在功能上的补充关系多于替代关系,形态上的连接关系多于隔断关系,概念上的差异关系多于雷同关系,市场上的合作关系多于竞争关系。对三者机制的成功运作,应使休闲产业在概念、形态、功能和价值方面占据市场的制高点。通过全面整合市场的资本、信息、人力资源、营销等资源要素,从功能和价值层面塑造休闲产业的新地标,从概念和形态层面突出休闲产业的创意和创新精神,以适应市场不断变化的需求。

休闲产业实际上是在旅游产业的基础上扩大了其外围,发展了旅游产业的潜能并释放其能量,同时刺激文化产业的发展。云南旅游业得到长足发展,已经为发展休闲产业建立了很好的平台;现在,云南文化产业的发展又为发展休闲产业提供了文化创意(软件)。从产业范围(产业空间)看,发展休闲产业只不过是将旅游产业的外延进行扩大,并有机地组合正在发展的文化产业。

现在,人们实际上已在借助休闲诉求发展云南旅游产业。当云南旅游产业处于“瓶颈期”时,人们自然而然地以“休闲”为诉求,来求得旅游产业的发展。这正好印证了产业互动机制的内在逻辑。发展休闲产业,除了对文化产业和旅游产业具有直接的双向激活作用外,对其他产业的间接推进作用也是非常明显的:可解决当地民众增收、人口就业和培植新税源等问题,同时带动城市建设、商贸服务、交通运输、食品加工、金融、房地产等其他产业的发展。

二、云南休闲产业发展的程度及内在驱力

1. 云南休闲产业发展的程度

目前,云南的休闲产业只限于度假的低层次。在《云南旅游发展倍增计划(2004—2010)》中,提出要"开发建设休闲度假旅游基地。依托国家级、省级旅游度假区和新开发的休闲度假地,分三个层次培育和建设休闲度假旅游基地。"其中并没有将休闲产业作为一个独立的产业划分出来。是否完成这一划分,直接关系到休闲产业的发展,如城郊的一些山庄,在宣传诉求中多用"旅游休闲",就是缺乏明确的定位,而实际上,诸多山庄、疗养院等都在逐渐地向休闲转移。

由于业界(其实首先是产业决策者)对旅游和休闲划分不清,所以云南大量的休闲行为被误认为是旅游,或者被旅游所掩盖。结果,休闲被归在旅游中,妨碍了对云南休闲产业的准确识别,也就妨碍了对云南休闲产业容量的准确判断。如果能够准确识别、界定云南休闲产业,那么,云南休闲产业的容量会比云南旅游产业大出好多倍。

休闲产业实际上为文化消费提供了丰富多彩的方式,也是为旅游产业创造新的增长点。比如现在闻名全国的大理白族"三道茶",原来仅仅作为一种休闲方式而存在,但现在凡到大理的人如果没有尝过"一苦二甜三回味",就不算到过大理。过桥米线、气锅鸡等也都由休闲转化为了旅游的亮点。这就正像西方人喜欢喝咖啡,但却要带回中国的乌龙茶。其实,他们不仅是要欣赏中国的茶,更重要的是品味中国的文化。同样,中国人喝咖啡吃西餐,也不单纯是一种就餐行为,而往往是在体验西方文化。

2. 云南休闲产业发展的内在驱力

根据昆明城市资源的特点,其多数旅游景区在自然风光上难与九寨沟、张家界相比,历史的厚重上又远不如陕西、北京等地,但其休闲资源却远比上述地区更具有比较优势,因为昆明乃至整个云南的休闲比较优势在全国除了杭州以外应该说是很高的,如腾冲的地热火山,可建成中国最壮观的火山旅游胜地和生态 SPA(SPA 是一种休闲、美容、养生的健康概念,其种类和形式相当多,比如泥浴、按摩等)康体休闲疗养胜地。云南一些具有独特休闲资源的中小城市已经具有固定的休闲人群。如昆明吸引休闲人员的对象不是石光荣类型,而是石光荣所说的喜欢"夏天不热,冬天不冷"的类型。另外,云南发展相对滞后,无形中保护了一些自然文化遗产,如许多具有原生态内容和民族文化传统的乡村,具有打造休闲品牌的雄厚资源,所缺乏的只不过是理念的转换。

昆明是云南省的中心城市，昆明的品牌是“春城”。因此，昆明以及整个云南，在形象定位中就已经包含了休闲诉求，这一点涉及整个云南文化形象的定位。省委书记白恩培提出了要树立“只有建设一个最佳人居环境，才能建成一个最佳投资环境”的意识，昆明要成为“最佳人居环境”的城市以及其他一些城市所讲求的“花园城市”等，其潜在的诉求就是休闲。“春城”、“绿色”等等这些品牌已向世界表明昆明以及云南的休闲资源。

云南的旅游产业基础雄厚（支柱产品），现在又在大力发展文化产业（朝阳产业），因此，云南发展休闲产业非常具有优势。作为政府的政策，最关键的一点就是，在旅游产业和文化产业中区隔、界定出休闲产业。可以预计，当发展云南休闲产业的政策出台，那么，云南将会以极快的速度，推出大量休闲品牌，这也并不排斥“旅游休闲”、“文化休闲”（中间型、双栖型）的发展。从国外的情况看，一个超大城市和一个国家成为一个休闲胜地不乏案例，比如巴黎，比如瑞士，比如希腊。

三、发展云南休闲产业的障碍

虽然旅游产业已经成为有力促进云南经济增长的主导产业，文化产业的发展也正在显示出强劲势头，但是休闲产业要实现跨越式发展，仍然面临若干障碍。

1. 缺乏超前理念和制度创新

众所周知，一般情况下，旅游业开发的对象是自然和文化景观，但以对资源的过度开发为代价，特别是开发商“唯利是图”的无节制开发，以及仅仅为满足好奇心和追求感官刺激，践踏自然而导致生态环境破坏，这种局面的出现使人们不得不改变发展旅游业的思路。在西方国家，早在50年前，就迅速通过发展休闲产业，来缓解旅游业的压力，诸如休闲俱乐部、体育俱乐部、文化馆、剧院、博物馆、艺术馆、舞厅、休闲度假村、主题公园、游乐园等等。事实上，这同时也在客观上也丰富了文化产业的内涵，扩大了经营范围，促进了经济的发展，也满足了人的多方面消遣享乐的需要。

“旅游产业—（旅游休闲）—休闲产业—（文化休闲）—文化产业”，不单单是名词的任意组合，而是表明了产业发展的客观规律。当前，云南正面临发展休闲产业的大好时机，而遵循什么样的客观规律，如何调整发展战略、业务方向、管理途径、运行机制等环节至关重要。实现云南休闲产业的发展，首先要进行理念和制度的创新。

目前面临的问题是：首先，对于休闲及休闲产业没有明确的界定，这导致了大量畸形的不健康产品泛滥,而高文化品味、健康的休闲方式没有得到应有的发展。其次,缺乏明确的休闲产业理念及完整的产业政策,将休闲归为旅游,极大地妨碍了休闲产业的发育及发展。最后还有一点,发展旅游产业和文化产业的体制性屏障当然也有碍于休闲产业发展。

2. 缺乏产业升级的系统设计

面对开放、多元化、竞争日趋激烈的环境,云南旅游业遇到了“瓶颈”,这要求其管理体制要从微观和宏观上尽快实现制度创新,但目前创新的步伐依旧缓慢。因此,须通过制度创新和技术创新推动产业结构的升级,这是云南发展的客观需要,也是在加入 WTO 后,云南参与国际竞争的需要。但是,目前却没有对于旅游产业升级的系统设计。

发展云南休闲产业,是实现云南相关产业升级的一种战略性策略,同时可推动诸如扩大就业等社会问题的解决。休闲产业属于劳动力密集型产业,而且归属于服务业,其发展有利于缓解社会就业压力。据学者们测算,美国人每年休闲消费开支超过 1 万亿美元,如果每 4 万美元的消费开支能创造一个工作职位的话,就相当于创造 2500 万个工作岗位,差不多是 1990 年全美就业职位的 1/4,足见休闲产业吸收就业人员的巨大潜力。

3. 缺乏明确的休闲设施建设的意识

良好的基础设施是休闲产业发展的物质基础,因为休闲的吸引力不仅来自于其本身的美学价值,也来自于其可进入性。发展云南休闲产业,应确立明确的休闲基础设施建设的意识,建立多元化的休闲产业基础设施投资渠道。

目前,休闲产业的科技开发力量薄弱,关键是社会保障未得到解决,消费贷款利率高,信贷的手续烦琐。诸如银行结算系统、信用卡、服务(娱乐、消费、旅游预定)信息网等尚未得到到位的开发;项目缺乏个性和创新,形式程式化、统一化(有人形容为“白天看庙,晚上睡觉”),使人出行一次就不想第二次;缺乏统一规划和协调,专业人员极度匮乏……这些问题自双休日制度实行以来,一直没有得到很好的解决。

四、发展云南休闲产业的策略

休闲产业的发展与经济进步及人民生活水平提高密切相关。目前,云南人均 GDP 不足 700 美元,农村还有部分人口尚未解决温饱问题,休闲市场主要集中在昆明等大中城市,城市居民和一部分先富起来的农民以及国内外休闲者是休闲的主要消费者。因此,在现阶段,云南休闲产业的发展水平较低是难免的,但同时发展的潜力也是巨大的。随着云南经济的发展和人民生活水平的提高，云南休闲产业有可能进入快速发展阶段。

1. 发挥优势

丰富多彩、独特多样的民族文化资源是云南发展休闲产业的坚实物质基础。云南处于东亚大陆、南亚次大陆与东南亚半岛的交接点和中华文化圈、印度文化圈与东南亚文化圈的交汇区。云南在滇西北与西藏结合部形成了滇藏文化带；在滇东北、滇东和滇东南形成了与内地文化相联系的滇、川、黔、桂文化带；在滇南、滇西南跨国界地区形成了滇—东南亚跨境民族文化带。这三个大的文化带和云南高原生活着的26个民族的文化，构成了云南文化网状形立体交叉的格局，从而使云南的文化呈现出奇异多彩的光芒，成为人类文化遗产重要的共生宝库，保护价值极高，开发潜力巨大。从历史、宗教、习俗到建筑、服饰、饮食、工艺，各类有形、无形的民族文化，不仅是文学艺术创作的丰厚源泉，更是发展休闲产业的坚实基础和重要资源。在内地及港台的影视作品中，以云南历史文化和民族风情为题材和背景已成为一种潮流，云南甚至成为国内重要的影视拍摄基地之一，而云南民族民间歌舞、绘画艺术等已在50多个国家和地区赢得了赞誉。

由于区位的特殊性，云南民族文化无论是对东南亚国家还是对我国内地，都有一定的辐射力和影响力。随着西部大开发战略的深入实施，中国加入WTO、中国—东盟自由贸易区的建立，云南被推到了我国改革开放的前沿位置，也为云南经济社会发展，包括休闲产业的发展，带来了千载难逢的历史性机遇。诸多现实机遇为云南休闲产业发展提供了广阔的空间。只要抓住了这一机遇，就可以使云南休闲产业的外向性和国际化态势得到进一步增强，同时也就拥有了更为广阔的发展空间和更为美好的市场前景。

2. 打造品牌

传统上所说的"休闲胜地"也就是现在所说的休闲品牌。中国以往所谓"旅游风景名胜区"，如承德避暑山庄、北戴河等，其实都是中国传统的休闲名(品)牌。但到目前为止，云南尚缺少知名度高的休闲产品及其品牌，无论其产品的整体竞争能力、相关企业的规模和市场拓展能力，还是品牌营造和辐射面，都还属于弱势状况，从整体上未能在主流性市场上占有与其丰富资源相对称的份额。

在对优秀民族文化的继承和创新中，已涌现出一批中外知名的文化品牌，是云南发展休闲产业的金字招牌。云南保存下来的民族文化艺术绚丽而独特，共和国建立后曾得到有效的挖掘和利用。20世纪五六十年代，军旅作家创作的大批云南少数民族题材电影享誉全国，"五朵金花"、"阿诗玛"等已成为著名的文化品牌。改革开放以来，继"美丽的西双版纳"之后，"古城大理"、"世界文化遗产丽江”、“香格里拉迪庆”、“世界自然遗产三江并流”,以及“人与自然和谐”为主题的世博园都相继名扬海内外,以自身的高文化含量、高文化品位产生了较大的影响力、市场竞争力和日益扩大的关联效应,此外,舞剧《阿诗玛》、纳西古乐、东巴乐舞、旅游歌舞《丽水金沙》等一批名牌文化产品竞相出现,形成了较好的休闲市场环境和社会氛围。云南完全有可能在极短的时间内打造出中国乃至世界著名的休闲品牌。

就云南现有产业的关联度而言,通过发展介于旅游产业和文化产业之间的休闲产业,可以使旅游产业、休闲产业和文化产业整合为一个大平台,使这3大产业能够有机、互动地获得整体性发展。这种整体发展对云南经济整体的促进作用将是很明显的。从云南产业的构架看,可以将“旅游产业—(旅游休闲)—休闲产业—(文化休闲)—文化产业”作为轴心产业架构之一,或许这一产业轴心架构可以使云南经济发展获得一种新的产业范式。

参考文献

[1] 哈尔·瓦里安:《微观经济学》,经济科学出版社1997年版。

[2] 徐世丕:《全球文化产业大扫描》(之三),《中外文化交流》,2003年第12期。

[3]《西部大开发:云南民族文化和娱乐产业发展对策》,http://www.yunnan.cn,2004.5.21.

[4]【法】罗贝尔·朗卡尔:《旅游和旅行社会学》,商务印书馆1997年版。

[5]【美】杰弗瑞·戈比:《你生命中的休闲》,云南人民出版社2000年版。

[6]【美】托马斯·古德尔、杰弗瑞·戈比:《人类思想史中的休闲》,云南人民出版社2000年版。

[7] 马惠娣:《未来10年,中国休闲旅游业发展前景瞭望》,《中国休闲研究》,http://www.chineseleisure.org,2002.12.26.

[8] 马惠娣:《21世纪与休闲经济、休闲产业、休闲文化》,《中国休闲研究》,http://www.chineseleisure.org.

[9] 于光远:《闲、休闲、休闲业》,《中国休闲研究》,http://www.chineseleisure.org.

[10] 陈元平、张国洪:《城市休闲产业的市场格局和发展趋向》,北京大学经济观察研究中心,http://www.dajun.com.cn/xiuxian.htm.

[11] 刘晨晔、李平:《关于大连发展休闲产业的初步思考》,中国经济网论坛,http://bbs.ce.cn.

[12] 国家软科学研究《休闲产业与社会条件支持系统》课题组,马惠娣执笔:

《休闲产业将是我国新的经济增长点》,《中国休闲研究》,http://www.chineseleisure.org.

[13] 李树民、高煜、康立峰:《西部旅游业发展的障碍分析》,《西安交通大学学报》,2003年第7期。

[14] 粟涛、杨桂华:《论云南旅游资源优势及其开发对策》,《西部》,2002年第11期。

大型休闲场馆的功能开发研究

——以上海世博演艺中心为例

徐薛艳　朱立新*

内容提要：大型休闲场馆是一个城市休闲娱乐活动集聚地和风向标，并且也往往是一座城市的形象标志。如何充分地开发利用大型休闲场馆的功能，是现代城市休闲产业面临的重要课题。伦敦O2、好莱坞高地娱乐广场、洛杉矶活力洛城、墨尔本皇冠赌场、新加坡滨海艺术中心等国际著名的休闲场馆，为我们提供了此类设计的杰出典范。本文试图在借鉴国外经验的基础上，对2010年上海世博会四大场馆之一上海世博演艺中心的功能开发和后续利用提出自己的设想与见解。本文认为此类大型场馆的开发遵循接轨国际、着眼未来、把握全局、面向市场、多元开发、凸出主题的原则。以上海世博演艺中心为例，它的功能设计可以借鉴国外模式，分为核心功能与扩展功能。核心功能就是以剧场为载体展开的各种演艺功能，扩展功能就是在辅助区域的餐饮、购物、娱乐、观光等综合功能。由此打造出一个综合性的休闲社区，体现“城市，让生活更美好”的理念。

关键词：休闲场馆　功能开发　上海世博

如今休闲场馆已成为城市人休闲活动的主要载体之一，逐渐融为整个休闲产业的重要组成部分。大型休闲场馆作为一个城市休闲娱乐活动集聚地和风向标，并且也往往是一座城市的形象标志。如何充分地开发利用大型休闲场馆的功能，是现代城市休闲产业面临的重要课题。伦敦O2、好莱坞高地娱乐广场、洛杉矶活力洛城、墨尔本皇冠赌场、新加坡滨海艺术中心等国际著名的休闲场馆，为我们提供了此类设计的杰出典范。本文试图在借鉴国外经验的基础上，对2010年上海世博会四大场馆之一上海世博演艺中心的功能开发和后续利用提出自己的设想与见解。

一、上海世博演艺中心项目概述

（一）上海世博演艺中心建设的背景、目的和意义

上海世博演艺中心是上海市政府在建的重大市政工程项目之一，也是为2010

---

*徐薛艳，女，上海师范大学旅游系硕士研究生；朱立新，男，上海师范大学旅游系副教授。

年世博会能在上海成功举办而建的配套场馆之一。上海世博演艺中心的大容量、多功能、专业性决定了它在上海现有演艺场馆中独一无二的特点，可以弥补上海现有场馆设施的缺憾。上海世博演艺中心的建设不仅可以承担起世博期间的演出需求，成为世博会文化场馆群的一个精彩元素，为上海世博增光添彩，更重要的是在未来它将成为一个可以与世界一流城市文化集散地媲美的文化娱乐中心，是上海成为国际文化大都市所不可缺少的元素。建设上海世博演艺中心是迎合世博会的需要，更是上海未来发展的需要。

上海世博演艺中心作为世博的永久性场馆之一，世博会后将被永久保存下来，上海世博演艺中心如何借助世博契机，成为世博会的标志性建筑和上海都市旅游的新亮点，尤其是上海世博演艺中心在世博会后的后续利用问题是本文研究的重点，这也就是大型休闲场馆的功能开发问题。

（二）上海世博演艺中心的概况

中国 2010 年上海世界博览会演艺中心，简称世博演艺中心。它位于“世博园”园区东南端，世博轴以东；西北方向与庆典广场相连，并与世博中心相呼应；北临黄浦江，与世博展览馆隔江相望。整个演艺中心用地面积 67242.6 平方米，其中包括建设用地 63217.3 平方米，黄浦江原有河流水面面积 4025.3 平方米。总建筑面积 8 万平方米，其中地上建筑面积约 4.5 万平方米，地下建筑面积约 3.5 万平方米。轨道交通 8 号线和西藏南路越江隧道将在演艺中心地下相通。

世博演艺中心以未来城市文化娱乐实践区为主题。演艺中心的舞台设计坐席最大容量可达 18000 座，四种舞台形式，坐席容量可调节至 4000 座、8000 座、12000 座、18000 座坐席，值得一提的是坐席调整的切换过程不超过 4 小时。同时配备超越亚洲任何其他场馆的最先进的舞台和灯光系统，可以满足最高质量的文化娱乐活动、演唱会和节目的需求，特别适合上海城市室内大型庆典活动的需要，它与演艺中心休闲、娱乐、观光、购物等共同形成“后现代”文化艺术氛围，承载世博会期间各类演艺活动。

二、世博演艺中心休闲功能定位

（一）功能定位概述

建成后的世博演艺中心不同于传统概念的演艺场馆仅仅局限于提供演出场地、满足观演需求，而是试图将其打造成为一个大众化、多功能的文化娱乐设施。它是以各种时尚、娱乐、互动为特征，集观摩演出、庆典集会、艺术交流、学术研究、体育赛事、休闲娱乐、旅游观赏、餐饮购物等多种功能为一体的一个综合型文化娱乐场馆。在世博会期间服务于“城市,让生活更美好”的世博主题,承担世博会的各类文艺演出;在世博会后成为上海都市文化娱乐、旅游休闲的集聚区,引领上海未来文化、娱乐、休闲式的新潮流。

(二) 功能定位分析

确立这样的功能定位,主要基于如下的考虑:

1. 从市场供求角度来看,上海缺乏这样一个多功能的大型演出场

现今对闲暇时间的利用成为城市人一大热衷的追求。上海虽已具备了各种用途、各种规模的场馆,涵盖了演出、体育、展览等领域,但还未形成一类集多种功能为一体的大型综合性休闲场馆。那么世博演艺中心的修建则弥补了现有的休闲活动体系在满足不同层次市场客源需求中在场馆功能上存在的不足,更是填补了长期以来休闲场馆设施配备方面的缺陷,这对改善人们休闲生活水平和质量起到了积极而有效的作用。

(1) 从市场需求状况来看

① 城市居民对休闲的需求:随着城市居民的可支配收入和消费能力不断提高,人们对休闲的诉求产生了质的变化,以往单一陈旧的休闲娱乐形式看似已经越来越不能满足现代人求新求异的休闲体验需求。人们对休闲娱乐的需求趋于多元化、多层次和综合性。伴随着城市居民的娱乐需求和消费能力不断提高,将导致整个城市对大型、高档休闲场馆需求日趋旺盛。(以上海为例,统计2005—2007年上海各类文化演出情况见表1)。

表1 上海各类文化演出场次情况表

类 别	2005年	2006年	2007年
总 计	14853	12500	10759
市 级	4123	3779	3885
上海大剧院	673	738	549
上海音乐厅	171	176	173
贺绿汀音乐厅	228	161	157
上海商城剧院	351	347	245
上海话剧艺术中心	362	482	604
实验剧院	144	27	
上海美琪大戏院	182	194	181
逸夫舞台	344	356	338

续表

类　别	2005 年	2006 年	2007 年
兰心大戏院	287	236	280
上海艺海剧院	185	157	218
上海马戏城	410	491	543
上海体育馆	46	51	53
区　级	10449	8497	6678
中国大戏院	86	70	128
县　级	281	224	196

* 本表数据摘自上海统计年鉴(2005—2007)

② 到访游客对休闲的需求。旅游业在世界范围内发展迅猛，全世界每年接待游客规模在不断扩大。全世界大中型城市每年接待境内外旅游者的量相当城市常住人口的几倍甚至几十倍。应该说，伴随城市休闲旅游的发展，文化休闲游必然成为城市的又一大得天独厚的资源。不论是出于能够为休闲场馆提供充足不竭的客源的考虑，还是提高城市在国家乃至世界的影响力，对休闲场馆功能的进一步深入研究和开发都是大势所趋。

(2) 从市场供给状况来看

虽然人们对休闲的需求日益激增，但遗憾的是，许多城市的高档大型休闲场所无法满足人们多样化的需求。同时城市大型、高档演艺剧场数量稀少，并且许多休闲场馆自身配套功能缺失，无法更好地满足人们进一步的休闲需求。

由于城市中休闲场馆的规模和数量不尽如人意，但同时越来越多的高档休闲活动譬如各类精品演艺节目纷纷涌向城市，这些精品节目在小型场馆的演出根本不具有财务的可行性，从而都在争抢大型高档场馆，结果是很多国内外的一些节目根本没有机会在城市成功演出。同时太多高档节目争抢大型高档场馆的另一结果是许多精品节目无法在时间上保证较长时间的持续经营。大型高档的场所紧缺，也将导致票价水涨船高，休闲也就缺少了大众性和普遍性的意义。大型高档休闲场馆数量的稀少限制了休闲产业的发展。世博演艺中心的修建和对其休闲功能的深入开发是应现实所需，乃城市休闲业发展大势所趋。

2. 世界大型休闲场馆功能开发的成功案例

大型休闲场馆是一个城市休闲娱乐活动集聚地和风向标，并且也往往是一座城市的形象标志。伦敦 O2、好莱坞高地娱乐广场、洛杉矶活力洛城、墨尔本皇冠赌场、新加坡滨海艺术中心等国际著名的休闲场馆,为我们提供了诸多此类设计的杰出典范。

伦敦 O2 场馆

英国伦敦的 O2 是一座具有多功能的大型文化娱乐休闲中心,是伦敦 100 多年来第一个为音乐表演专建的场所。这个多功能的休闲娱乐中心是在千禧穹顶的基础上改建而成的。起初,千禧穹顶在伦敦千禧年活动举办完之后曾经一度衰败,人气一落千丈。当时英国政府对这个场馆进行重新定位,于是有了现在具有多达 23000 个舒适的坐席,功能灵活,能够承办所有大型体育赛事、大型演出、现场音乐以及文化展览等活动的 O2。

O2 的娱乐区域是其项目占地面积的 60%,包括一个室内体育馆、众多的零售商铺、餐馆、夜总会、展览区域、剧院和电影院。这座可容纳 23000 名观众的前卫场馆堪称英国半个多世纪来最伟大的改建工程的核心。同时 O2 还将作为 2012 年伦敦奥运会的指定场馆举办体操和篮球项目的比赛,可以说是英国成功申办 2012 年夏季奥运会的关键所在。这样一个世界顶级的多功能、大型文化娱乐休闲场馆无疑为在衰退中的英国古老文化注入了强心针,把伦敦东部区域打造成欧洲充满人气的文化娱乐中心,使欧洲的文化演艺中心很快由巴黎转移至伦敦,逐渐使其自身成为聚焦世界艺术目光的新地标。

美国洛杉矶:活力洛城 LA Live

美国洛杉矶的活力洛城,是一个占地 375000 平方米的体育娱乐社区,毗邻史泰博体育中心和洛杉矶会展中心,拥有诺基亚剧院、诺基亚俱乐部、ESPN 直播间以及娱乐、餐饮、酒店、公寓和办公区,这个多元化的娱乐集散地包括:7100 座的顶级现场剧院,可以承办颁奖典礼、演唱会和戏剧活动;拥有 1000 间客房的酒店,内设 3 个宴会厅和豪华公寓;另一座豪华酒店近在咫尺,增设 600 个房间;剧院入口处 4 千平方米的开放式广场,能够举行各种室外活动;配备 14 个大屏幕的帝王院线,配备 700 座的豪华首映厅。预计到 2010 年,人流量将达到 2000 万人次,年度总收入 28500 万美元,年度赞助收入 6500 万美元。

活力洛城的建设,将洛杉矶市中心成功地从一个商业/工业中心转变为娱乐中心,活力洛城区域内的高档公寓售价高达 MYM12,000/平方米,地产价值在 5 年里增长了 3 倍,并将持续增长,它的全面运营也创造了 3100 个工作岗位。因此,建设一个多功能的场馆是十分有必要且具有意义的。

从以上案例不难发现,世界上成功的大型休闲场馆都具有一个共同的特点,就是:除了主体功能外,还兼具文化、娱乐、休闲、比赛等其他各种辅助功能,能够同时满足不同游客的休闲游憩需求。这样的休闲场馆能够聚集人气、吸引持续客流,把城市成功地打造成充满人气的文化娱乐中心,并极大丰富了城市居民的文化生活,带动了城市整体功能的复兴和开发;同时在提升城市文化功能和文化品位上也可以起到积极的推动作用，并带来巨大的经济及社会效益，给整座城市乃至整个国家都带来了不容忽视的影响力。

三、世博演艺中心休闲功能开发设想

世博演艺中心在确定以休闲功能为主体定位的基础上，可从核心功能、扩展功能这两个方面出发，对休闲功能进行全方位的开发与布局，充分有效利用设施资源，把传统休闲场馆的元素重新整合出新的形态。

（一）核心功能

1. 主体功能：文艺演出功能

世博演艺中心作为一个文化演艺场馆，其主体功能必然是文艺演出。它包括一些大型综艺演出活动、大型景观歌剧演出、大型文化影视活动及颁奖晚会主场馆以及承办大型流行音乐演出、专题晚会及舞会、音乐嘉年华、定向观众的主题巡演等大规模的流行音乐表演等各类演出活动。具体可细化为以下一些内容。

（1）大型综艺演出活动

包括大型综艺演出，重大节庆活动，世博期间开、闭幕式，各参展国国家馆开馆日、各主题馆开馆日庆典及表演，参展国民族、民俗风情演出活动，焰火晚会等规模宏大的大型演出活动。

从历届世博会不难看出，在世博会期间举办各种大型演艺活动已经成为世博会成功的重要因素，每届成功的世博会背后都有着强大的演艺功能的支持（见图1），例如，1992年的赛维利亚世博会期间就举办了近万场的文艺演出，完善丰富的演艺活动，几乎与世博人气和成功画上等号。因此上海世博演艺中心也要考虑到这点，在世博期间，配合世博会举行各种大型文艺演出活动，包括大型综艺演出，重大节庆活动，世博会期间开、闭幕式，各参展国国家馆开馆日、各主题馆开馆日庆典及表演，参展国民族、民俗风情演出活动，焰火晚会等规模宏大的大型演出活动，为世博会期间聚集更多的人气，为2010年世博会增加更多的亮点。

在世博会之后，上海世博演艺中心可举办国内外著名演唱会、民族歌舞精品表演、时尚表演以及各种艺术节、旅游节等大型节庆活动演出。

（2）大型景观歌剧演出

为达到提升世博演艺中心文化艺术品味和演出层次，大型景观歌剧、音乐剧演出、世界名家名流巡演及专场演出都可以考虑在内，例如：《阿依达》、《卡门》、《金舞银饰》等。

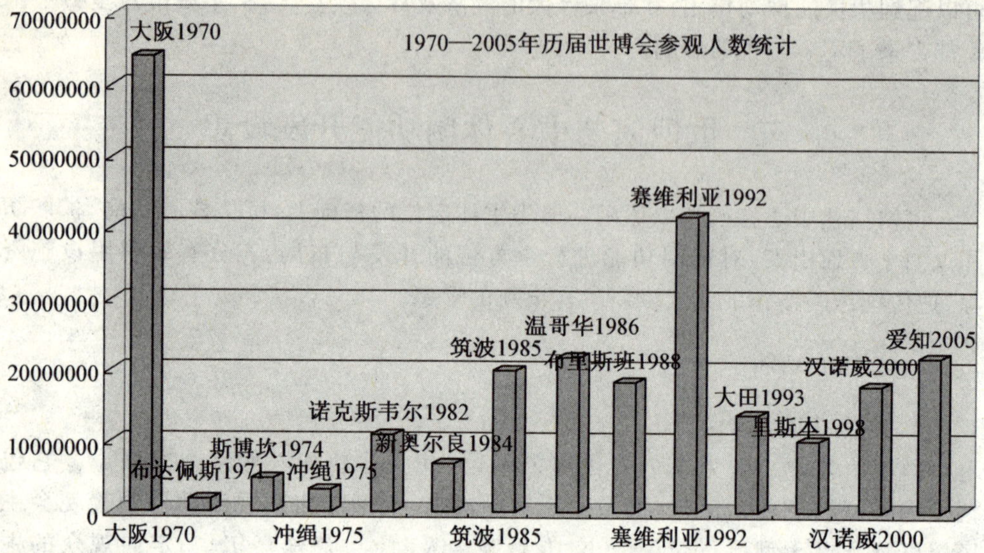

图1　1970—2005年世博会参观人数统计

(资料来源:郑琦著:《以艺术世博理念寻找中国世博的创新之路》,上海社会科学院经济法律社会咨询中心,2007)

(3) 反映城市精神的天天演

随着现今具有旅游演艺特征的"天天演"节目,如"印象刘三姐"、"云南印象"等等在旅游市场不断升温,这样做的好处在于既借助旅游提高了文化附加值,同时也借助文化提高了旅游附加值。而目前上海还没有一档具有代表性的、能反映城市精神的旅游"天天演"节目,所以,设计时可以考虑为上海世博演艺中心度身定做一台以上海城市文脉、地脉、人脉为主线,具有上海城市特色的"天天演"节目,该节目的演出团体将常驻演艺中心。

(4) 流行音乐会

上海流行音乐演出市场,这几年也呈现出日趋增长的态势,特别受到青年人的追捧,包括大型流行音乐演出、专题晚会及舞会、音乐嘉年华、主题巡演等大规模的流行音乐表演。尤其是大型演唱会受欢迎程度更是呈上升趋势。

世博演艺中心可以针对此类人群的需求,承办大型流行音乐演出、专题晚会及歌舞会、音乐嘉年华、定向观众的主题巡演等大规模的流行音乐表演。

(5) 大型文化影视活动及颁奖晚会主场馆

时下,乱花渐欲迷人眼的各类颁奖典礼在休闲演出市场颇具风头。大到电影颁奖典礼,小至各种时尚派对之时必定明星云集,星光闪耀。在过去的几年里,上海举办过多次时尚颁奖大会、音乐颁奖大会、慈善基金会主办的文艺表演、企业家颁奖大会文艺表演。由于活动紧扣时代脉搏,上海举办这类活动数量近年呈不断上升之势,若上海世博演艺中心能将举办各种文化类重大节事活动作为其演出功能之一,定能积攒更多人气,赢来世人的瞩目。

(6) 时尚表演

包括大型时装表演和时尚发布会,主题巡演,巡游和游艺活动,突出演艺中心能够引领上海乃至全国时尚潮流的功能,使之成为各类时尚活动的首选胜地。

(7) 体育赛事

由于世博演艺中心的规模大,并且其舞台及座位容量可根据届时需求进行调节,一些大型的体育赛事如:篮球比赛、游泳锦标赛、拳击等在此举办也成为可能。

这一系列包括大型商业演出以及各种艺术节、旅游节等大型节庆活动演出;国内外娱乐性演出;大型的体育赛事;慈善义演等文化艺术演出活动只需通过对演艺中心的坐席自由切换便可达到,对如此超大型场馆科学高效的使用,既节约了空间资源,更满足了各类演出的不同需要,提升演出效果。

2. 辅助功能

为充分利用设施资源,完善和促进社会大众对艺术公共设施的共享性、参与性,世博演艺中心项目在凸现大型综艺演出的核心功能中,特别设计了结合资源再利用的辅助功能。主要包括:艺术培训、艺术展示与交易、艺术论坛等一些与艺术相关的功能。

(1) 艺术培训功能

主要包括为专业艺术团体和专业艺术学生提供的声乐培训、表演培训、舞蹈培训、器乐培训等艺术培训基地。此培训功能不同于专业学校培训,主要利用世博演艺中心剧场的设施资源、艺术品牌资源和艺术家人才资源,包括邀请、调用世界艺术大师、剧院签约艺术家为受训者提供艺术指导、艺术排练、舞台演练等艺术实践性培训。同时结合视听娱乐活动、时尚娱乐演出,为受训者提供声乐、表演、舞蹈、器乐等舞台演出实践平台。并开设"中国互动在线艺术培训中心",充分利用网络技术、远程教育模式,形成中国大众艺术教育神殿,并由此创造出一个无边界的艺术培训市场。

(2) 艺术展示与交易功能

配合各类演出和艺术节、电影节、旅游节日主题,开展相关国家、地区、省市以及各类主题的艺术展示与民俗风情、旅游景点介绍。还可利用橱窗、展台、多媒体等形式展示各地民俗风情及民间收藏。同时开设地下艺术购物中心。亦可每年在世博演艺中心内举办一到两次大型国际和国内艺术交易会,构建艺术交流和艺术贸易平台,为中国艺术走向国际创建窗口和载体。

(3) 艺术论坛功能

提供国内外艺术会展的会议中心，召开文化艺术研讨会、文化产业高峰会、文化信息发布会、记者招待会等，提供文化产业的商务配套服务。

(4) 艺术购物中心

出租经营以各类音乐、影视、舞台艺术作品为主的商铺。为迎合多元化文化消费时代的来临，开辟空间为多元化文化创意产品提供营销平台，经营与艺术相关的艺术延伸产品。

(二) 扩展功能

扩展功能是对设施资源进一步的充分利用，提升场馆的综合功能，以休闲餐饮、时尚购物、会展、旅游集散等功能营造更高人气，带动人流、客流、消费流在此集聚，形成演艺集聚、文化旅游、表演性的动感会展相融合的综合性休闲圈，完善和促进社会大众对艺术公共设施的共享性、参与性。主要功能包括以下方面。

1. 休闲娱乐功能

(1) 演播大厅功能

演艺中心配备一流的数字和高清晰度的抓拍摄像设备，可以将室内的现场活动实时投放在户外 LED 大屏幕，并同时将演艺中心内的节目通过电视、互联网和手机进行传播。既可将演艺中心内的现场活动通过实时连线传输到世界上其他场馆，又可将世界上其他场馆的现场活动通过实时连线传输到演艺中心内。18000 座演艺场馆外墙构造独特的 360°(或局部)环形视频，展示场馆内的火爆场景。18000 座演艺场馆内的 360°(或局部)环形屏幕，将世界上其他著名城市的风景名胜实时传输到演艺中心。

(2) 灵活多功能的展览空间

演艺中心预留灵活的展览空间，承接国际巡回展览(如：图特法老展)、日间和夜间国内展览、中型会议和交易会、公司活动和产品发布会、时装表演等。还可以开展以各类艺术节、电影节、旅游节日为主题的艺术展，如在美国舞台剧演出期间，举办百老汇剧目会展，将艺术作品和影视作品集聚，并加以介绍和讲解，给参观者提供艺术的饕餮大餐。

(3) VIP 俱乐部和观演包厢

VIP 俱乐部和观演包厢在世博期间负责接待世博会国际来宾和官员。停车场和码头有专用独立通道可直接抵达 VIP 俱乐部坐席，并于中心位置设有私密用餐空间，阳台设计可以饱览城市风光和江景。

VIP 俱乐部和观演包厢是面向高端消费者的专门项目，它独具演播大厅功能、小型展览空间、音乐俱乐部等设施，提供奢华个性化的新潮视听享受，是私人聚会宴请的极佳场所。

2. 休闲餐饮、购物功能

休闲餐饮主要以大中型的大食代和餐馆为主，包括各类景观餐厅、主题餐厅、风味特色餐厅、快餐厅、艺术主题吧、茶艺展示馆等。形成三大系列："世界美食一条街"、"中国美食一条街"、"酒吧茶馆一条街"，服务于演艺中心的游客。演艺中心内将设置以文化、娱乐和体育相关商品为主的零售设施，进一步开发休闲购物的功能。

(1) 高档景观餐厅

世博演艺中心靠近黄浦江，游客在享受美食的同时还可以欣赏江边的美景。可利用演艺中心的地理优势，定期举办"美食＋美景＝双重享受"的特色活动，使游客享受视觉和味觉的双重饕餮盛宴。

(2) 演艺餐厅

为迎合演艺中心的主题，提供歌舞表演助兴的特色休闲餐厅。在餐厅内设有舞台，可以安排歌舞、杂技、魔术、芭蕾、旱冰舞等形式节目，配合多变的灯光和耀眼的服装，制造出绚丽的视觉效果，食客可以一边享用美食一边欣赏精彩的表演。

(3) 快餐

为方便更多的游客用餐，考虑在世博演艺中心内设置类似"大食代"模式的快餐，在演艺中心开辟"世界美食一条街"、"中国美食一条街"，让游客可以快速、便捷地享受来自世界各地的美食。

(4) 酒吧、咖啡吧、茶馆

酒吧、咖啡吧、茶馆都是时下较为流行的休闲场所，人们不再习惯于去饭店聊天，而是更多地选择在此会友。世博演艺中心需要比较多地设立这些功能区域，以便人们在演出间隙可以在此等候、休憩。

(5) 特色商业街

开创一条"万国风情街"，聚集来自各国的本土小商品，值得一提的是这里的装潢以及服务人员的装扮也都会按照当地的习俗和文化来设计，给游客带来身临其境的感觉，感受不一样的文化熏陶，展现最地道的各国风情。

(6) 高档品牌购物商店

演艺中心还可以专营只此一家才可以买到的国际品牌。也可以让一些世界一流品牌进驻演艺中心，在此设立旗舰店，同时可以把各大国际品牌年度的新品发布会设在演艺中心召开，以体现演艺中心引领世界尖端时尚风潮，令全世界的目光聚焦于此。

3. 观光游览功能

(1) 旅游集散中心

建立上海游客服务中心、上海旅游纪念品中心，提供各类旅游资讯、旅游商品和票务代理，拓展旅游集散中心功能，引导和疏散游客。

（2）观光游览功能

以演艺中心奇特的造型、丰富的活动以及周边的景观如音乐喷泉、游船码头等，形成旅游景点。游船码头作为游客通过水路到达演艺中心的必经之地，在此专设有滨江走道通向演艺中心，在世博会后日常可供市民边散步，边欣赏黄浦江景和都市天际线。

（3）景点联动

拟利用原成品码头在世博期间实现景点联动，连接浦东和浦西的展馆，实现水上交通功能；在世博后，可以利用其地理优势与东方明珠游船码头互动，开发黄金旅游线路。

（三）演艺中心各个功能之间的协同性和互补性

上海世博演艺中心实现了文化、娱乐、体育共享的空间。中心内各个功能协同，时段互补，实现 24 小时全天候运营，持续吸引客流。功能设置充分考虑不同游客的个性化需求，实现人气和综合效应的最大化（见图 2）。

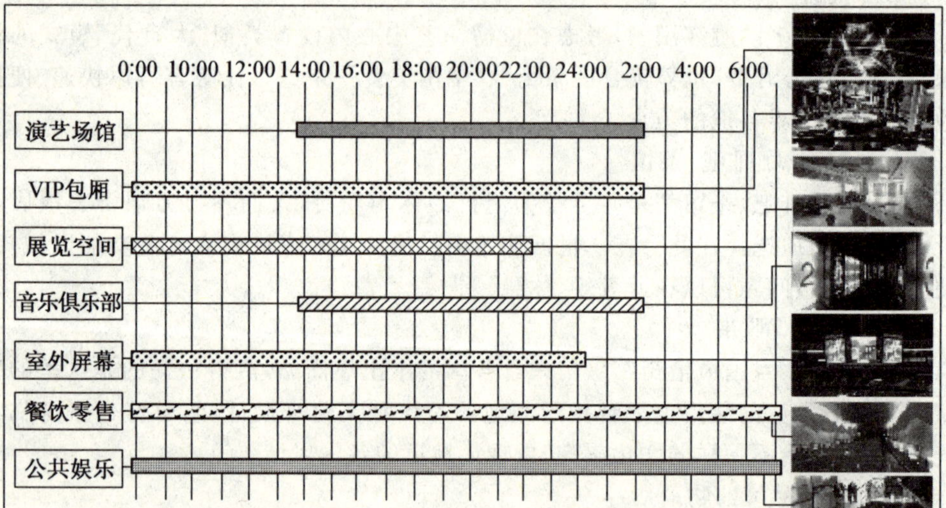

图 2

四、功能布局

依据演艺中心的初步设计方案，上海世博演艺中心将分为地上空间与地下空间进行发开使用。主要包括地上三层与地下两层五个层面。

(一) 地上空间

1. 核心演艺功能区

世博演艺中心的舞台计是可切割转换的。舞台可以根据演出功能的需要，转换成为 18000 座、12000 座、8000 座、4000 座，坐席调整的切换过程不超过 4 小时。

4000 座剧场模式——平面

演艺中心切换为 4000 座剧院式场馆，可接待世博会庆典、各国文艺表演、舞蹈/创意秀、百老汇/音乐剧、杂技、魔术、颁奖典礼、小型音乐会/演唱会、电影播放、新科技展示、公司活动、新产品发布会等演出活动。

8000 座剧场模式——平面

演艺中心切换为 8000 座剧院式场馆可接待世博会庆典、各国文艺表演、杂技、颁奖典礼、中型音乐会/演唱会、马戏、新科技展示、会议等演艺活动。

12000 座剧场模式——平面

演艺中心切换为 12000 座场馆可接待世博会庆典、各国文艺表演、杂技、颁奖典礼、大型音乐会/演唱会、马戏、新科技展示、娱乐竞技表演等演艺活动。

18000 座剧场模式——平面

演艺中心切换为 18000 座场馆可接待以下活动：世博会庆典、颁奖典礼、全球巨星演唱会、冰上演出(如：迪斯尼冰上表演)、马戏、国际性竞技活动。

2. 其他功能区

由于地上空间的首层人流密度较大，光线充足，可考虑将商业街、展览等功能放在首层。同时地上二层可安排一些零售、餐饮小店及重要的疏散通道。而地上三层视角最佳，游客在此可以欣赏到最佳的风景，因此可以在这里设计一些观景平台，同时将高档景观餐厅也置于该层，主要作休闲区域使用。

(二) 地下空间

演艺中心地下空间，将不再停留在一般意义上的人防、交通、仓储开发，而是将其作为演艺中心地面空间的有机延伸，作为地面空间的有机组成部分。

地下层由于受到光线等条件限制，所以在这一层面应设置一些对景观要求相对较低的设施，主要设置有：电影院；主题吧；酒吧、咖啡吧、茶吧；“世界美食一条街”、“中国美食一条街”等。相对而言受限制更多的下二层可以考虑将车库、管理办公区域、演出辅助用房(化妆室、演员休息室、排练厅等)等基础设施放置于此。其中值得一提的是，世博演艺中心应提供足够的车位，以满足巨大的客流对车位的需求，建议地下车位数的安排应尽量不少于 750 个，为有车一族提供便捷。同时像艺术培训这种不需要景观条件的，而是一个相对安静的私密空间的功能也可放在地下层。

结 语

随着社会发展，人们的休闲娱乐方式也在不断改变，因此要秉承开拓创新的理念对休闲场馆的功能进行有效的设计开发。上海世博演艺中心作为大型休闲场馆，它除了主体演艺功能外，还兼具文化、娱乐、休闲、比赛等其他各种功能，能够同时满足不同游客的休闲游憩需求。这样一个成功的多功能演艺场馆能够聚集人气、吸引持续客流，把城市成功地打造成充满人气的文化娱乐中心，并极大丰富城市居民的文化生活，带动城市整体功能的振兴和开发；同时在提升城市文化功能和文化品位上也可以起到积极的推动作用，并带来巨大的经济及社会效益，给整座城市乃至整个国家都带来不容忽视的影响力。

优质服务是发展休闲产业经济的根本

於贤德*

内容提要：休闲产业必须进一步深化对休闲活动的经济特性的认识，高度重视个体生命在暂时摆脱劳作的基础上获得生命的调适和滋润是人的基本要求以及由此产生的经济效益，向消费者提供全方位、高质量、有特色的服务。产业只有依靠这样的“投入”，才能最后转化为可持续发展的“产出”。这种优质服务必须开发有特色的休闲资源并在服务策略上坚持“分众化”的原则才能得到实现。

关键词：优质服务　休闲经济　根本

改革开放30年是中国经济和社会文化发展最快的30年，人民群众的生活水平有了极大的提高，面对这样一个形势，怎样又好又快地发展休闲产业的问题就提到了议事日程上。如何使人民群众在继续保持艰苦奋斗的工作作风，为全面建设小康社会积极贡献聪明才智的同时，共享改革开放的伟大成果，全面享受生活的快乐和情趣，有更多的机会把自己的身心健康及时调适到最佳的状态，这是时代对个体生命的全面发展提出的历史要求，也是休闲产业应该承担的社会责任，更是休闲产业经济千载难逢的发展机遇。休闲产业如何及时地抓住这一机遇，在较短的时间形成产业链，并为今后可持续发展打下一个扎实的基础，这些都是摆在休闲产业面前的现实问题。当然，解决这样一些十分复杂的问题，必须通过多学科、长时间的深入研究和科学实践，才有可能掌握更多的真知灼见并取得更丰富的实际成果，而笔者只能把优质服务作为问题的切入点，对发展休闲产业经济提出一些不成熟的看法，就教于各位方家。

一

作为新兴的产业门类，休闲产业还处在发展的起步阶段，如何把这一阶段的基础性工作做好，关系到整个产业能不能一开始就走上又好又快的发展道路，在较短的时间里获得较好的经济效益与社会效益，在基本满足人民群众休闲需要的同时，形成较为完善的产业链。这就需要做好各方面的工作，如资金的投入、资源的开发、基础设施的建设以及管理队伍的培训。但是笔者认为，在做好这些实际工作的

*於贤德，男，广东外语外贸大学新闻与传播学院院长、教授。

同时必须高度重视对于休闲产业的经济特性的认识，在实践过程中进一步深入探讨休闲经济的基本问题，弄清楚它与相关产业的联系与差别，努力把握它的内部规律。这些人们一般称之为“务虚”的工作，是任何一项新生事物健康成长不可或缺的先决条件。因为只有认真探索客观事物的内在奥秘，才有可能在认识它的特殊规律的基础上获得驾驭这一事物的主动权。

当前，对于休闲产业的经济特性和发展规律的探索，有一个问题值得我们高度重视：这就是坚持用科学发展观指导产业的发展。党中央最近召开的学习实践科学发展观动员大会上，胡锦涛总书记再一次强调了学习和实践科学发展观的重要意义。其实，早在党的十七大的报告中，胡锦涛同志就明确指出：“科学发展观，是对党的三代中央领导集体关于发展的重要思想的继承和发展，是马克思主义关于发展的世界观和方法论的集中体现，是同马克思主义、毛泽东思想、邓小平理论和‘三个代表’重要思想既一脉相承又与时俱进的科学理论，是我国经济社会发展的重要指导方针，是发展中国特色社会主义必须坚持和贯彻的重大战略思想。”①这是我们党对科学发展观所包含的丰富内容和伟大意义的深刻阐述，是我们学习、领会这一伟大思想的理论指南。正是由于科学发展观包含着博大精深的思想内涵，它对于休闲产业来说更是及时雨和指南针。科学发展观最根本的核心就在于把发展的模式和道路提高到又好又快这样一个更高的要求，就是要求“美好”的发展。对于休闲产业来说，科学发展观大力提倡的“以人为本”的根本理念，既是休闲产业经济发展的理论依据，又是它的实践展开的指导思想。

由于社会实践的具体过程对于实践成果的决定性作用及其所显示出来的鲜明的形式特征，人们在对斗争过程进行评价的时候往往着重关注它的内容而不重视它的形式，认为要取得胜利必然需要付出巨大的代价和牺牲。为了获得更加美好的实践成果，承受苦难、承受美与丑在尖锐的矛盾冲突中带来的剧烈的动荡、严重的混乱和深重的苦难似乎是不可避免的。同时，在革命斗争和建设热潮中涌现出来的无数顶天立地、舍生忘死的英雄，显示出来的巨大的精神力量进一步激发了人们对于英雄主义的强烈追求，鼓舞人们把崇高作为时代主旋律，并且认为“一不怕苦，二不怕死”的革命精神，无论是在革命斗争中，还是在现代化建设中，都是社会发展的重要的推动力。这些观念从一般意义上来说应该是没有什么错误的，但是如果把实践的精神特质与实践的具体活动相提并论，在具体的科学实验、生产劳动及社会管理过程所需要的艰苦奋斗的精神风貌，跟那些盲目蛮干、忽视人民休养生息的基本权利，甚至为了所谓的政绩而草菅人命的恶劣行径，把这类违背客观规律所造成灾难与改造自然、改造社会中需要付出的艰苦劳动混为一谈，把那些原本可

① 胡锦涛：《高举中国特色社会主义伟大旗帜，为夺取全面建设小康社会新胜利而奋斗》，人民出版社2007年版，第12—13页。

以避免的损失和牺牲，也当作实践过程中的崇高行为，这从理论上说是对崇高的歪曲与颠覆，而它的逻辑展开和实际结果必然导致深重的灾难。这种以人文主义精神的丧失为核心的历史错误，早已给了我们刻骨铭心的沉痛教训。

正是从这样一个历史高度和现实需要出发，科学发展观提出的发展理念，表现了对于社会发展过程的基本性质的更深刻的理解，体现了对于美好的实践结果的科学追求，要求遵循更科学、更合理、更人性的发展模式。科学发展观坚持以人为本的理念，重视经济社会和人的全面发展，其中体现出来的基本思想就是要用各种科学的符合人性的方法和思路去关心人、爱护人，尽最大努力为人的全面发展提供保障。这就是说，人不是简单的劳动工具，也不是官员牟取政绩的手段，而应该是自由自觉的创造性劳动的主人。他们当然需要为社会的进步和历史的前进作出自己的贡献，但同时又有享受劳动成果的权利。笔者认为，科学发展观所包含的"以人为本"的重要思想，应该通过两个重要的途径去加以落实：第一，从根本上改变劳动方式，让人们对实践过程中显示出来的艰苦奋斗的内涵加以更全面、更准确、更深刻的认识。应该以高屋建瓴的态势，从人类社会发展的整体进程深入把握人的价值，充分吸收国内外学术界有关劳动美学、工业美学等应用美学的研究成果，运用科学的方法改善劳动条件，增强劳动的趣味，使人们在劳动生产中也能获得更多的美感享受。第二，尊重人的休养生息的权利。人的本质决定了人与世界的全面性关系，马克思早就指出："人以一种全面的方式，也就是说，作为一个完整的人，占有自己的全面的本质。"①作为一个全面发展的人，他不能只是一辈子劳作，而应该有一定的时间进行休憩、调整并享受劳动成果。这样一种在闲暇条件下的生活，是人的感觉和思维能够自由展开从而实现人对自身全面肯定的基本条件。正是这样一种摆脱了功利束缚的闲适状态，人们才能在自由自在、心无挂牵的休憩中进入心旷神怡的快乐和舒畅之中，才能真正体验到生活的美好和生命的价值。

休闲产业是落实科学发展观关于"以人为本"的理念的重要途径，它为人们对基本的劳动、谋生的生活方式的暂时中断，转换到全身心地享受新的生活方式提供必要的环境和保障的条件。因此，休闲产业的核心内容就是为那些处于闲暇中的人们提供各方面的服务。只有完善的设施、丰富的资源、周到的服务以及合理的价格，才能使前来休憩的人们感受到休闲的乐趣，才能使自己的身心获得良好的调适，才能充分感受到休闲的意义与价值。而且休闲产业提供的服务，由于休闲活动与政治活动、商务出差、学术交流有着根本的区别，甚至跟一般的观光活动相比也存在着很大的差异。因此，休闲服务就必须体现出它自己的特点。人们的休闲活动不受直接的、具体的功利需要的支配，却有调节身心健康、优化生命状态这样一个更长远、更基本的功利需要。这种无功利与有功利的"二律背反"的内在特点，决

① 马克思：《1844 年经济学哲学手稿》，人民出版社 1985 年版，第 80 页。

定了休闲产业提供的服务内容、服务风格和服务质量,必须全部建立在以服务对象为主体的原则之上。"顾客就是上帝"这句话,在休闲产业应该得到真正的落实,而不能成为自欺欺人的商业幌子。而深刻把握休闲活动和休闲产业的特点,全心全意为顾客提供最优质的服务,正是休闲产业经济发展的重要前提。

二

要为顾客提供最优质的服务,首先必须在服务的理念上有所调整。这就是说,一切都要以顾客的闲适为根本,要围绕如何让人在吃、住、行、游等各个方面都感受到轻松愉悦,惬意舒适。休闲服务既不是那种节奏紧凑、气氛紧张的观光旅游,也不是那种富丽堂皇与唇枪舌剑相交结的商业谈判,更不是庄严肃穆的政治会议。休闲服务的最高宗旨就是让客人享受到最大限度的闲适。这里所说的"闲适"应该包括两个基本要素,就是"闲"和"适","闲"是指"闲暇",就是指"除参加劳动外的属于个人支配的空余时间"①,"适"就是轻松舒适、惬意优雅。也就是说,个人在支配这一类空余时间的过程中应该没有什么外在压力,没有什么心理负担或者一定要完成的任务。正是出于对休闲活动的这一理解,笔者认为,休闲产业一定要通过舒适精致的生活设施、整洁宜人的环境条件、优雅恬静的文化氛围和各得其所的活动内容,去实现提供优质服务的目标。休闲产业的一切工作都必须围绕着这一目标展开,就是要千方百计使消费者感觉到无拘无束的放松,有滋有味地享受,让他们在这段闲暇的日子里获得生命欲求全面而又轻松地实现,这样就有可能实现马克思提出的"人的本质的客观地展开的丰富性,主体的、人的感性的丰富性,……那些能成为人的享受的感觉,即确证自己是人的本质力量的感觉,才一部分发展起来,一部分产生出来。"②一句话,休闲产业就是要通过优质服务的提供,让每个人成为真正的人。可见,优质服务关系到休闲产业能否实现人本主义深刻内涵这样一个严肃的问题。

提出这样一个优质服务的宗旨,其核心就是要使整个产业充分认识到休闲活动的特殊性,并且把这样的认识作为指导产业发展的思想基础。而要达到优质服务的水准,产业构成的硬件建设与软件建设必须双管齐下:从酒店、度假村的选址,来往于机场、火车站的适宜的线路以及跟高速公路最便利的连接,消费者进行休憩、游览、运动、交际的一系列资源,酒店以及相关设施的文化品位的呈现,直到员工技能的熟练、工作的敬业、态度的热诚和素质的充实,所有这些就是休闲产业的基本"投入",而这种"投入"水平的高低决定着"产出",它直接关系到企业的经济

① 朱智贤主编:《心理学大词典》,北京师范大学出版社1989年版,第735页。
② 马克思:《1844年经济学哲学手稿》,人民出版社1985年版,第83页。

效益。因为优质服务是获得顾客满意度的先决条件，只有全面而且是高质量地适应休闲活动消费特征，使消费者真正获得高质量的生活享受和精神愉悦，他们才会觉得“物有所值”，才有可能成为回头客，才会成为酒店、度假村的义务推销员。

全面提供服务质量，用优质服务满足广大消费者的休闲需要，确实是一个十分复杂的系统工程。根据笔者个人的认识，目前有这样两件事首先值得高度关注：

第一是休闲资源开发的特色化。所谓休闲资源开发的特色化，就是说休闲产业所依托的资源必须具有与众不同的特点，或者说你这个酒店、这个度假村必须有一些得天独厚的自然景观，如特殊的地形地貌所构成的江河湖泊、奇石怪洞、名花异草及珍禽猛兽；有一些别具一格的人文景观，如设计独特的酒店建筑、历史悠久的古塔土楼、名人居住过的村落山寨、历史上发生过鏖战的战场遗址；有独出心裁的游览活动和休闲运动，如西班牙的斗牛、华尔街的股票交易所、芬兰的圣诞老人、中国香港的购物天堂。所有这些，都应该达到人无我有、人有我优的水平。这样的休闲资源，只能是大自然的造化之功，或者是历史老人留下的奇迹，那种人工制作的假古董、缺乏历史感的人造景观，因为不能反映社会历史前进的步伐，不能充分展示人的本质力量拓展的具体进程，而是靠商业炒作来糊弄人的景点与当权者鼓吹政绩的形象工程，虽然也有可能轰动一时，但终究很难成为有特色的休闲资源。因为这样的东西没有文化的积淀，没有深刻的内涵，没有能够让人品味、鉴赏的美学价值，很多这类急于求成开发出来的所谓旅游资源，大多成为过眼烟云，很难逃脱被淘汰的命运。

然而，要使休闲资源的开发真正达到“得天独厚”、“别具一格”和“独出心裁”的要求，重要的问题就在于用“发现”去代替“制造”。所谓“发现”，就是要求开发者用自己的慧眼去发现蕴藏在大自然之中固有的美，发现那些有特色的景观。雕塑大师罗丹曾反复强调，“美是到处都有的。对于我们的眼睛，不是缺少美，而是缺少发现。”①“所谓大师，就是这样的人：他们用自己的眼睛去看别人见过的东西，在别人司空见惯的东西上发现出美来。”②对于休闲资源的开发者来说，养成一双善于发现美的眼睛，就要在对人、对自然充满感动和爱的同时，还要具备深邃充实、高尚明朗的胸襟怀抱，这当然要通过不断的探索和奋发的工作才能有所作为。也就是说，要通过艰苦的审美探究在瑰丽多姿的大自然当中发现美，而不是采取简单化的做法，随意拼凑一些所谓的景观来糊弄人。前者是老实人所采用的科学态度，后者则是懒惰者投机取巧的做法，截然不同的态度和方法最后得到的结果也就必然会有天壤之别，那些曾经号称“天下第一”的人造景观，今天落得门庭冷落车马稀的狼狈结局，可以说不在少数。

① 罗丹：《罗丹艺术论》，广西师范大学出版社 2002 年版，第 79 页。
② 罗丹：《罗丹艺术论》，广西师范大学出版社 2002 年版，第 7 页。

第二件值得高度关注的是服务的分众化。所谓服务分众化,是指休闲产业向消费者提供的服务必须根据不同消费群体的具体特征和特定需求进行设计,这一服务理念是从"市场细分"的营销策略借鉴过来的。市场细分是20世纪60年代美国企业为了更好地适应不断加剧的商业竞争提出来的,它的基本内涵是:"营销人员和广告人员不断地搜索着市场,试图从中发现不同消费群的需求和欲望,找到更好的满足他们的方法。"①实践证明,市场细分的营销策略对于商品营销所起的作用是明显的,因为这种做法其实就是唯物辩证法所提倡的"具体问题具体分析"的原则,就是抓住矛盾的特殊性来解决问题的辩证法。毛泽东同志在《矛盾论》中早就指出:"每一种物质的运动形式所具有的特殊的本质,为它自己的特殊的矛盾所规定。这种情形,不但在自然界中存在着,在社会现象和思想现象中也是同样地存在着。每一种社会形式和思想形式,都有它的特殊的矛盾和特殊的本质。"②可见,唯物辩证法关于矛盾特殊性的理论,同样能够在商品经济时代发挥它的作用。

如同普通的商业经营一样,休闲产业所面对的市场往往也是由许多细分市场构成的,如何针对每一个细分市场的具体特点采用不同的营销策略,这是今天休闲产业已经普遍注意到的问题。但是,如何把细分市场的理念进一步延伸到服务环节,并非已经得到整个行业的高度重视。有的企业经营者把休闲看做是富人的专利,营销的对象只是瞄准富人这一细分市场,所有的服务也就只是用来满足这一个消费群体。这种只是针对一个细分市场设计的服务,如果能够保证丰富的客源,虽然在经营理念上缺乏博爱平等的民主精神,但对于企业来说也是无可厚非的。问题是今天中国虽然有一部分人先富起来了,但是,更多的人刚刚开始达到小康水平。如何让为数众多的迈进小康门槛的人也能加入休闲消费的行列;这既是构建和谐社会的社会责任,更是休闲产业保持可持续发展的经营要求。因此,让更多的社会成员参加休闲活动,并且根据他们具体的特点细分成各种层次的服务对象,正是优质服务首先必须解决的问题。

通过分众化实现优质服务,首先必须满足消费者享受"闲适"的普遍要求,但是,由于消费能力的高低,生活习惯的不同,精神追求的差异,不同的消费群体对于如何在轻松随意中获得美好的快感和精神的愉悦,是会有不同理解的。市场营销理论认为实施市场细分的主要依据有下面几个方面:首先是行为细分,就是根据不同顾客群体在消费过程中表现出的行为特征进行分类,大致包括消费时机、利益追求、用户身份和使用频率这几个要素,而起决定作用的则是他们的消费能力;其次是地理细分,不同国家、不同地区的消费者由于地域文化、宗教信仰、地理环境以及城市大小对生活的作用,会使他们产生不同的需求、欲望,并由此形成不同的消

① 威廉·阿伦斯:《当代广告学》,华夏出版社2000年版,第150页。
② 毛泽东:《毛泽东选集》第一卷,人民出版社1991年版,第309页。

费习惯，这些同样可以成为对消费者进行分类的依据；再次是人口统计细分，就是根据人口统计学的特征对消费者进行分类，主要包括性别、年龄、民族、文化程度、职业、收入以及其他可以量化的因素，这些要素对于较为深入地认识消费者的消费习惯、生活情趣、审美爱好，都具有十分重要的意义；最后是消费心态细分，因为消费者容易受情感诉求或文化价值观的影响而改变自己的行为，通过对他们的消费心态的细分，就能更准确地确认具体消费群体的特征，主要是从人们的心理因素——价值观、态度、个性特征和生活方式着手，把消费者视为有血有肉、有感情、有倾向的个体，按照他们对这一消费活动的感觉、理解和印象以及他们所使用的产品、服务和媒介来进行分类。[①] 市场细分的这些方法完全适用于休闲产业对于休闲群体的细分。通过这样的细分，企业对顾客有了更加深入的了解，提供的服务才会符合他们的需求，顾客的满意度才有可能得到提高，优质服务也只有在这样一种分众化的过程中成为现实。

休闲产业作为一个新兴产业，它最基本的特征就是为人们的闲暇时间提供放松压力、耕耘心灵、颐养精神与强健体魄的环境和条件。所有这些，如果没有优质服务的支撑，都将是一句空话，花钱买气受的那种所谓旅游已经被今天的消费者所抛弃。休闲产业经济必须用优质服务开创一片崭新的天地，为产业的可持续发展打下坚实的基础。

---

① 威廉·阿伦斯：《当代广告学》，华夏出版社 2000 年版，第 151—155 页。

国际休闲视野

关系管理？体育组织机构关系产生经济和社会效益的能力

John R Tower* 博士（澳大利亚维多利亚大学）

内容提要：在商务和商业运作中，人们期待机构通过携手合作以实现彼此的目标。同样，体育和娱乐团体被鼓励与社会和商业群体协同取得共同的结果。商业与社会领域的关系被期待能产生具有积极经济影响的结果。然而，体育和娱乐行业相当部分乃是非赢利运营，其结果往往面向社会，具备贡献社会资本的能力。因而，分析体育和娱乐的关系需要采纳超越商业和经济的模型才能认识这些关系的影响。本文将提供探索澳大利亚维多利亚州社区体育社团和体育场馆之间的关系的一项调查结果。体育和娱乐团体间关系有能力促进经济和社会影响。

有广泛的研究领域可用来探讨休闲和娱乐行业的关系。在此项研究中，关系营销被用来促进针对商业结果的关系的认识。教育伙伴的调查被用来获取社会和商业团体结果的认识。健康和社会服务伙伴调查被用来报告社会团体所产生的结果的认识。这些领域调查的结合能提供对产生积极经济和社会成果的关系的深层见解。

本文所报道的调查乃是基于独立的定性和定量研究。定性研究探索这些关系管理的重要因子，定量研究则度量了 22 种关系结果的成就水平。定性研究发现社会团体之间的关系给关系中的各方带来诸多益处，并给社会带来积极效益。该定性研究的一个未预料到的结果是发现这些团体在管理它们关系方面努力甚少。体育和娱乐团体有潜力在管理关系方面更具有战略眼光，以便更好地满足它们的客户和在其中运作的社区的需求。定量研究利用了一个问卷调查，发放给维多利亚州各地的室内的体育场馆和体育社团（N＝206）。问卷的 22 种关系结果皆获得高度评价。然而，数据的详细分析则产生更有意义结果，提示体育与娱乐团体如何管理关系。

相关分析表明具有较好关系的受访者同时也对关系的结果给予较高的评分。

*John Tower，博士，澳大利亚维多利亚大学人类体育运动与休闲学院高级讲师。维多利亚大学体育休闲领域的学科带头人；澳大利亚体育休闲俱乐部研究协会常务理事；Boroondara 城市的规划委员会学术委员；主要从事体育休闲管理的研究。

对于差异的分析探索了不同群体的差别。在体育场馆运作的受访者(大多为取酬职位)对关系的评价高于体育社团的受访者(大多为志愿管理者)。差异还存在于在契约条件下运作的受访者(租房者/房东关系)与那些在联合和合作关系下运作的受访者。联合和合作关系运作的受访者对关系的评价要高于租房者/房东关系。

调查发现休闲和娱乐团体的关系具有能力产生经济效应从而推进它们的业务。它们的关系也具有潜力,能产生极为积极的社会成果,带来社会的自豪、联通和归宿感。树立对于关系管理更积极的意识和获得对体育和娱乐团体促进经济社会结果的相关能力更深刻认识乃是体育和娱乐团体需要采纳的重要步骤。

关键词: 关系管理　体育　娱乐

Introduction

Throughout business and commercial operations there are expectations that agencies will work in collaboration to achieve mutual goals (Gronroos, 1995; Gummeson, 1994; Kanter, 1999; Sheth & Parvitayar, 1995a). Similarly, sport and recreation organisations have been encouraged to work with community and business groups to achieve shared outcomes (Babiak, 2007; Cousens, Babiak & Slack, 2003; Crompton, 1989; Crompton, 1998; Thibault & Harvey, 1997; Thibault, Kikulis & Frisby, 2004). It is expected that relationships in the business and community sectors will generate outcomes that will have positive economic impacts (Evans & Laskin, 1994; Walter & Gemunden, 2000). However, much of the sport and recreation industry operates in the not-for-profit sector where the outcomes are often more community oriented with a capacity to contribute to social capital (Arai & Pedlar, 2003; Driscoll & Wood, 1999; Dyerson, 2001; Hemingway, 1999; Jarvie, 2003). Consequently, an analysis of sport and recreation relationships needs to adopt more than a business or economic model to understand the impacts of relationships.

This paper provides background about fields of study that can be used to understand relationships in community sport settings that are then used to identify the range of outcomes that can be attributable to relationships. Results from studies that explored relationships among community sport organisations and related community groups in the state of Victoria, Australia are the basis for identifying the range of economic and community outcomes associated with community sport relationships. For the purposes of this paper the terms community sport and not-for-profit sport will both be used to describe the sport industry setting that was the focus for the research.

Three relationship perspectives

Lyons (2001) and Stewart, Nicholson, Smith and Westerbeek (2004) identify the not-for-profit sport sector as being complicated because it has relationships with other community organisations, government, and businesses. There are a number of areas to explore relationships such as strategic alliances, relationship marketing, and industrial relations. This study has adopted a unique approach drawn upon experience in three related, but discrete, bodies of literature based in relationship marketing, education partnerships, and health and community service partnerships because these three bodies of literature address different types of outcomes for the relationships. Relationship marketing provided a business perspective where commercial outcomes were expected. Education partnerships provided a community and business perspective where the outcomes of the relationship were both community and commercial achievements. Health and community service partnerships provided a community perspective where service development for the wider community was an expected outcome. These three sectors provide a framework that broadens the understanding of relationships with particular application to the not-for-profit sport sector (Tower, Jago & Deery, 2006). The contribution of each body of literature is explained below.

Relationship marketing

Relationship marketing (RM) provided a perspective regarding relationships that was focused on commercial outcomes that were more profit driven than being just for community good (Cousens, et. al., 2001; Shani, 1997). RM was the starting point for gaining an understanding of sport relationships because it was so closely associated with service quality research that relates to commercial outcomes that can be generated by partners working collaboratively to build each other's business. Bitner (1995) stated that relationship marketing was used to describe how firms deliver and work with their customers within a service quality perspective.

Investigations in sport industry relationships have tended to provide a more commercial perspective and have drawn on RM to guide the research (Brenner, 1997; Cousens, et al., 2001; Shani, 1997). Initially, relationship marketing was introduced as a concept that provided a commercial outcome for sport agencies to build better relationships with their fans and key partners to further develop their programs and services (Shani, 1997). Relationships in the context of sponsorships, and the need for more effective outcomes have called on the principles of relationship building so that sport can generate more commercial value and deliver better service (Beech, Chadwick, & Tapp, 2000; Brenner, 1997; Lachowetz, Sutton, McDonald, Warnick & Clark, 2002; Sutton, Lachowetz, & Clark, 2000).

However, not-for-profit sport has not just focused on commercial outcomes. Community sport has worked with government agencies, schools, community groups, and businesses to encourage greater participation in their activities as well as providing a social or community focus for their local communities (Driscoll & Wood, 1999). Consequently, the understanding of relationships from non-commercial perspectives was explored for their application to sport relationships.

Education partnerships

Partnership development in education provided a focus on non-commercial outcomes because of the potential to learn how not-for-profit organisations, such as schools and universities, enter into partnerships with business and other community institutions. These partnerships were often trying to generate a combination of outcomes such as commercial rewards for business and community or social outcomes for schools (Bodinger-de Uriate, 1994; Dickson, Gewirtz, Halpin, Power & Whitty, 2004; Mordaunt, 1999; Soska & Butterfield, 2004; Tushnet, 1993).

Health and community service partnerships

The health and community service sector provided a third perspective based on relationships among community groups and government in the areas of health, recreation, welfare and commercial enterprises. Relationships in this sector were usually looking at providing outcomes that related to the needs of particular target groups, often disadvantaged sectors of the community, and were developing programs and services that contributed to the community or supported community cohesion (Andereck, 1997; Birch, 1999; Glendinning, Powell & Rummery, 2002; Selin & Myers, 1995).

Within not-for-profit sport organisations, Shaw and Allen (2006) explored relationships based on resource dependency theory discussed by Frisby, et al. (2004), and Thibault and Harvey (1997). In these instances the capacity of sport organisations to achieve their goals was based on the capacity to successfully manage a relationship.

Interorganisational relationships (IOR) complement much of the other literature in the health and community service sector but it warrants particular mention because other studies of sport relationships have used this basis for their analyses. Babiak (2007) based her analysis of not-for-profit Canadian sport organisations on IORs. Before this study, Thibault and Harvey (1997) acknowledged that IOR was part of Canadian Sport strategy but there was a need to gain a better understanding of the strategic processes associated with the management of IORs. The lack of guidance and an understanding of relationship management could lead to sport organisations facing managerial setbacks (Thibault & Harvey, 1997). Shaw and Allen (2006) also used the framework of IORs to explain not-for-profit sport partnerships. For the purposes of this investigation the IOR literature is considered as part of the health and community service sector.

Application of the three relationship perspectives

The combination of relationship marketing, education partner ships, and health and community service partnerships provide background that addresses an understanding of relationships that can be applied in the variety of settings where not-for-profit sport operates. Relationship marketing contributes a commercial perspective where relationships in sport are developed to generate commercial outcomes (Beech, Chadwick, & Tapp, 2000; Brenner, 1997; Cousens, et al., 2001; Lachowetz, et al., 2002; Sutton, Lachowetz, & Clark, 2000). Education partnerships provide insights to relationships where commercial outcomes and community oriented outcomes are produced (Bodinger-de Uriate, 1994; Dickson, Gewirtz, Halpin, Power & Whitty, 2004; Mordaunt, 1999; Soska & Butterfield, 2004; Tushnet, 1993). The contribution of the health and community service sector is based on an understanding of partnerships that are working to generate community outcomes (Andereck, 1997; Babiak, 2007; Birch, 1999; Glendinning, Powell & Rummery, 2002; Selin & Myers, 1995; Shaw & Allen, 2006; Thibault & Harvey, 1997). Not-for-profit sport is often operating in relationships that are expected to produce a variety of commercial and community outcomes so the combination of relationship marketing, education partnerships and health and community service partnerships provides insights that cover the breadth of relationship operations. The following section provides insights to the particular outcomes that have been identified in these three bodies of literature.

Relationship outcomes

On a purely intuitive level the outcomes that would be expected from positive collaboration among sport organisations and their partners would relate to increased business and participation levels, and better services for the consumers of sport programs. The relationship outcomes in the not-for-profit sport sector draw upon the literature from relationship marketing, education partnerships, and health and community service partnerships.

Relationship marketing outcomes

The nature of the outcomes generated from relationship marketing were focused on thc capacity to generate greater efficiency and effectiveness based on commercial measures (Sheth and Parvitayar, 1995b). The outcomes of the relationships were often categorised as increased value to the supplier and customer. The supplier gained growth in sales and share of the customer's business (Walter and Gemunden, 2000), increased profitability (Evans and Laskin, 1994), customer loyalty (Cann, 1998; Evans & Laskin, 1994), value added outcomes (Gronroos, 2000) and a greater capacity to address problems in the relationship when there were claims, complaints or problems (Durvasula, Lysonski, and Mehta, 2000).

The customer side of the outcomes included satisfaction (Cann, 1998; Evans & Laskin, 1994), and greater certainty regarding the supply of necessary items based on simpler purchases, information processing, reduced risk leading to psychological comfort in the relationship (Sheth and Parvitayar, 1995b).

The outcomes based on relationship marketing reinforce the commercial focus that would be appealing to commercially oriented sport organisations where the imperative to generate financial gains would be paramount. Some of these outcomes would also be appealing to sport associations because there would be comfort to have secure venue usage arrangements and the potential to build their activities and programs based on collaboration with the sport venue. However, the not-for-profit sport sector is not only focused on the commercial outcomes of their operations. The literature from education partnerships, and health and community service partnerships provide a much wider range of outcomes that also have application for sport venues and sport association relationships.

Education, and health and community service partnerships

Within the education, and health and community service sectors the relationships were usually working to achieve more than increased business. The education, and health and community service relationships have a range of outcomes that are much broader than those suggested by the commercially focused relationship marketing literature.

According to Henderson, Neff, Sharpe, Greaney, Royce, and Ainsworth (2001), partnerships among various agencies in the community contributed to organisations' capacity to develop strategies and interventions to address wider participation in programs, as well as play a role in expanding the capabilities of the community, enhancing opportunities, and building a sense of community ownership and pride. Advocates of partnerships (e. g., Bodinger-de Uriate, 1994; LaPage, Vaske, & Donnelly, 1995; Lasker, Weiss & Miller, 2001; Selin & Chavez, 1993, 1994; Selin & Myers, 1995) proposed several positive outcomes, however, most often in the education and health and community service literature these were just stated as being outcomes based on anecdotal reports, without any real research investigating whether these outcomes actually occur or are greater than would have accrued if the problem had been addressed without the use of partnership. Glendinning, et al. (2002) and Soska and Butterfield (2004) provide a variety of discussions regarding partnerships without a definitive discussion of the outcomes. In fact, Soska and Butterfield (2004) and Powell and Glendinning (2003) indicate that the definitive answers are not available and there is a need for further exploration of the literature and further research into partnerships. Nonetheless, many of the studies in the area of education, and health and community services have suggested that partnerships can be effective approaches to providing community programs (e.g., Bodinger-de Uriate, 1994; Dickson, et al. 2002; Hudson & Hardy, 2002; LaPage, et al., 1995; Lasker, et al., 2001; Mulroy, 2004; Selin & Chavez, 1994; Selin & Myers, 1995).

The proposed potential outcomes of partnerships are varied, and different ideas have been put forward. Advocates of partnerships suggest that partnerships can:

enhance opportunities (Andereck, 1997; Henderson et al., 2001; LaPage, et al., 1995);

build a sense of community ownership and pride (Henderson et al., 2001; LaPage, et al., 1995; Smyth & Drelsma, 1998);

produce cost and other resource savings (Crossley, 1986; Selin & Beason, 1991);

provide possibilities for increased revenue, funding, and resources (Bodinger-de Uriate, 1994; Crompton, 1998; Crossley, 1986; Fawcett, Paine-Andrews, Francisco, Schultz, Richter, Lewis, et al. 1995; Selin & Chavez, 1994; U. S. Department for Human Services, Centers for Disease Control [USDHSCDC], 1999; Uhlik, 1995);

provide increased services (Bodinger-de Uriate, 1994; Cousins & Simon, 1996; Crossley, 1986; Lasker, et al., 2001; Smyth & Drelsma, 1998; Tushnet, 1993; Walker, 2000);

increase community involvement and support (Crossley, 1986; Fawcett, et al., 1995; Selin & Chavez, 1994; Smyth & Drelsma, 1998; USDHSCDC, 1999; Walker, 2000);

reduce service duplication or use of complementary resources (Crompton, 1998; Lasker, et al., 2001; USDHSCDC, 1999);

enhance stability (Borthwick, 1995; Bodinger-de Uriate, 1994; Crompton, 1998; Fawcett, et al. 1995; Tushnet, 1993);

enhance the legitimacy or credibility of one or more of the partners and the program (Andereck, 1997; Crompton, 1998; Fawcett, et al., 1995; Glover, 1999; Selin & Chavez, 1994; USDHSCDC, 1999);

help develop new ideas and approaches (Borthwick, 1995; Bodinger-de Uriate, 1994; Cousins & Simon, 1996; Fawcett, et al., 1995; Glover, 1999; Lasker, et al., 2001; Smyth & Drelsma, 1998);

provide more experience and knowledge to a program (Fawcett, et al., 1995; Glover, 1999; USDHSCDC, 1999);

increase the capabilities of managers (LaPage, et al., 1995; Tushnet, 1993);

assist in the development of cooperative marketing strategies (Cousins & Simon, 1996; Fawcett, et al., 1995; Selin & Beason, 1991);

improve communication networks (Andereck, 1997; Bodinger-de Uriate, 1994; Cousins & Simon, 1996; Fawcett, et al., 1995; Glover, 1999; Selin & Beason, 1991);

increase lobbying strength (Fawcett, et al., 1995; Lasker, et al., 2001; Selin & Beason, 1991);

stretch scarce resources (Andereck, 1997; Selin & Chavez, 1994; Walker, 2000);

increase organisational flexibility (Bodinger-de Uriate, 1994; Fawcett, et al., 1995; Glover, 1999; Selin & Chavez, 1994);

share the power of leaders and other influential people (Fawcett, et al., 1995; USDHSCDC, 1999);

provide increased awareness of the program to different areas of the community (Borthwick, 1995; USDHSCDC, 1999);

reach more people (Borthwick, 1995; Fawcett, et al., 1995; Lasker, et al., 2001; Smyth & Drelsma, 1998; USDHSCDC, 1999); and assist in producing a bigger impact (USDHSCDC, 1999).

This range of possible outcomes can be best understood if they are classified according to those items that have an impact on the internal operations of the relationship and the outcomes that have an impact on the wider community external to the relationship. Internal operations would relate to relationship outcomes that contributed to benefits that had their main impact on the operations of the organisations involved in the relationship. Whereas, the external outcomes would relate to achievements beyond the partners in the relationship such that the community in which the relationship operated would gain benefits. The external outcomes would be key elements of social capital generated from the relationships. Table 1 provides a list of these outcomes according to the areas of impact.

Table 1-Relationship/partnership outcomes

Internal outcomes	External outcomes	Both internal and external outcomes
Problems can be solved more easily	Develop sense of community ownership and pride	Provide increased services
Increased usage	Increased community involvement and support	Reduce service duplication and increased use of complementary resources
Produce cost and other savings	Provide more experience and knowledge of a program	Improve communication networks
Provide possibilities for increased revenue, funding and resources	Increase lobbying strength	Assist making a bigger impact
Enhance stability	Share the power of leaders and other influential people	
Enhance the legitimacy or credibility of one or more of the partners	Increased awareness of programs to different community sectors	
Help develop new ideas and approaches	Able to reach more diverse people or minority groups	
Increase capabilities of managers		
Assist in the development of cooperative marketing strategies		
Better use of limited resources		
Increased organisational flexibility		

All of the potential outcomes listed in Table 1 would be of great benefit to those wishing to develop sport programs in the community. However, as stated, many of these outcomes suggested in the literature are based on anecdotal reports. Very little research has been conducted to investigate whether partnerships actually produce these outcomes (Tower, Gaskin, Morris and Spittle, 2003). There is a need to investigate the nature of the outcomes further. Management analysis of the outcomes of the alliances was viewed as a reasonable measure of the success of the alliance based on Pansiri's (2006) discussion of strategic alliance evaluation that suggested management assessment of alliance performance was valid and acceptable.

Although there are discrete differences between the range of relationship outcomes from relationship marketing, education, and health and community services, there are also a number of overlaps. Outcomes such as producing savings, increasing funding and revenue, increasing services and reducing duplication could be considered as contributing to greater effectiveness and efficiency. These outcomes would be appealing to community sport organisations that wanted to build and develop their programs. The broader community impacts such as developing community pride, increasing community involvement, increasing lobbying strength, reaching a wider range of people would also be attractive to sport organisations.

Research methods

Previous research about relationships and partnerships has used a variety of techniques in a range of settings. Qualitative and quantitative approaches were used to understand a wide range of outcomes that are achieved by relationships (Bodinger-de Uriate, 1994; Cousens, et al., 2001; Morgan & Hunt, 1994; Selin & Myers, 1995; Shaw & Allen, 2006; Wilson & Vlosky, 1997). A pragmatic research approach based on mixed methods incorporating a qualitative and quantitative techniques have been used in this study.

Initially, a qualitative study was used to explore the range of features that were associated with successful and unsuccessful relationships. The study used semi-structured interviews to allow the respondents to discuss their relationships and to identify factors associated with their relationships.

The second part of the research used a survey of sports associations as well as sport venues across Victoria to gain quantitative results. A postal questionnaire was deemed to be most appropriate because of the dispersed nature of the population, costs, ease of completion, and capacity to easily present the data. (Gratton & Jones, 2004; Zikmund, 1997).

The population for the study was based on two discrete groups. The first group consisted of managers and administrators from sport clubs and associations that tend to use indoor venues as their main location for training and competition. The six sports included in the population were badminton, basketball, squash/racquetball, swimming, table tennis and volleyball. The second group included the managers and administrators from indoor sport venues in the state where the relevant indoor sports could be pursued. The total population of all the sport clubs and associations, and sport venues were included in the study to maximise the number of respondents so a wide range of statistical tests could be conducted.

The questionnaire explored the range of outcomes that were generated from the relationships between sport venues and sport associations. As previously mentioned, the potential outcomes of the relationships were based on internal achievements, such as capacity to resolve problems and increase usage, and external achievements, such as increased community involvement and reaching more people. These questions were based on Likert scales that respondents rated along a continuum of the perceived level of achievement.

Qualitative results

The interviews were conducted with individuals from agencies representing sport, education, and health and community services. Although the focus of the research was on the sport setting, there was value in exploring relationships across different sectors. Exploring the relationships across all the three sectors of sport, education, and health and community services provided more diverse insights regarding relationships in different settings. Community sport associations need to develop relationships with other sport associations, commercial agencies, as well as education organisations and health and community service agencies in order to develop their sports and meet the needs of their communities. Thus, there was benefit in considering relationships in these various settings.

The sample provided two to three respondents who were professional workers, or supervisors from education agencies; health and community service agencies, including government, health and welfare services, and a sport association; business/commercial agencies, represented by sport venues and professional sport teams. The seventeen interviews also incorporated metropolitan and regional perspectives. All of the participants were either part of a partnership or had relationships with other agencies in order to provide their services.

Each interview was taped and then transcribed. QSR NVivo qualitative analysis software was used to analyse the documents. Each interview and set of field notes were reviewed individually to become familiar with the data. The data analysis proceeded through a systematic process of i) open-coding, ii) the development of themes, and iii) focused coding. The coding process developed matrices and visual displays to illustrate the main codes and themes that were identified as factors in the relationships (Esterberg, 2002; Miles & Huberman, 1994).

Relationship outcomes

Positive outcomes from the projects included a theme about how the relationship enabled the organisations to create something bigger. One respondent said, "We can work together to try and develop something that is bigger than what both of us could do on our own."

The capacity of the projects to generate innovation and new ideas was another theme that related to outcomes. Respondents made comments such as, "we can come up with new ideas to deliver our services," and "the different ideas provided a basis for the development of new programs." The collaboration among the relationship partners was able to bring in ideas that contributed to new approaches to program delivery.

The capacity for partners to provide access to new target groups for program delivery was a third key outcome of the relationships. The comment, "they were able to provide participants from a range of cultural and ethnic backgrounds as well as people with disabilities", reflects the value of having different partners involved in the planning and delivery of sport programs and activities.

One of the surprising findings from the interviews related to the respondents comments about the minimal effort that was committed to the management of the relationship. The management of the relationship was something that just tended to be taken for granted. One respondent indicated, "I think we could have done this differently. Ask ourselves how things have happened and how things may have been done differently to improve the outcomes". The need to actually manage the relationship is a concept that is discussed further in the analysis of the relationships (Tower, et al., 2006).

Quantitative results

As mentioned previously, a survey was conducted across Victoria with respondents from indoor sport venues and sport associations that used these indoor venues. A feature of the questionnaire was a section that asked the respondents to rate the level of achievement of the outcomes that could be attributed to the relationship between the sport venue and the sport association.

There were 206 completed questionnaires that were included in the data analysis. Characteristics of the respondents included:

63.6% from sport associations and 36.4% from sport venues;

46.5% from metropolitan Melbourne and 53.5% from regional Victoria; and

57.9% involved in a tenant/landlord relationships and 42.1% involved in a strategic alliance or integrated collaboration relationship style (Tenant/landlord relationships were defined as usage based on hire arrangements with a written agreement or contract; strategic alliance relationships were based on a commitment of resources for a strategic purpose that would benefit both parties through an ongoing relationship; integrated collaboration was based on the sport association and sport centre working so closely that they virtually formed a single entity).

The questionnaire used a seven point Likert scale with 1 equalling "not an achievement" of the relationship outcome, and seven equalling "very strong achievement". All the relationship outcomes were rated highly with the mean scores ranging from 4.24 to 5.10.

Economic outcomes

The highest ranked scores related to economic outcomes were:

Increased usage-mean score of 5.09

Problem solved-mean score of 5.05

Enhanced stability-mean score of 4.96

Better use of limited resources-mean score of 4.87

Increased services-mean score of 4.81

Develop new ideas and approaches-mean score of 4.73, and

Increased revenue, funding and resources-mean score of 4.68.

The respondents indicated that the relationship between a sport club and sport venue was assisting them to be more effective at achieving internal outcomes. Although the questionnaire did not specifically ask the respondents about the economic impact of their relationships, it is likely that sport venues and sport associations that were able to increase usage and services, solve problems, increase stability, make better use of limited resources, develop new ideas and approaches, and increase revenue, funding and resources would be having positive economic impacts.

Community outcomes

It is also important to note that the respondents also rated a range of community oriented outcomes highly. The higher rated relationship outcomes that were community oriented included:

Improved communication networks-mean score of 5.10

Sense of community ownership and pride-mean score of 5.06

Increased community involvement and support-mean score of 5.06, and

Increased awareness of different programs to different community sectors-mean score of 4.68.

The relationships that were able to achieve these outcomes would be having important impacts on the external community that would be making positive community benefits.

Detailed data analysis

The overall ratings of the relationship outcomes demonstrate that sport venues and sport association relationships are generating important outcomes at an economic and community level. However, it is the more detailed data analysis that provides more meaningful results for understanding the implications for sport organisations' management of relationships. Correlation analysis and analysis of variance were used to provide a more detailed analysis of the data.

Correlation analysis

Another aspect of the questionnaire asked the respondents to identify how key constructs of their relationship management were performing. The eight key constructs for the relationship management were commitment, trust, communication, facility, shared goals/values, cooperation, quality and leadership (the explanation of the constructs is to be provided in a future paper). The correlation between these eight constructs and the relationship outcomes were significant at the 0.01 level and were rated at medium to high correlation levels. The data suggested that sport venues and sport associations, where the key constructs were performing well, were able to generate outcomes that would assist their own operations such as being able to solve problems and increase usage. There was also the capacity for the sport venues and sport associations that had the key constructs performing well to generate community oriented outcomes such as creating a sense of community ownership and pride and improve communication networks. These data clearly indicate that there was a positive connection between the performance of the key constructs and the relationship outcomes (more detailed data and discussion of the correlation analysis is planned for a subsequent paper).

The nature of the correlations between the key construct performance and the overall performance with the relationship outcomes provides a clear reason for sport venues and sport associations to work on managing their relationships. The sport venues and sport associations that had better performing relationships were rating the relationship outcome much higher. There is scope for sport organisations to put more effort into the management of their relationships so they are able to generate more positive outcomes at an economic and community level.

Differences between groups

Analysis of variance (ANOVA) and independent sample T-tests were conducted to determine if there were differences between different groups of respondents. The main differences related to differences between respondents from sport associations and sport venues, and differences between tenant/landlord and collaborative types of relationships.

Differences between sport associations and sport venues

There were a range of statistically significant differences for the ratings of the relationship outcomes between the sport association and the sport venue respondents. The sport association respondents rated the relationship outcomes lower than the sport venue relationships. Two examples of these differences include, the relationship outcome variables "Increased revenue, funding and resources" and "Problem solved" where both were rated higher by the sport venue respondents than the sport association respondents. The reason for these differences is not clear but there is an implication for managers of sport venues. It is likely that sport venue managers need to take a more significant leadership role to assist the sport associations to understand how the relationship can contribute to economic outcomes and will assist both partners in the relationship.

Differences between relationship types

The relationship types were based on the relationship being classified as a tenant/landlord, strategic alliance or integrated collaboration relationship. The respondents from the tenant/landlord relationships rated a number of relationship outcome variables lower than the respondents in the strategic alliance or integrated collaborations. There is scope for the organisations involved in the relationships to consider how they manage the relationship in order to achieve higher levels of relationship outcomes. There appears to be potential for the relationships that involve more collaboration and cooperation to be able to generate higher levels of outcomes.

This brief discussion of the quantitative study has not provided all the statistical findings. However, the discussion and findings do provide enough information to identify a range of implications for sport and recreation service managers and organisations that set policy for sport and recreation service development.

Implications for management and policy

The research has identified that the relationships between sport venues and sport associations are able to generate economic outcomes for the partners involved in the relationships. These relationships also have the potential to make contributions to the wider community in which the sport organisations operate.

One of the key findings in the research is that very little effort is allocated to the management of relationships. Sport organisations need to recognise that they should to be more conscious of how they manage their relationships because they will then be more likely to produce both economic and community value.

The positive awareness of relationship management and recognition of the capacity for the connections for sport and recreation organisation relationships to produce economic and community outcomes will be a positive step in sport and recreation service delivery.

There appears to be a responsibility for sport and recreation managers to take a leadership role in the development of the relationships. Within the studies reported here, the sport managers (usually paid positions) were rating the relationship outcomes more highly than the sport associations (usually unpaid volunteer positions). The sport and recreation managers need to guide the relationship with sport associations and other volunteer based groups to assist them to learn more about how they can use the relationship to generate the economic and community outcomes.

Sport and recreation managers also have the potential to move their relationships beyond the tenant/landlord contract arrangements. Relationships based on the principles of collaboration are more likely to draw on the resources of both parties to create economic and community outcomes. Again it will probably take leadership from the paid professionals to work with sport associations and other community groups to assist them to understand the potential of collaborative approaches so they are more likely to embrace collaborative management practises.

At the Victorian state government level there are policies that call on a range of sport and recreation service providers to adopt a cooperative approach to improved service delivery (Department of Victorian Communities, 2005). The impact of this research reinforces the policy directions of government and may be used to influence policies associated with sport funding programs.

The policy directions for other levels of government, who are involved in community sport and recreation service delivery, also need to be aware of the potential for more strategic relationship management to have positive impacts on the communities in which they operate. There needs to be more development of policies related to how sport and recreation organisations should manage their relationships. The policy that guides sport and recreation developments can recognise the value of relationships and provide directions that will influence how the relationships should be developed. The value of the outcomes that can be generated from the relationships needs to be communicated to sport and recreation service decision makers so they can consider the impact of developing sport and recreation services.

The complexity of sport and recreation service delivery becomes a challenge as to how the results from this research can have an impact at the policy level. The very nature of how government organisations and the not-for-profit sport and recreation sector manage their relationships could impact on how services are delivered at the community level. A coordinated and collaborative approach guided by government in association with the not-for-profit sport organisations could assist in the development of sport and recreation relationships. There is a need for an awareness-raising initiative that will inform policy makers in all sectors of sport and recreation service delivery.

Conclusion

The research discovered that sport and recreation organisations' relationships have the capacity to generate economic outcomes that will build their businesses. There is also the potential for their relationships to produce very positive community outcomes that will provide community pride, connectedness, and a sense of belonging. A more positive awareness of relationship management and recognition of the capacity for the connections among sport and recreation organisations to contribute to economic and community outcomes are important steps that sport and recreation organisations need to take.

References

[1] Andereck, K. L. (1997). Case study of a multi-agency partnership: Effectiveness and Constraints. *Journal of Park and Recreation Administration*. 15 (2), 44—60.

[2] Arai, S. and Pedlar, A. (2003). Moving beyond individualism in leisure theory: a critical analysis of concepts of community and social engagement. *Leisure Studies*. 22, 185—202.

[3] Babiak, K. (2007). Determinants of interorganisational relationships: The case of the Canadian nonprofit sport organisation. *Journal of Sport Management*. 21, 338—376.

[4] Beech, J., Chadwick, S., and Tapp, A. (2000). Emerging trends in

the use of the internet-lessons from the football sector. *Qualitative Market Research: An International Journal*. 3 (1), 38—46.

[5] Birch, D. (1999). Principles of partnership. *Community Quarterly*. Issue 50, 15—22.

[6] Bitner, M. J. (1995). Building Service Relationships: It's all about promises. *Journal of the Academy of Marketing Sciences*. 23 (4), 246—251.

[7] Bodinger-de Uriate, C. (1994). Business-Education Partnerships: The Impact of Role Appropriateness. *Annual Meeting of the American Educational Research Association*. New Orleans, Louisiana: American Education Research Association. Michrofiche 30 pages

[8] Borthwick, A. G. (1995). School-University-Community Collaboration: Establishing and Maintaining Partnerships for School Improvement. *Annual Meeting of the American Educational Research Association*. San Francisco: American Education Research Association. Michrofiche 35 pages.

[9] Brenner, S. (1997). Pursuing relationships in professional sport. *Sport Marketing Quarterly*. 6 (2), 33—34.

[10] Cann, C. (1998). Eight steps to building a business-to-business relationship. *Journal of Business and Industrial Marketing*. 13 (4/5), 393—405.

[11] Cousens, L., Babiak, K., and Slack, T. (2001). Adopting a relationship marketing paradigm: The case of the National Basketball Association. *International Journal of Sport Marketing and Sponsorship*. 2 (4), 331—354.

[12] Cousins, J. B. and Simon, M. (1996). The nature and impact of policy-induced partnerships between research and practice communities. *Educational Evaluation and Policy Analysis*. 18 (3), 199—218.

[13] Crompton, J. L. (1989). A taxonomy of public-commercial joint ventures. *Society and Leisure*. 12 (1), 107—121.

[14] Crompton, J. L. (1998). Partnering: The complementary assets of business and park and recreation agencies. *Journal of Park and Recreation Administration*. 16 (4), 73—94.

[15] Crossley, J. (1986). Public/Commercial Cooperation in Parks and

Recreation. Columbus, OH: Publishing Horizons.

[16] Department of Victorian Communities. (2005). *Sport and Recreation 2005—2010: A Five Year Strategic Plan for Sport and Recreation Victoria*. Melbourne, Victoria: State of Victoria.

[17] Dickson, M., Gewirtz, S., Halpin, D., Power, S., and Whitty, G. (2002). Education Action Zones. In H. L. Glendinning, C. Powell, & K. Rummery (Eds.), *Partnerships, New Labour and the Governance of Welfare* (pp. 183—198). Bristol: Policy Press.

[18] Driscoll, K. and Wood, L. (1999). *Sporting Capital: Changes and Challenges for Rural Communities in Victoria*. Melbourne, Victoria: Royal Melbourne Institute of Technology, Centre for Applied Social Research.

[19] Durvasula, S., Lysonski, S. and Mehta, S. (2000). Business to business marketing-Service recovery and customer satisfaction issues with ocean shipping lines. *European Journal of Marketing*. 34 (3/4), 433—452.

[20] Dyerson, M. (2001). Maybe it's better to bowl alone: Sport, community and democracy in American thought. *Culture, Sport, Society*. 4 (1), 19—30.

[21] Esterberg, K. G. (2002). *Qualitative Methods in Social Research*. Boston: McGraw Hill.

[22] Evans, J. R. and Laskin, R. L. (1994). The relationship marketing process: A conceptualisation and application. *Industrial Marketing Management*. 23 (5), 439—452.

[23] Fawcett, S. B., Paine-Andrews, A., Francisco, V. T., Schultz, J. A., Richter, K. P., Lewis, R. K., et al. (1995). Using empowerment theory in collaborative partnerships for community health and development. *American Journal of Community Psychology*. 23 (5), 677—697.

[24] Glenndinning, C., Powell, M. and Rummery, K. (Eds.). (2002) *Partnerships, New Labour and the Governance of Welfare*. Bristol: Policy Press.

[25] Glover, T. D. (1999). Municipal park and recreation agencies unite! A single case analysis of an intermunicipal partnership. *Journal of Park and Recreation Administration*. 17 (1), 73—90.

[26] Gratton, C. and Jones, I. (2004). *Research Methods for Sports Studies*. London: Routledge.

[27] Gronroos, C. (1995). Relationship marketing: The service continuum. *Journal of the Academcy of Marketing Science*. 23 (4), 252—254.

[28] Gronroos, C. (2000). *Service Management and Marketing: A Customer Relationship Management Approach* (2nd ed.). Chichester, England: John Wiley and Sons, Ltd.

[29] Gummesson, E. (1994). Making relationship marketing operational. *International Journal of Service Industry Management*. 5 (5), 5—20.

[30] Hemmingway, J. L. (1999). Leisure, Social Capital, and Democratic Citizenship. *Journal of Leisure Research*. 31 (2), 150—165.

[31] Henderson, K. A., Neff, L. J., Sharpe, P. A., Greaney, M. L., Royce, S. W., and Ainsworth, A. W. (2001). It takes a village to promote physical activity: The potential for public park and recreation departments. *Journal of Park and Recreation Administration*. 19 (1), 23—41.

[32] Hudson, B. and Hardy, B. (2002). What is a 'successful' partnership and how can it be measured? In C. Glendinning, M. Powell & K. Rummery (Eds.). *Partnerships, New Labour and the Governance of Welfare*. Bristol: Policy Press.

[33] Jarvie, G. (2003). Communitarianism, Sport and Social Capital. *International Review for the Sociology of Sport*. 38 (2), 139—153.

[34] Kanter, R. M. (1999). From spare change to real change: The social sector as a beta site for business innovation. *Harvard Business Review*. 77 (May—June), 122—132.

[35] Lachowetz, T., Sutton, W. A., McDonald, M., Warnick, R. and Clark, J. (2002). Corporate selling activities and the determinants of corporate partner retention in the National Basketball Association (NBA). *International Journal of Sport Marketing and Sponsorship*. 3 (4), 403—427.

[36] LaPage, W. F., Vaske, J. J., and Donnelly, M. P. (1995). Case studies of partnerships in action. *Journal of Park and Recreation Administration*. 13(4), 61—74.

[37] Lasker, R. D., Weiss, E. S., and Miller, R. (2001). Promoting

collaborations that improve health. *Education for Health*. 14 (2), 163—172.

[38] Lyons, M. (2001). *The Third Sector: The Contribution of Nonprofit and Cooperative Enterprises in Australia*. Crows Nest, NSW: Allen and Unwin.

[39] Miles, M. B. and Huberman, A. M. (1994). *Qualitative Data Analysis: An Expanded Sourcebook*. Thousand Oaks, California: Sage.

[40] Mordaunt, E. (1999). Not for wimps: The nature of partnership. *British Educational Research Association Annual Conference*. University of Sussex, Brighton. Retrieved 15 June 2001, from Education Line http [//] ww. leeds. ac. uk/educol/documents/00001366. htm

[41] Morgan, R. M. and Hunt, S. D. (1994). The commitment-trust theory of relationship marketing. *Journal of Marketing*. 58 (3), 20—38.

[42] Mulroy, E. A. (2004). University civic engagement with community-based organizations: Dispersed or coordinated models? In T. M. Soska and A. K. Butterfield (Eds.). *University-Community Partnerships: Universities in Civic Engagement* (pp. 35—52). Binghampton, New York: Haworth Social Work Practice Press.

[43] Powell, M. and Glendinning, C. (2002). Introduction. In C. Glendinning, M. Powell, & K. Rummery (Eds.). *Partnerships, New Labour and the Governance of Welfare* (pp. 1—14), Bristol: Policy Press. Selin, S., and Beason, K. (1991). Interorganisational relations in tourism. *Annals of Tourism Research*, 18(4), 639—652.

[44] Selin, S. and Chavez, D. (1994). Characteristics of successful tourism partnerships: A multiple case study design. *Journal of Park and Recreation Administration*. 12 (2), 51—61.

[45] Selin, S. and Myers, N. (1995). Correlates of partnership effectiveness: The Coalition for Unified Recreation in the Eastern Sierra. *Journal of Park and Recreation Administration*. 13 (4), 37—46.

Shani, D. (1997). A framework for implementing relationship marketing in the sport industry. *Sport Marketing Quarterly*. 6 (2),

9—15.

[46] Shaw, S. and Allen, J. B. (2006). "It basically is a fairly loose arrangement … and that works out fine, really." Analysing the dynamics of an interorganisational partnership. *Sport Management Review*. 9, 203—228.

[47] Sheth, J. and Parvatiyar, A. (1995a). The evolution of relationship marketing. *International Business Review*. 4 (4), 397—418.

[48] Sheth, J. and Parvatiyar, A. (1995b). Relationship marketing in consumer markets: Antecedents and consequences. *Journal of the Academy of Marketing Sciences*. 23 (4), 255—271.

[49] Smyth, N. and Drelsma, P. (1998). The Northern Lakes Family Centre-Building social capital to strengthen families through partnerships: A model for the development of services in geographically isolated fringe areas. *Community Quarterly*. Issue 46, 72—87.

[50] Soska, T. M. and Butterfield, A. K. (Eds.). (2004). *University-Community Partnerships: Universities in Civic Engagement*. Binghampton, New York: Haworth Social Work Practice Press.

[51] Stewart, B., Nicholson, M., Smith, A. and Westerbeek, H. (2004). *Australian Sport: Better by Design? The Evolution of Australian Sport Policy*. London: Routledge.

[52] Sutton, W. A., Lachowetz, T. and Clark, J. (2000). Eduselling: The role of customer education in selling to corporate clients in the sport industry. *International Journal of Sport Marketing and Sponsorship*. 2 (2), 145—158.

[53] Thibault, L. and Harvey, J. (1997). Fostering Interorganisational Linkages in the Canadian Sport Delivery System. *Journal of Sport Management*. 11, 45—68.

[54] Thibault, L., Kikulis, L. M., and Frisby, W. (2004). Partnerships between Local Government Sport and Leisure Departments and the Commercial Sector: Changes, Complexities and Consequences. In T. Slack (Ed.). *The Commercialisation of Sport* (pp. 119—140). London: Routledge.

[55] Tower, J., Gaskin, K., Morris, T., and Spittle, M. (2003). *Evaluation of the* 2001 *Active Recreation Scheme*. Melbourne: Victoria

University and VicHealth.

[56] Tower, J., Jago, L., and Deery, M. (2006). Relationship marketing and partnerships in not-for-profit sport in Australia. *Sport Marketing Quarterly*. 15 (3), 167—180.

[57] Tushnet, N. C. (1993). *A Guide to Developing Educational Partnerships*. Washington, D. C. and Los Alamitos, California: Office of Educational Research and Improvement and Programs for Improvement of Practice; Southwest Regional Lab.

[58] U. S. Department for Human Services, Centers for Disease Control [USDHSCDC] (1999). *Promoting physical activity: A guide for community action*. Windsor, ON: Human Kinetics.

[59] Uhlik, K. S. (1995). Partnership, Step by Step: A practical model of partnership foundation. *Journal of Park and Recreation Administration*. 13 (4), 13—24.

[60] Walker, R. (2000). *Collaborations and Alliances: A Review for VicHealth*. Melbourne, Victoria: Victorian Health Promotion Foundation.

[61] Walter, A. and Gemunden, H. G. (2000). Bridging the gap between suppliers and customers through relationship promoters: theoretical considerations and empirical results. *Journal of Business and Industrial Marketing*. 15 (2/3), 86—105.

[62] Wilson, E. J. and Vlosky, R. P. (1997). Partnering relationship activities: Building theory from case study research. *Journal of Business Research*. 39 (1), 59—70.

[63] Zikmund, W. G. (1997). *Business Research Methods*. Fort Worth, Texas: The Dryden Group.

“经济平衡”作为体育和娱乐的一种发展战略

Tim Tyrrell* 博士(美国亚利桑那州立大学)

内容提要:在经济发展战略的管理决策中,产出增长轨线占据中心舞台。支持这类轨线的经济平衡的条件仅仅被赋予相当次要的角色。本文提示这些平衡的条件在体育和娱乐行业的经济发展战略中或许应被给予主导角色。虽然这一战略可能适用于其他经济发展项目,但是当服务于许多本地和访客市场,并在诸如体育和娱乐行业中产生多种社会影响时,它似乎具有独特的意义。该行业的平衡条件关系到旅游产品组合、价格歧视、游客满意度、员工住房投资、员工最大生产率、经济规模、政府满足公共需求的能力、基础设施的容量和使用以及可持续度。本文首先根据非经典经济理论给平衡下定义,然后阐述美国、加拿大和世界另外地方的几项体育和娱乐业发展战略的经济平衡条件。文章最后讨论实施经济平衡战略的两个基本要求:经济值的精确度量和开发伙伴之间有效的沟通以及向他们提供的信息。

关键词:体育　娱乐　平衡发展

‘Economic Balance’ as a Development Strategy for Sport and Recreation

Tim Tyrrell, PhD (Arizona State University)
Professor, School of Community Resources and Development
Director, Megapolitan Tourism Research Center

Abstract: Output growth trajectories take center stage in strategic management decisions for economic development. The conditions of economic balance that support such trajectories are given only minor roles. This paper suggests that these conditions of balance might be given the lead role in an economic development strategy for sport and recreation industries. Although

---

* Tim Tyrrell 博士,亚利桑那州立大学超大城市旅游研究中心主任、社会资源与发展学院教授。

this strategy might be applicable to other economic development programs it appears to have unique significance when many local and visitor markets are served and many types of community impact are created such as with the sport and recreation industry. The conditions of balance for this industry relate to tourism product mix, price discrimination, tourist satisfaction, investments in employee housing, maximum employee productivity, size and scale economies, governments meeting public needs, capacity and use of public infrastructure and sustainability. The paper first defines balance according to neoclassical economic theory and then illustrates the conditions of economic balance with several sport and recreation industry development strategies around the US, Canada and the World. The paper concludes with a short discussion of two essential requirements for implementation of a strategy of economic balance: accurate measurement of economic value and effective communication between and information for development partners.

1. Introduction

As for many industries, strategic development of the sport and recreation industry requires management of a wide variety of activities internal to the industry while dealing with many larger and less predictable external forces. Some of these activities can be analyzed with simple economic models that imply good rules of practice associated with balance. These rules of economic balance can serve as an alternative to growth as a driving force for management strategy. This is counter to the tradition in the practice of strategic management that focuses on growth, and sometimes treating the conditions of balance as a constraint on this growth.

We adopt the neoclassical economic paradigm as a framework for the analysis because it is based on reasonable postulates concerning consumer and business behavior and is able to mathematically characterize a large number of market conditions, suggesting optimal output growth trajectories. For example, if a firm can be assumed to maximize profits and the underlying cost and revenue functions can be quantified, then simple calculus implies the well known result that a firm should produce output at level where the marginal gain in revenues just balances the marginal increases in cost. Put it another way, this is where the marginal net benefits of growth are just exhausted. Together with a set of prices and industry parameters, this balancing condition is typically solved for an explicit optimum level of output. Despite the importance of the "marginal net benefits = 0" rule of balance, it is the calculated optimum output level and its predicted growth trajectory that receives attention in the resulting strategic development plan.

Pearce and Robinson's textbook on Strategic Management (1989) defines their subject as "the set of decision and actions resulting in formulation of strategies designed to achieve the objectives of the organization." (Pearce and Robinson, p. 6). In the body of their classic treatise they identify seven common long-term business objectives (Pearce and Robinson, p. 245): Profitability, Productivity, Competitive Position, Employee Development, Employee Relations, Technological Leadership and Public Responsibility.

While these objectives relate to many balancing conditions within the firm and industry that should lead to growth and prosperity, the twelve specific grand strategy options suggested by the authors all seem to describe different approaches to growth and increased productivity: concentration, market development, product development, innovation, horizontal integration, vertical integration, joint ventures, concentric diversification, conglomerate diversification, retrenchment/turnaround, divestiture and liquidation. The long term objectives of Employee Development, Employee Relations and Public Responsibility are presumed to be an indirect result of that growth and increased productivity.

This paper suggests balance, as defined by economic theory, as a potential community economic development strategy in its own right, with growth as an expected outcome and possible constraint on balance. Pearce and Robinson themselves admit that it doesn't matter whether strategic decisions are made to achieve objectives or satisfy constraints (p. 271.). So this is not a significant departure from the tradition in strategic management.

Specifically we wish to explore conditions of balance that relate to tourism product mix, price discrimination, tourist satisfaction, investments in employee housing, maximum employee productivity, size and scale economies, governments meeting public needs, capacity and use of public infrastructure and sustainability. We suggest that meeting these conditions will immediately satisfy some of the most highly prized community development goals about social, cultural and environmental issues. This strategy has much in common with the currently popular emphasis on sustainable communities, the new interest in corporate social responsibility and the potential for implementing a "triple bottom line" (Elkington, 1994.). Verification of this strategy as a viable economic development approach is an empirical matter that has yet to be accomplished.

Two issues appear critical to the formulation of a strategic plan based on economic rules of balance: 1. Development of a method for the measurement of net benefit or value and 2. Development of an information and communication network between economic and social agents and institutional partners in development.

2. Economics, Models and Balancing Rules

Economics is "the science which studies human behavior as a relationship between ends and a scare means which have alternative uses" (Robbins, 1932, p. 15). Economic analysis generally involves the development of abstract models of behavior that provide insights unavailable through empirical case studies. As stated by Henderson and Quandt (1971, p. 2): "Theories represent simplifications and generalizations of reality and therefore do not completely describe particular situations... [G]eneral theories are fruitful because they contain statements which abstract from particulars and find elements which many situations have in common. Increased understanding is realized at the cost of sacrificed detail."

The large majority of economic models characterize behavior in terms of a mathematically represented objective, one or more resource constraints and a set of typical prices, costs and situational values. Models of business firms include the most salient characteristics of profit maximization and cost minimization while models of bioeconomic systems identify tradeoffs associated with different variants of environmental and sustainability implications for stakeholder groups (e.g., Dasgupta and Heal 1974; Johnston and Sutinen 1996, Johnston and Tyrrell, 2005). Each of these can be applied to the strategic development of sport and recreation industries.

With the advent of Neoclassical economics in the 1870s, many economic problems came to be analyzed in terms of marginal changes (Silberberg, 1978, p. 2). The necessary conditions of economic analysis such as "marginal revenues

= marginal costs" or "marginal net benefits = 0" can be thought of as rules of balance. In the immediate vicinity of current observed values or when certain tractable equations are used to represent objectives these marginal balancing rules can sometimes be reduced to simple ratios or proportionality rules①. For example, as a firm's output increases slightly from a profit maximizing level, increased inputs should remain in roughly the same proportion to one another as they do at the margin. And as income increases slightly for a utility maximizing consumer the same portions of new expenditures should be spent on each good or service as at the current margin. While the specific forms of the rules will depend on the economist's assumption, the general principle of balance is robust. In the examples that follow, economic success is linked to balance and the lack of success is associated with the lack of balance.

3. Sports, Recreation and Community Economic Development

Community economists apply the same economic principles to the development of communities-geographically bounded social systems. The distinguishing feature of community economic development is that the application is not to isolate individual consumers or firms but to interact individuals and groups that share a common location and common goals. As such the practice of economic development is strongly influenced by specific community objectives, relationships and conditions surrounding each different case. As described by Shaffer (1989, Ch. 1) "Economic development is the sustained, progressive attempt to attain individual and group interests through expanded, intensified, and adjusted use of resources. Important elements in development include: (1) setting of goals, (2) identification of individuals and groups and their interrelationships, (3) understanding of the present and future effects of decisions made now, and the attempt to form new combinations of existing resources or the pursuit of new resources.

① For example, if a production function can be assumed to be homothetic, then the ratio of inputs to the production process is constant along a linear expansion path (Chiang, 422). Also, if a utility function is directly additive, of a Stone-Geary form, then the marginal budget shares will be constant. (Goldberger, 1969, 251). If a production function or utility function is linearized around a certain point, the necessary conditions can frequently be interpreted as proportions.

The strategic management of recreation and sports industries in a community is subject to many demands, especially in the implementation stage of new development. Like other visitor-dependent industries, the sport and recreation industry needs to balance the needs and preferences of local, national and foreign customers. Like other natural resource based industries, the sport and recreation industry must endeavor to sustain the qualities of the local environment. And like other socially important community industries, the sport and recreation industry must thoughtfully manage its role in the local community and its culture. These requirements make strategic decision-making stage of development difficult. However, the most difficult stage in strategic management of development is the implementation stage. This stage will often be influenced by the socio-political climate and by long-standing prejudices for or against this industry and even development itself.

Under the influence of all these forces the traditional development strategy focusing on growth will generally be easier to promote, defend and implement than an alternative strategy where the primary objective is balance. Nevertheless there are good examples of the role of balance in the development of sport and recreation communities, suggesting that balance could serve as the primary goal. The examples that follow are roughly organized from analyses that are static to ones that are dynamic, and from rules that apply mainly to business and industry to rules that apply to the community as a whole. They are intended to demonstrate the roles of balance at many different levels of strategic management of the development of the sport and recreation industry.

Optimal Product Mix for US Sports Travelers

The proportion of expenditures on different services by travelers and the list of typical activities undertaken can reveal the product mix that can be most profitable. While this is a routine product mix benchmark for businesses, it also reflects the theoretical rule of economic balance that underlies consumer decision making. A new US sports destination for example might pattern its product mix after the current average expenditures if it expects to attract the current average sports consumer. The US Travel Industry Association (2008) recently released its survey of US travelers for sports. They found that baseball leads as the most preferred sports event during travel, followed by football, basketball and auto/truck racing. Men and women report similar preferences in these activities. Most sports events travelers are spectators (84%). One-fourth of all sports events travelers attended events to watch their children or grandchildren play. Two out of five sports events travelers made a special purchase of sports equipment or clothes for their trip, spending an average of $119 each. Strategic managers of sports and recreation destinations in the US will attempt to match the product and activity balance dictated by such consumer preferences.

Optimal Product Mix for Convention Visitors

Construction and development of major infrastructures financed by the public are frequently justified on the basis of optimistic projections of market size and growth that are not realized once the facility is completed. This was illustrated in the development of the Rhode Island Convention Center that was justified on the basis of optimistic projections of convention visitors, supplemented by short term meetings and trade shows. The accounting firm that made the optimistic forecast failed to account for the lack of committable hotel rooms within walking distance of the new center.

The Rhode Island Convention Center was completed in 1993 and while the attendance goals were met in the first few years, the events were dominated by short term trade shows and one-day meetings. Events attracted approximately 825,000 visitors and generated approximately 60,000 room-nights. Unfortunately, fewer multi-day conventions were booked than anticipated, and the room taxes expected to be used to repay the public debt fell short of targets. As part of their analysis of the impacts of the center, Tyrrell et al (1997) conducted a survey of 39 convention centers in 22 states in the Eastern US that were comparable to the Rhode Island Convention Center in size (between 50,000 and 200,000 sq. ft.), and demographic location. The Rhode Island Convention Center was found to have 570 available hotel rooms within walking distance of the center. This was at the lower end of the spectrum of all centers. There were five convention centers (out of twenty eight) which had fewer committable rooms within walking distance of the center. Two of these had no rooms within walking distance. Despite the growth goals, the capacity of the center for multi-day conventions was not in balance with the number of available rooms within walking distance of the center with the result that convention sales goals were not met. Due to hotel developments in recent years, the balance has been restored.

Optimal Product Mix for US and Canadian Ski Areas

Economic theory suggests that for a multi-product firm the maximum profit is generated when the marginal profit of each output equals zero. The implication of this rule of balance is that the product mixes of successful firms describe the optimal balance proportions. This was illustrated in an examination of the allocation of commercial space by nine New England and seven British Columbia successful ski areas in 1991 (Tyrrell, Williams and Okrant, 1993). The study found that the ratio of total commercial space to ski lift capacity increases with lodging capacity and with the distance to urban areas, but decreases with the distance to interstate highways. After adjusting for these differences, the size differences between ski areas provided a way of determining optimal changes that should be expected with growth of an average ski area. Among six categories of commercial space use it was found that bars received the largest proportional increase in space when total commercial space increased, whereas space devoted to skier services received the smallest proportional increase. Restaurant, retail and office space all received a relatively constant share of total space at each level of total commercial space.

Price Discrimination between Residents and Tourists

When a single producer sells a single product in two or more markets the quantities supplied to each market should be chosen such that the marginal revenue in each market is equated to the marginal cost of total output. Prices should be set such that the marginal net benefit from each market equals zero.

In Hawaii, for example tourists and locals pay widely different prices for inter-island airlines, hotels, car rentals, golf courses and publicly owned leisure facilities such as the city zoo and aquarium. (Mak, 2004, p. 13)

Marketing, Product Quality and Tourist Satisfaction

Short term marginal revenue gains generated by unfounded product claims in marketing campaigns need to be balanced against potential future lost revenues due to the dissatisfaction of travelers. This rule of balance requires comparison of short and long term marginal benefits and computation of the sum of discounted benefits over time. Exaggerated claims that disappoint visitors or understated claims that visitors don't hear about can both result in less than maximum profits for a business or industry.

For example, Goslin et al (2004) analyzed the 2002 Tug-of-War World Championships in South Africa finding that sport tourists perceived the particular sport event as a moderate success. However visitors were dissatisfied with the administration of the event, standard of competition venue, standard of refereeing and the closing ceremony. Authors recommended that events organizers had not adequately capitalized on the economic and psychic income potential of the event.

Optimal Industry Investment in Employee Housing

To maximize profit by varying inputs, a necessary balancing condition is that the value of the marginal product of each input should equal its price, or equivalently that the marginal net benefit of each purchased input should be zero. There are a variety of expenditures are associated with hiring employees in the recreation and sports industries. These include wages, health benefits, uniforms, day care services and housing subsidies. Whistler-Blackcomb, a British Columbia ski resort that receives 1.9 million annual visits provides an example of this balancing rule in its affordable housing program.

The median price in 2007 Whistler for a single-family home was $1,263,000 and for a condominium was $460,000. Over the past 10 years, average purchase prices in Whistler have increased by an average of 10% per year for condominiums, 14% per year for single family residences and 18% per year for vacant single family lots (p. 37, Whistler Housing Authority.) The Whistler Housing Authority, a wholly owned subsidiary of the Resort "believes it is essential that the majority of Whistler employees live in the community in which they work, and thus is continually working towards finding solutions to the affordable resident housing issue." Their goal is to keep at least 75% of Whistler's 15,000 FTE workforce living in Whistler. The Housing Authority offers affordable single family houses and condominiums to employees who work a minimum average of 20 hours per week within Whistler and retirees who had been employed in Whistler for five of the six years prior to ceasing employment. The prices of this housing can be as little as 25% of the market value ($200,000—$300,000 for a single family dwelling). The affordable housing is financed by developers who are required to include affordable housing units when building accommodations for tourists or contribute to the housing fund when building retail and service establishments.

The impact of this investment is the development of an enthusiastic, dependable high quality labor force for the Whistler resort. The Housing Authority's housing purchase waitlist has experienced growth of 250% in the last four years from 200 applicants in 2003 to over 700 households recently.

Size and Scale Economies of the US Metropolitan Tourism Industry

The example of the balancing rule of "marginal net benefits = 0" is a basic result in profit maximization for the firm. A related balancing rule for the entire industry segment in a region suggests that the "marginal productivity of labor = 0" This will be the point beyond which the size of the industry is no longer a regional advantage. Tyrrell and Martens (2007) econometrically analyzed the 2002 productivity (GDP per capita) of nine tourism-related industry sectors across 361 metropolitan areas of the US to provide information about the relative importance of internal and external contributions to productivity. As expected, due to the importance of the local market, population density had a positive influence on productivity in every tourism sector where it was significant. Firm size had a positive effect only in the accommodations sector and had a negative influence wherever it was significant in the other sectors (Eating and Drinking Places, Clothing Stores and Gasoline Service Stations). Optimal industry size was determined at the point where marginal productivity equaled zero for three sectors: accommodation (51—57 thousand employees), food services and dining places (187—211 thousand employees), and clothing and clothing accessories (65—71 thousand employees)①. Only three metropolitan US cities were found to have accommodation industries employment above the optimal range: Las Vegas (160,000), New York (68,000) and Los Angeles (58,000). This result suggests that growth may not be an optimal strategy in the accommodation industries in these cities.

Governments Meeting Public Needs

In order to maximize utility, consumers allocate their budgets so as to

① Optimal industry size was determined by differentiating the estimated quadratic productivity equation by industry employment and solving for the level where this slope equal zero.

equalize the ratio of marginal utility to price for every commodity. When a consumer has public services available at free or subsidized prices, part of the cost of these services is embedded in the price of housing and taxes. Community governments attempt to meet the needs of consumers while balancing the extent and quality of public services against its costs and the burden to taxpayers.

A variety of local and national surveys are regularly conducted to determine quality of life issues for residents. Rankings of these issues can be used to determine community objectives. The Morrison Institute of Arizona State University for example conducts a regular Quality of Life survey of Arizona residents①. It found the same top issues over the past seven years. The order had changed only slightly over the past 8 years (2005):

1. Education; 2. Public Safety and Crime; 3. Health and Healthcare; 4. Economy; 5. Environment; 6. Families and Youth; 7. Transportation and Mobility; 8. Community; 9. Arts, Culture and Recreation.

In a Guidebook for Sustainable Communities the United Kingdom Department for Environment, Food and Rural Affairs (p. 8) describes four major long term objectives of governments:

Social progress which recognizes the needs of everyone; Effective protection of the environment; Prudent use of natural resources; and Maintenance of high and stable levels of economic growth and employment.

Tourism industry economists have long recognized industry's role in the community and the importance of broad government development strategies. For example, Adrian Bull's book on the Economics of Travel and Tourism suggests three major roles of the government in the economy:

"Taking measures to promote socioeconomic wellbeing, including improvement in the standards of living, maintaining employment and welfare equity.

Levying the economy in order to supply noncommercial social provisions (such as justice and diplomacy).

Owning the means of production for specific goods and services, and managing them as enterprises." (p. 198)

Unfortunately, government actions related to tourism as well as many other

---

① Another example is the Chinese QOL health survey
http://www.pubmedcentral.nih.gov/articlerender.fcgi?artid=1090607

industries frequently reduce to making expenditures to build industry capacity to generate income for the economy rather than addressing broader concerns of residents that can improve community balance. Achieving and maintaining social wellbeing, cultural integrity and welfare equity are frequently viewed as constraints on growth, rather than strategic objectives themselves.

Capacity and Use of Public Infrastructure

Construction of public infrastructure is based on expectations of use. The use of new public infrastructure sometimes depends on changes in the behavior of residents. In order for the public benefit to be realized it can be necessary to make balanced investments in construction and operations of new facilities. In the positive case of Providence, Rhode Island the investment in a touristic event lead to more efficient use of a new public riverfront development by tourists and residents.

Waterfire Providence, a free public music/theatre/art event was a significant contributor to the success of the redevelopment of the riverfront in downtown Providence, Rhode Island. The relocation of three rivers and the major railway through the city cost \$60 million in city, state and federal funds but resulted in a new 11-acre riverfront park and roadway system. Ground breaking ceremonies took place on April 1988 and dedication of Waterplace Park took place July 1994. Artist and photographer Barnaby Evans was invited to invent an event to celebrate First Night Providence and showcase the new riverfront park. On December 31, 1994, WaterFire Providence was launched: 11 fires were lighted in iron braziers built in the river, recorded music was played and thousands gathered in the renaissance of an old, industrial New England city. There are now over 25 Waterfire events each year attracting over a million spectators annually (57% visitors, 43% residents). Residents have rediscovered their newly developed downtown through the help of the tourism industry. The value of the large public investment has been realized because of deliberate investment in an innovative and free public event.

The Goal of Sustainability

The World Commission on Environment and Development report entitled "Our Common Future" (1987) has given us the most widely recognized definition of sustainable development:

"(D)evelopment that meets the needs of the present without compromising the ability of future generations to meet their own needs."

Development receives the primary emphasis even in this revered definition. The balance between generations is presented as a constraint on development for the needs of the present. The thesis of this paper might suggest that an alternative definition of sustainability might be considered:

"Balancing meeting the needs of present and future generations without compromising the ability for development."

This definition suggests balance the primary goal and development a constraint on that goal.

A Dynamic Economic Model of Sustainability

An economic model must capture the dynamic behavior of consumers and producers if it is to characterize long term investments, utilization of infrastructure and a myriad of intergenerational issues implied by sustainability. Johnston and Tyrrell (2005) proposed such a model formalizing the relationship between the environmental quality and tourism industry profits over time. Their analysis implies three balancing conditions for sustainability. Their postulated objective equation suggests that the tourism industry chooses the number of visitors (V) in each time period to maximize the sum of discounted profits over time:

(1) $\int_0^{\infty}[\prod(V,X)]e^{-rt}\,dt$.

It suggests that the number of visitors and the quality of the environment (X) both contribute positively to industry profits. Their second structural equation characterizes the dynamic relationship between tourist activity and environmental quality. This equation suggests that tourists both are attracted by and degrade environmental quality, which in turn is renewed based on natural processes ($h(X)$):

(2) $\dot{X} = h(X) - V$

Equation (2) defines the change in environmental quality from period to period, which may be positive, negative, or zero. Sustainability of environmental quality occurs where $\dot{X} = 0$, i.e., there is no change in environmental quality over time. This is the first of the three balancing equations implied by the model: the size of the visitor market should be maintained at the level where visitor damage just matches natural renewal of the environment.

The optimal solution for the tourism industry maximizes (1) subject to (2), with respect to the number of visitors per period. In deriving the solution to the problem the variable λ is introduced, denoting the imputed value of a unit of environmental quality. A second condition of balance defines optimal visitor numbers over time:

(3) $\lambda = (\Pi_V)e^{-rt}$.

This equation states that imputed value of a marginal unit of environmental quality should balance the discounted profit of servicing the most recent visitor. A third balancing condition is implied by:

(4) $-\dot{\lambda} = (\Pi_X)e^{-rt} + \lambda(h_X)$

This equation implies that the rate of depreciation in the value of environmental quality should balance the sum of two terms: the discounted marginal contribution of environmental quality to current profits and the marginal contribution of environmental to the enhancement of environmental quality.

Traditionally the optimal control analysis of an economic model is presented in terms of the steady-state solution to the problem (when $\dot{X} = \dot{\lambda} = \dot{V} = 0$) and optimal trajectories that lead to that solution. However the three balancing equations are critical to that solution and precede it. Each of these equations must be satisfied at every point along the trajectory to the steady state, and they are independent of initial and terminal values which are required for a trajectory solution. In terms of strategic management decisions, these conditions of balance would seem to be at least as important, or perhaps more important than the trajectory that they imply, particularly if there is some doubt about the existence or desirability of a long-term steady state.

4. Two Requirements for Implementation of a Balance Strategy

Measurement of Economic Value

Measurement of the components of the balancing equations is required for their implementation. These measurements are needed to assess degrees of balance to be communicated between development partners. While perfect measurement accuracy can never be achieved, it is essential that measurements follow a carefully selected methodology and made on the same units. Monetary units are the obvious and unavoidable choice for business and industry balancing equations. We recommend that monetary units also be used for social and environmental conditions.

Indicators developed over the past 30 years (Andrews, 1976) have become popular for quality of life measures related to sustainability. Unfortunately, these indicators cannot be directly compared and weighted sums and average rankings provide only ad hoc measures of overall quality. There are additional criticisms about the uses of indicators (Guthrie, 1993; Winston, 1998). Therefore we suggest that economic value measured on a monetary scale be used for all conditions of balance.

There are at least two approaches that can be used for measuring economic value: the income concept of value and the "gains from trade" concept of value. Adam Smith recognized that economic value "expresses the utility of some particular object and sometimes the power of purchasing other goods" (Adam Smith, 1776, p. 28).

The income concept of value (also called the "value added" approach to value) is based on the power to purchase goods and services and describes the general capacity to obtain goods and services, independent of the amount of satisfaction received to humans. Value added can be computed as gross output minus costs of intermediate goods and services and is a measure of the income generated by any industry. This concept is the basis for Gross Domestic Product (GDP). The advantage of the income concept for value is that provides finite measures.

The gains from trade concept is based on the "willingness to pay" for a good or service by a consumer and the "willingness to sell" that good by the producer. Hence, value is obtained after a consumer receives and a producer delivers a particular good or service (consumer surplus plus producer surplus). This concept of value describes the satisfaction received from any good or service that an individual receives whether from food ingested or a beautiful view appreciated. It does not require that a good or service be purchased with money, only that it be consumed. Thus it is a useful concept for the valuation of public services and natural and cultural amenities. The disadvantage of the "gains from trade" concept is that it does not guarantee finite measures and that empirical estimates are subject to a variety of potential errors.

At the community level of analysis there is less concern for GDP or average purchasing power and more concern with the quality of everyday life for individuals. Personal values are important and the differences between persons and groups are significant. Environmental, man-made and financial assets of the community have historical and cultural importance and they are owned and managed by friends, neighbors and local organizations.

Gains from Trade measures of value can characterize changes in "quality of life", when an income measure cannot. They can reflect the importance of a clean environment to residents even if environmental properties are not sold and can measure the cultural importance of "having a job", even if the wage rate is low and the job contributes little to GDP. Gains from trade measures of value can reflect the importance to residents of social cohesion, unfair tax burdens and the pleasure from ownership, none of which will be reflected in income measures of value. Gains from trade measures of value are needed in designing a comprehensive system of measurements to implement a strategic development plan based on balance.

Effective Communication between and Information for Development Partners

Communication and Information exchange is a recognized requirement of economic development (FAO, 2006). Communication is an interactive process in which information, knowledge and skills are exchanged. Information exchange on the other hand is a passive activity. Both are essential for implementing and monitoring the components of balancing rules for development.

Developing a Community Vision

The Whistler ski resort community provides an excellent example of communication and information exchange in a sports destination. "Whistler 2020 is a shared vision and plan that was created by the community, and is being implemented by the community. Hundreds of individuals and organizations are involved on an ongoing basis through work as task force members, implementing organizations." (Whistler 2020) The vision for 2020 was developed in a four phase process (success factors, alternative futures, blended future and vision). Each phase involved community participation. The Vision was adopted by the municipal Council in 2004. Eight Partnership Principles include collaboration, open communication, integrity, innovation, inclusive engagement, responsibility, transparency, and integration. These principles provide the basis for effective communication and information exchange. Twenty seven businesses and community organizations signed the original Partnership agreement in 2006. A monitoring program consists of a tracking the status and progress towards the Vision and specific strategy Descriptions of Success.

Tourism Industry Clusters

The development of industry clusters has been a popular approach to economies of size and economies of scale in production. Industry clusters involve development of communication and information flows between vertically and horizontally integrated firms within a geographically defined region.

Advocates of the new economic geography suggest that policies supporting urban development, industry clusters, and firm growth will lead to increased productivity and therefore industry growth. A critical assumption for policies promoting sectoral concentration and collaboration is that industry size has a positive influence on productivity. Tyrrell and Martens (2005) found evidence to support that hypothesis for small industries in US metropolitan areas but find diminishing productivity for large ones in Eating and Drinking Places, Accommodations and Clothing Stores①.

5. Balance as a Development Strategy for Sport and Recreation

"Balance" as a development strategy appears to have unique significance when many local and visitor markets are served and many types of community impacts are created such as with the sport and recreation industry. Balancing rules are fundamental to the economic theories describing maximizing profits,

① Jackson (2006) has found opportunities to develop industry clusters in China.

consumer satisfaction and optimal allocation of resources. This paper has illustrated many of these economic rules with examples from the recreation, sport and tourism industries. The evidence presented suggests that failure to meet balancing conditions can have negative effects while success in meeting balancing conditions generally leads to positive results. Furthermore, satisfaction of balancing conditions can directly meet many community and sustainability goals.

Finally, it is argued that two essential requirements for adopting balance as a development strategy are the appropriate measurement of economic value and the effective communication between development partners. Despite apparent difficulties, the "Gains from Trade" approach to measuring economic value is suggested for measuring all components of balance. Community partnership agreements and government supported industry clusters are suggested for implementation and communication of this strategy.

References

[1] Andrews, Frank M. *Social Indicators of Well-being: Americans' Perceptions of Life Quality*, Plenum Press, 1976.

[2] Armstrong, Anona and Ronald Francis, Difficulties of Developing and Using Social Indicators to Evaluate Government Programs: A critical review, paper presented at the 2002 Australasian Evaluation Society International Conference October/November 2002-Wollongong, Australia.

[3] Bull, Adrian, *The Economics of Travel and Tourism*, John Wiley & Sons, 1991.

[4] Chiang, Alpha C., *Fundamental Methods of Mathematical Economics*, McGraw Hill, Inc., 1984.

[5] Dasgupta, P., and G. Heal. (1974). The Optimal Depletion of Exhaustible Resources. *Review of Economic Studies* 41: 3—28.

[6] Department for Environment, Food and Rural Affairs, "Sustainable Communities: A shared agenda, a share of the action, A guide for local authorities," Nobel House, Defra Publications, London, 2006. http://www. sustainable-development. gov. uk/publications/documents/sustainable-communities-guide. pdf

[7] Department for Environment, Food and Rural Affairs, " The Environment Agency's Objectives and Contributions to Sustainable Development: Statutory Guidance by the Secretary of State for Environment, Food and Rural Affairs," Nobel House, Defra Publications, London, December 2002 http://www. defra. gov. uk/ENVIRONMENT/ea/sustain/pdf/ea_susdev_guidance. pdf

[8] Elkington, John (1994) Towards the sustainable corporation: Win-win business strategies for sustainable development. *California Management Review* 36, no. 2: 90—100.

[9] Food and Agriculture Organization (FAO, 2006) of the United Nations and the Deutsche Gesellschaft für Technische Zusammenarbeit (GTZ) GmbH, Framework On Effective Rural Communication For Development, edited by Riccardo Del Castello and Paul Mathias Braun, ROME.

[10] Goldberger, A. S. , Directly Additive Utility and Constant Marginal Budget Shares, *The Review of Economic Studies*, 1969 The Review of Economic Studies, 251—254.

[11] Goslin, Anneliese E, Jan P Grundling and Lisl Steynberg, Sport tourist expectations of a world championship sporting event, *South African Journal for Research in Sport, Physical Education and Recreation* Vol. 26(2) 2004:67—78.

[12] Goulder, L. H. and D. Kennedy. 1997. " Valuing Ecosystem Services: Philosophical Bases and Empirical Methods", in *Nature's Services: Societal Dependence on Natural Systems*, G. C. Daily (eds.), Island Press, Washington, DC.

[13] Guthrie, J. (1993). Critical issues in Performance Measurement and Indicators. In J. Guthrie (Ed.), *The Australian Public Sector: Pathways to Change in the* 1990*s*. (pp. 69—74). Sydney: IIR Conferences Pty Ltd.

[14] Henderson, J. and R. Quandt. (1971). Microeconomic Theory: A Mathematical Approach, 2nd Edition. New York, NY: McGraw-Hill.

[15] Jackson, Julie, Developing regional tourism in China: The potential for activating business clusters in a socialist market economy, Tourism management, 27 (4) pg: 695—706, August 2006.

[16] Johnston, R. J. and J. G. Sutinen. (1996). Uncertain Biomass Shift

and Collapse: Implications for Harvest Policy in the Fishery. *Land Economics* 72(4): 500—518.

[17] Johnston, R. J. and T. J. Tyrrell, "A Dynamic Model of Sustainable Tourism", *Journal of Travel Research* 44 (2), November 2005:124—134.

[18] Mak, James, Tourism and the Economy: Understanding the Economics of Tourism, University of Hawaii Press, 2004

[19] Moore, Sean R., Peter W. Williams and Alison Gill, "Finding a Pad in Paradise: Amenity Migration Effects on Whistler", British Columbia, Ch. 9 in The Amenity Migrants, L. A. G. Moss ed., CABI Publsishing, 2006

[20] Pearce, John A., II and Richard B. Robinson, Jr., Strategic Management, Irwin, 1988, 3rd edition.

[21] Robbins, Lionel, "An Essay on the Nature and Significance of Economic Science", MacMillan and Co., London, 1932.

[22] Shaffer, Community Economics, Iowa State University Press, 1989

[23] Silberberg, Eugene, The Structure of Economics, McGraw Hill, New York, 1978

[24] Smith, Adam, 1776. An Inquiry into the Nature and Causes of the Wealth of Nations, Edinburgh, Scotland.

[25] Travel Industry Association, "Executive Summaries-Profile of Travelers Who Attend Sports Events", http://www.tia.org/researchpubs/executive_summaries_sports.html accessed 10/2/08.

[26] Tyrrell, Timothy, Sophie Morse and Carol Surprenant, The Economic Impacts of the Rhode Island Convention Center: FY 1996, Department of Environmental and Natural Resource Economics and the Research Center in Business and Economics, University of Rhode Island, Kingston RI, USA, Final Report, March 31, 1997

[27] Tyrrell, Tim and Ted Martens, "Tourism Industry Productivity across Metropolitan Areas in the US," Productivity in Tourism, Fundamentals and Concepts for Achieving Growth and Competitiveness, Peter Keller and

[28] Thomas Bieger, eds., *International Tourism Research Concepts*, Vol. 2, Erich Schmidt Verlag GmbH & Co., Berlin, 2007: 221—233.

[29] Tyrrell, Timothy, Peter Williams and Mark Okrant, "Ski Area

Commercial Space Distribution Estimation," *Journal of Travel Research* 31 (4), Spring, 1993, pp. 43—51.

[30] Whistler 2020: The Process http://www.whistler2020.ca/whistler/site/gpage.acds? instanceid=1957300&context=1930607

[31] Whistler Housing Authority http://www.whistlerhousing.ca/? NmID=46

[32] Whistler Housing Authority 2008 Business & Financial Plan, Whistler, British Columbia
http://www.whistlerhousing.ca/archiver/files/210.pdf

[33] Winston, J. (1998). Performance Indicators: Do they perform? Evaluation News and Comment, 6(2), 22—29.

[34] World Commission on Environment and Development. 1987. Our Common Future. Oxford, UK: Oxford University Press.

休闲和旅游胜地作为文化节庆的成功因素

——2007年特里尔康斯坦丁皇帝展的评估

A. Kagermeier* 博士

内容提要：过去的十年经历了城市旅游业的某种节庆化。如今无数节庆活动力图吸引潜在的来访者。与此同时，旅游目的地也扩展了依托节庆、展览和景观对外展示历史和文化遗产的范围。论文分析了成功策划文化旅游中推出以历史事件为重点的活动所必须满足的因素。主要强调下列方面：节庆与该目的地核心产品的一致性；明确定位目标群体以及产品的恰当定位；高水平和高标准；市场—沟通策略的作用；配套的辅助活动。

本案例研究针对"Konstantin-Ausstellung"——康斯坦丁皇帝展。展览于2007年在特里尔举行。根据其运作标准，展览大获成功：展会吸引了350000名访客而不是原先估计的250000名，其中大多数来自该地区以外。

文章将探讨成功的因素。然而，仍然有某些方面迫切需要解决，主要为缺乏推出该产品的完整的创新途径。假如有一种更侧重表现的理念将观众带入一段惊心动魄的过去之旅，则会满足和吸引更为广泛的公众。

来稿乃是根据作者们与 Europäisches Tourismusinstitut (ETI)合作的调查取得的实证发现并于2008年1月提交莱茵兰-巴列丁奈特文化部。

关键词：旅游目的地　文化节庆　成果因素

---

* A. Kagermeier 博士，教授，(德国)特里尔大学地理系的成员，任旅游与旅游地理专业的主任。其主要研究领域为休闲机动性、休闲设施和节庆以及文化与城市旅游。他的研究采纳一种国际通用的方式，聚焦休闲与旅游市场的人口学变化的后果、休闲与旅游的新潮流，以及在地区层面上，马格里布地区的旅游，尤其是其对该地区经济的影响。

Success factors for cultural events as leisure and tourist attraction

Dr. Andreas Kagermeier (University of Trier, Germany)

Introduction

The last decade has seen a kind of "EVENT-ization" in urban tourism. Today a countless number of events and festivals try to attract potential visitors. At the same time an expanding engagement to present history and heritage by means of festivals, exhibitions or spectacles is to be observed in different tourist destinations.

Seen the multitude of different events with the resulting high number of competitors addressing potential visitors the question arises which factors have to be fulfilled when aiming at successfully conceiving historically oriented events in cultural tourism.

Cultural heritage has always been important in shaping leisure and tourism products (*Steinecke*, 2002). In particular regarding the booming urban and city tourism, cultural attractiveness is relevant (*Deutscher Tourismusverband*, 2006). Especially in Germany—which is about to establish itself as an appealing incoming destination (*Deutsche Zentrale für Tourismus*, 2006)—cultural urban tourism becomes more and more meaningful.

In order to position an offer successfully in this tight market, it has to be adapted continuously to the market's quality requirements and the most important trends in demand have to be selected up proactively. Since the 1990s the creation of experiences is one of the key elements for the success of leisure and tourism supply. The orientation on creating experiences was at first served by artificial leisure worlds but it gains more and more significance in cities as well with intensifying the usage of events to increase a location's attractiveness.

The market success of a culture-orientated facility and/or cultural urban destination is therefore determined substantially by generating products which are orientated on target groups and experience creation. Thus the way of staging and therewith the development of extended benefits is highly important (*Hartmann*, 2005). The valorisation of urban historic sites by events describes among others one manner.

Many classical means of staging were successfully introduced within the last years. It is to be expected that their effectiveness as factor of attractiveness might reduce in the future, if there are no innovative ways of staging to be developed. Relating to these future forms of staging, the observation that visitors do not experience historic sites any longer only passively and receptively can be made. Recent types aim at a new dimension of experience which tries to assign a far more active role to the visitors.

Thus the guest is included into the staging process which on one hand enables more intense forms of experiencing. At the same time the borders between demand and supply become blurred because the active participation finally leads to the situation that every visitor acts as part of the staging process for other visitors and vice versa. This paper will explore those current developments by using the example of the city of Trier (Germany).

The focus of this contribution reaches from the consistency of the event with the core product of the destination, a distinct identification of the target group and an appropriate orientation of the product to the quality level and the high-performance staging allowing an immersion of the visitors into the past. The role of market-communication strategies with a special focus on internal marketing which means using the population as multipliers by creating an identification of the population with the product to induce word-of-mouth marketing shall be discussed as well as the question of cooperation with destination management and marketing organisations, tourism enterprises to create a regional network synergy-effects.

Events and their role in urban tourism

Urban tourism is one of the dynamic growing sectors of German and European tourism. In Germany the arrivals of overnight tourists in cities with more than 100,000 inhabitants almost doubled from 25 mio. at the beginning of the 90ies up to 47 mio. in 2007 (c.f. fig. 1). So urban tourism represents one of the important growth markets for German tourism.

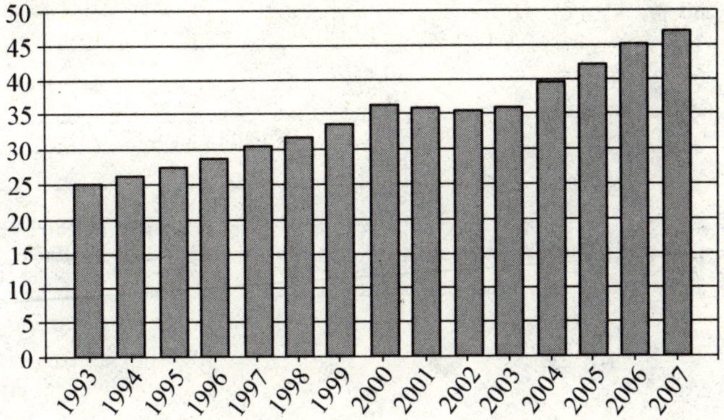

Figure 1 *Development of tourist arrivals between 1993 and 2007 in German cities*

Source: *www.destatis.de* 2008

Concerning the overnight stays the national growth rate between 1993 and 2005 has been only 11.5% (c.f. fig. 2) with all German cities reaching about 40%. It is quite typical for urban tourism that the great metropolitan centres are taking an over-proportional share of this positive evolution. So during the same period the so called "top 12" of Germany's urban tourism destination knew a growth rate of almost 70%, while most of the medium sized and smaller towns saw with a growth rate of about 15%, a development not much different from the average German tendency.

The astonishing aspect is, that medium sized towns with a special focus on cultural tourism show significant higher growth rates than other smaller towns or big cities concentrating on the MICE-tourism (convention cities in fig. 2). In these towns basing their tourism orientation on the historical heritage the growth rate almost reached 40%.

Whereas the big cities have a broad variety of attractions to attract visitors reaching from different types of events and performances, their musicals and their offer concerning restaurants, pubs and bars, it's much more difficult for smaller towns to compete with the big metropolitan cities.

Therefore the question arouses how the cultural potential of smaller urban destination might be put into value to attract a constant flow of visitors.

Generally speaking the fundamental challenges for marketing urban tourism can be seen as:

Address new target groups and bind existing ones by interesting offers

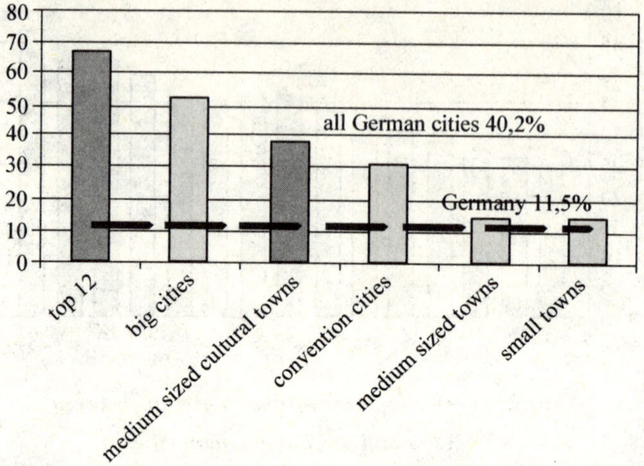

Figure 2　*Change in overnight stays* 1993—2005 *in percent*

Source：*DTV* 2005

Recruit target groups with high income level

Increase of expenditure

Optimize the image of a destination

Make the specific cultural characteristics/features of a destination well-known

Improve the acceptance by the local population

Apply an optimal Marketing-Mix (c.f. Heinze 1999, p.13).

Quite often events are seen as a mean for attracting more tourists to a destination. According to the definition of *Getz* a special event "is a onetime or infrequently occurring event outside the normal program or activities of the sponsoring or organizing body. To the customer, a special event is an opportunity for a leisure, social or cultural experience outside the normal range of choices or beyond everyday experience" (1991, p.44). So in Germany the soccer world championship in 2006 has been one of the outstanding nationwide events two years ago.

According to *Opaschowski* (1997, p.23) criteria for successful events can be defined as creating a thunderbolt-effect by its singularity and uniqueness or guarantee a continuity by a certain regularity of event offers. In both cases the claim of being innovative with a credible marketing of new ideas should be formulated. *Scherhag* (1998, p.87) mentions the remarkable character and the special significance as key factors of successful events which induce as a direct effect/a great response in the media and attract a lot of interested people. As an indirect effect of events the improvement of the image of a destination can be mentioned (c.f. Tab.1).

Tab. 1: Possible effects of events

outward oriented	inward oriented
attractiveness for visitors	attractiveness for inhabitants
increase of the number of visitors	fostering and preservation of local culture
to be well-known	inward oriented marketing
image-building	urban development
compensate seasonal effects	economic effects

Beside the outward oriented tourism related effects of events there is often the intention to ameliorate the living conditions for the local people by creating attractive leisure options or induce urban development as well as stimulating the local economy.

But the crucial question still remains: how to achieve these goals? This question will be discussed by presenting a case study from thc German city of Trier.

Elements of supply in the cultural urban area

According to actual prognoses, the trend "culture" as well as the rising demand of foreign tourists will secure the future of the German cities as tourist destinations (UN-WTO 2005). Therefore future prospects of this tourism form in Germany are considered good (Bat *Freizeit-Forschungsinstitut* 2007; *DTV* 2006; UN-WTO 2005). This is due to a generally higher interest in culture because of an increased level of education, the demographic change and the tendency to go on secondary and third holidays (*Becker & Steinecke* 1993).

The cultural urban area which benefits from the trend to short journeys does not represent a monolithic and homogeneous offer. It rather consists of a multiple different components.

Besides the core formed by cultural heritage and arts, as well as lifestyle, traditions and customs in the urban area and ultimately shopping and culinary also belong to the package (s. figure 3).

Figure 3 *Elements of the cultural urban area*
Source: *own representation*

During the last decades the notion of culture has enhanced. To be mentioned is the industrial heritage which in the meantime has become a crucial component of the leisure and tourism supply (*Schwark* 2004, *Wolf* 2005). Considering historic cities orientated on culture, the cultural heritage shapes the urban cultural tourism. At times it mostly even dominates it. Nevertheless the visitors can discover a complex bundle of offers.

The complexity of the supply side is also reflected by the multitude of providers who are involved in the product and participate in a network. What they all share is the necessity to orientate on an experience-oriented staging of the supply bundle.

Experience-oriented staging as an instrument to differentiate/profile the tourist offer

"*Culture is most arguably the most important raw material for the creation of experiences*" (*Richards* 2001)

At the latest since the 1970s "experience" became a more and more important component of the notion of culture because of the increasing meaning of experience culture and event culture. This is reflected today e. g. in experience-oriented shopping malls and leisure parks (*Reinhardt* 2007).

Among the various classical experience market and experience products, culture "*most arguably* (*represents*) *the most important raw material for the creation of experiences*" (*Richards* 2001). Culture therefore has to be considered as a marketable product. The demand side actually shows an increasing interest in culture, in particular in a staged and experience-oriented culture.

The definitions of staging in tourism are manifold but mostly the term "staging" is used in theatre. In the German language area, staging is often defined as "... *the market-orientated realisation of themes relevant to tourism through diverse institutions, organisers, partners and media based on a clear concept.*" (*Steinecke* 1997). It further refers to "... *generative processes, which conceptualise and realise—to ideas that link the imaginary, the fictional, and the real (empirical) together in a specific way.*" (*Scheurer* 2003). Staging gains more and more importance as a critical success factor in the touristic competition, because the customer no longer only requests tourist services but claims experiences (*Kronenberg* 2006). Therefore it also describes an instrument to profile the tourist offer.

Core components of a successful staging are:

Imagination: Illusion and staged Potemkin village as authentic as possible are part of it. The setting can be more beautiful and impressive than reality. Imagination doesn't get along without setting or dramaturgy.

Attraction: Special attractions make the event incomparable. The feeling of uniqueness and something extraordinary adjusts together with the surprising and the unpredictable.

Perfection: Everything Goes! But it requires a high level of perfection. No mistakes are allowed, everything must be planned in detail and as perfectly as possible.

Identification: The feeling of togetherness/common identity only develops when guests and natives are integrated honestly (*Romeiss-Stracke* 2006).

This staged tourism brings forth/expresses a new manner of tourist experience which (shall evoke) evokes those positive impressions. Basic requirements for a successful and experience-oriented "staging of the authentic" are referring to *Gross* (2004): High emotionality of attractions and products (adventure, pleasure, experiences etc.), involvement of the five senses, significance of the external factor (physical attendance) and the obligation to cooperate (integration of persons and use of specific moods), knowledge of the target-group's desires and needs as well as originality and therefore being highly bound to spatial requirements/conditions.

Staging doesn't mean to put artificial and not regionally adapted decorations or constructions but emphasising the essential and leading the guests towards the extraordinary. Thus an experience can be granted which is easy to learn and entertaining (*Scherrieb et al*. 2006).

In a tourist destination, the location represents a brilliant facility to supply the topic and support the staging through the ambiance (*Inden-Lohmar* 2006). The cultural heritage enables experiencing the past (*Nuryanti* 1996, S. 338). To interpret and experience a cultural/historic site is a crucial component of the experience-oriented staging.

Classic places of staging are urban entertainment and mixed use centers, staging in hotels and in gastronomy as well as modern thematic museums. Besides those processes, events become important to stage cultural offers which will be highlighted now.

Staging through events

Due to several reasons, events are considered to be an adequate instrument of staging to profile a destination in the mature tourism market.

By orientating on actual developments within the target groups (trends of short-trips, experience orientation), they generate a value that is relevant to the market.

The high media presence leads to cumulative effects within a broad market segment.

They offer an experience which is associated with the destination in the long run as well (*Fontanari/Partale* 2006).

Nevertheless "only new ideas (offers) or historically or regionally based events still achieve impacts" (*Steingrube* 2003). Therefore, events must have a distinct profile, which is goal-oriented and possesses a professional concept and organisation (*Romeiss-Stracke* 2006). To achieve the goals they have to be oriented towards the customer and therefore be attractive and entertaining, to reach the participant in a positive manner and to guarantee a planned and perfect procedure (*Holzbaur et al*. 2005). Customer orientation is particularly important because participating in events is on a voluntary, short-term and can be terminated at every time (so called exit potion) (*Wopp* 2003; *Pechlaner* et al. 2006). The supply side should therefore try to create positive and to avoid negative impressions in any case.

During the event, this can be achieved by the following criteria: positive impressions, experiences and emotions, additional benefit on top of the basic event content, diversity of events, media and perceptions, the participants should be activated positively and organization and staging of the process (*Holzbaur et al*. 2005).

Presentation of the case study: urban tourism in the city of Trier

At about 300 A.D. the city of Trier became during the reign of Emperor Konstantin for about fifty years the capital of the Western Roman Empire. The traces of these period result in one of four city gates, an amphitheater, three thermal bath complexes and the reconstructed palace of the Emperor. The Roman period can be seen as the core and USP of the tourist product in Trier. Apart from traditional guided visits the sites are already used for the staging of the Roman period by different events each year, as for example the spectacle "Brot und Spiele (bread and circuses) attracting a great number of visitors.

Primarily based on cultural tourism Trier as one of those medium sized German cultural towns saw during the last 10 years an 50% increase in overnight stays (c.f. fig. 4). Especially remarkable is the fact that during this period the number of international tourists has more than doubled.

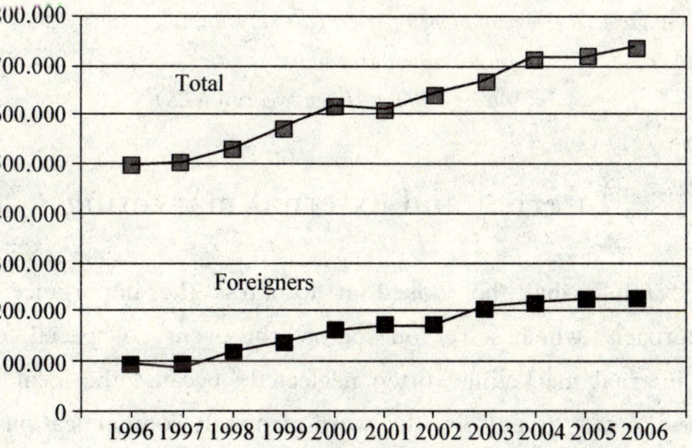

Figure 4 *Development of overnight stays in Trier* 1996—2006

Source: *TIT* 2007 (*XLS*)

This is partly due to the fact that the Ryanair-served airport of Frankfurt/Hahn lies only in a distance of 70 km from Trier. The effect of this Low Cost Carrier accessibility can be demonstrated by comparing the figures for the American and Japanese tourists with those from the U.K. and Italy. Whereas the overnight stays of Americans and Japanese tourist remained more or less static during the last 10 years, the British tourists responded to the opening of flight connections from Frankfurt/Hahn to Glasgow, Edinburgh, Birmingham, Manchester and Stansted since the mid-90ies by a significant increase in visitors in the city of Trier. The same happened, when since 2003 flights to Milan, Verona, Venice, Bologna and Pisa in northern Italy started (c.f. fig. 5).

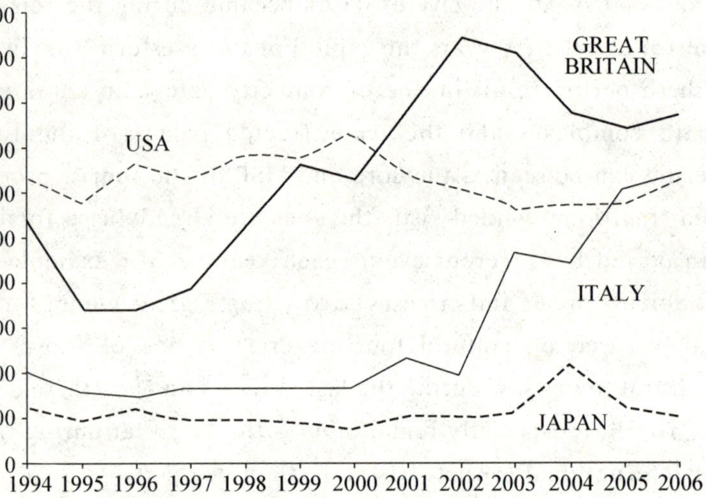

Figure 5 *Development of overnight stays in Trier* 1994—2006 *for important source markets*

Source: *TIT different years* (*XLS*)

Internal and external marketing

A first example shall be looked at to stress the importance of integrated marketing approach, which starts long before the event. A special focus has to be given to the internal marketing—often neglected—because the local people can be perfect embassadors of Events by the word-of-mouth communication channels. To promote the cultural potential of the city of Trier in 2007 an exhibition dedicated to the Roman Emperor Konstantin, the founder of the city as temporary capital of the

Western Roman Empire (simultaneous to Constantinople for the Eastern Roman Empire) had been organized. The exhibition focuses on one person standing representative for the turn of the Roman Empire towards Christianity and at the same time last flourishing period of the Roman Empire before its definite decline. Important exhibits from this period have been brought together and guaranteed a high level of the exhibitions.

One of the central exhibits has been a replica of the Emperor's head and feet from an monumental statue of that time. The production and installation of this symbol for the whole exhibition had been used to generate an echo in the media. Several months before the exhibition the head had been on tour through several German cities (e.g. Berlin; c.f. photo 6). But not only the head of the monumental figure, but also about 14 replicas of a feet have been placed all over the town to create attention, awareness and curiosity within the local population for the exhibition.

Apart from the attention given by the local media to the replicas of the head and the feet as something to identify with, another important factor, especially for the internal marketing, and an element for the support of the local people have been diverse activities of cross marketing. The local bank issued special coins with the head of the Emperor which could be used during the exhibition as local money. Special stamps were issued, a lot of manifestations before the exhibitions referred to the theme of the exhibition and the local shops designed their show cases with references to the exhibition (c.f. photo 7). There were even bakeries producing Konstantin-Bread and cakes or different promotional actions executed by private enterprises. All this different activities created an atmosphere of interest and commitment within the city itself. The citizens found themselves even before the beginning of the exhibition in a mindset of identification with "their" exhibition.

One of the important factors for the success has been, that the three local museums worked together, so that the exhibition hasn't been just a "simple" exhibition of one museum, but an integrated action of a federal museum, the city museum and the Episcopal museum.

With costs of about 6.6 mio. the business plan predicted about 250,000 visitors to reach the break-even. Those estimations have been regarded as being quite optimistic before the exhibition. But after six months about 100,000 more visitors than predicted have been counted (c.f. tab. 3).

Tab. 3: Fact sheet of the Emperor Konstantin exhibition

156 days from 2 June until 4 November 2007
3 museums
Rheinisches Landesmuseum
Bischöfliches Dom-und Diözesanmuseum
Stadtmuseum Simeonstift
1413 exhibits, thereof 685 as loans
Overall costs: 6.6 Mio.
250000 visitors expected/estimated
353974 sold tickets (799034 visits)
More than 15000 articles in the German press

Especially the press coverage contributed to the interest which the exhibition awakened at the regional and national level. As for the local and regional market the local newspapers produced special issues pretending to be printed in the Constantine period and dealing with fictitious everyday incidents—of course with certain references to nowadays political actors and problems. Because of the involvement of the Episcopal museum the Episcopal magazine printed an extra edition. The tourism office had a special issue as well. This means, that the celebration of the pre-exhibition-phase induced the different local and regional medias to create their own activities around the exhibition. One can almost say that they had been "infected" by the Constantine "virus".

But astonishingly the national newspaper followed in great numbers and produced overwhelming positive reports of the exhibition. This reflects on the one hand the quality of the exhibition and the uniqueness of the shown exhibits, but on the other hand reflects that the concept to personalize a historic approach and dedicate the exhibition to a famous and at the same time dazzling historic person attracted more attention than an ordinary historic exhibition of the same quality.

With in total about 15,000 articles dealing with the exhibition which have been printed, it is not astonishing that most of the visitors—questioned during a joint visitor survey of Freizeit-und Tourismusgeographie and Europaisches Tourismus Institut (c. f. *Hallerbach et al*. 2008)—got to know about the exhibition by journals (c. f. fig. 6). But the effect of the intensive indirect market communication during the pre-opening phase resulted in an astonishingly high proportion of visitors who came because of personal recommendations. So the people of Trier and the region really served as real embassadors for the exhibiton. The quality of the exhibition even led to an increase of visitor because of the word-of-mouth-marketing during the period of the exhibition.

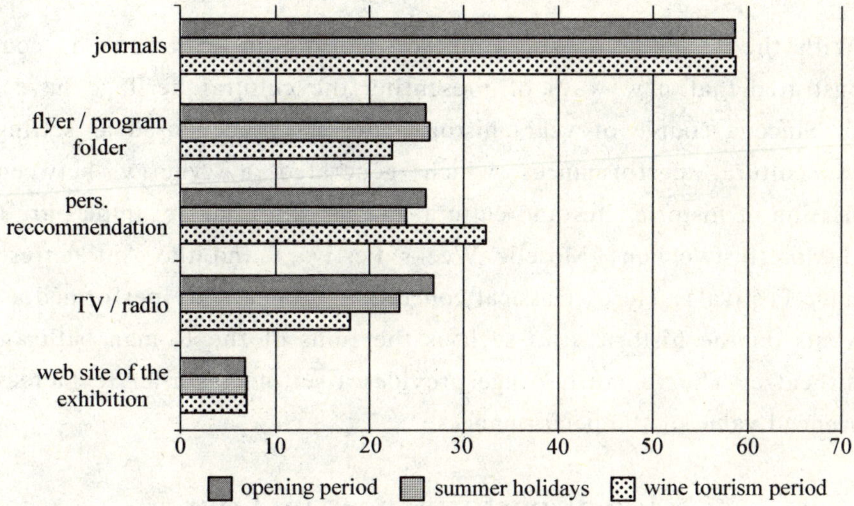

Figure 5 *Development of overnight stays in Trier*

1994—2006 *for important source markets*

Source: *Own survey*

The visitors questioned after their visit of the exhibition attested a high quality to the exhibition (c. f. fig. 6). The theme and the quality of the exposed objects got very good remarks. But apart from mediocre remarks for special interest groups aspects (esp. children) and problems with the legibility of the explanations the "feeling of immersion into the past" showed a comparatively low visitor satisfaction. This means that the traditional way of exposing the cultural heritage could not really convince-even of its high quality.

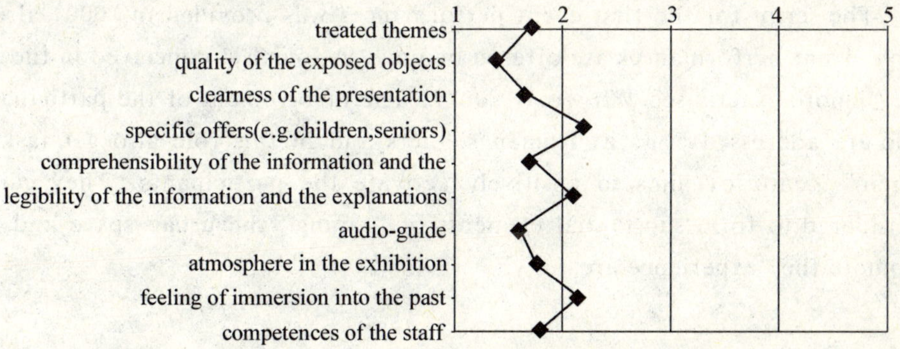

Figure 6 *Visitor satisfaction* (1 = *very good to* 5 = *very poor*)

Source: *Own survey*

Events in (cultural) historic sites

With the example of the Emperor Konstantin exhibition it could be demonstrated that new ways of presenting the cultural heritage have to be found. Since a couple of years historic sites have been used as settings for diverse cultural performances which generated a synergy between the valorisation of historic sites and cultural events. In Trier, examples are the so called Moselfestwochen (Moselle Weeks Festival) and the Antikenfestspiele (Antique Festival). Here, classical concerts and operas are performed as open air events on the historic sites such as the ruins of the Roman bath and the amphitheatre. The roman heritage provides a setting in order to increase the experienced value of the performances.

Event performances in Trier

Historical sites have been essentially used as settings for a long time. During the last years, attempts which integrate the setting more intensively are pursued. So within the context of event performances in historic sites, no traditional guided tours are offered any more. In fact professional actors play roles of fictitious historical people following a standard text/script in the respective places/sites (see figure 7). Thus to convey historical information about the sites doesn't stand in the limelight anymore. This form of "playing the site in a theatre-like way" tries to bring the former life back to today's cultural/historic monuments as imagined former participants get a word in edgewise.

The script for the first event performances was provided in 2000, already three event performances are offered by now. A fourth is conceived in the year 2007 (more exactly see *Wipprecht* 2007). The involvement of the participants, who are addressed e.g. as Roman soldiers and in this role also get tasks of "their" Zenturio, aims to positively activate the participants. They can be considered to form substantial elements of "taping" the urban space and thus promote the "experience area city".

Event performance:

Betrayal in the Imperial Baths

The story ...

· It is AD 367 ... Uncertain times! The borders of the Roman Empire are constantly being threatened. The inner workings of the Empire are also in turmoil. Uprisings and attempts to overthrow the Emperor occur frequently—intrigues are the order of the day.

· Emperor Valentinian delegates his veteran tribune Mallobaudes to a secret mission to Trier. For he knows that only a Frankish nobleman like Mallobaudes has the influene to divert the conspirators from their plan. A suicide mission! When the secret mission is leaked, Mallobaudes is branded as a traitor by his enemies at court. And that can be dangerous for the Emperor as well. Experience a fascinating epoch live with the Tribune Mallobaudes during the tour through the Imperial Baths in which Trier moves into the center of Roman global politics. It is a time of radical change, insecurity foreboding and the approaching end of Roman power.

Mallobaudes will take us along on the thrilling journey into the past ...

Figure 7　Plot of an event performance in the Roman bath in Trier

Quelle: Tourist Info Trier

According to the dimensions of visitor involvement by *Pine & Gilmore* (1999), event performances can be seen as an approach to induce an immersing (immersion) of the visitor into the cultural offer. Not only to receive actively or passively but to involve/integrate the visitor into the offer and to create a high degree of involvement in order to include the participant directly represents the goal of the offer (c.f. fig. 8).

Roman games in Trier—the Event "Bread and Circusses". A further form of staging the cultural heritage with even more active participation is represented by the event "Bread and Circusses". Originally a summer camp for young people, the Roman ruins are brought back to life by emulating Roman encampments, playing gladiator fights in the arenas and simulating Roman market places.

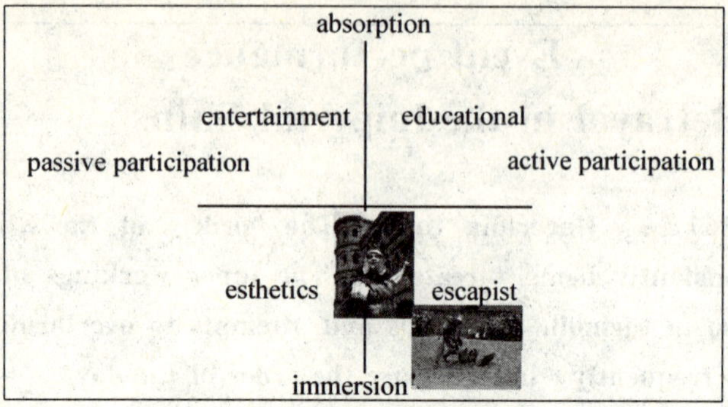

Figure 8 *Visitor involvement in urban cultural spaces*

Source: *Pine/Gilmore* 1999

The fact that amateur groups that emphasize Roman life and Roman fights in their leisure time are involved is special about the event. Thus the event uses activities which can be considered as serious leisure according to Stebbins in order to generate touristic offers. Related phenomena are described by *Worthington* (2006) for railway preservation volunteers and *Morgan* (2006) for medieval events. In Germany there are medieval events where amateurs become more and more involved as they wear costumes, play roles and participate actively during the event.

Whenever visitors get actively involved in the event and therefore become a part of the experience offer for other guests, the borders between demand and supply blur. Thus a couple of *Hodes'* requirements for a successful stage management get used (see table 4). The guests are not only invited onto a time travel where historic sites tell their stories. The visitors themselves play a role. When combined with authentic visual, acoustic, culinary or macrosmatic experiences, this enables a new dimension of experience, which might correspond the flow experiences.

Table* 4: *Rules for the Stage Management

Give the visitor an added value.	Give him a non-exchangebale adventure.	Give him wow-effects as much as possible.
Combine high tech with high touch.	Use staff and people of your town as an attraction.	Even if people cannot understand the historical background of your performances, they should enjoy the entertaining components.

续表

Give the visitor an added value.	Give him a non-exchangebale adventure.	Give him wow-effects as much as possible.
The visitor should fill a role.	Effect should be transmitted to the visitor immediately.	Combine smells, music, eating and drinking with information.
Illustrate the rooms by functions not by explications.	Integrate ceremonies, rites and folklore in the city.	Invite people to a time travel at authentic places.
Integrate animals.	Use unusual transport systems.	Use information systems by iPod and Mobile.
Give the buildings a chance to tell their stories themselves.	Give visitors from other cultures the chance to understand the local history (of the past and the present).	Give visitors a reason to stay overnight.

Source: *Hodes* 2006, *p*. 89

Affinity Groups as an element of the valorisation in cultural tourism

Non-professional or amateur groups which are characterised by their common interest in bringing history back to life are so called affinity groups. The classical and target-oriented marketing basically considers them as target group for strategic marketing measures (*Schertler* 2006). Referring to heritage events, the integration of affinity groups implies that they aren't only to be addressed one-way as passive consumers.

The usage of the former external customer rather requires that an actor builds up/establishes and subsequently cultivates a network with the affinity groups. Thus the complex network of participants in cultural urban tourism extends in complexity even more.

In Trier, the Medienfabrik GmbH has adopted responsibility: it has links to various national and international groups oriented on Roman life and also cultivates this network. The borders between non-professional amateur groups and professional actors blur. A non-professional group therefore can become a semi- or fully professional group, a fact that represents a postmodern constellation in tourism.

Key benefits of this blurring process refer to the staging of the urban area. The detailed knowledge of the affinity groups leads to an optimized experience-oriented staging. The high degree of involvement finally evokes an increased customer satisfaction. Also a raised authenticity can be observed due to the self concept of the amateur groups that passes onto the audience. Thus the needs of the customers for experience orientation can be satisfied more intense and flexible.

Referring to the supply side the cost-efficiency has to be pointed out. The amateur groups at Bread and Circusses only get a compensation for their expenses (whereas the professional actors draw a far higher salary). In addition, the actor's network encourages the ability and willingness to cooperate by both sponsors and service providers. Strong customer orientation is one of the key factors in the leisure and tourism industry. Examining the discussed new forms of staging there is a more intense focus on customers compared to the established ways of staging. This leads to a higher interest in recommending the product.

Resume

Due to the increasing competition in cultural urban tourism innovative forms of experience-oriented staging become more important. Besides mainstream staging measures that are mainly based on a receptive guest, a new dimension of experiences can be mediated by involving the audience. This leads to a more intense experience and finally to a competitive advantage.

In addition to a personalized mediation of historic scenes within historic sites, the so called event performances, this paper also mentioned the potential of using affinity groups in creating event offers. Referring to the traditional urban tourism in the 1990s, the city was understood to be a cultural and consumption area. The new and innovative forms of event staging reveal an integrated "city of culture and experiences".

Cultural urban tourist destinations are able to position themselves competitively by strategically using experience marketing and addressing the customers emotionally by staging. Even though there still is a lack of findings to detailed effects of experience marketing based on empirical analysis.

Bibliography

[1] *BAT Freizeit-Forschungsinstitut Gmbh* (2007): Tourismusanalyse 2007. Hamburg.

[2] *Becker, C.* (1993): Vom kulturellen Potential zum kulturtouristischen Angebot-Resümee. —In: *Becker, C. & A. Steinecke* (Ed., 1993): Megatrend Kultur? Chancen und Risiken der touristischen Vermarktung des kulturellen Erbes (= ETI-Texte, 1, p. 57—60). Trier.

[3] *DZT* (= *Deutsche Zentrale für Tourismus*) (2006): Deutsche Ferienwelten. Frankfurt

[4] *DTV* (= *Deutscher Tourismusverband*) (Ed.) (2006): Städte-und Kulturtourismus in Deutschland. Bonn.

[5] *Fontanari, M. L. & A. Partale* (2006): Events zur Profilierung von Tourismusdestinationen. —In: *Pechlaner, H., T.*

[6] *Bieger & K. Weiermair* (Ed.): Attraktions-Management. Führung und Steuerung von Attraktionspunkten (= Management und Unternehmenskultur, Schriftenreihe der Europäischen Akademie Bozen, Band 13). Wien. p. 225—240.

[7] *Gestrich, W.* (2008): Sonderausstellungen in Museen als Attraktionsfaktor im kulturorientierten Städtetourismus-Eine Evaluation der Konstantinausstellung Trier 2007. (*unpublished diploma thesis*)

[8] *Getz, D.* (1991): Festivals, Special Events, and Tourism. New York

[9] *Gross, M. S.* (2004): Zur Erlebnisorientierung im Kulturtourismus. —In: *Brittner-Widmann, A., H.-D. Quack & H. Wachowiak* (Ed.): Von Erholungsräumen zu Tourismusdestinationen. Facetten der Fremdenverkehrsgeographie (=Trierer Geographische Studien, Heft 27). Trier. p. 143—167.

[10] *Hallerbach, B., A. Kagermeier, H.-D. Quack & R. Wiedemann* (2008): Wirtschaftliche Effekte der Konstantin-Ausstellung 2007 für die Region Trier. Trier 2008 (*unpublished expertise ordered by„ Ministerium für Bildung, Wissenschaft, Jugend und Kultur Rheinland-Pfalz" and„ Initiative Region Trier-IRT"*)

[11] *Hartmann, R.* (2006): Die Stadt als Freizeit-und Erlebnisraum-

Erlebnismarketing und—inszenierung im Städtetourismus. —In: *Reuber. P. & P. Schnell* (Ed.): Postmoderne Freizeitstile und Freizeiträume. Neue Angebote im Tourismus. (= Schriften zu Tourismus und Freizeit, Band 5). Berlin.

[12] *Hartmann, R.* (2005): Inszenierung von "echten" Erlebnissen als Erfolgsfaktor für den Städtetourismus. —In: *Schmude, J. & A. Piermeier* (Ed.): Tegernseer Tourismus Tage 2004. Proceedings. (= Beiträge zur Wirtschaftsgeographie Regensburg, Band 8). Regensburg. p. 9—15.

[13] *Heinze, T.* (1999): Konzeptionelle und marketingstrategische überlegungen zum (regionalen) Kulturtourismus. In: *Heinze, T.* (Ed.): Kulturtourismus-Grundlagen, Trends und Fallstudien. München/Wien. p. 1—13.

[14] *Holzbaur, U. et al.* (2005): Eventmanagement. Veranstaltungen professionell zum Erfolg führen. 3., erweiterte Auflage. Berlin, Heidelberg, New York.

[15] *Inden-Lohmar*, T. (2007): Typische Probleme bei der Planung und Durchführung von Events. —In: *Nickel, O.* (ed.): Eventmarketing. Grundlagen und Erfolgsbeispiele. 2. vollständig überarbeitete Auflage. München. p. 97—108. *Morgan, Michael* (2006): Festival spaces and the visitor experience. Paper presented at the LSA conference 2006 in Bristol (in print)

[16] *Nickel, O.* (2007): Eventmarketing. Grundlagen und Erfolgsbeispiele. 2. edition., München.

[17] *Nuryanti, W.* (1996): Redefining Cultural Heritage Through Post-Modern Tourism. —In: *Robinson, M., N. Evans & P. Callaghan* (ed.): Managing Cultural Resources for the Tourist. Tourism and Culture. Towards the 21st Century Conference Proceedings. —Gateshead. S. 335—348.

[18] *Opaschowski, H*: (1997): Events im Tourismus. Hamburg.

[19] *Pechlaner, H., T. Bieger & K. Weiermair* (Ed.): Attraktions-Management. Führung und Steuerung von Attraktionspunkten (= Management und Unternehmenskultur, Schriftenreihe der Europäischen Akademie Bozen, Band 13). Wien.

[20] *Pine, J. & J. Gilmore* (1999): The Experience Economy: Work is

Theatre and Every Business a Stage. Boston. *Reinhardt*, *U*. (2007): Vom Kulturevent zur Eventkultur. —In: *Nickel*, *O*. (Ed.): Eventmarketing. Grundlagen und Erfolgsbeispiele. 2. Aufl., München. p. 301—309.

[21] *Richards*, *G*. (2001): The Experience Industry and the Creation of Attractions. —In: *Richards*, *G*. (Ed.): Cultural Attractions and European Tourism. Wallingford. p. 55—69.

[22] *Romeiss-Stracke*, *F*. (2006): Ist optimale Inszenierung möglich? —In: *Weiermair*, *K*. & *A*. *Brunner-Sperdin*, *A*. (Ed.): Erlebnisinszenierung im Tourismus. Erfolgreich mit emotionalen Produkten und Dienstleistungen. Berlin. p. 35—46.

[23] *Scherhag*, *K*. (1998): Events-Eine Chance für die Tourismuswirtschaft. In: *Freyer*, *W*., *D*. *Meyer* & *K*. *Scherhag* (Ed.): Events-Wachstumsmarkt im Tourismus?. Tagungsband zum 3. Dresdner Tourismus-Symposium. Dresden. p. 84—99.

[24] *Scherrieb*, *H*. *R*. *et al*. (2006): Inszenierungsmasterplan für den Kanton Graubünden. Ideenvorschläge für touristische Inszenierungen des Instituts für Tourismus-und Freizeitforschung. Chur.

[25] *Scheurer*, *R*. (2003): Erlebnis-Setting. Touristische Angebotsgestaltungen in der Erlebnisökonomie. (Berner Studien zu Freizeit und Tourismus, 43). Bern.

[26] *Schertler*, *W*. (2006): Strategisches Affinity-Group-Management. Wettbewerbsvorteile durch ein neues Zielgruppenverständnis. Wiesbaden

[27] *Schneekloth*, *K*. (2007): Evaluierung der nachfrageseitigen Akzeptanz und der regionalökonomischen Effekte des Events "Brot & Spiele" in Trier. Trier (= unpublished Master Thesis)

[28] *Schwark*, *J*. (Ed.) (2004): Tourismus und Industriekultur. Berlin (= Schriften zu Tourismus und Freizeit, 2)

[29] *Stebbins*, *R*. (1992): Amateurs, professionals and serious leisure. Montreal.

[30] *Stebbins*, *R*. (2001): New directions in the theory and research of serious leisure. New York.

[31] *Steinecke*, *A*. (2006): Tourismus. Eine geographische Einführung. (Das geographische Seminar). Braunschweig.

[32] *Steinecke*, *A.* (2002): Kulturtourismus in der Erlebnisgesellschaft. Trends-Strategien-Erfolgsfaktoren. —In: Geographie und Schule, 24, 135, p. 10—14).

[33] *Steinecke*, *A.* & *M. Treinen* (Ed.) (1997): Inszenierung im Tourismus. Trends-Modelle-Prognosen. —(= ETI-Studien, 3). Trier.

[34] *Steingrube*, *W.* (2003): Freizeit-und Tourismusdestinationen: Management-Struktur-Politik-Planung. —In: *Becker*, *C.*, *H. Hopfinger* & *A. Steinecke* (ed.): Geographie der Freizeit und des Tourismus. Bilanz und Ausblick. München, Wien. 2. edition. p. 441—453.

[35] *TIT* (= *Tourist Information Trier*) (2007): Jahresbericht 2006. Trier

[36] *Wipprecht*, *N.* (2007): Inszenierung von kulturtouristischen Bauten durch innovative Gästeführungen-dargestellt am Beispiel der Römischen Erlebnisaufführungen der Stadt Trier. Trier (= *unpublished Master Thesis*) *Wolf*, *A.* (2005): Erfolgsfaktoren industrietouristischer Einrichtungen. Paderborn (= Paderborner geographische Studien zur Tourismusforschung und Destinationsmanagment, 2)

[37] *Wopp*, *C.* (2003): Der Trend zum Event-Erlebnisgesellschaft und Sport. —In: *Deutscher Sportbund* (*DSB*) (Ed.): Groβveranstaltungen im Sport-Dokumentation des 11. Symposiums zur nachhaltigen Entwicklung des Sports, 27.—28. 11. 2003, Bodenheim/Rhein, Heft 22.

[38] *Worthington*, *Barry* (2006): "Getting steamed up about Leisure"-Aspects of serious leisure within the tourism industry. In: *Elkington*, *S.*, *I. Jones* & *L. Lawrence* (Ed.): Serious Leisure. Extensions and Applications. Eastbourne (= LSA Publications, 95).

休闲、娱乐和旅游企业的社会责任

Vinod Sasidharan* 博士

（美国圣地亚哥州立大学酒店旅游管理学院）

内容提要：

背景介绍

诸如富阳一类新兴的运动休闲目的地能够在促进推行可持续性体育旅游开发方面发挥全球性重要的作用，并为其他目的地的效仿创造必要的条件。在体育和旅游行业内实行可持续性作为将对增强富阳的旅游竞争力、旅游品牌顾客忠诚度、娱乐和旅游供应商和组织的企业社会责任、创新以及社会和经济的整体的福祉至关重要。在富阳市范围内，体育旅游企业、团体和供应商有潜力通过教育和引导该行业考虑超越"绿色"概念从而赢得可观的国际体育旅游市场份额。

在全球范围内，休闲、娱乐和旅游业的私营和公共部门，为响应不断变化/进化的社会优先考虑或意识，一直在协调努力和策略来应对生态（环境）的关切问题。对于负责作为的社会关切促使了一大批"绿色"产品、行业联盟和组织的涌现。它们宣称能够在商业领域里借助鼓励积极环境变化给休闲、娱乐和旅游业带来创新。不幸的是，此类"绿色"产品并不比诸如"有机"、"自由界限"、"轻松"、"心脏保健"等泛滥的构思拙劣的时髦产品更有效，因为无论生产商还是消费者对于此种名词真正含义都不甚了解。

运动休闲和旅游企业的社会责任

更多的国际游客、尤其是来自发达国家的游客，正在意识到环境责任的重要性、他们通过购买娱乐、旅游产品和服务在促进可持续性中发挥的作用。最近的趋势表明娱乐客和游客越来越要求并购买那些出自被证明致力于环境责任和具有良好企业社会责任记录的企业的休闲服务和产品包。这一趋势给富阳市带来了机会，能够在直接满足娱乐体育游客以及其他休闲游客的同时，开发娱乐体育和旅游项目、景点和设施。

通过致力于环境责任和企业社会责任，向访客提供娱乐体育和旅游节目，富阳的休闲和旅游企业能够在下列方面直接受益：(1) 减少废弃物和使用的成本，(2) 改善营运系统、设备和设施的功效，(3) 在具有环境意识的游客中获得更高市

---

*维诺德·萨斯哈兰博士，美国圣地亚哥州立大学酒店与旅游管理学院副教授，娱乐和旅游管理项目组负责人。

场份额,(4) 更安全的工作环境,降低工伤和误工支出,(5) 愿意为对环境敏感企业效力的更高档次的求职者,(6) 安全环境的工作空间里员工的工作效率极大提升,(7) 员工和管理层具有共同的价值观使得员工的忠诚度更高、团队意识更强。

本文的目的在于向富阳市概述一种度量,用来评估富阳的体育、娱乐和旅游企业的可持续性作为和企业社会责任。这一度量的框架——企业社会责任可持续作为指标(SPI)——将在评估富阳体育、娱乐和旅游企业在企业社会责任表现出的尽力程度时被用作参照。

企业社会责任度量框架

评估富阳的体育、娱乐和旅游企业的企业社会责任的度量框架的目标是鼓励和承认富阳的体育和旅游企业和组织的环境责任,促进能保护和加强富阳的环境、经济和文化的企业社会责任。这一目标能够凭借激励与体育和旅游相关的企业、政府部门和非赢利组织以环境有效的形式运作得以实现。其次,在下列七个关键领域表现出高水平的环境责任和企业社会责任的娱乐体育和旅游组织应该被富阳市通过正规评估程序得以承认:(1) 环境的遵从,(2) 污染、废弃物的管理和预防,(3) 能源节约和高效,(4) 水源的节约和高效,(5) 员工、供应商和消费者教育,(6) 绿色社会加强和承认,(7) 社会—文化影响。

评估富阳的体育、娱乐和旅游企业的企业社会责任的度量框架将基于增进旅游和企业友好型标准和方法。度量法能提供有形的结果、客观并准确描述一个旅游企业的环境责任和企业社会责任的尽力程度。该评估对于富阳的娱乐体育和旅游企业有如下的潜在益处:(1) 作为一个环境友好型旅游企业获得当地、全国和全球市场的承认,(2) 吸引更多希望支持在旅行和旅游业中遵从最进步的环境标准和作为娱乐客和游客,(3) 更坚强的底线,因为环境服从已经被证明具有成本效益而且降低旅游企业的运营成本。

富阳市可以负责评估各旅游企业的环境责任和企业社会责任的尽力程度。在具有资质的评估人员的评估之后,各旅游企业会收到一份书面报告。这一详尽的报告将包含对企业执行努力的承认、指导和非指导性的改进评论和建议,以及对最佳作为的承认。富阳市也可以给各参加评估企业发放匾额,在评估的体育和旅游场所的展示。对于所有企业社会责任表现优异的企业可以安排正式的证书授予仪式。这类企业应该由富阳市通过记者招待会、媒体公布、公共嘉奖和行业内通报等形式正式承认。此外,这些娱乐体育和旅游企业也可以在富阳市网站上正式表彰,以吸引所有潜在的游客,鼓励他们支持表现高度环境卓越和企业社会责任的企业。

关键词: 休闲　娱乐　旅游　社会责任

CORPORATE SOCIAL RESPONSIBILITY
In the Leisure, Recreational Sports, and Tourism Industry

By Dr. Vinod Sasidharan
Recreation and Tourism Management Program
School of Hospitality and Tourism Management
San Diego State University, San Diego, USA

Background

Emerging recreation sports destinations such as the City of Fuyang can play a globally-important role in championing the adoption of sustainable sports tourism development, as well in setting the stage for other destinations to follow. The implementation of sustainability practices within sports and tourism settings will be crucial for Fuyang's enhanced tourism competitiveness, tourist brand loyalty, corporate social responsibility among recreation and tourism suppliers and organizations, innovation and overall community and economic well-being. Within the City of Fuyang, sports tourism enterprises, organizations and suppliers have the potential to capture a significant proportion of the international sports tourism market-share by educating and directing the industry regarding ways to go beyond the "green" rhetoric.

Globally, both private and public sectors of the leisure, recreation, and tourism industry have been aligning their efforts and strategies to address ecological (environmental) concerns, in response to changing/evolving societal priorities and awareness. Social concern for responsible practices has resulted in the emergence of a plethora of "green" products, industry alliances, and organizations, which claim to make a difference in the leisure, recreation, and tourism industry by encouraging positive environmental changes in the business landscape. Unfortunately, the availability of such "green" products are no more effective than the over-supply of ill-conceived trendy products such as "organic", "free-range", "lite", "heart-healthy", etc, since both producers and consumers are unclear about the true-meaning of such nomenclature.

More international tourists, especially from industrialized nations, are realizing the importance of environmental responsibility and their role in promoting sustainability through the recreational and tourism products and services they purchase. Recent trends indicate that recreationists and tourists are increasingly demanding and purchasing leisure services and packages from companies who have a proven commitment to environmental-responsibility and a track-record of Corporate Social Responsibility. This trend provides the City of Fuyang with the opportunity to develop recreational sports and tourism amenities, attractions, and facilities, while directly responding to the demands of recreational sports tourists as well as other leisure travelers.

By committing to environmental-responsibility and Corporate Social Responsibility within its efforts to provide recreational sports and tourism amenities to visitors, leisure and tourism companies in Fuyang can directly benefit in the following ways: 1) Reductions in waste and utility costs, 2) Improvements in operational systems and equipment and facility performance, 3) A higher market share of environmentally conscious tourists, 4) A safer working environment which reduces payments for work-related injuries and lost time, 5) A higher caliber of job applicants who want to work for an environmentally sensitive organization, 6) Higher levels of productivity among employees who thrive in an environmentally-safe work space, and 7) Higher levels of employee loyalty and stronger teamwork as a result of shared values among workers and management.

The objective of this paper is to offer the City of Fuyang with a measurement outline to evaluate Sustainability Practices and Corporate Social Responsibility among sports, recreation, and tourism companies in Fuyang. This measurement framework, Sustainable Practices Index (SPI) for Corporate Social Responsibility, will serve as a reference source for evaluating the demonstrated degrees of commitment to Corporate Social Responsibility within sports, recreation, and tourism companies in Fuyang.

Corporate Social Responsibility Measurement Framework

The goal of the measurement framework for evaluating Corporate Social Responsibility among Fuyang's sports, recreation, and tourism enterprises is to encourage and recognize environmental-responsibility among sports and tourism businesses and organizations in Fuyang, and promote Corporate Social Responsibility that preserves and enhances Fuyang's environment, economy, and culture. This goal can be achieved by incentivizing sports- and tourism-related businesses, government agencies, and non-profit organizations to operate in an environmentally efficient manner. Next, recreational sports and tourism organizations that demonstrate high-levels of environmental-responsibility and Corporate Social Responsibility in the following seven key areas could be recognized by the City of Fuyang, through a formal assessment process: 1) Environmental Compliance, 2) Pollution, Waste Management, and Waste Prevention, 3) Energy Conservation and Efficiency, 4) Water Conservation and Efficiency, 5) Employee, Supplier, and Consumer Education, 6) Green Community Enhancements and Recognition, and 7) Socio-cultural Impact.

The measurement framework for evaluating Corporate Social Responsibility among Fuyang's sports, recreation, and tourism enterprises will be based on tourist-generated and business-friendly criteria and methodology. The measurement will provide tangible results which objectively and accurately illustrate a tourism organization's commitment to environmental-responsibility and Corporate Social Responsibility. This assessment has the following potential benefits for Fuyang's recreational sports and tourism enterprises: 1) Recognition in the local, national, and global marketplace as an environmentally-friendly tourism enterprise, 2) Attract more recreationists and tourists who want to support sports and tourism organizations that are in compliance with the most progressive environmental standards and practices in the travel and tourism industry, and 3) A stronger bottom-line because environmental-compliance have proven to be cost effective and can reduce a tourism company's operating costs.

The City of Fuyang could be responsible for assessing each tourism enterprise's commitment to environmental-responsibility and Corporate Social Responsibility. Following assessment by qualified assessors, each tourism company will be provided with a written report. This detailed report will include recognition of the company's implementation efforts, prescriptive and non-prescriptive comments and recommendations for improvement, and recognition of best practices. The City of Fuyang could also provide the company with a plaque and certificate for display at each assessed sports or tourism site or facility. A formal certification ceremony and presentation can be arranged for all companies which demonstrate a high-level of commitment to Corporate Social Responsibility. Such companies could also be formally recognized by the City of Fuyang in press releases, media announcements and public recognition events and industry-specific announcements. Additionally, these recreational sports and tourism companies could also be formally acknowledged on the City of Fuyang website where all potential tourists can be encouraged to support the companies which have demonstrated a high-degree of environmental excellence and Corporate Social Responsibility.

Corporate Social Responsibility Evaluation Criteria

Assessment criteria for evaluating Corporate Social Responsibility among Fuyang's sports, recreation, and tourism enterprises will be based on three main areas: 1) Recreational Sports and Tourism Company's Organizational Structure, 2) Recreational Sports and Tourism Company's Organizational Barriers, and 3) Recreational Sports and Tourism Company's Environmental Responsibility and Corporate Social Responsibility. The specific criteria to be evaluated within each of these areas are described below:

1. Recreational Sports and Tourism Company's Organizational Structure. Organization's operating atmosphere and key relationships with tourists, suppliers, partners, and stakeholders.

This section includes two criteria: a) Organizational setting: main products and services, delivery mechanisms used to provide recreational and tourism products and services to tourists, organization's stated purpose, vision, mission, and values, workforce profile, workforce or employee groups and segments, key requirements and expectations, employees' education levels, key benefits provided to employees, special health and safety requirements, major sports facilities, technologies and equipment, regulatory environment under which tourism organization operates, occupational health and safety regulations, accreditation, certification or registration requirements, relevant industry standards and environmental, financial, and product regulations b) Organizational connections: structure and governance system, reporting relationships among governance board, senior leaders, and parent organization, key tourists and stakeholder groups and market segments, key requirements and expectations for recreational sports products, services and operations, most important types of suppliers, partners, collaborators and distributors, role played by suppliers, partners, collaborators, and distributors in work systems and the production and delivery of key tourism products and services, environmental responsibility, sustainability and corporate social responsibility initiatives, most important supply chain requirements as they relate to environmental responsibility and Corporate Social Responsibility.

2. Recreational Sports and Tourism Company's Organizational Barriers. Recreational sports and tourism organization's competitive environment, key strategic challenges and advantages, and mechanisms for performance improvement in terms of environmental responsibility and sustainability issues.

This section includes three criteria: a) Competition setting: Recreational sports and tourism organization's competitive position within travel and tourism industry, relative size and growth in tourism industry or tourist markets served, key changes taking place that affect competitive situation including opportunities for innovation and collaboration, as appropriate to environmental responsibility, b) Strategic setting: key business, operational, and human resource strategic challenges and advantages, key strategic challenges and advantages associated with environmental responsibility, c) Performance growth: key elements of organization's performance improvement system, including internal evaluation and learning processes.

3. Recreational Sports and Tourism Company's Environmental Responsibility and Corporate Social Responsibility. Guidance received from senior leaders to sustain organization's environmental responsibility and Corporate Social Responsibility. Organization's governance and ethical, legal, and community responsibilities.

This section includes seven criteria: a) Environmental responsibility: how senior leaders guide and sustain organization's commitment to environmental responsibility, formal inclusion of environmental responsibility and Corporate Social Responsibility in tourism organization's strategic plan, how senior leaders communicate with organization's workforce to encourage compliance and innovative practices relating to environmental responsibility, activities or policies initiated by organization that go "above-and-beyond" its legal requirements pertaining to environmental responsibility and Corporate Social

Responsibility, programs or initiatives developed or implemented relating to the improvement of air, water, and soil, how tourism organization addresses its responsibilities to the public, ensures ethical behavior, and practices good citizenship, any citations, lawsuits, fines, or court judgments that have been levied against tourism organization relating to environmental compliance matters or ethical violations, b) Pollution control and prevention: how tourism and recreational sports organization reduces and eliminates pollution it produces as well as actions taken to manage, reduce, or prevent waste, organization's internal policies, rules, and procedures for dealing with pollution and waste prevention, how organization reduces the pollution resulting from its products or services, efforts that impact air, water, and soil quality, how organization treats or handles the waste it produces, initiatives created or undertaken by tourism organization in response to preserving natural resources, the use of natural minerals, reducing pollution, implementing waste management programs, and promoting waste prevention, programs organization has implemented that encourage the reuse, reduction, and recycling of products and/or materials produced, c)Energy conservation: how organization conserves energy, encourages energy efficiency, and reduces and/or eliminates the amount of pollution it produces as well as actions taken by organization to encourage energy efficiency, how tourism organization conserves energy and operates in an energy-efficient manner, organization's use of alternative energy sources that enhance and sustain the natural environment, how organization encourages its employees, suppliers, and tourists to conserve energy, organization's use of solar, wind, water, geothermal, and bio-fuel energy sources, d) Water conservation: how recreational sports and tourism organization conserves water, encourages water efficiency, and reduces and/or eliminates the amount of water required to do business, how organization conserves water and operates in a water-efficient manner, programs or initiatives organization has introduced that teach or promote water conservation and/or water efficiency among employees, tourists, and suppliers, facility upgrades or improvements organization has made that have resulted in water conservation and/or water efficiency, landscaping, water piping improvements, low-flow water toilets and showerheads, and sewage treatment improvements, e) Education: how organization educates and trains its employees, suppliers, and tourists in environmental compliance and other ecologically-friendly initiatives, any incentives or award/recognition programs provided by organization to encourage employees, suppliers, and tourists to practice environmental responsibility and sustainability, f) Community initiatives: any community, educational, civic, or industry-related initiatives sponsored, developed, or championed by tourism organization that promote environmental responsibility and sustainability as part of its Corporate Social Responsibility practices, any awards, recognitions, public tributes, or honors received by organization or key employees for their leadership and/or commitment to environmental responsibility, sustainability or Corporate Social Responsibility, documented savings, costs reductions, or financial gains realized by the organization as a result of its environmentally-responsible programs, g) Socio-cultural impact: heritage management, how environmental responsibility, sustainability or Corporate Social Responsibility programs enhance local, regional, and/or national sociological and scientific values that encourage the preservation and stewardship of cultural and natural heritage, advocate public and/or community volunteer service, support efforts to protect cultural identity and biodiversity, multipliers, economic and environmental multiplier effects of organization's environmental responsibility, sustainability or Corporate Social Responsibility, the economic and environmental impact provided by tourism organization to local, state, and national communities including any ripple effects and spin-off activities that can be directly linked or attributed to organization, its employees, and suppliers, quality of life, how organization's environmental responsibility, sustainability or Corporate Social Responsibility initiatives enhance each of the following Quality of Life factors on a local, state, or national basis, economic well-being of employees (average Gross Income per person employed by tourism organization), health (life expectancy at birth based on tourism business locations, plants, and communities served), climate protection (the carbon footprint impact of recreational sports and tourism organizations' products and services), job security (percentage of employment growth versus layoffs and job reduction figures), diversity (the ratios of male and female employees in tourism organization, the percentage of ethnic groups in tourism organization, and, the average annual earnings of each classification above).

Recreational Sports and Tourism Supply-Chain Relationships

The adoption of sustainability practices and Corporate Social Responsibility initiatives by the recreational sports and tourism industry of Fuyang requires the identification of supply-chain linkages which co-exist to provide the sports, recreation and tourism experiences to Fuyang's visitors. The main categories of the supply-chain, to be considered by Fuyang's recreational sports and tourism industry, from the perspective of sustainability and Corporate Social Responsibility practices include: 1) Location and destination selection, 2) Venue and facility management, 3) Communications and marketing, 4) On-premise and on-site management, 5) Production management, 6) Food and beverage management and 7) Transportation management.

The scope of each of the aforementioned categories, from the perspective of sustainability and Corporate Social Responsibility practices, is described below.

1. Location and destination selection. Location and destination selection is the practice of researching, evaluating and choosing the location for a recreational sorts or tourism event or facility. The location or destination can be defined as an area within Fuyang and the surrounding region which can be marketed to groups or individuals as a place to visit or hold a recreation, sorts, or tourism. Although location or destination selection may consider county, regional and city attributes, planners most often consider the capacity of a city and its metropolitan area to host their tourism experience, rather than country or regional capacity. The practices considered in this category will therefore focus mainly on the location or destination city attributes, as opposed to regional or country characteristics. This category will identify sustainability criteria that should be included in location or destination selection by planners within the City of Fuyang. This category will also list best sustainable practices that can be adopted by destination professionals, including companies, governments, suppliers, community members and other recreation, sports, and tourism stakeholders in the City of Fuyang as well as neighboring areas. Destination professionals may include destination marketing organizations (Destination Management Organizations (DMOs) or Convention and Visitor Bureaus (CVB's), third party site-selection companies, destination management

companies, chambers of commerce, economic development departments and local and regional transit authorities. This category will also include aspects of transportation as it relates to the host city of Fuyang. This includes the process of evaluating the locations and destinations on the basis of how close they are to attendees and tourists, as well as the availability of public transit. Sustainability at the destination or location level will include practices that reduce environmental impacts and provide positive benefits to the destination city of Fuyang.

2. Venue and facility management. A venue or facility can be defined as a space or place in which a recreational sports or tourism related event, meeting, or conference could take place or be hosted. The experience produced at these facilities is directly managed by event planners as well as facility and venue managers, in conjunction with Destination Management Organizations (DMOs) or Convention and Visitor Bureaus (CVB's). Sustainability at the venue or facility level will include practices that reduce environmental impacts, enhance Corporate Social Responsibility and provide positive benefits to the destination city of Fuyang, including waste management—trash, recycling, composting, dangerous substances (from operations or from previous events), onsite measuring, relevant certifications/programs, procurement—cleaning supplies, office supplies, venue communications—transparency and ability to provide environmental impact metrics to planners, energy management-relevant certifications/programs, water management, energy partnerships, energy efficiency programs, building design—building materials and usability, relevant certifications, air quality management, site management—storm water construction regulations, fleet vehicles, landscaping, etc., staff management—union rules and relations, staff incentive programs, green training, and community partnerships—donations, etc.

3. Communications and marketing. The communications and marketing category will address the methods, media and content of a recreational sports or tourism event, conference, or meeting-related communications and marketing that involves event organizers and managers, sponsors, attendees or visitors, exhibitors, vendors and other stakeholders, as well as news media and industry as a whole. Sustainability in communications and marketing will include practices that reduce environmental impacts, enhance Corporate Social Responsibility and provide positive benefits to the destination city of Fuyang,

including education and motivation-policy development, dissemination and messaging, attendee and visitor awareness and participation, training (staff, volunteers, exhibitors, suppliers and vendors), paper reduction-digital event solicitation and registration, digital presentations and education, efficient list management, other paper and materials saving strategies, printing and purchasing-marketing materials (handouts, signage, banners), specialty items (lanyards, nametags, bags, bottles, pencils, notepads, etc.), recycling, repurposing and/or donation of marketing materials, and results and reporting-publicizing/communicating green results, substantiation/measurement of organizer/exhibitor/supplier claims, greenwashing awareness, promoting awareness and use of the standards themselves

4. On-premise and on-site management. The on-premise and on-site management category will address the environmental responsibility and Corporate Social Responsibility practices of physical offices at the facility or on-site. Sustainability in on-premise and on-site management will include practices that reduce environmental impacts, enhance Corporate Social Responsibility and provide positive benefits to the destination city of Fuyang, including office equipment—computers, printers, fax machines, scanners, communication technology (2-ways), office supplies, signage, paper, machinery, emergency equipment (medical), cleaning products, room equipment-décor, tables, chairs, carpeting/floors, curtains/drapes, flowers, utilities-lighting, electricity, air conditioning/heating, human resources-staffing, food and beverages, accommodations, travel, uniforms, security, social/well being, waste management-recycling, food and beverages, shipping materials, and purchasing and procurement—everything related to the office, equipment, cleaning products.

5. Production management. The production management category can be defined as all audio-visual and production technology utilized by recreational sports and tourism companies and organizations. Sustainability in production management will include practices that reduce environmental impacts, enhance Corporate Social Responsibility and provide positive benefits to the destination city of Fuyang, including energy consumption, thermal impact (output), shipping and transportation impact, materials consumption versus reuse or repurposing, materials recycling, waste management, and sustainability of internal operations of production vendors. The various components of

production management include scenic and platforms, materials and practice-portable stages and risers, hard sets and other major scenic properties, soft goods and curtains, rigging for any of the components, décor items—hand props, floral arrangements, tabletop décor, live plants, decorative linens, balloons and balloon arches or sculptures, small decorative vignettes, sound reinforcement-on stage live sound, public address systems, sound for breakouts, meal areas, and product display areas, rigging for any of the components, video materials—projectors and projection systems, projection screens and dress kits, plasma, LCD, or DLP flat screen displays, playback and switching devices, video cameras, rigging for any of the components, lighting-on stage illumination, lighting for breakouts, meal areas, and product display areas, branding or other thematic projections, scenic and décor illumination, special effects lighting, temporary house lighting, temporary security lighting, rigging for any of the components, special effects materials and practice—pyrotechnical effects and devices, smoke, chemical, fog, low-lying, chemical or dry ice, confetti or streamers, self or carbon dioxide launching, lasers, holograms, atmospheric effects other than fog—wind, snow, or rain.

6. Food and beverage management. The food and beverage management category addresses the materials used and practices followed for the provision of food and beverage by recreational sports and tourism companies and organizations and involves event and attraction planners, venue and location managers, hotel managers, restaurant managers, caterers, and any other food service providers. Sustainability in food and beverage management will include practices that reduce environmental impacts, enhance Corporate Social Responsibility and provide positive benefits to the destination city of Fuyang, including waste management—trash, recycling, food waste diversion (donation, animal feed, composting, biofuel), waste minimization-reduced packaging, reusable products (linen, serviceware, etc), relevant certifications/programs, energy management-relevant certifications/programs, energy partnerships, energy efficiency programs, energy audits, energy conservation practices, energy efficient equipment (HVAC, refrigeration, lighting, etc.), water management, waste conserving practices, water efficient equipment, food and beverage procurement—locally grown/locally produced, in-season, organic; fair trade; shade grown; coffee, tea, chocolate and cocoa, vegetarian and vegan alternatives, sustainable seafood, organic, free range, range-fed animal products,

procurement and purchasing—environmentally preferable purchasing policy (inc. less toxic, recycled, recyclable, biobased, etc.)

7. Transportation management. The transportation management category can be subdivided in two areas—people transport and freight transport. It is important to recognize that location or venue selection is a key component in transportation efficiency/reduction of greenhouse gases as some markets are more easily accessed (hub cities for ex.) and also may have better developed internal transportation infrastructure than others. The location or venue selection process should consider transport infrastructure as one of the key components of the work and should not seek to "penalize" smaller markets that may not have significant public transport, for example. Smaller markets should be given alternatives in other areas of a recreational sports or tourism event's overall environmental footprint to green their events in the absence of easier access or a high efficiency transport infrastructure. On broader issues like use of biofuels and offsetting, there are commonalities between both people and freight transport. Within the transportation management process, some sort of compliance verification should be required to prove that certain criteria have been met. In the case of recreational sports and tourism managers/owners, they should be responsible for verification of receipts for biofuels (if this becomes a criteria), offsets, etc. In breaking down the two categories of scope (people & freight) it is preferable to conduct a preliminary ranking of preferable modes of transport. People transport consists of human powered transport (walking, biking, pedicabs), mass transit-trains, buses (public and private), ferries, van pools, carpools, and air transport (high altitude vs. low altitude). Freight transport consists of both domestic-rail, truck, vans, cars, air cargo (high altitude/low altitude) and international-steamship, rail (only if destination country is accessible by rail directly), truck (only if destination country is accessible by truck directly), air cargo (high altitude/low altitude). It is understood that both people and freight transport is often multi-modal. As a result, calculator/metric to determine the most efficient use of carbon dioxide or other greenhouse gases per "people-mile" or "ton-mile of cargo", to quantify an event's footprint must be developed. Additionally, basic fuel consumption activities like anti-idling provisions, use of Aux Power Units (where applicable-for ex., long haul truckers that sleep overnight at marshalling yards and might otherwise use their full engine power to run a TV or AC), later model

equipment (which is more fuel efficient than older equipment) and better aerodynamic properties should also be addressed. For freight, many/all of these activities can be guided by several environmental compliance principles existing in the region.

Corporate Social Responsibility Instrument Development

The following steps are recommended for the successful implementation of the instrument:

1. Through panel discussions and interviews, the City of Fuyang could identify the chief supply chain relationships of the recreational sports and tourism industry, including hotels, transportation linkages, attractions, food and beverage establishments, vendors, etc.

2. A Delphi-study, involving key recreational sports and tourism industry stakeholders, may be implemented to develop a step-by-step plan which offers guidance, both short-term and long-term, to companies in choosing their own appropriate way of organizing chain responsibility for sustainability.

3. A final step-by-step plan of guidance for sustainable practices could be developed (Sustainable Practices Index (SPI) for Corporate Social Responsibility)

4. The initial SPI measure may also be developed for deployment as an online/internet-based third-part audit tool.

5. The SPI measure should be "pilot-tested" among 20 to 25 recreational sports and tourism members, selected by size of organization, geographical location, and types of tourists served.

6. The final SPI tool for Corporate Social Responsibility can be designed and deployed online for third-part audit, and administered by the City of Fuyang.

Corporate Social Responsibility Instrument Deployment

Members of recreational sports and tourism in the City of Fuyang may be evaluated, along five sustainability dimensions, relating to their ability to organize chain responsibility toward both the diversity and the complexity of the recreation and tourism product chain, the power of the company in the chain and the level of ambition set:

1. Environmental Impact:

a. waste and emissions management; b. energy management; c. resource consumption; d. knowledge-based management; e. communication and synergy-stakeholder, guest, science, society; f. interactions-operations, policies, procedures, practices.

2. Social Impact:

a. cultural heritage management; b. cultural ethics and diversity; c. workplace culture, ethics and diversity; d. quality of life, standard living; e. occupational safety and health; f. communication and synergy-stakeholder, guest, science, society; g. interactions-operations, policies, procedures, practices

3. Economic Impact:

a. financial impact, accounting, and responsibility; b. employment impact; c. local income and employment multipliers-corporate activity, visitor activity; d. partner/contractor/supplier impact.

4. Research and Innovation:

a. communication and partnerships-scientific community, stakeholders, visitors, society, higher education, research institutions; b. scientific knowledge-creation, know-how transfer

5. Corporate Governance:

a. transparency; b. risk reporting; c. management ethics

On the basis of these five dimensions, a step-by-step plan and instrument/tool can be developed to offer guidance to recreational sports and tourism companies in choosing their own appropriate way of organizing sustainable chain responsibility. In developing this plan, input will be obtained from 20 to 25 recreational sports and tourism companies (broken down by size of organization, geographical location, and types of recreationists and tourists served) while pilot-testing the tool among these members. Data from the pilot-test will be used to determine the validity and reliability of the final tool: Sustainable Practices Index (SPI) for Corporate Social Responsibility. This final SPI tool for Corporate Social Responsibility will be designed and deployed online for third-part audit and administration by the City of Fuyang.

Corporate Social Responsibility Assessment

1. The items in SPI will be presented in an electronic questionnaire format,

either to be self-administered by a recreational sports and tourism organization/company/institution undergoing the review (or "applicant") or to be completed by an assessor representing the City of Fuyang.

2. The data obtained from each questionnaire will be automatically entered through an on-line submission and data-management platform.

3. The items identified within each of five dimensions will be consolidated to create five separate indices, with scores ranging from 0% to 100% for each index (where "0%" indicates "poor performance" and "100%" indicates "Leadership Performance"): a. Environmental Impact Index; b. Social Impact Index; c. Economic Impact Index; d. Research and Innovation Index; e. Corporate Governance Index.

4. The five dimensions/indices will be collapsed to create a consolidated overall score, measuring Corporate Social Responsibility on a scale of 0% to 100% (where "0%" indicates "poor performance" and "100%" indicates "Leadership Performance")

5. The recreational sports and tourism organization/company/institution undergoing the "review" (or "applicant") will receive the SPI overall score for Corporate Social Responsibility along with scores for each of the five separate indices, with scores ranging from 0% to 100% (where "0%" indicates "poor performance" and "100%" indicates "Leadership Performance").

6. All scores will be provided to the "applicant" in "real-time" and in a barometric format (see below).

Application Streams for Corporate Social Responsibility Assessment Framework

While the Corporate Social Responsibility Assessment framework is intended to offer guidance to recreational sports and tourism companies in choosing their own appropriate way of organizing sustainable chain responsibility, several additional application streams can be identified based on the broad applicability of the dimensions.

1. *SPI Certification*. Fee-based application and certification (and re-certification), dependent on acceptable overall SPI score. Catalyzes innovation in recreational sports and tourism industry; promotes positive corporate image among recreational sports and tourism enterprises and destinations.

2. *Training and workshops (both physical and on-line/Webinars)*. Fee-based (or non-fee); forum for technical know-how; avenue for disseminating/promoting best-practices among recreational sports and tourism enterprises and

destinations.

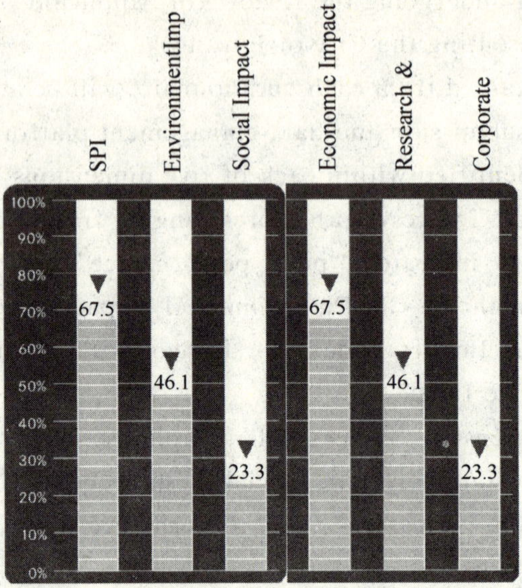

3. *Publication of "Fuyang's Leadership in Recreational Sports and Tourism Corporate Social Responsibility-Tools, Cases and Best Practices."* Purchased from the City of Fuyang; source for technical know-how for recreational sports and tourism enterprises and destinations; avenue for disseminating/promoting best-practices; applicable to sports and tourism practitioners, new professionals, students, and academics.

4. *SPI Tool*. Innovative, scientifically-grounded tool with CSR applications in all sectors of the recreational sports and tourism industry.

It is hoped that this measurement tool will have the following outcomes:

1. Encourage sustainability practices within all segments of the leisure, recreation, and tourism industry in Fuyang.

2. Stimulate innovation within Fuyang's leisure, recreation, and tourism industry through sustainability education and training.

3. Facilitate guest loyalty and return by promoting Fuyang's leisure, recreation, and tourism organizations which exemplify sustainable management and operation.

4. Support and promote Fuyang's leisure, recreation, and tourism organizations which integrate sustainability within their day-to-day operations.

休闲活动产业化经营的成功模式研究

——美国的经验与中国的问题及对策

何建民*

内容提要：我国旅游业正处在从观光型向休闲度假型转型、从低附加值向高附加值升级的重要阶段，如何借鉴世界上休闲活动产业化经营的成功模式，使我国的休闲活动能实现大规模、高体验、高利润、持续化经营的目标，这是一个急需解决的重要而普遍的问题。本文研究了美国的经验，包括美国休闲活动产业化的规模、潜力与经营状况，特别是运用顾客超额价值链与企业超额利润链的原理，通过对美国佛罗里达州奥兰多迪斯尼世界的发展经验、日本东京迪斯尼乐园的发展经验、法国巴黎迪斯尼乐园发展经验和中国香港迪斯尼乐园的发展经验的归纳，提出并论证了休闲活动产业化经营的成功模式。在上述基础上，分析了我国休闲产业发展存在的具体问题，并提出了解决这些问题的对策。

关键词：休闲活动　产业化经营　成功模式　我国问题　对策研究

一、休闲活动的需求规模与产业化潜力

1. 休闲活动的需求规模分析：以美国居民为例

休闲活动需求是指人们对在休闲时间里所参与的使自己身心得到放松、愉悦的休闲活动的需求，包括对在家庭里的休闲活动的需求，对在户外的休闲活动的需求和对离开自己居住地一定时间与距离的旅游休闲活动的需求。

休闲活动的需求规模可以从静态与动态两方面考察。静态的规模主要取决于目前可用于休闲活动的时间和可用于休闲活动的消费支出。动态的规模主要取决于上述因素的变化趋势。

据美国劳工部统计局（The Bureau of Labor Statistics of the U. S. Department of Labor）2006年对美国居民闲暇活动与花费时间调查发现，美国居民2006年参加的闲暇活动及其时间分配可以概括如下：

---

*何建民，男，经济学博士，上海财经大学旅游管理系主任、教授、旅游管理博士生导师，联合国世界旅游组织咨询专家。

(1) 以每天平均统计,每一个年龄在 15 岁及以上的居民中,有 96%人从事某项休闲活动,诸如观看电视、参加社交活动,或者参加体育锻炼。男士花在这些活动上的时间每天为 5.7 小时,女士为 4.9 小时,男士花的时间比女士多。

(2) 对男士与女士而言,观看电视是花费他们时间最多的休闲活动,平均要占他们休闲时间的一半。社交活动,诸如访问朋友,参加或者主持社交活动,是名列第二的流行的休闲活动,对男士与女士而言,每天要花他们 45 分钟时间。

(3) 在每一天里,男士比女士更喜欢参加体育锻炼或者娱乐活动,喜欢参加上述活动的男士与女士的比例是 20%∶15%。在他们参加上述活动的日期里,男士要比女士花更多的时间在这些活动上。一般男士为 2 小时,女士为 1.2 小时。

(4) 个人感兴趣的阅读时间长度,玩游戏或者使用计算机进行各种休闲活动的时间长度因年龄不同而有较大变化。年龄在 75 岁或以上的人们周末每天平均花 1.4 小时在阅读上,花 0.2 小时(12 分钟)玩游戏或参加使用计算机的游戏活动。相反,年龄在 15 岁到 19 岁之间的人们在周末每天的平均阅读时间为 0.1 小时(7 分钟),花 1 小时玩游戏或参加使用计算机的游戏活动。

通过对美国劳工部统计局 2005 年有关美国居民闲暇活动消费支出统计数据的分析可以发现,美国休闲活动的消费支出规模大,并且年均增长率也较高。下面我们以美国娱乐活动的消费支出作为美国休闲活动消费支出的代表进行分析说明。2005 年,美国每一个消费单位(其成员平均为 2.5 人)该年总的消费支出为 46409 美元,其中娱乐消费支出为 2388 美元,占消费支出总额的 5.15%左右。另外,美国 2004 年的娱乐消费支出额比 2003 年的娱乐消费支出额增加了 7.7%,2005 年的娱乐消费支出额又比 2004 年的娱乐消费支出额增加了 7.7%。

2. 休闲活动的产业化潜力分析:以美国企业为例

从易于收集相关统计数据和具有代表性的角度考虑,我们以美国的娱乐业和旅馆、博彩与度假旅馆业为美国休闲活动产业的代表,以美国娱乐业和旅馆、博彩与度假旅馆业同美国其他产业利润增长率的比较,分析美国休闲活动产业的发展潜力;以美国成功的娱乐企业和旅馆、博彩与度假旅馆企业的经营规模与业绩来分析休闲活动旅游企业的发展潜力。

据美国《财富杂志》2008 年 5 月统计,在美国以营业额大小排序的最大的 500 家公司中,2007 年以利润增长率高低排序,在增长率最高的 49 个产业中,娱乐业的增长率为 25.6%,排在第 8 位,旅馆、博彩与度假旅馆业的增长率为 15%,排在第 14 位。在美国最大的 500 家公司中,在 2002—2007 年的 5 年期间,以年利润增长率高低排序,在增长率最高的 38 个产业中,旅馆、博彩与度假旅馆业的增长率为 20.8%,排在第 14 位。

据美国《财富杂志》2008 年 5 月统计,在美国以营业额大小排序的最大的 500

家公司中，娱乐业有六家企业，第一位是时代华纳公司（TIME WARNER），名列美国500强的第49位，2007年的营业额为466.15亿美元，利润为43.87亿美元，就业人数为86400人。第二位是迪斯尼公司（WALT DISNEY），名列美国500强的第67位，2007年的营业额为358.82亿美元，利润为46.87亿美元，就业人数为137000人。这六家公司的营业收入总额是1460.84亿美元，利润总额为165.24亿美元，就业总人数为341220人。同年进入美国500强的旅馆、博彩与度假旅馆有四家，第一位是万豪国际（MARRIOTT INTERNATIONAL），名列美国500强的第197位，2007年的营业额为133.42亿美元，利润为6.96亿美元，就业人数为151000人。这4家公司的营业收入总额为381.41亿美元，利润总额为34.42亿美元，就业总人数为454050人。

3. 研究结论

通过对美国统计数据的分析，对有关休闲活动的需求规模和产业化潜力研究，我们可以得出下列重要结论：(1) 休闲活动时间占据人们生活时间的较大部分。美国居民的休闲活动时间平均每天为5小时左右，占美国人一天生活时间24小时的1/5。(2) 休闲活动的消费支出额占据人们消费支出总额的较大部分。美国居民休闲活动消费支出额，以娱乐活动的消费支出额为代表进行计算，平均一年为2388美元，占消费支出总额的5.15%左右，并且每年平均的增长率为7.7%。(3) 休闲活动产业的增长率处在较高水平。美国的休闲活动产业，以娱乐业和旅馆、博彩与度假旅馆业为代表，其利润增长率位于美国增长率最高产业的前列。(4) 从事休闲活动经营的企业规模，包括年营业收入规模、年利润规模、年就业人数规模都可以进入一国的最大企业集团行列。美国从事休闲活动经营的企业，以娱乐企业和旅馆、博彩与度假旅馆企业为代表，在年营业收入、年利润额与年就业量方面都名列美国500强企业中的前列。

二、休闲活动产业化经营的成功模式

1. 休闲活动产业化经营成功模式的实质与运作方式：基于超额价值链与超额利润链的分析

休闲活动产业化经营成功模式的实质是要做到为目标顾客提供超额价值与为经营企业提供超额利润的完美统一。

休闲活动产业化经营成功模式的具体运作方式是：第一步，以为目标顾客提供超额价值的超额价值链的设计为指导，设计如何提高顾客感知价值即愿意支付价格的重要元素，设计如何合理降低成本即降低顾客支付价格的重要元素，而用前者减去后者的差额就是目标顾客可以获得的超额价值。第二步,以为企业创造超额利润价值的超额利润价值链的设计为指导,在千方百计提高目标顾客感知价值即愿意支付价格和千方百计合理降低成本即顾客需要支付价格的基础上,扩大上述两者间的差额,并在为目标顾客提供具有竞争优势的产品品质与价格的基础上,增加企业的盈利额。第三步,将上述两步融合起来,针对具体的休闲活动的经营特点与问题,制定休闲活动产业化经营成功模式的运作程序。

2. 休闲活动产业化经营成功模式的运作程序:以迪斯尼主题公园为例

休闲活动产业化经营成功模式的运作程序一般包括:(1) 目标市场的选择要考虑所选目标顾客对所提供的产品价值的高感知性,目标顾客的高规模性、高稳定性、高持续性、多元性,这样做既可以提高价格,又可以降低成本,还可以持续发展;(2) 目标市场的定位要考虑到差异性、优势集成性与可在营销组合中的表现性,这样做可以获得持续的竞争优势;(3) 产品的组合要考虑到多主题性、综合性与更新性,这样做可以覆盖更多市场,同时满足顾客更多的消费活动需求、占有顾客更多的消费支出份额;(4) 营销传播要注意目标顾客头脑印象占有率、市场占有率与心灵占有率三者之间的良性强化循环;(5) 人力资源的招聘与开发要注意休闲活动体验价值创造具有艺术表演性的内在要求;(6) 引入竞争标杆和优胜劣汰的竞争、更新、创新机制;(7) 引入复合性商业地产的经营理念,开拓与延伸复合性商业地产经营的价值链;(8) 广泛利用各种社会资源,特别是地方政府发展经济的政策与财政资源。

沃尔特·迪斯尼公司在世界范围内现拥有 5 个迪斯尼乐园度假地,它们分别位于美国加州、奥兰多,日本东京,法国巴黎和中国香港。每个度假地一般由主题公园、主题酒店、购物休闲中心、高尔夫球场等部分构成。迪斯尼主题公园每年吸引世界各地几千万游客与获得几十亿美元的利润的成功经验,已经证明了休闲活动产业化经营模式的实质是要做到为目标顾客提供超额价值与为经营企业提供超额利润的完美统一。

现在,我们以迪斯尼主题公园的运作经验为例,论证休闲活动产业化经营模式成功运作的一般程序。

(1) 迪斯尼主题公园的目标市场是多元的,它以家庭娱乐市场为主,同时吸引会议、奖励旅游和度假市场。这些市场对娱乐活动产品与服务的价值感知评价高,市场规模大,需求具有稳定性和持续性(见图 1)。

(2) 迪斯尼主题公园以迪斯尼公司动画片所创造的人物故事为主要情节,设计出的主题公园活动经历与竞争对手相比具有显著的差异性,并且拥有这些艺术创意产品的专利权。另外,每一个主题公园至少有四个分主题乐园,如美国小镇大街、探险世界、幻想世界与未来世界等分主题乐园,这样就做到了目标市场定位的差异性、优势的集成性与定位可在营销组合中的表现性。见表 1。

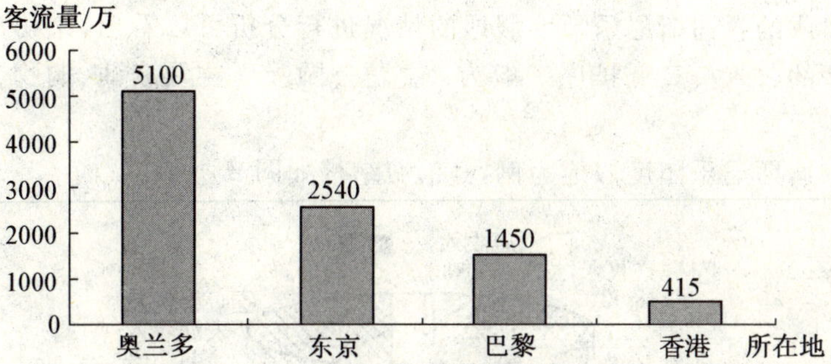

图 1　世界各地迪斯尼乐园客流量数据(2007)

(资料来源:www.disneyinternational.com)

表 1　世界各地迪斯尼乐园度假地项目活动规划

度假地	主题园区		娱乐项目
奥兰多沃尔特·迪斯尼世界度假地	神奇王国		各类卡通主题娱乐项目
	未来世界		各类科技主题娱乐项目
	迪斯尼好莱坞影城		各类影视主题娱乐项目
	迪斯尼动物王国		各类野生动物参观项目
	水公园	台风湖	各类水上主题娱乐项目
		碧丽滩	各类水上主题娱乐项目
东京迪斯尼乐园度假地	东京迪斯尼乐园		各类卡通主题娱乐项目
	东京迪斯尼海洋		各类海洋主题娱乐项目
巴黎迪斯尼乐园度假地	巴黎迪斯尼乐园		各类卡通主题娱乐项目
	巴黎沃尔特·迪斯尼影城公园		各类影视主题娱乐项目
香港迪斯尼乐园度假地	幻想世界		各类幻想主题娱乐项目
	明日世界		各类科技主题娱乐项目
	探险世界		各类探险主题娱乐项目
	美国小镇大街		各类表演及餐饮购物区

(3) 迪斯尼主题公园空间布局的一般范式是:第一层为核心区,主要是分主题公园,在分主题公园的连接处设有餐馆和商店;第二层为宾馆和会议中心区,吸引过夜游客与会议奖励游客;第三层为大型的购物、娱乐、餐饮设施区,深度开发与占有顾客的各种娱乐消费活动与购买力,上述产品与服务是依据顾客的需求规模与

要求不断滚动、更新开发的。这样做既节约了成本,又做到了产品组合的多主题性、综合性与更新性,创造了多个收入与利润来源点。

对已建成的各迪斯尼乐园度假地的情况进行分析可以看出,来访游客为迪斯尼乐园带来的收入按高低排序一般为:主题公园吸引物及表演、购物、餐饮、酒店住宿等。

以东京迪斯尼乐园度假地为例,其消费结构如图2所示:

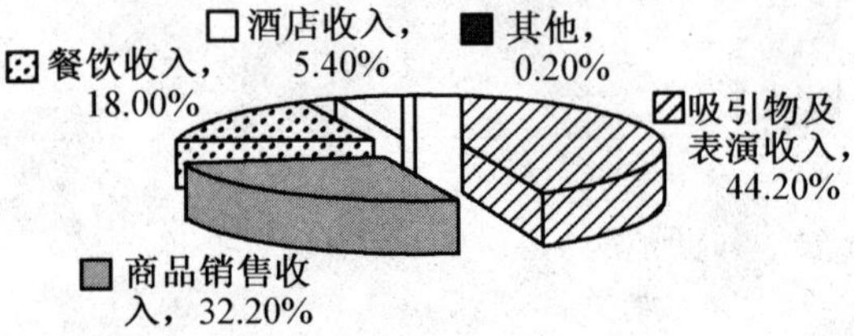

图2　东京迪斯尼乐园度假地收入结构

(资料来源:东方土地公司(OLC Group)2007年报)

(4) 迪斯尼主题公园的建设与推广,先以播放有关迪斯尼动画片的电影故事开道,并专门设立迪斯尼动画片的电视频道,进行宣传造势,这样做就为在目标顾客中培育迪斯尼主题公园的知名度、美誉度打下了良好的基础,迪斯尼公司又为到迪斯尼乐园的游客提供优质服务,这样做就培育了目标顾客的忠诚度。由此实现了目标顾客头脑印象占有率、市场占有率与心灵占有率三者的良性强化循环。值得关注的是:休闲活动经营往往属于一种创意产品的经营,在培育目标顾客对这种创意产品的认识、好感、喜欢与忠诚方面,要比普通的消费品花更大的功夫。

(5) 迪斯尼主题公园的一切工作是为游客创造奇妙的体验经历,因此,迪斯尼主题公园特别注意招收与培育具有娱乐艺术创造力、表演力和服务力的优秀员工。

(6) 市场经济永远生机勃勃的根本原因在于存在竞争淘汰的选优机制和新陈代谢机制。迪斯尼主题公园的所有工作人员,包括设计创意工作人员、管理服务工作人员甚至包括首席执行官都面对竞争标杆的考核、检验与不断选优的过程,因此,他们能自觉地或被迫地保持一流水平。

(7) 迪斯尼主题公园复合性的商业地产开发方式一般是:"1"平方千米——迪斯尼主题公园区,"2.7"平方千米——主题公园配套商业宾馆服务区,"7"平方千米——主题公园其他配套娱乐、购物服务区,"100"平方千米——商业地产控制区。从复合性商业地产运作视角考虑,许多类似主题公园与高星级宾馆的休闲娱乐场所的建设,能提升周围区块的价值,并且产生吸引高档顾客汇聚该区块消费的效应,因此,需要将如何经营必然升值的周围区块与深度开发将会汇聚的高档顾客的需求和购买力纳入企业的盈利模式中。

(8) 迪斯尼主题公园利用地方政府发展经济的积极性,努力争取地方政府的政策支持与财政支持。地方政府的投入可以分为对迪斯尼项目的直接投资与对相关基础设施的间接投资。在迪斯尼进行海外扩张的过程中，当地政府均投入了巨额的资金。例如，香港迪斯尼乐园面积126公顷，花费141亿港元，香港政府投入资金占总资金的63%。除了当地政府直接投入资金外，在主题公园开发过程中，政府更多地以间接方式进行投资。这些间接投资形式包括：免费或以低于市场价格或者分享股份的方式，向主题公园提供土地和建筑物；对投资实行定期和定额的免税；免费落实基础设施建设工程等。

3. 研究结论

休闲活动产业化经营成功模式的实质就是要做到：为目标顾客提供超额价值与为经营企业提供超额利润的完美统一。休闲活动产业化经营成功模式的实施要注意运用休闲活动产业化经营成功模式的具体运作方式与休闲活动产业化经营成功模式的运作程序。

三、我国休闲活动产业化经营的问题与对策研究

我国休闲活动产业化经营主要存在两方面的问题：第一是政府对休闲活动产业化经营的规模与潜力认识不足，在总体上还停留在将休闲活动视为"吃、喝、玩、乐"，采取放任自流的态度上，没有认识到它是一种与居民生活方式相联系的重要产业，并且是一种具有高增长率的重要产业。杭州市政府独具慧眼，打造休闲之都，是值得我国各级政府学习的。第二是企业对休闲活动产业化经营成功模式缺乏研究，在策划与经营具体的休闲活动时没有系统的指导方式与运作程序。

本文为解决上述两个问题提供了参考答案：(1) 政府要将休闲娱乐产业作为占居民消费支出总额5%以上的、持续发展的重要产业来规划推进，特别在我国经济发展更加注重内需带动的背景下；(2) 企业需要在深刻理解休闲活动产业化经营成功模式实质的基础上，针对自己所从事的休闲活动经营中所遇到的具体问题，以为目标顾客提供超额价值的超额价值链设计为指导，以为企业创造超额利润价值的超额利润价值链设计为指导，创造性地运用休闲活动产业化经营成功模式的运作方式与程序。

参考文献

[1] John Tribe. *The Economics of Leisure and Tourism*. Second Edition. Oxford: Butterworth-Heinemann, 1999. 3—4.

[2] Bureau of Labor Statistics of United States Department of Labor.

AMERICAN TIME USE SURVEY—2006 *RESULTS*. July 19, 2007.

[3] Bureau of Labor Statistics of United States Department of Labor. *Consumer Expenditures in* 2005. February 2007.

[4] Fastest-Growing Companies and Industries, Ranked within Industries. Fortune. May 5. 2008: F-31-F52.

[5] 何建民:《现代国际营销策略——成功者与失败者研究》,上海外语教育出版社1999年版,第12—28页。

[6] www. disney. com.

有关日本休闲产业发展现状与趋势之探索

——兼论富阳休闲产业的发展

[日]德村志成(Tokumura Shisei)*

内容提要：快速的经济发展之后，日本整个社会开始进入了高龄化时代，但同时所谓的休闲时代也随之到来。喜爱休闲活动的人越来越多，而休闲产业也在这样的环境背景下发展迅速，其结果也对日本经济发展起到一定程度的贡献。作为一个高度发展的国家，休闲产业的快速发展，所反映出的是一个什么样的信息，是非常值得我们去深思和研究的，本文想透过研究的结果来发现问题，并希望能够作为今后休闲产业发展的参考。

关键词：休闲时代　休闲活动　休闲产业

引　言

“二战”后的日本在高度经济发展之后，各项建设突飞猛进，产业结构也迅速产生了变化，旅游与休闲产业便在这样的环境下急速增长，其主要原因在于经济发展带动了整个旅游市场与休闲市场的需求，同时随着需求的快速增长两大产业便成功地在各地展开。

初期的旅游发展大致上仅限于一般的观光旅游，但随后的经济腾飞开始让原本单纯的旅游，也迅速地进入休闲度假旅游的时代。各式各样的休闲旅游方式与休闲活动在各地兴起，活动的内容百花齐放、新旧杂陈，基本满足了整个市场的需求。对整个旅游经济与休闲经济起到极大的作用，对日本国民的健康休闲也有着较大的影响。

休闲市场虽然在经济腾飞期间有着快速的增长，但在日本人口结构进入高龄化和少子化后，也出现了一定程度的萎缩现象，这个现象的发生对今后日本休闲产业当然有着极大的影响，问题的起因与解决将成为今后日本休闲产业发展的一个难题。

一个成熟的旅游产业与休闲产业，在人口结构产生严重变化后迅速受到影响，这虽然是一个可预见的结果，但也说明两个产业在发展上也存在着一定程度的脆

*德村志成，博士，教授，浙江教育学院。

弱性,因此如何克服问题的发生和找出解决之道,自然成为今后发展旅游产业和休闲产业时的一个重大课题。为此,笔者认为有必要对目前日本旅游与休闲产业的发展现状和趋势,作进一步的研究和探索,以作为今后中国在发展该产业时的一个重要借鉴。

二、日本旅游业与休闲产业发展现状

一个产业的发展有赖于一个健全的市场,而市场的稳定又受制于经济的发展,也受到人口结构变化的影响。从日本的发展情况来看,高度经济发展初期到最盛期,属于稳定期,但随后20世纪90年代初期开始的泡沫经济让日本各个行业受到了一定程度的影响,当然旅游产业与休闲产业也深受波及。

日本经济发展带动了旅游产业和休闲产业的发展是一个不争的事实,但20世纪90年代初期的泡沫经济给旅游与休闲业带来的冲击也是事实,在进入21世纪后日本人口结构有了较大的变化,又再次带给旅游与休闲两大产业不小的影响。我们可以从以下几个变化中得到答案。

1. 国际客源市场的变化

我们在研究日本客源市场的变化时,泡沫经济后的20世纪90年代是最值得关注的,因为一个高度经济发展国家,是如何克服经济危机,维持旅游业的可持续发展,在一定程度上足以作为今后各国发展的借鉴与警惕。

从日本国民20世纪90年代出国旅游的概况来看,似乎并没有受到巨大的影响(见图1)。主要原因在于旅行业者在旅游产品设计上采取了以"廉价、近距离、短时间"为主轴的产品来供应市场的需求,其结果不但使日本国际客源市场出现微幅的增长,整体上也未出现严重的衰退情况,同时也让旅游业界得以继续生存,度过了泡沫经济的难关。

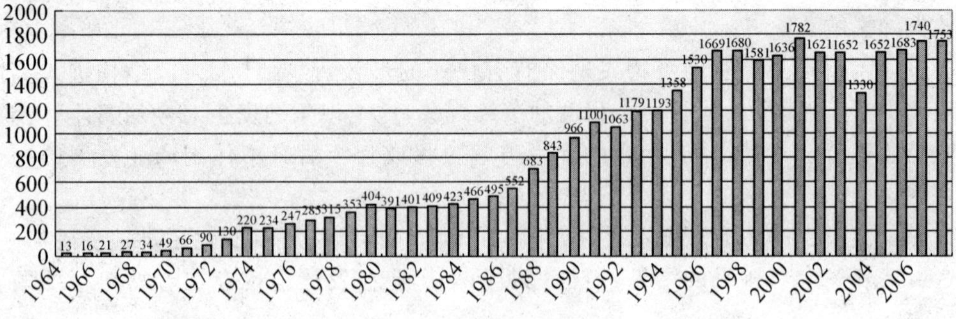

图1 1964—2007年日本国民海外旅游人数 (单位:万人)

(资料来源见参考文献[1])

旅行业者之所以能够快速反应市场的需求并成功地突破难关，主要是在于，他们认为要克服泡沫经济所带给旅游产业的困境，唯有克服产品价格，也就是说除了提供廉价的产品外，没有任何方法可以改变因泡沫经济所带来的冲击。

而廉价产品的提供则需要高度的产品设计技巧，否则依然是一件很难完成的任务。一般产品价格旅游线路的距离和旅游的时间是一个主要关键之一，因此在 20 世纪 90 年代的旅游产品，都是在空间和时间上采取近距离和短时间的原则来设计的，也正因如此才使得旅游产品价格大为降低，达到满足了市场所能够承受的能力，因而维持了日本国际客源市场的微幅增长。

事实上从表 1 和图 2 我们可以非常明显地看出，近距离的旅游确实是当时的主要产品。虽然美国和加拿大及夏威夷在距离上看似是比亚洲国家远，但是美国和夏威夷是日本的传统旅游目的地，因此尽管日本受到严重的泡沫经济的打击，美国和夏威夷依然受到日本市场的喜爱，加上前往该地区旅游的航空票价远比赴中国还要便宜，使得这个传统旅游目的地完全摆脱不利的因素而未受到严重的影响。

表 1　1999 日本国民海外旅游目的地　　单位：%

旅游目的地	东亚洲	中国	东南亚	美国本土	加拿大	夏威夷	关岛，塞班	南太平洋诸岛	大洋洲	欧洲，俄罗斯	中南美	中近东，非洲，其他	无回答	$N=$ 3934
(%)	12.5	6.3	16.1	12.4	3.0	10.8	8.6	0.6	5.1	20.9	1.1	1.8	1.1	100.0

（资料来源见参考文献[2]）

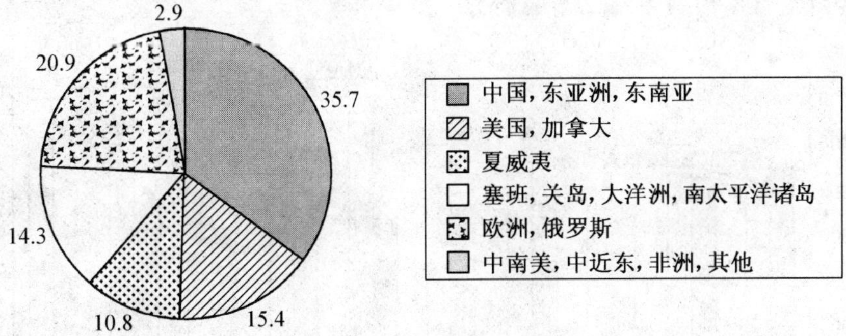

图 2　1999 日本国民海外旅游目的地之比率　单位：%

（资料来源见参考文献[3]）

而旅游时间的长短也是影响旅游产品价格的主要因素之一，从图 3 可以看出从 20 世纪 90 年代初期开始出国旅游的时间正在逐年下降，目前短时间旅游基本上已经成为一项主流产品。时间的缩短确实对旅游产品价格有着极大的影响，日本市场尽管在经济状况不佳情况下，依然能够保持着微幅的增长，其主要原因就是没有出现市场供需的失调所致,也就是说消费者的出国欲望并未受到经济衰退的严重影响,而旅游业者又能够在这个关键时刻及时创造出符合消费者需求的产品。日本国际客源市场能够在恶劣环境下,依然维持稳定的增长就是上述原因所造成的。

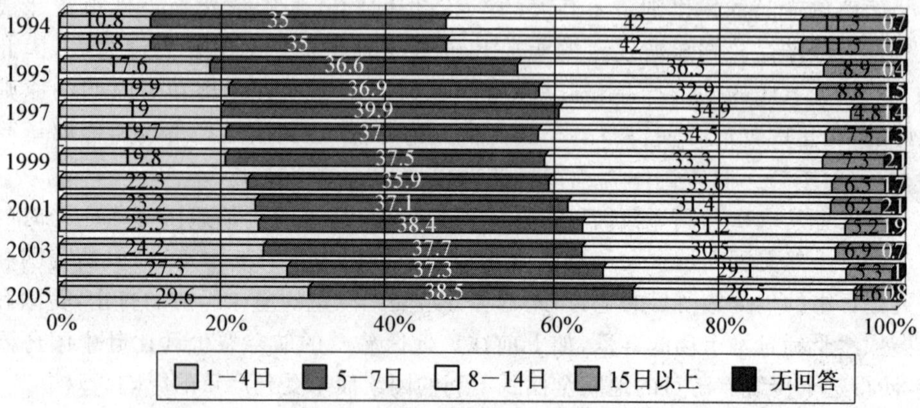

图 3　1994—2005 年日本国民海外旅游日数　单位:%

(资料来源见参考文献[4])

2. 消费能力的变化

日本在 20 世纪 90 年代初期开始饱受泡沫经济之痛,至今仍然未能完全解消。从图 4 可以非常明显地看出消费能力正在逐年下降,从 1991 年的每人每次海外旅游使用 44.7 万元到 2000 年的 31.2 万元,十年间消费金额少了 13.5 万元,说明了泡沫经济给日本消费者在支出的能力上造成极大的影响。

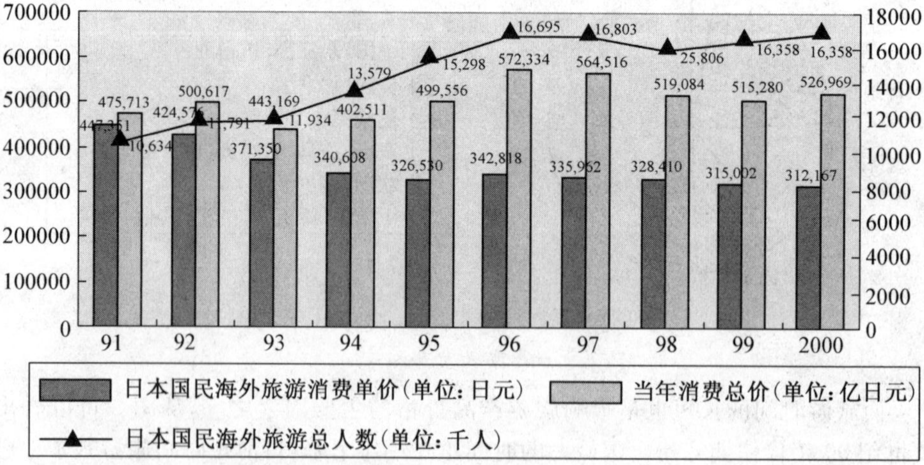

图 4　1991—2000 年日本国民海外旅游总数和消费单价及当年消费总金额

(资料来源见参考文献[5])

从另外一个角度来看，虽然整体消费能力降低，但当年消费总额却没有明显的下降趋势，主要原因就是海外旅游的人数，并未受到泡沫经济的严重影响。这里说明了决定市场规模大小的旅游人数与消费能力之间有着极为密切的关系，在结论上旅游产品价格在一定程度上会影响消费者的出访意愿，特别是在出访意愿居高不下，价格又处于合理的情况下，必然有助于提高出访人数，最后自然带动旅游经济效益。在 20 世纪 90 年代初期到末期，日本国际市场就是正好处于上述的情况，所以尽管消费能力下降了，但旅游经济效益并未有严重的情况出现，这些都归功于出访人数未受大环境影响所致。

3. 休闲产业发展现状

休闲产业在泡沫经济的影响下也受到一定程度的影响，进入 21 世纪后的市场开始出现微幅的下降趋势（见表 2）。笔者认为虽然经济不景气是造成休闲产业创收无法增长的主要原因之一，但更值得我们关注的是，日本人口结构的大幅变化也是主要因素之一。

表 2　日本休闲市场的概况　　单位：日币亿元，%

年份	2002	2003	2004	2005	2006	增长率(%)	
						05/04	06/05
运动部门	45990	45250	43800	42990	42970	－1.8	0.0
趣味、创作部门	116970	114880	116320	111200	109.690	－4.4	－1.4
娱乐部门	561390	553150	547750	541130	529670	－1.2	－2.1
观光、游览部门	107940	104860	105560	106390	106880	0.8	0.5
休闲市场	832290	818140	813430	801710	789210	－1.4	－1.6
对国民总支出	16.9	16.7	16.3	16.0	15.6	－2.0	－2.8
对民间最终消费支出	29.4	29.0	28.6	28.0	27.4	－2.2	－2.1
国民总支出（名目）	4913122	4902940	4983284	5013422	5076528	0.6	1.3
民间最终消费支出（名目）	2832539	267910	2844284	2865296	2880961	0.7	0.5

（资料来源见参考文献[6]）

在休闲四大分类产业中除了观光旅游部门基本维持较为稳定的状态外，其余的如：运动部门、趣味，创作部门和娱乐部门等都出现了微幅的负增长的趋势。休闲度假旅游也好，单纯的休闲活动也好，都处于下降的趋势，笔者认为造成这样的结果，基本上不外乎消费意愿的降低和经济状况的不佳，以及直接影响到消费人数的人口结构变化。

如何解决消费意愿的问题，属于促销技法的问题，只要营销宣传得宜的话是有可能在短期获得改善的，而经济问题一样随着经济环境的改善，依然有可能刺激消费，但人口结构的变化则非一朝一夕可以改变的，是属于超难度的问题。这也可能成为今后日本整体旅游与休闲产业进入萎缩的主要原因之一。

根据图5的调查报告结果可以很清楚地发现，目前日本所出现的问题在于人口高龄化与少子化同步进行的情况。1965年0～14岁的儿童为222万人，预测2010年将下降到132万人，另一方面，64～75岁人口将从1965年的34万人增加到141万人，75岁以上的老龄人口将从13万增长到115万人。如果将64岁以上的人都划为高龄人口来计算的话，那么2010年将会出现总人口的21.8%是高龄人口和14岁以下的占11.2%的现象（见图6）。如此的结果必然对旅游与休闲两大产业造成严重的影响，这是亟待我们去思考和设法克服的重大的课题。

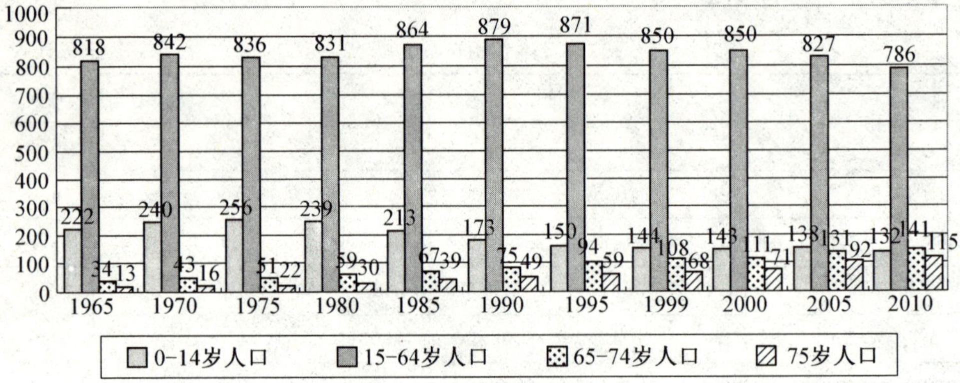

图5　1965—2010年日本人口结构和总数及预测2010年人口总数　单位：万人

（资料来源见参考文献[7]）

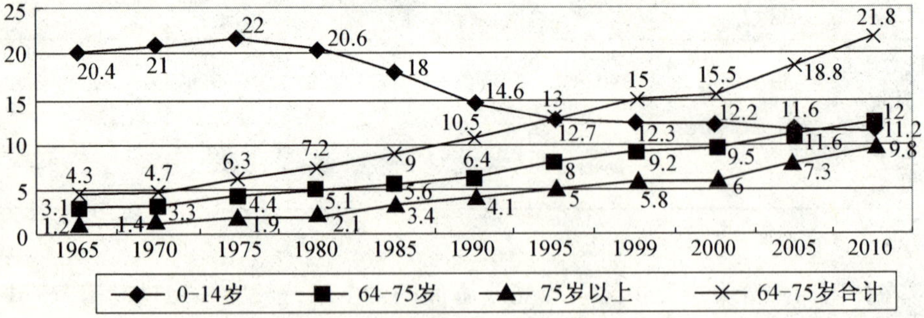

图6　1965—2010年日本人口结构比率　单位：%

（资料来源见参考文献[8]）

三、日本人口结构变化对休闲发展趋势的影响

日本在进入21世纪后，休闲产业的创收开始进入微幅下降的局面，造成如此的结果，一般普遍认为是受经济不景气、消费观念的改变和市场供需失调等等，但这是从经济层面、消费性向和产品与市场需求的角度来看的结果，不过笔者认为日本休闲产业的萎缩，除了以上的原因之外，当然还有其他因素值得我们探索和追究。

从决定市场规模两大因素的人口和经济来看，日本人口结构的变化事实上也是一个重要因素。高龄化与少子化都对日本休闲产业造成实质上的影响，高龄者的增加就意味着他们更关注的很可能是身体健康而非休闲。尽管休闲与健康有密切的关联性，但从体力上、精神上来说似乎真正意义上的休息可能更适合他们，因此从结论上来说，休闲市场很可能在这样的情况下受到影响而丧失了部分客源市场的需求。而少子化更是主要客源市场流失的主要原因之一。

从图7的调查报告可以清晰地看出，进入21世纪后高龄化与少子化的进程更为明显。随着高龄者的增加及儿童的减少，自然在一定程度上影响到消费人口的总量，最后必然导致休闲产业的创收，也就是说前者将造成高龄人口休闲市场的萎缩，而后者的儿童减少，将对新市场造成青黄不接的严重后果。事实上从图7调查结论上也可以看得出，两者之间所出现一增一减之现象，其总和就是消费市场萎缩的一个证明，最后当然影响到整体休闲产业的创收。

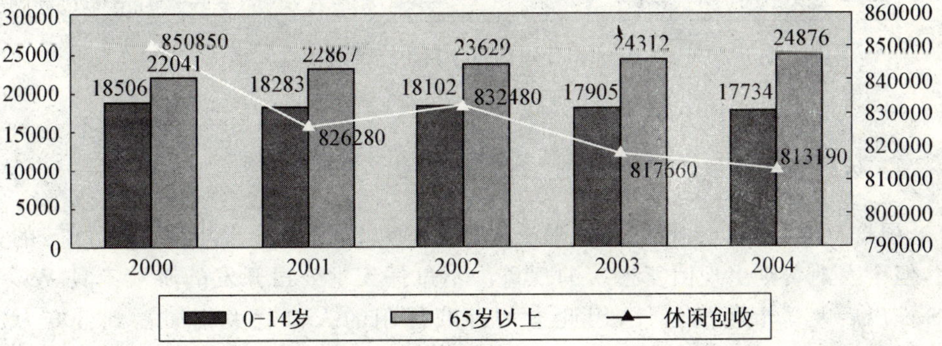

图7　2000—2004高龄化与少子化及休闲产业创收之关系　单位：千人　亿日元

（资料来源见参考文献[6]、[8]）

从结论上，我们可以说明：人口结构的变化的确给休闲消费市场在一定程度上造成影响是必然的结果。因此我们说日本休闲市场基本上就是在这样的情况下开始进入萎缩。今后随着人口结构变化的加剧，休闲市场仍将继续萎缩，因此，今

后如何扩大休闲市场的问题，将严重考验这个产业的发展。

四、发展趋势与潜在休闲市场

从1973—2006年调查报告来看，尽管整体休闲市场有逐年下降的趋势，但国民休闲意识并未受到严重的影响，当中就有极高比率的日本国民表示今后生活的主要着力点，将会放在休闲与休假生活上（见图8）。因此今后将会出现消费市场萎缩但意愿依旧的情况，这个结果将使潜在市场继续存在，也就是说休闲产业在这样的情况下，如何以经济现状为背景开发出符合市场需求的休闲产品，将是今后的首要任务。

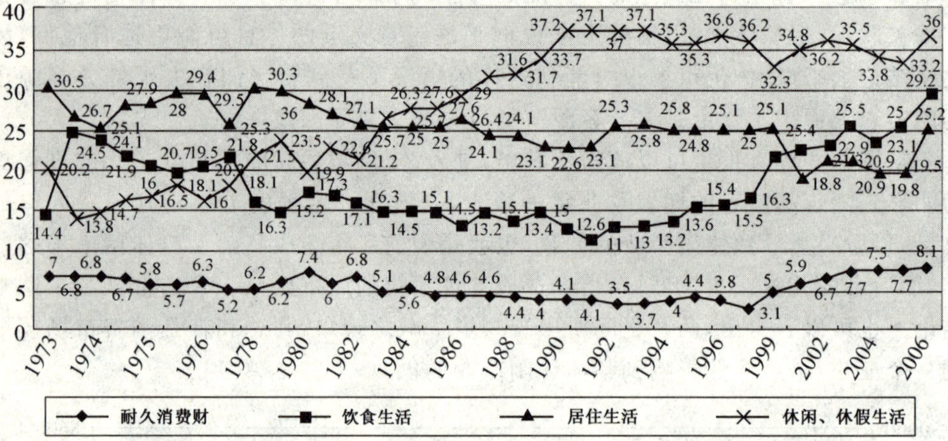

图8　1973—2006年日本国民今后生活的着力点　单位：%

（资料来源见参考文献［9］）

1. 休闲活动的现状

根据日本《2007休闲白书的调查报告》来看，2007年企业业绩虽有好转的迹象，但个人消费则出现回复迟缓的现象。不过任天堂公司开发的游戏工具Wii和DS推出后大受市场的好评，因此参加游戏休闲的人口就大幅回复到300万人以上。

其他如外出饮食、购买彩券、园艺、整理庭院、玩牌、慢跑、马拉松等，属于单价比较便宜，一般比较能够为消费者所接受的休闲活动，因此依然广受市场的欢迎。这里说明了民间消费能力，在泡沫经济后依然处于低迷状态而未能提升，也是造成休闲市场萎缩的主要因素之一（见表3）。

表3　2005年休闲活动的参加人口　　　　2006年休闲活动的参加人口

顺位	休闲活动的项目	参加人（万人）	顺位	休闲活动的项目	参加人（万人）
1	外吃饮食(日常生活除外)	7150	1	外吃饮食(日常生活除外)	7160
2	国内观光旅游(避暑,避寒,温泉等)	5830	2	国内观光旅游(避暑,避寒,温泉等)	5720
3	自驾车	5220	3	自驾车	5110
4	唱　歌	4540	4	彩　券	4600
5	录像带的鉴赏(包含租碟)	4470	5	唱　歌	4290
6	彩　券	4380	6	录像带的鉴赏(包含租碟)	4160
7	电脑(游戏,趣味,通信等)	4250	7	电脑(游戏,趣味,通信等)	4080
8	电影(电视除外)	4100	8	电影(电视除外)	3870
9	音乐鉴赏(CD,唱片,录音带,FM等)	4040	9	动物园,植物园,水族馆,博物馆	3820
10	动物园,植物园,水族馆,博物馆	3930	10	音乐鉴赏(CD,唱片,录音带,FM等)	3690
11	酒吧,快餐馆,大众酒场	3600	11	酒吧,快餐馆,大众酒场	3370
12	园艺,整理庭院	3240	12	园艺,整理庭院	3260
13	游园地	2930	13	电视游戏机(在家里)	3110
14	保龄球	2760	14	打桥牌,扑克牌,玩花纸牌	2790
15	电视游戏机(在家里)	2760	15	游园地	2760
16	打桥牌,扑克牌,玩花纸牌	2640	16	郊外烤肉,野营,野外散步	2620
17	郊外烤肉,野营,野外散步	2620	17	保龄球	2510
18	归乡旅游	2510	18	音乐会,演唱会	2440
19	音乐会,演唱会	2460	19	归乡旅游	2420
20	节事,博览会	2420	20	慢跑,马拉松	2390

(资料来源见参考文献[10])

除此之外,观光旅游系列的活动则出现微幅下降的现象,再则由于受到油价高腾的影响,从自驾旅游、国内观光旅游、动物园、植物园、水族馆、博物馆,到主题公园游园地等的参加人口都出现无增长的趋势。

从图9的22种休闲活动内容来看,基本符合了休闲内涵中三个功能:一,休息;二,解闷、散心、消遣;三,自我启发等内容,也显现出休闲活动主要是放松身心,去从事各种运动竞技、艺术文化的鉴赏和对高科技的好奇,以及走进大自然等方式,来丰富自我生活品质的本质特征。

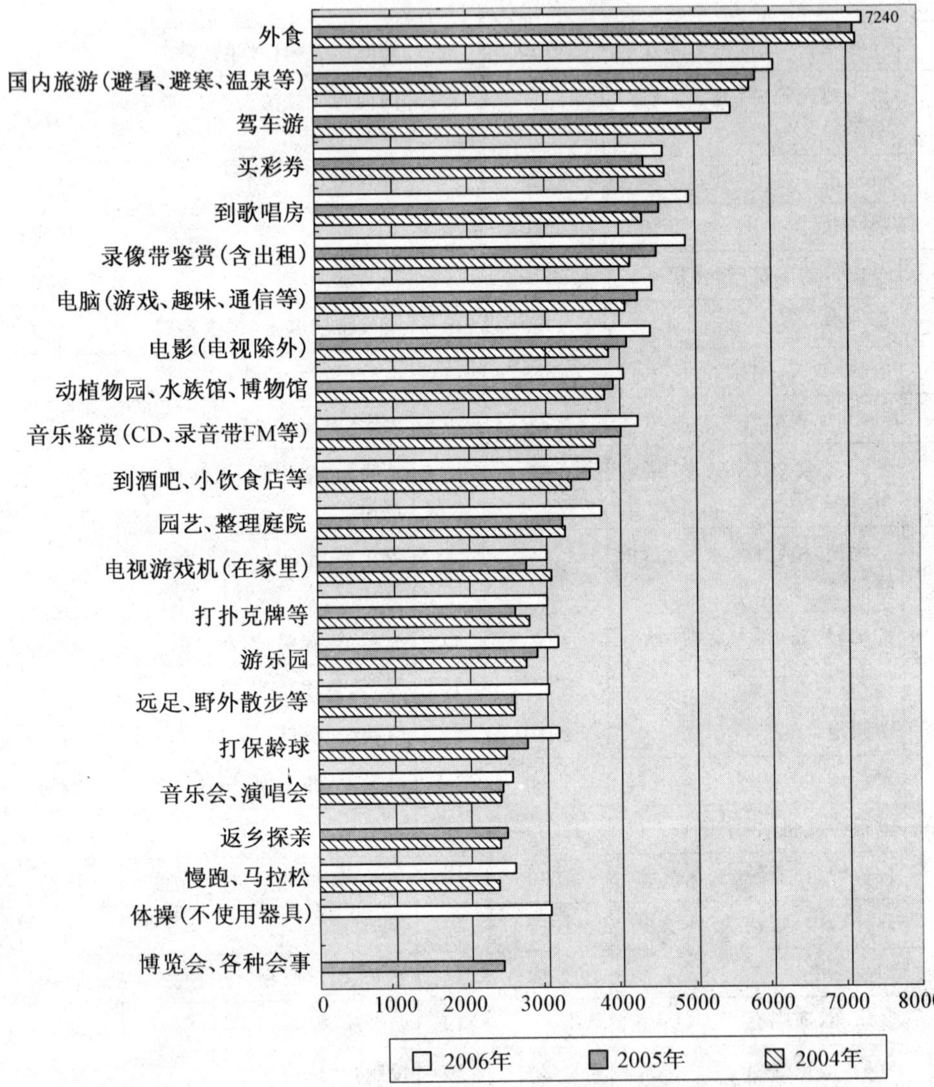

图9 2004—2006年日本国民参加22种休闲活动的人数 单位:万人

(资料来源见参考文献[6])

休闲作为人类生活的一种需求,并随着经济的发展逐渐增长的观念,已被普遍认同,而日本休闲活动之所以能够普遍展开,很大程度是因为伴随着休闲度假旅游和休闲活动的相关产业的及时跟进。当然其中也有部分是在休闲产业的诱导下所形成的巨大市场,特别是科技游戏类的成功发展。另外如前述为了自身的健康,选择了户外运动作为休闲活动也正在快速的增长之中，这是值得我们重视的一个发展现象。

从现状中可以发现整个发展休闲产业的大环境，在经济状况不佳的情况下受到极大的影响。因此，消费者开始选择以低消费的休闲活动为主要休闲方式，来取代以往较高消费的活动，如此的结果当然对整个产业的产值造成直接的影响。

2. 休闲市场的动向

从1990年开始调查以来，日本的休闲产业的产值首次下降到80兆日元以下。这是否意味着这个局面今后将继续持续恶化下去，或是仍然有重获改善的机会呢？这是非常值得我们关注的一个现象。

分析结果认为下降的主要因素之一，是受到市场规模较大的游戏赌博业（打铁弹珠游戏）和具有赌博性质活动的下降所致。其他的休闲产业虽有变化但幅度较小，不过仍然可以看出休闲产业开始出现了问题。

而事实上上述几个活动都是必须靠经济实力来带动的产业，但依目前日本的经济现状而言，显然是不可能在短期间内，再次出现过去的好景象。同时人口结构的变化，更是加速影响到主要消费市场的萎缩。这些无疑就是雪上加霜，使问题更加复杂化的根本要因。这也说明了在过去经济形势大好的期间，所兴起且带有赌博性的休闲产业，在经济萧条时也无法避免跟着走进萎缩的局面，进而影响到整个产业产值的下降。

3. 年轻世代的远离休闲

当前最值得关注的是年青一代的远离休闲的问题，这很可能是造成将来萎缩的重要因素之一，是一个让休闲产业界忧心的问题。

根据日本对不同年龄层所进行的调查，发现他们对90种休闲活动的“平均参加率”，呈现出60岁以上的高龄者参加休闲的比率处于低迷状态，目前仅能维持着7～8年前的发展势头。而50岁以下的休闲活动参加率，则出现较为严重的低迷现象，特别是10岁以下年龄层的市场受到少子化的影响，和过去高峰期相比有较大下降现象，而过去参加率比较高的20与30年龄层也出现比较明确的下降趋势。

整体而言年轻世代层的远离休闲，是当前日本休闲产业的一大问题。在人口结构无法改变的情况下，年轻世代层的休闲市场恐将难以获得改善。因此如何解决人口的结构问题在日本已经引起各界的极大关注，而产业这一边也不得不在产品开发上多做设想，否则休闲市场产值的继续下降问题将无可避免。

4. 希望参加休闲活动的内容

日本的休闲市场，在数字上不论是显在市场还是潜在市场，依然呈现出巨大的状态。从希望参加休闲活动的调查报告中更可以看出,尽管在经济景气不佳的情况下,消费者的休闲欲望仍然居高不下。其中男性对电脑游戏、趣味、通信的关心度最高,而想到海外旅游的则略有下降,其他如鉴赏录像带、到酒吧、观看运动赛事等的希望参加率仍然高于女性。女性则喜欢到国内观光旅游、海外旅游虽有下降的趋势但幅度甚小,在园艺、整理庭院和观剧方面则较男性高(见图 10)。从结论上来看男性与女性在休闲嗜好上仍然有较大的不同。

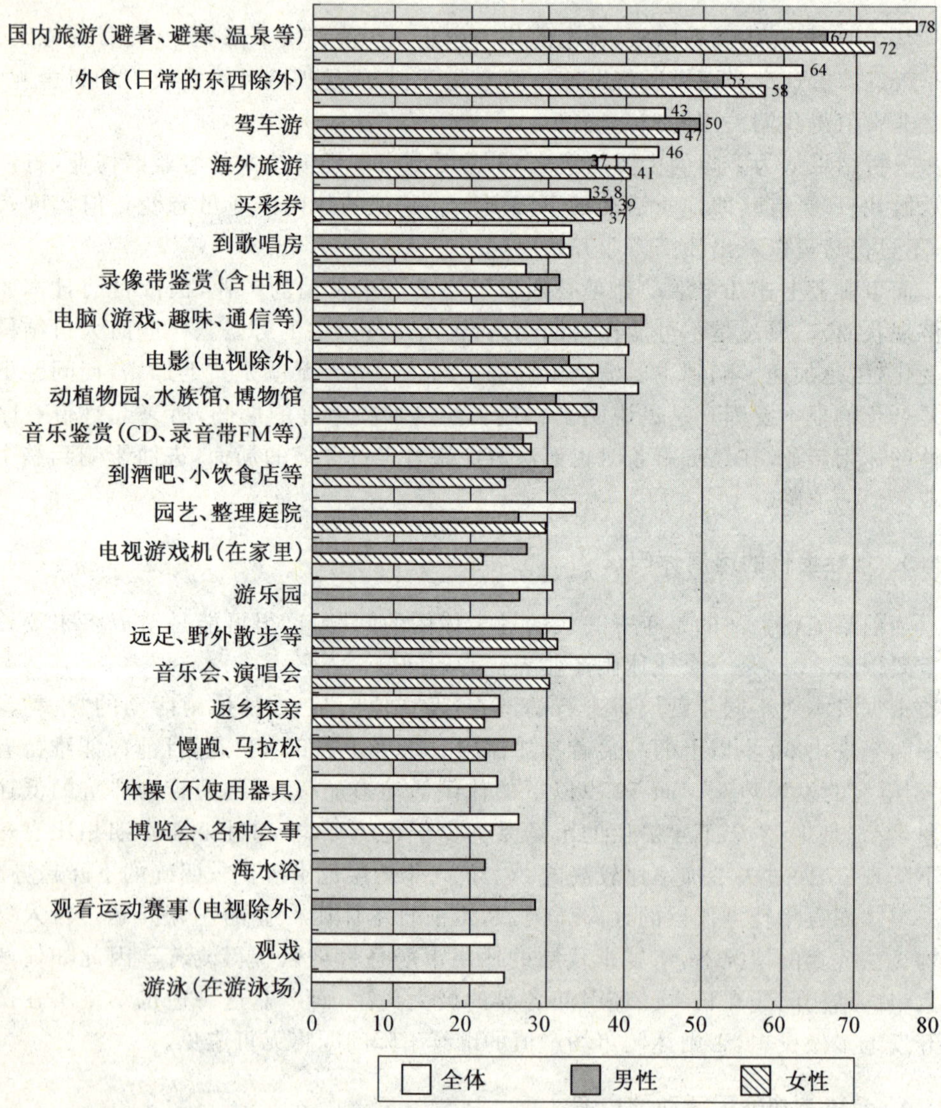

图 10　2004—2006 年日本国民希望参加休闲活动前 20 名的比率　单位:%

(资料来源见参考文献[6])

从希望参加的活动内容来看，我们也可以明显地看出，基本上呈现出以动态为主静态为辅的现象。动态的部分主要显示在旅游和运动方面，而静态的部分则受到高科技发展的影响，一些和信息产业相关的活动如电视、电脑游戏机等，都有逐渐上升的现象，说明了信息产业的发展，事实上也丰富了整个休闲活动的重要组成部分。

5. 今后休闲活动的发展潜力

潜在需求市场是任何产业发展不可忽视的重要问题。只有潜在市场的存在，产业才有可能做强做大，才有可能走入更为稳定的发展。所谓的潜在市场，就是希望参加与现在正在参加之间的差。

目前日本休闲度假旅游与休闲活动的潜在需求依然强劲，根据表4的调查报告，男性在动态休闲的需求上依然大于女性，而女性则在注重动态休闲的同时也注意到静态休闲的必要性。因此，一些如陶艺、观剧和做料理有上升的趋势。这样的情况说明了旅游产业或是休闲产业，在满足消费者休闲度假旅游或活动时，除了自身的特色产业外，必须重视动态与静态休闲活动的均衡发展，才能满足市场的需求。

表4 休闲活动的潜在需要(希望参加率一参加率)前十名

	N	1	2	3	4	5	6	7	8	9	10
全体	2435	海外旅游 31.7	国内观光旅游 20.6	音乐会演唱会 8.8	自驾车野营 8.3	远足野外散步 8.1	陶艺 7.7	观剧(电视除外) 6.8	料理(不含日常的) 6.8	游泳(在游泳池) 6.7	画画雕刻 6.4
男性	1185	海外旅游 28.3	国内观光旅游 18.6	自驾车野营 9.3	观看运动赛事(不含电视) 8.3	画画雕刻 7.4	滑雪 6.9	登山 6.8	音乐会演唱会 6.5	钓鱼 6.4	远足野外散步 5.8
女性	1268	海外旅游 34.8	国内观光旅游 22.5	音乐会演唱会 11.0	远足野外散步 10.2	陶艺 9.8	游泳(在游泳池) 9.4	料理(不含日常的) 9.3	观剧(电视除外) 8.5	有氧运动爵士舞蹈 7.8	自驾车野营/书道 7.2

(资料来源见参考文献[6])

除此之外，休闲产业业者必须多关注市场需求的变化，并以此作为发展休闲产业的一个重要参考依据。如近年保健观念的提升、绿色环保概念的普及、信息产业的发达，还有随着经济的高速发展对文化艺术鉴赏的兴趣等等，都是今后发展潜力极大的休闲产业。

五、富阳发展运动休闲产业的必要性与现实性

近年杭州作为一个休闲城市,在原有的知名度下大力展开市政建设,使整个城市面貌有了极大的改变,休闲功能也大幅提升,目前其休闲城市的定位似乎已经完全被市场所认可了。但事实上目前杭州的休闲方式依然处于比较静态的休闲,缺乏动态的休闲活动内容,因此在一定程度上会影响到休闲城市的美誉。笔者认为在理论上如果静态与动态休闲活动,能够同时出现在整个大杭州的话,那么才能算是真正意义上名副其实的休闲城市。

假设这个论点能够成立的话,那么如何选择一个比较符合的区位,以作为动态休闲产业的主要基地,自然成为杭州今后发展休闲产业的重要工作了。我们知道新型产业的发展,区位选择是一个极为重要的政策,因为它关系着产业的发展生命和市场的接受度。因此,发展必须要具备一定的条件,否则难以成功。这些条件包含了交通的便捷性、环境的舒适性、地区民众的意愿和配合度、发展的优越和可控性等等。

从目前杭州市城区的发展现状来看,尽管交通便捷,环境舒适度尚可,但基本上并不具备发展新的运动产业的条件,也没有发展动态的休闲活动的基础,因此,应该选择周边县市地区为宜。如此,不但有利于发展运动产业,更能平衡城区与郊区之间的休闲产业的发展,解决休闲产业过度集中城区所造成的各种恶性循环和发展空间难以突破的问题,同时也为郊区的休闲产业发展提供一个良好的机会。这样的选择可同时将静态的休闲项目和动态的休闲项目分开,在一定程度为杭州市减少了静态与动态之间的难以调和的问题,也可以解决由于静与动之间混杂不清所造成的多种不协调性。

而以周边城市作为动态休闲产业和休闲活动场所的话,首先必须有一个比较大的发展空间为产业发展提供足够的土地资源和发展运动活动项目的必要空间。当然交通的便捷性和一定的产业基础也是基本的要求。笔者认为在杭州城区周边城市中,以富阳地区现有的各种条件,最适合发展运动休闲产业,主要是它的发展条件基本符合了上述的原则,目前也有一定程度的累积,同时在城市发展定位上,目前已经基本确定为"运动之都"。无论从现有的产业基础也好,将来的发展前景也好,富阳作为大杭州地区的动态休闲产业和休闲活动基地,不但有其必要性也符合现实性。杭州市政府只需要在既有的基础上利用科学方法做好评估工作后,展开细致的规划和拟定发展的方向即可迅速展开。

结　论

休闲产业是高度经济发展后的一个重要产业，从某个意义上来说，它的到来也是直接反映经济指标的一个象征。从日本休闲产业的发展来看，休闲市场的规模主要是受制于经济和人口结构的影响，这一点在日本休闲产业发展的现状与趋势中已经基本得到证明。

一般而言，经济的好坏将会对消费者的消费能力产生直接而明显的影响，进而影响消费者的消费意愿，但对消费意愿的影响则可能只是一时而非永久，原因在于，当产品价格有所变动或某种有利因素突然出现并对消费者有利时，消费意愿可能因而受到刺激后产生动摇，不过人口结构的变化绝对不是短期可以形成的，因此，同样的也不可能在短期间内获得解决或改善。

所以，依目前日本的状况而言，如果整个大环境没有得到改善的话，要阻止市场萎缩将是一件很难的事。在人口结构无法迅速获得改善的情况下，首先只能加速经济的复苏，创造有利的休闲消费环境才是良策。这里面包括休闲产品的研发和价格的对策等等，特别是针对即将消失或萎缩的市场，应该采取更为积极有效的办法开发出适合这个市场的产品，以激励市场的活跃，如此才有可能阻止市场的继续流失。

中国也是高龄化与少子化严重的国家之一，尽管目前休闲市场只是刚起步的阶段，但往后必然会面临和日本相同的难题。在这样的情况下必须尽早做好完全的准备，否则将可能遭遇到比日本还严重的困境。因为中国的市场规模较大，人口结构更为复杂，受到严格考验的几率也高，因此积极的观察和研究是今后发展过程中不可忽视的课题。

参考文献

[1] (株)ツーリズム・マーケテイング研究所 JTB REPORT 2007 日本人海外旅行のすべて. 日本东京：(株)ツーリズム・マーケテイング研究所(JTM)，2007，7.

[2] 财团法人日本交通公社 JTB REPORT 2000 日本人海外旅行のすべて. 日本东京：(株)株式会社日本交通公社 2000. 8.

[3] 财团法人日本交通公社 JTB REPORT 2000 日本人海外旅行のすべて. 日本东京：(株)株式会社日本交通公社 2000. 8.

[4] (株)ツーリズム・マーケテイング研究所 JTB REPORT 2006 日本人海外旅行のすべて. 日本东京：(株)ツーリズム・マーケテイング研究所

(JTM),2006.7.

[5] 小林英俊：旅行者動向2000国内。国外旅行者の意識と行動.财团法人日本交通公社,2000.5.

[6] 财团法人社会经济性本部「レジャー白書」2007年版，财团法人社会经济性本部2007年7月版,P：47.

[7] http://ja.wikipedia.org/wiki 总务省"国势调查1965—2010(部分)".

[8] http://ja.wikipedia.org/wiki 总务省"国势调查1965—2010(部分)".

[9] 财团法人社会经济性本部「レジャー白書」2007年版.财团法人社会经济性本部2007年7月版,P:123.

[10] 财团法人社会经济性本部「レジャー白書」2007年版.财团法人社会经济性本部2007年7月版，P:1.

[11] 長谷政弘編著：観光学辞典,日本,同文館出版株式会社,平成9年12月26日.

[12] 德村志成：《中国国际旅游发展战略研究——日本客源市场篇》,中国旅游出版社2002年版。

中欧不同文化背景下休闲与旅游行为比较

冯革群*

内容提要：随着经济全球化的发展，休闲和旅游活动发展也开始成为一种全球化现象。但由于文化背景的差异，不同国家和地区对休闲旅游的概念理解不同，从而会导致不同的休闲与旅游行为。本文试图从中欧不同文化背景的角度，分析中欧之间各自文化传统对休闲与旅游观念构建的影响。并在景点感知基础上，探讨中欧游客在旅游目的地的旅游行为特征。指出中国与欧洲旅游目的地在发展国际旅游市场时，必须考虑客源地市场行为，发展适合游客市场的旅游产品和营销战略。

关键词：中欧出入境旅游　旅游目的地　知识鸿沟　跨文化差异

引　言

"二战"之后，随着世界经济不断发展、交通与通讯技术水平提高以及出行手续的简化，越来越多的居民有机会和能力走出国门，进行国际旅游。国际旅游已发展成为一种普遍现象，而全球范围内也正在出现一个旅游化的景观世界(touristification)。目前，全球化及经济发展竞争压力、资源紧张、环境恶化、气候变暖以及个体工作压力等，正在改变人们已有的生活方式和思维，使旅游一方面从肤浅式的大众化向有深度的多样化发展；另一方面，旅游也成为了解异域文化、增强交流和加深沟通的一种跨文化交际手段。本文旨在简介中欧之间在理解旅游以及彼此之间游客旅游行为的跨文化差异，并提出这种跨文化行为差异所引起的一些问题。

一、中欧文化背景下休闲旅游的发展

在中国古代，旅行文化始终贯穿着文人墨客的人生历程。如陶渊明、白居易、苏东坡等人的休闲逍遥游。还有伴随封建科举制度的赴京赶考以及官员升迁的出行活动。另外，皇帝的南巡北狩、微服私访、朝拜以及避暑活动等也属休闲旅游。

---

*冯革群，男，博士，副教授，宁波大学外语学院欧盟研究所。

受古代老子、庄子等人哲学思想的影响,有些旅游是在远离尘嚣的山水之间寻求世界和人生的终极价值;还有些将旅行当成一种学习方式。在中国传统社会中,远游者往往见多识广。为满足这种旅行需求,古代许多名山庙宇都有供旅行者休息的驿站和客栈。从游客群体来看,真正的休闲旅游活动属于贵族和特权阶层;而普通老百姓的出行一般与走亲访友、节庆集市、上香拜佛有关,大多是在近距离范围进行。在中国浩瀚的历史文化记载中,不乏流传广泛的与旅游休闲有关的游记、散文和诗词等,这些都对以后游客的旅游行为产生了深远影响。

新中国成立后,历次政治运动以及中国严格的户籍管理制度,除"四旧"以及对市场经济的消灭,使休闲旅游成为几乎不可能的事情。休闲旅行被当作一种资产阶级的腐朽行为,因而加以严格限制和批判。居民的出行大多与有组织的参观访问活动有关。

改革开放后,人们开始认识到,旅游也是拉动地区经济发展的重要因素。随着经济发展和收入水平提高,交通通讯发展,空闲时间增加,旅游开始向平民化、大众化普及。同时,中国人旅游的观念也开始发生了变化,旅游慢慢成为居民日常生活的组成部分甚至被当成一种社会地位的象征。旅游活动也开始作为一种朝阳产业来大力发展和扶持。经济的迅速膨胀,使得国人变得功利性越来越强,更注重外在型的炫耀式旅游。

20世纪80年代,中国的旅游发展,主要是以迎合国内游客需求市场为主。90年代后,也开始大力发展出入境的国际旅游市场。截止2007年底,中国公民出境旅游人数超过4000万人次。预计到2020年,中国出境游客总人次将突破1亿大关。90年代后期推出的黄金周旅游使中国的大众旅游出现了井喷现象,许多旅游设施严重饱满,产生了许多问题。2008年取消"五一"黄金周后,增加了传统民俗的节假日,从而使旅游慢慢向理性和休闲化发展。与此同时,我国入境旅游近年来也有了长足发展。入境旅游人数和入境过夜旅游者人数年均增长17%。目前,中国已成为全球第四大入境旅游接待国,并有望在不久的将来跃居世界第一。

欧洲是世界发达的经济实体,居民收入较高,旅游文化传统浓厚,来华游客数量虽然还远比不上中国国内的游客数量,但增长速度很快。另外,从旅游作为一种文化现象,比较中欧之间旅游行为的差异有助于进一步理解中西方文化的差异,增强进一步的沟通和交流。2004年,中国与欧盟国家ADS协议签署后,就有中国国际旅行社总社(CITS)官员预测,"将会有更多的中国游客赴欧体验欧洲丰富的文化遗产以及与亚洲国家截然不同的风俗习惯,许多中国与欧盟国家之间的直飞航线也将应运而生"。而在这以前,中欧之间密切的经贸往来已经使欧洲成为中国出境游客在亚洲之外的首选之地。自1995年以来,中国游客将欧洲作为目的地国家的市场份额(不包含俄罗斯)一直稳定在10%~12%之间。赴欧中国游客绝对数量在1996年达到25万,2001年超过50万,而2007年已超过百万大关。由于欧洲与中国越来越密切的经贸往来，赴华旅游的欧洲游客数量逐年增加，2007 年已经超过 150 万人次。

二、欧洲文化背景下休闲观念

欧洲国家有着浓厚的休闲旅游传统。欧洲人认为，休闲是真正的自我回归，是内心世界的一种默观。心灵在这时候，达到了忘我的境界，虽然独自一个人，但毫无孤寂之感。这时候，最容易接受各种真正的灵感，也是最高境界的一种美感体验和享受。休闲丝毫不带功利的性质，所以绝对不能以有用无用来判断。它是一种真正充满创造的人文活动。从古代的亚里士多德、柏拉图到近代的黑格尔、歌德、海德格尔等都对西方的休闲文化产生过影响。对欧洲人来说，休闲具有神圣不可侵犯的虔诚含义。它是一种自在的放松状态，追求内心的平衡，激发灵感，达到个人的感悟境界，也是人与周围景观在精神和灵感世界的对话。休闲往往与旅行息息相关，在旅行中，游客以及主体与客体之间通过行动（行为）和交流达到进一步了解和放松。旅行中对沿途和周遭自然人文景观的欣赏，以及这些对自身的关照启迪也能使人心旷神怡。在去目的地旅行中，主体通过准备、认识、观察、了解等一系列活动提升自我知识和人生世界观的一种过程。当然，最后对知识和景观的理解也有助于身心的进一步愉悦，即所谓见多识广。

“二战”后，随着西方经济的增长，生产技术的进步和信息的高速流动使人不断异化和物化。学者们开始反思这些问题，德国 20 世纪 60 年代就发现了自动化流水线生产和福特模式的弊端，指出这种模式对人的疏离影响。而后现代社会出现的灵活化职业结构，使个体在社会中产生一种被悬空的感觉和失落感。在一个没有时空参照的真空场所，没有秩序，没有身份认同，最终可能导致整个社会的精神危机。

在这种背景下，德国社会学家舒尔兹在所著的《体验型社会》中指出，当代人类的核心问题不再是人生理上或社会属性上的存活，而是要过“美好生活”的社会存在，换句话说，“生存”变成了“生活”。“体验型社会”的人们为各自的生活态度所引导，他思考问题的角度由客体的情景转向主体的自身；他消费的目的由指向客观的实用转为主观的经历感受，即消费是为了迎合刺激，紧张，惬意等心理需要。休闲化、美学化和主体化是此社会的标志，如 LOHAS 生活方式。舒尔兹把体验社会环境分为五种：社会地位、社会交往、和谐生活、自我实现和娱乐需要。上文提到的灵活化职业结构无疑消极影响着人们的自我价值实现。

因此，在一个“体验型社会”中，休闲生活有着非常重要的意义。对个体，有利于回归本真，激发创造力；对社会，休闲作为一种替代性选择方案，有助于解决许多当前存在的社会问题，如缓解社会冲突、增强公共交往和对话等；对经济发展，休闲可以促进产业结构的调整和转型,创新思维和成果、文化创意产品、城市竞争力等;还可以解决生态问题,如清洁产业,可持续发展等。

三、中欧双方出入境游客对旅游目的地的相互感知

1. 中国游客对欧洲旅游目的地的感知

在众多的国际旅游目的地中,欧洲是对中国游客有持久吸引力的地方。中国游客赴欧旅游虽然还没有形成客观的规模,但风景如画的自然风光,浓厚的文化艺术氛围,古色古香的城堡风貌,别具一格的欧陆建筑和人文风情,随处可见的文化遗产以及无限的购物商机,构成了中国人对欧洲的总体印象。在这些印象中,德国是产生科学家、艺术家和工程师的摇篮,那里到处生活安逸,秩序井然;法国似乎是巴黎的化身,处处充满着浪漫情调和深厚的文化底蕴;意大利代表着阳光灿烂的气候、奔放潇洒的国民、伟大的艺术家以及罗马遗迹;希腊是奥林匹克运动的发源地;奥地利有西西公主和许多著名的作曲家;而瑞士则风光旖旎,居民生活殷实,等等。在欧洲旅游目的地中,许多著名城市也有自己个性化的特色,如浪漫之都巴黎的埃菲尔铁塔、蒙娜丽莎画像以及疯马夜总会表演;阿姆斯特丹的高品位宝石以及红灯区橱窗中的应召女郎;尼斯和摩纳哥让游人体验一日富翁的感觉;慕尼黑的啤酒,柏林墙遗迹等。让中国游客吃惊的是,欧洲作为经济发达的国家和地区,没有像美国那么多的标志性现代摩天大楼和拥挤的交通。一想起欧洲,中国人就联想起“梦幻”、“魅力”、“浪漫”、“高贵”这些比较高雅的概念词汇。

通过在北京、广州和香港对中国学生进行的一项欧洲印象调查后发现,受访者一致认为:欧洲与中国截然不同,那里风光浪漫,每个国家都小巧玲珑,足够国人很短时间遍游几个国家。与美国不同,欧洲更安全些,但缺少现代化的东西。

2. 中国游客赴欧旅游动机

去欧洲旅游的不同游客群体有不同的动机。知识分子渴望了解原汁原味的欧洲历史和人文艺术;暴发户们到欧一游可以显富;大众游客则视欧洲旅游为自己的人生梦想。另外还有些是国企或政府部门的公款出国旅游,这些游客一般被归为商务游客。他们曾作为政府或企业成员去过欧洲考察学习,现在又陪同亲朋好友一起去欧洲,并借机安排子女留学或看望正在留学的子女。

欧洲在地理上,由于众多国家集中在相对狭小的空间范围,作为一个旅游目的地,能提供在近距离范围游览不同风景名胜的多个国家,并让游人流连忘返,再度重游。而欧盟一体化及其在中国建立的各种代表结构、共同的 ADS 旅游目的地地

位、申恩协定以及大部分欧盟国家使用欧元货币这些因素，可以强化其在中国消费者群体中统一欧洲的理念。对中国游客来说，欧洲与其说是国家的地理拼凑，还不如说是城市网络，而城市旅游则主要集中在欧洲20多个城市。例如，去法国80%的游客在巴黎落脚；去意大利85%的游客集中在罗马、威尼斯和佛罗伦萨；去芬兰以赫尔辛基为主；希腊则以雅典为主等。城市旅游的主要内容大多是走马观花式的"看景拍照和购物"，而很少去详细探究景点的来龙去脉。很多中国游客欣赏欧洲"美妙风光"，大多是沿着高速公路走马灯似的一掠而过。而回头客们往往将更多时间集中在一个国家甚至一个旅游景点上。

与亚洲旅游线路不同，中国赴欧游客一般都是高端消费群体。如在德国的免税商品消费游客中，中国游客是仅次于俄罗斯游客的第二大购物群体。在一些大型百货商店如巴黎的老佛爷，中国游客是所有外国游客中消费最多的群体。即使中国游客入住宾馆，其主要消费还是集中在纪念品和高端品牌商品上，食宿方面的消费相对较低。与欧洲游客的旅游行为不同，中国游客并不热衷于沙滩疗养。初次赴欧的中国游客(大约占赴欧中国游客数量的75%)，通常是以团体旅游形式选择欧洲旅游线路，很短时间周游列国，而每天则住在不同的城市甚至国家。

3. 欧洲游客对中国旅游目的地的感知

对欧洲人来说，中国独特的自然环境以及与欧洲遥远的地理距离产生的是更多的陌生感。由于在欧洲定居的中国人数量有限，欧洲人日常生活中与中国人和中国文化接触的机会相对较少。他们对中国的了解大多数来自于各种游记和宣传报道。但是，这些游记和报道往往充满个人主观的经历和西方文化为中心的观察视角。所以，欧洲人对中国的感知大多充满差异和矛盾，有时甚至有些极端。主要有以下几种：

(1) 中国是一个历史文化悠久的文明古国，拥有许多举世闻名的历史文化遗迹(如兵马俑、长城、故宫等)。与此相对应的旅游线路是北京—西安—洛阳等具有丰富历史文化古迹的城市。

(2) 中国的小桥流水、传统民居、各地风土人情以及原生态的自然生活方式对他们最有吸引力。中国许多江南名镇，特别是上海周边的一些古镇园林都对欧洲游客有较强的吸引力。

(3) 认为中国发展落后，严重缺乏各种现代化的旅游基础设施，所以很少有欧洲人到中国的偏僻乡村去旅游。

(4) 认为中国是有无限生机的现代化崛起强国，与此对应的是以沿海发达城市和吸引眼球的地标建筑为主的城市旅游线路。

4. 中欧旅游之间的知识鸿沟与跨文化差异

由于中欧游客之间存在的对彼此目的地感知上的差异，导致了双方游客的动机、需求、行为模式的差异和鸿沟，具体表现在知识上的鸿沟和文化上的差异。中国公民赴欧洲真正意义上的旅游只是最近的事情，欧洲也没有样板角色来引导这些现代游客。中欧之间文化差异巨大，在接待双方游客服务方面，都存在经验不足的问题。主要差异如下：

(1) 导游诠释与个人见解：对欧洲及其历史和社会缺乏了解的导游往往是中国游客投诉的主要对象。对此欧洲人并不觉得有多严重。因为在崇尚个人主义的社会，这些知识都可以事先通过旅游指南手册和其他信息途径获得。他们更愿意自己动手，收集资料，整理分析并形成自己独到的看法，所以有些游客甚至比导游还见多识广。而对中国游客来说，既然出钱购买旅游，就应该得到相应的服务，每个地方就应该有导游去讲解；欧洲旅游供应商在接待中国游客时，往往以为是中国人就能接待中国游客。

(2) 正宗真实与形态变化：在欧洲人看来，只要材料货真价实，一个建筑物即使完全变了几次样式都是正宗的。而对中国人来说，正宗的东西就应保持以前的原样。所以中欧游客觉得值得欣赏的地方也不一样。

(3) 抢眼亮点与探幽寻古：中国游客追求超大景点，景点或城市的名望是他们旅游的主要动机。而作为以个人主义为中心的欧洲人则更喜欢暂别尘嚣，探幽寻古；或关注日常生活中有生机的凡人小事。

(4) 国家代言人与独立个体：正如中国政府期望的那样，到国外旅游的中国人往往将自己视为祖国的代言人。因此，中国政府专为出境游客制定了许多相关的行为规范和注意事项。但另一方面，中国游客在外如果得到什么不公甚至冒犯，媒体有时上纲上线，敏感地认为是针对国家的。如看到一些标识牌有日语解释而没有相应中文，中国游客就开始不满。对崇尚个人主义的欧洲人，这一点不可思议。

(5) 社会地位象征与个人内心体验：在中国，去令人神往的地方旅游是社会地位的象征、个人能力的体现和炫耀财富的机会；而在欧洲，旅游则是重新发现自我的途径，其目的是寻求体验，而不是收集信息；是融入其中，而不是袖手旁观。

(6) 超大形象与猎奇心理：中国经济30年来粗放式的高速增长与中国广阔多样的地理环境、浓厚悠久的历史文化造就了中国游客独特的旅游心理特征：中国游客一般喜欢巨大的、驰名国内外的世界之最或独一无二的东西；喜欢远方的(最好是家乡以外的)；喜欢带有神秘的、传说离奇的、故事性的东西。

四、中国针对欧洲国际游客存在的主要问题

随着全球化以及中国经济的高速发展，中欧之间出入境国际旅游已经从单向朝双向发展。目前，中国政府正在努力挖掘各种文化资源，以国际旅游为手段，塑造各种旅游产品，发展区域经济实力，强化国家软实力，塑造中国在世界的文化大国形象。但是，我们在赴欧出境游客的行为以及在旅游产品的定位方面还存在许多问题。

1. 旅游行为与产品供给差异

如果从旅游行为角度比较中欧不同的旅游供给的话，似乎能看到一种不祥的征兆。由于中欧之间对彼此游客产生的期望不同，最后导致了在旅游产品供给方面出现类似的问题，即往往将国内和国外客源市场的心理期待不加区别地混淆起来。欧洲人比较重视宗教建筑、博物馆和宫殿等文化古迹。因而，在接待华人游客时，他们想当然地以为中国游客对欧洲文化的方方面面都很感兴趣，为此制定了许多展示欧洲历史文化传统的教堂建筑景点和线路。但中国游客要么觉得自己的历史传统更悠久，要么认为欧洲的宗教历史文化复杂抽象，对这些景点一般很少问津。大多中国游客更关注物质方面的现代化和标志性的旅游景观，热衷于光顾一些娱乐性的设施和购物行为，他们将欧洲当成一个布满购物设施的巨型露天民族博物馆。中国人的这些旅游行为，最后常常引起欧洲当地人的嘲笑。同样，在接待欧洲游客方面，国人则主要以展示国家发展实力为主。这正好吻合了当前大兴土木、乐此不疲建设所谓现代化城市的潮流，同时也大刀阔斧地拆除了自认为落后丑陋的传统建筑和景观。来自欧洲的游客虽然也会光顾这些吸引眼球的现代建筑，但他们更愿意看到中国的传统民居和原生态的日常生活方式，这实际上也是中国最大的文化价值所在，然而，他们最后的旅游结果往往是乘兴而来，败兴而归。中欧之间在游客心理期待和旅游产品设计方面的错位，使欧洲传承并保护了自己珍贵的历史文化景观；而中国为了吸引游客的眼球，付出的代价就是一去不复返的历史文物和景观。

2. 旅游发展思路的问题

欧洲各国一直看好中国游客市场的潜力，甚至各个国家纷纷对中国进行各种旅游营销和宣传攻势，希望从中国出境游客市场井喷式发展中分切到大蛋糕。但实际上，中国改革开放30年的旅游发展，很多游客的旅游动机和心理仍停留在炫耀身份的外在价值，缺乏内涵式的休闲体验。中国游客出境的经济能力虽然已经具备，但文化和心理素质的准备还相当缺乏，在某种程度上扭曲了中国对外营销软

实力形象的初衷。

30年改革开放实际上是围绕以经济发展为中心,一方面中国经济的发展确实取得了举世瞩目的骄人成就。这自然为城市、区域和旅游规划提供了许多大显身手的机遇。全国上下,各级地方政府,不管旅游资源的开发潜力如何,纷纷攀比效仿,将旅游产业作为区域经济发展的支柱部门,人工打造各式旅游产品并进行宣传攻势(如口号与标志性宣传);旅游开发范围虽然扩大了,甚至将一些乡村也纳入进去。最终导致的结果是,一方面地方历史文化传承丢失了;另一方面没有真正促进当地就业和经济的发展,没有处理好景区与周边的和谐发展关系。从规划效果来看,粗制滥造的产品居多,缺乏具有文化内涵的精致作品,特别是缺失了社会、文化、哲学等学科的参与和关怀。

3. 旅游解说问题

许多地方花样翻新地建造了一些仿古建筑以及人工主题乐园等,但都缺乏历史人文的深度和故事性的诠释。这其中不但包括故事内容本身的包装,更包括语言的翻译方面。而通晓外语和熟悉双方文化的导游则起着举足轻重的作用。真正的导游不能只停留在景点介绍、老生常谈、肤浅重复的声嘶力竭,这只能导致事倍功半的效果;导游更应该针对欧洲游客的心理特征和旅游动机,向文化深层次挖掘,提炼出生动感人的故事。可以说,对于不熟悉中文的欧洲游客,导游的解说和引导工作决定了游客在中国的满意程度甚至对中国的终生印象。

参考文献

[1] UNWTO Facts and Figures. www.unwto.org. 2008.

[2] Green Light Given, *Next Stop*: *Europe*. China Daily, 2004-02-27, www.chinadaily.com.cn.

[3] 曾博伟:《2007—2008年中国入境旅游分析、预测与展望》,见张广瑞,刘德谦主编:《2008年中国旅游发展分析与预测》,社会科学文献出版社2008年版,第140—152页。

[4] 张广瑞:《2007—2008年中国出境旅游发展的形势分析与未来展望》,见张广瑞,刘德谦主编:《2008年中国旅游发展分析与预测》,社会科学文献出版社2008年版,第153—169页。

[5] 约瑟夫·皮柏:《节庆、休闲与文化》,三联出版社1991年版。

[6] Gerhard Schulze. Die Erlebnisgesellschaft, Campus, 2005.

[7] Wolfgang Georg Arlt. *China's outbound tourism*. Oxford: Routledge, 2006.

[8] Schwandner Gerd, Arlt Wolfgang Georg, Gu Huimin. Images of European countries as travel destinations. Stereotypes and associations of Chinese tourism students. *Asia Pacific Journal of Tourism Research*, 2007.

[9] WTO. *Study into Chinese Outbound Tourism*. Madrid (WTO), 2003.

[10] The Economist. Outward bound. The Economist, 2006, 24: 70.

[11] Hessler, Peter. *River Town: Two Years on the Yangtze*. New York: Harper. 2001.

[12] Volker Mehnert. *Die Bergfee wundert sich nicht mehr*, F. A. Z., 31. 01. 2008, Nr. 26 / Seite R3.

[13] Wolfgang Georg Arlt、冯革群:《中国游客赴欧旅游组织机构的发展与未来任务》,《旅游学刊》,2007 年第 5 期。

休闲学术动态

休闲与经济：推动休闲的深度发展

——2008'杭州休闲发展国际论坛评述

黄　健*

"关注百姓休闲生活，发展城市休闲经济。"由世界休闲组织、杭州市人民政府、浙江大学、求是《小康》杂志社共同主办，杭州世界休闲博览会组委会办公室、富阳市运动休闲委员会、浙江大学亚太休闲教育研究中心共同承办的2008'杭州休闲发展国际论坛，于2008年10月23—24日在杭州富阳举行。全国人大常委会副委员长陈昌智给论坛发来贺信。全国人大常委、全国人大农业和农村委员会副主任舒惠国作主题报告，国家体育总局副局长肖天、《求是》杂志副总编刘润为、浙江大学党委副书记、浙江大学亚太休闲教育研究中心主任庞学铨等出席了论坛开幕式，杭州市市长蔡奇在论坛开幕式上致辞。

本次论坛以"休闲与经济"为中心课题，对城市休闲经济的发展，以及文化、旅游、体育等休闲产业的发展进行广泛的讨论，旨在进一步推动和促进体育休闲、文化娱乐休闲、旅游休闲及餐饮休闲等休闲产业的发展，为中国的休闲事业建言献策。会议期间，来自国内外的400多名专家就我国乡村休闲的现状与前景、我国文化休闲的机遇、休闲活动产业化经营的成功模式、富阳市的休闲实践与远景规划、发展城市休闲产业等话题展开讨论。同时，论坛还将举行休闲城市市长高峰对话，全国15个城市市长就"休闲与经济"等课题，与休闲产业专家面对面交流讨论。现将此次论坛的主要观点，作如下评述。

一、休闲体育：休闲新趋势与休闲经济新亮点

随着社会经济的发展，休闲已经成为时代潮流，成为经济社会发展的强大引擎。休闲造就了一个以旅游产业、娱乐产业、文化产业、服务产业为龙头的庞大经济形态和产业系统。特别是近年来，体育休闲开始成为休闲发展的一种新的趋势和休闲经济的新亮点。然而，如何认识体育在休闲中的独特作用，陆小聪(上海大

---

*黄健，男，博士，浙江大学人文学院中文系教授，博士生导师，浙江大学亚太休闲教育中心学术研究部副主任。

学)认为:"各种文化的、语言的符号建构了体育的丰富内涵,体育竞技场是国家符号充分展示的场所,成为国家利益、民族精神展开竞技角逐的场所,而对于以休闲为主导的大众体育而言,其象征意义则使得人的个性得到释放,达到自我价值的实现。因此,大众体育具有符号消费的象征意义,即不同阶层的人们通过选择不同的体育运动方式,作为消费符号来显示其阶层的特征。"作为运动休闲类型,体育不仅成为大众休闲的一种重要方式,同时也是休闲经济发展的一个新亮点。李宗浩(天津体育学院)、梁强(天津财经学院)认为,休闲体育产业生产过程的整体性和组合性、产业范围的宽泛性、产业结构的层次性、产业关系的关联性,使之具备了集群形成、发展和存在的客观性和必然性。因此,休闲体育产业集群是由休闲体育要素企业、关联企业以及辅助企业和相关机构,围绕优势旅游资源或区位条件优越的旅游目的地而形成的空间地域集聚体,它是休闲体育产业高级化阶段的产物和适应经济全球化和集群化发展的必然趋势。为此,产业集群模式应是休闲体育产业发展的战略选择是实现对休闲体育资源的有效整合,促进休闲体育产业的集群式开发和发展和以此带动地方经济发展时必须思考的战略问题。杨晓晨(天津体育学院)也认为,休闲体育产业是一个按照人们的消费动机将能够满足大众休闲体育需求的众多产业组合而成的产业集群,具有商业生态系统的特征。该系统由核心价值链与扩展价值链、金融链与政策链、互补产业与替代产业等要素构成并形成错综复杂的价值网络,为实现创造有价值的产品和服务以满足顾客休闲体育需求的目的,从系统层面和企业层面提出休闲体育产业生态系统的竞争战略。

针对体育休闲正成为休闲经济的重要形态的现象,与会代表认为,其增长的根本原因是:中国经济的飞速发展、中国体育产业的迅速发展、多元文化形态的形成、人们消费观念的变化、外来文化的冲击,以及体育自身的文化魅力等多种原因所促使的结果。卢元镇(华南师范大学)以高尔夫运动为例,深入地探讨了这一原因。他指出:"高尔夫球产业在中国着陆需要足够的耐性和毅力,其发展应遵循以下原则:(1)地域选择的政策性;(2)社会人群定位的准确性;(3)推广方法的合理性;(4)高尔夫比赛的多层次性;(5)高尔夫文化教育的紧迫性。"在体育休闲正方兴未艾之际,与会代表还看到了其市场的巨大潜力。有代表指出,随着运动健身在我国成为一种时尚和热潮,健身俱乐部的市场竞争也日趋激烈。各俱乐部纷纷努力拓展自己的业务范围,运动康复与治疗已成为俱乐部未来发展的新业务。许多客户走进俱乐部,目的就是寻求自身慢性病的康复,或者有些客户目的就是寻找一种轻松、健康的氛围,以改善自己的情绪、释放压力。为此,赵斌、阎万军(河北师范大学)对休闲娱乐治疗从课堂走向市场的可行性进行了专题研究。在对北京、石家庄、天津、青岛等地的健身俱乐部、户外运动俱乐部等与休闲娱乐相关的机构进行调查,并结合目前部分高校体育学院所开设的相关课程进行综合分析的基础上指出:"休闲娱乐治疗具有较强的社会、市场需求,而我国现阶段高校开设的许多课程中已具备了休闲娱乐治疗课程相关要素，通过引进国外课程和将国内课程进行组合，可以在短时间内开设休闲娱乐治疗课程，在与休闲娱乐治疗的市场培育和市场运作结合当中，将使我国的休闲娱乐治疗这项事业，真正能够兴起并为人民造福。”康保苓(浙江旅游职业学院)则以杭州的SPA产业发展为例，探讨了体育休闲发展的相关问题。她认为，SPA产业是体育休闲作为现代服务业中正在迅速崛起的新兴产业。以杭州为例，SPA产业的发展已有了一定基础，因此，为推进休闲经济的发展，杭州SPA产业的发展应从制定相关政策和法规，打造富有杭州特色、中国特色的SPA品牌，拓展市场，加强对行业的规范管理、人才培养等方面入手，打造具有特色和一流水准的SPA产业品牌。伍鹏(宁波大学)则以浙江省为例，对已成为全球颇受青睐的休闲体育活动和竞技运动的海钓进行了分析探讨，指出:“海钓不仅是一项高雅的休闲活动和高水平的竞技运动，同时对促进地方社会经济的发展也具有十分重要的作用。一方面，海钓业可以带动海洋体育、渔具饵料、餐饮、海洋旅游、游艇经济、休闲渔业、海景房产等相关经济的发展，调整渔业经济结构，促进渔民转产转业；另一方面，随着渔业资源的日益枯竭，海钓对传统捕捞方式的替代体现了海洋生态与人类活动之间和谐平衡，是对有限的渔业资源的一种有效保护方式。”他还认为，海钓作为一种高端旅游产品，对促进海洋旅游的发展也具有十分重要的意义。刘慧梅(浙江大学)选取富阳为个案标本，提出“一座城市如果想要打造为‘运动休闲’之城，其居民首先必须喜爱从事运动休闲。整座城市居民的运动休闲氛围对‘运动休闲’之城目标的实现非常重要”的观点，并对富阳当地居民的运动休闲行为进行了调查，重点调查了运动休闲行为的现状、动机和制约因素，指出运动休闲旨在余暇时间里，城市居民能够自主选择参与以身体运动为主要形式的休闲活动。黄健、于可红(浙江大学)也就富阳打造“运动休闲之城”的发展战略和发展措施进行了专题调研，对人们认识体育休闲、运动休闲对城市发展、区域经济发展的独特作用具有很大的帮助。王毅(四川外语学院)针对富阳打造“运动休闲之城”的设想，重点从审美文化的角度分析论述了富阳的战略发展思想，指出富阳还需要将“运动休闲”的意义提升到理论高度，通过梳理和展示有史以来人类的运动休闲历史，让市民看到运动休闲与人类进化和健康发展不可或缺的意义，同时还需要考察和借鉴发达国家塑造城市形象的得失，以之改进和完善塑造城市形象措施。他还提供了纽约和美国小城西湾提炼城市形象和口号的案例，认为打造运动休闲之城的文化举措要转化为经济效益，必须加强对内、对外的宣传措施。朱家新(福建莆田学院)通过对当前我国农村发展社会的背景分析，指出发展体育休闲对社会主义新农村建设具有重要的意义和存在的制约因素，提出发展农村休闲体育亟待解决的一些问题，旨在强调发展农村体育休闲的必要性和重要性。

针对体育休闲的独特功能，与会代表还从专业的角度，如从运动心理的角度、体育组织管理的角度，探讨了体育休闲的发展。周毅刚、刘晖、郭玉江(郑州大学)

重点从心理学层面上，探讨了休闲体育的内涵及其功效，并进一步论证休闲体育产生心理功效的理论机制，指出："休闲体育作为现代社会中一种积极、文明、健康的社会生活方式，具有积极的心理功效，其产生心理机制符合考克斯(Cox)提出的六项基本假说。同时，休闲体育作为人类社会的一种文化形态和社会实践，其意义在于维系人类的健康，满足人类的享受和发展的需要，让休闲体育走进自己的生活和心灵世界，才能使人生更加充实与美丽，才能更好地实现人生价值和自我价值，同时获得健康和快乐。"王进、赵臣(浙江大学)就体育休闲与生活满意度问题进行了理论探讨，揭示了体育休闲价值观、社会互动对生活满意度的影响机制，并提出体育休闲的社会心理学概念模式，并由此指出："由于体育休闲的发生是在社会体系中进行的，社会的互动结果增强个体对休闲机会的认知。当休闲机会的认知度增加时，人们对生活满意度的评估就会提高。"任慧、和金生(天津大学)、杨晓晨则基于 SECI 模型，对城市商业体育休闲组织知识管理进行了探讨。他们认为，随着奥运经济后续效应的不断展开，休闲体育产业必将成为城市经济新的增长点。同时，伴随居民闲暇时间的拉长，收入水平的提高、健康意识和体验式消费需求的增强，休闲体育消费也将成为城市居民的新宠。因此，各种商业体育休闲组织的涌现势不可挡。然而，当代知识经济形态的存在，使得知识成为组织进行市场竞争的法宝，知识管理成为它们保持持久竞争力、不断创新的工具手段，这对商业体育休闲组织的管理提出新的要求。由于商业体育休闲组织的获利来源是向顾客提供各种优质的休闲健身服务，因此，在体育休闲组织管理体系的过程中，关键是要注意市场和优质服务意识，这样才能在发展中不断创新思维、创新服务项目产品和提高服务价值，取得休闲体育产业的优质发展。

二、休闲旅游：旅游新趋势与休闲产业新亮点

作为休闲的重要构成部分，旅游随着休闲的发展开始告别以往"走马观花"式的初级阶段，而朝着多样性休闲的方向发展，成为休闲经济发展的一个新的增长极。特别是随着休闲经济日益成为城市经济、区域经济发展的新亮点时，如何推动旅游产业的深入发展，成为拉动经济发展的重要力量，与会代表对此进行了广泛探讨。王琪延(中国人民大学)在理论上探讨了什么是休闲城市，并提出了制定了衡量休闲城市标准的设想，其中包括休闲环境、休闲供给、休闲需求等三个方面共六大要素。他认为，城市休闲环境包括自然环境和经济社会人文环境两个要素；休闲供给包括城市基础设施、休闲设施两个要素；休闲需求包括市民休闲力、休闲感受度(满意度和生活幸福度)两个要素。由此，他在这个基础上，讨论了休闲城市与旅游城市的关系、休闲城市与经济发达城市的关系等，提出了发展休闲城市应该注意的问题。他指出："休闲经济已经成为城市新的经济增长点，给城市经济带来了发

展活力,促进了城市经济的升级换代,推动了城市经济的发展。同时,由于城市经济发展,也进一步给城市休闲经济的发展提供了资金等方面的支持,从而加快了休闲城市建设进程。我们预计,在2020年,我国将有二分之一以上的城市成为休闲城市。"李明德(中国社会科学院)则以"体验经济与旅游目的地"为题,指出:"我国正在进行产业结构的调整,已经多年将旅游业列入国民经济的新的增长点,说明我们已经自觉和不自觉地走向体验经济。旅游业、休闲业是典型的体验经济,无论从社会需求来讲还是从社会供给来讲,旅游业、休闲业都是新世纪的朝阳产业。当体验经济风行全球之时就是旅游业、休闲业发展之日。"姚昆遗(上海对外贸易学院)则认为,随着休闲经济的兴起,市民旅游成为一种新的旅游业态受到关注。市民旅游是指城市居民借助城市旅游资源和设施,以休闲度假为主要目的,以特定的文化景观和服务项目为内容,在本地区的游览、娱乐、观光、休闲、健身、疗养等旅游活动。他通过对上海市民的旅游实践进行实证分析,对市民旅游的概念进行界定,分析了市民旅游的表象和特征,指出发展市民旅游对发展都市旅游,繁荣休闲经济,建设和谐城市、和谐社会的积极意义,并以上海为例,提出发展市民旅游的相应对策。

休闲视阈中的旅游产业的发展。与会代表还认为不应忽视农村(乡村)旅游这一休闲的发展新动向。全国人大常委、全国人大农业和农村委员会副主任舒惠国从城乡发展的角度指出,发展休闲产业是构建和谐社会的一个重要手段。休闲产业的外延与第三产业有很大的交叉,对劳动力的需求比较大,因此有利于解决城市就业问题,有利于增加人民的收入。另外,休闲产业的一些领域门槛低,可以大量转移农村剩余劳动力,有利于农民增收,缓解社会矛盾,增加社会和谐度。黄细嘉、宋丽娟(南昌大学)认为:"乡村休闲尽管尚处于自发的萌芽状态,但其彰显的经济价值与社会效益已展示出强劲的发展趋势,不失为一个促进经济社会协调发展,尤其是城乡协调发展的有效切入载体。随着全面建设小康社会进程的加快,乡村休闲成为我国目前农村经济转型和农村经济发展中面临的新课题和新机遇。"他们从乡村休闲和农村经济发展的角度,重点阐述乡村休闲的方式、农村经济转型的方向以及乡村休闲在农村经济转型中的积极作用和着力点,并以江西安义古村群为例,探讨了古村休闲旅游的开发对当地农村经济发展产生的积极影响,期望能够丰富乡村休闲产业的理论内容,起到对乡村休闲发展的启示作用,以此来促进农村经济的转型与健康发展,构建和谐新农村。严力蛟、苏萤雪、杜良平、郑军南(浙江大学)在对休闲观光农业的含义进行阐述的基础上,阐明了浙江省休闲观光农业兴起的客观必然性和发展休闲观光农业的意义,分析了发展过程中的一些问题,由此提出了进一步发展休闲观光农业的对策措施。王婉飞、单文君、徐喆(浙江大学)在分析浙江省乡村旅游产生背景及产业特点的基础上,采用实证分析方法对乡村旅游需求特点、乡村旅游供需状况进行探讨,认为浙江省乡村旅游需求的基本特征及浙江省乡村旅游供需存在失衡现状，为此，特提出建设乡村旅游网络特色化服务和发展乡村分时度假是满足市场需求、达到供需平衡、实现浙江省乡村旅游创新发展的观点。吕洪年(浙江大学)针对作为休闲旅游的乡村旅游话题，就怎样才能使休闲和旅游更快乐、更有益的主题，以剡东古村落为例，探讨与论证了乡村旅游应有的人文底蕴的问题，指出："一是看民宅、说布局、爱故土；二是访老人、听故事、长见识；三是查变革、知乡情、重环保。有一定现实针对性，又给人以新的启迪。不啻是对旅游学理论的一种提炼与丰富。"

据不完全统计，中国已经形成了体育休闲、娱乐休闲、餐饮休闲、城市休闲为主的初具规模的休闲产业链，成为国民经济中发展迅猛的一个行业。截至目前，全国仅体育产业经营性机构就达 2 万多家，总投资额超过 2000 亿元人民币，年营业额达近千亿元，除此之外，其他休闲产业也呈现上升的趋势。如何加快休闲产业的优质发展，与会代表对此也进行了认真的探讨。刘婷(云南社会科学院)以"休闲产业对旅游产业与文化产业的激活效应"为题，指出"休闲产业实际上为文化消费提供了丰富多彩的方式，也是为旅游产业创造新的增长点。满足人们休闲文化消费需求的各类生产和服务活动正日益成为经济繁荣的重要因素。休闲与经济有着内在的联系，政府可以根据休闲时间长短，制定新的经济政策和促进不同方面的消费，调整新的产业结构，建立新的市场。"同时，她还以云南省为例，认为"通过发展介于旅游产业和文化产业之间的休闲产业，可以推动相关产业结构升级，使旅游产业、休闲产业和文化产业整合为一个大平台，以便这三大产业能够有机、互动地获得整体性发展。同时，也可以将'旅游产业—(旅游休闲)—休闲产业—(文化休闲)—文化产业'作为云南产业的轴心产业构架之一，或许这一产业轴心构架可以使云南经济发展获得一种新的产业范式。"刘嘉龙、陈友军、康保苓(浙江旅游职业学院)在对杭州城乡居民休闲生活方式调查的基础上，就国家假日制度调整对居民休闲行为的影响，以及对休闲产业发展的影响进行了专题研讨，所统计的数据可作休闲产业发展的重要依据。周永广(浙江大学)以杭州段旅游规划为例，认真探讨了大运河遗产的休闲空间营造和休闲产业孕育问题，认为大运河的功能从交通运输、国家战略走向民生休闲、国际旅游和文化交流，是一次令世人瞩目的"华丽转身"，运河旅游必须实现大运河的遗产保护和休闲空间的"双赢"，才能充分体现大运河的价值。基于"遗产价值＋国际化情境＋传统文化的活化"的旅游产品定位，他认为杭州段的大运河休闲产业发展，应凸显"流动的中华文明，休闲的天堂画卷"的主题，并通过推出一批打上杭州烙印的特色设施，规划尽可能完整的徒步空间，有效融合传统建筑和旅游业态，规划形成了开放性休闲旅游产品体系。同时，以 24 小时开放式管理的"运河管家"为组织，以夜景、夜游为突破口，以欧美市场作为突破方向，探讨了大运河为特色的休闲产品的打造与发展。叶宗造(浙江大学)、孙国根(浙江泰格集成房屋有限公司、杭州泰欣实业有限公司)就休闲房产的生态人居化发展问题进行了专题研究，认为作为休闲产业的休闲房产及其生态人居化，应是当今旅游业与房地产业发展到一定阶段的必然趋势。在概括休闲房产国内外的发展现状与开发模式的基础上，他们认真分析我国当前生态人居化的有利条件，得出休闲房产生态人居化是一个必然的趋势的结论，并提出了促进休闲房产生态人居化的建议。

三、休闲文化：休闲经济发展的新动力与新亮点

休闲与经济的关系不是单纯的生产、产品、产业和市场的关系，同时，它自身还应具有巨大的文化内涵。休闲文化的兴起，决定了休闲经济和产业发展的品质、品位和方向，使休闲的发展具有多样性。文化部副部长赵维绥则从多元文化的角度来看待休闲方式的多样性。比如说杭州是有名的休闲城市，在于它的山水位置；到了安徽、皖南地区，是有山有水更有人文的特色；到了苏州是园林，休闲在于一种小桥流水的柔美；到了北方又是另一种氛围了。这种多元的文化就决定着我们的休闲方式是多样的；因此，城市休闲产业要注重差异化发展，既要结合当地的自然条件，同时要赋予它独特的人文内涵。郑湧(中国社会科学院)认为，作为一种生活方式，“休闲”不仅仅是“不事劳作”，而且是一种放松的、摆脱了自己或被他人设计和控制的生活方式。生活和生命的意义，在“休闲”中得以自由地绽放异彩。人的身、心的愉悦和享受，也在“休闲”中得到充分地实现。同时，他还以“人文精神”为题，论述了休闲学科兴起的时代理论意义。程勇(鲁东大学)探讨了休闲时代的美学问题，指出：“美学要有所作为，不能再旁听静观，就必须对人民的幸福生活有所规划”。他认为，休闲是一种“自由活动”，休闲时代是人民“普遍有闲”的时代，生命不再只有经济学意义，休闲时代给作为人文事业的美学提供了开展思想的可能性和必要性，休闲作为经济和文化活动都需要美学的介入。美学思想的乃是休闲生活的可能性，确切地说，是休闲生活何以成为幸福的美学生活。这就形成休闲美学，其基本问题是休闲作为诗性存在何以可能，是对可能的美学生活的筹划，是基于休闲存在论的美学。对休闲而言，基于休闲存在论的休闲美学给出的形而上解释正是审美经济学据依之“道”，没有这“道”的指引，审美经济学就蜕变为制造没有生命的幻境的技术；但离开审美经济学对休闲所做的具体筹划安排，休闲美学就如同旧美学一样是漂泊无依的形而上学的游魂。刘彦顺(浙江师范大学)探讨了身体、美感、快感与经济之间的关系问题，认为“经济活动的实质和最终目的就是为了获得最大限度的快感，是为了满足人的感性需要的，在这一角度，审美活动与经济活动恰恰是本质的一致，而不是一种偶然的结合。”顾兴全(中国计量学院)、于可红(浙江大学)指出，现代科技革命加速了人类生产和生活方式的变革，使休闲成为时代的主题。现代科技革命不仅改变了人们的休闲观念，还改变了人们休闲的内容和方式。他们从科技革命与自由时间分布、休闲时间和休闲方式三个方面的关系，论

述了现代科技革命与休闲方式的演变，并指出：对此问题的分析，将有利于人们对即将来临的休闲时代的认识和适应，并具有前瞻性。张雅静（宁波市委党校）考察了改革开放30年我国居民休闲生活的嬗变历程，提出了“居民休闲：从‘政治附属’到‘精神支撑’”的观点。她指出：“改革开放前我国居民没有真正意义的休闲生活，如果说有休闲，那时的休闲生活也只是政治的陪衬或附属物。改革开放后，随着党的指导思想的拨乱反正，居民休闲逐渐摆脱了政治附属的地位，成为居民生命的一种自觉的价值目标选择。伴随改革开放的不断深化，居民休闲的内容不断丰富，形式日益多样，质量稳步提高，并逐渐成为人们生活的重要内容与推进改革开放和社会主义现代化建设的强大精神支撑。”

如何发掘休闲文化的价值内涵，凸显休闲文化对于休闲发展的巨大作用，与会代表还对历史上不同时期的休闲文化及其表现方式进行了探讨。孔令宏对（浙江大学）道家、道教与休闲的关系进行了探讨，认为在中国传统文化中，儒、道、佛三家都有休闲的思想与实践。相比之下，道家及其继承者道教与现代意义上的休闲更为接近，它的休闲思想更为丰富、深刻。他指出：“从实践的侧重点来看，如果说，道家的休闲重在心理和精神境界，则道教的休闲重在养生。而且，作为道家的继承者与发展者，道教把道家的哲理实证化、技术化，发展了一系列的运用理论和实践方法。就道家文化是隐逸文化的性质而言，道家文化从整体上来说就是一种休闲文化，它包括哲理、信仰、理论与实践等各个方面，具有内容的丰富性、体系的完整性、理论的科学性、方法的可操作性。”王建疆（西北师范大学）探讨了北宋文人的休闲方式及其对当代的启示，他指出：“北宋是我国文人休闲活动最为发达的时期。这时的休闲活动具有独休、群休、偶休和混休四种方式，并具有乐、逸、雅、俗、利、友六大特点和功能。北宋文人的休闲活动促进了北宋的文艺、经济和社会发展。揭示北宋文人的休闲方式及其对当时社会的影响，不仅可以更深入地了解宋代文艺发展的内在动力，认识宋代审美文化的本质特点，而且可以从休闲文化的角度规划旅游业和文化产业的发展。宋代文人的休闲方式对于当代休闲文化发展和经济增长方式提供了可资借鉴的思想资料，利用这些休闲的思想资料，并结合特定地域的文化背景，创立文艺休闲的新产品，是繁荣当地经济的可行途径。”魏向东（苏州大学）以晚明的休闲为例，对晚明求适思潮与休闲旅游的关系进行了认真的梳理和理论探讨。他通过对晚明近千篇游记的检索与分析，结合晚明社会转型期思想激荡的社会背景，探寻了晚明旅游，尤其是文人休闲旅游兴起的社会与思想根源。同时，他放大视野，将目光投注到晚明社会思潮的变迁上，从王阳明心学对人性的解放引出了晚明崇奢重适的生活风尚，并带来了人们对旅游观念的重审与重构，指出晚明的旅游不再是玩物丧志的行为，而是人性中所必须与所必有，并且是尚适理念的重要体现方式之一。求适观念与旅游行为的结合，养成了晚明文人纵性任情、寻欢逐乐、不计时日、不计金钱的游风，从而也使得晚明的文人旅游成为典型的休闲旅游，这对建构当代的休闲文化和休闲文明都具有借鉴价值和意义。陆庆祥(浙江大学)通过对林语堂的《生活的艺术》一书的思想解读,认为林语堂通过对尘世与天国、灵与肉、个人与社会三种关系的深刻剖析,提出人类要想过悠闲的生活,必须具备三个条件,即:闲暇、悠闲的情感、不计个人得失。他指出,林语堂悠闲哲学思想对现代人类的生活富有启迪意义。

与会代表还从理论到实践,对休闲文化如何推动休闲经济发展进行了广泛的讨论,於贤德(广东外语外贸大学)认为,休闲文化落实到具体的实践层面,对于休闲产业发展来说,就是要提倡“优质服务”。他指出:“休闲产业必须进一步深化对休闲活动的经济特性的认识,高度重视个体生命在暂时摆脱劳作的基础上获得生命的调适和滋润是人的基本要求以及由此产生的经济效益,向消费者提供全方位、高质量、有特色的服务,产业只有依靠这样的‘投入’,才能最后转化为可持续发展的‘产出’。这种优质服务必须开发有特色的休闲资源并在服务策略上坚持‘分众化’的原则才能得到实现。”梁强(天津财经大学)则对基于“乐活(LOHAS)”理念的生态休闲产业开发问题进行了探讨。所谓LOHAS,就是lifestyles of health and sustainability的缩写,意为健康和可持续性的生活方式。休闲经济和产业的发展,要致力于生态休闲理念的提倡,他认为要通过创建生态文化意境,通过环境保护途径,达到个体身心和意志品质的全面提升和自由发展。他在分析“乐活(LOHAS)”的核心理念与特征基础上,提出了基于“乐活(LOHAS)”理念的生态休闲产业开发模式与对策建议。周尚意、唐立、赵婧(北京师范大学)以北京798艺术区为例,指出在中国许多城市出现了美术产业区,这些美术产业区同时也成为城市新的休闲地,咖啡屋、酒吧和茶室等则成为这些美术产业区的组成部分。他们以北京798艺术区为例,从中产阶级化的角度,分析休闲产业与美术产业在空间上重叠的利弊。在他们看来,中国目前城市发展过程中也出现了中产阶级化迹象,与英美等发达国家相同的是,这个过程是城市改造或更新中的现象,旧的房地产(尤其是闲置的工业用地)通过新的利用成为新的文化娱乐业集中区。为此,在深入调研的基础上,他们得出了三条结论性的观点:“第一,从艺术区流动人员社会文化结构和车辆结构上判定,798艺术区在空间上与休闲区重叠为一体;第二,798艺术区与休闲区的重叠可以使中产阶级艺术文化与社会其他阶层的文化互动,避免社会阶层隔离;第三,798艺术区与休闲区的重叠可以增强付租能力及稳定性,从而使艺术区有一个稳定的文化生产空间。”徐薛艳、朱立新(上海师范大学)则是以上海世博演艺中心为例,对大型休闲场馆功能的产业性开发进行了专题研究。他们认为,大型休闲场馆是一个城市休闲娱乐活动的集聚地和风向标,并且也往往是一座城市的形象标志。如何充分地开发利用大型休闲场馆的功能,是现代城市休闲产业面临的重要课题。他们在借鉴国外经验的基础上,对2010年上海世博会四大场馆之一——上海世博演艺中心的功能开发和后续利用提出自己的设想与见解,指出“此类大型场馆的开发应遵循接轨国际、着眼未来、把握全局、面向市场、多元开发、凸出主题的原则。以上海世博演艺中心为例，它的功能设计可以借鉴国外模式，分为核心功能与扩展功能。核心功能就是以剧场为载体展开的各种演艺功能，扩展功能就是在辅助区域的餐饮、购物、娱乐、观光等综合功能。由此打造出一个综合性的休闲社区，体现'城市，让生活更美好'的理念"。显然，上述个案式的研究，对如何推动休闲经济和产业的发展是具有重要的实践价值的。

四、他山之石：国外（境外）休闲发展的启示与借鉴

发达国家的休闲经济与产业发展，他们的休闲理念以及实践层面上所形成的一整套行之有效的管理经验，值得我国休闲经济和产业发展的广泛借鉴。与会的国外（境外）代表就国外（境外）的休闲发展也进行了主题报告。来自澳大利亚维多利亚大学的 John R. Tower 博士就"关系管理？体育组织机构关系产生经济和社会效益的能力"问题进行了主题报告。他在提供探索澳大利亚维多利亚州社区体育社团和体育场馆之间的关系的一项调查结果的基础上，就体育和娱乐团体间关系有能力促进经济和社会影响问题进行了阐释。他发现休闲和娱乐团体的关系，具有能力产生经济效应从而推进它们的业务。它们的关系也具有潜力，能产生极为积极的社会成果，带来社会的自豪、联通和归宿感。树立对于关系管理更积极的意识和获得对体育和娱乐团体，促进经济社会结果的相关能力，将是更深刻认识乃是体育和娱乐团体需要采纳的重要步骤。Tim Tyrrell 博士则就"体育和娱乐的战略性平衡发展"问题进行了探讨，指出在经济发展战略的管理决策中，产出增长轨线占据中心舞台，而支持这类轨线的经济平衡的条件仅仅被赋予相当次要的角色。他提示这些平衡的条件在体育和娱乐行业的经济发展战略中，或许应被给予主导角色。虽然这一战略可能适用于其他经济发展项目，但是当服务于许多本地和访客市场，并在诸如体育和娱乐行业中产生多种社会影响时，它似乎具有独特的意义。因为该行业的平衡条件关系到旅游产品组合、价格歧视、游客满意度、员工住房投资、员工最大生产率、经济规模、政府满足公共需求的能力、基础设施的容量和使用以及可持续度。A. Kagermeier 博士在对 2007 年特里尔康斯坦丁皇帝展进行评估的基础上，对休闲和旅游胜地作为文化节庆的成功因素进行了深入探讨。他指出，过去的十年经历了城市旅游业的类似于节庆化，如今无数节庆活动力图吸引潜在的来访者。与此同时，旅游目的地也扩展了依托节庆、展览和景观对外展示历史和文化遗产的范围。他分析了成功策划文化旅游中推出以历史事件为重点的活动所必须满足的因素。主要强调下列方面：节庆与该目的地核心产品的一致性；明确定位目标群体以及产品的恰当定位；高水平和高标准；市场—沟通策略的

作用;配套的辅助活动。Vinod Sasidharan 博士对休闲、娱乐和旅游企业的社会责任等问题进行了认真探讨。他指出,更多的国际游客,尤其是来自发达国家的游客,正在意识到环境责任的重要性和他们通过购买娱乐和旅游产品与服务在促进可持续性中发挥的作用。最近的趋势表明娱乐客和游客,越来越要求并购买那些出自被证明致力于环境责任和具有良好企业社会责任记录的企业的休闲服务和产品包。在以下七个关键领域表现出高水平的环境责任和企业社会责任的娱乐体育和旅游组织,应该被人们通过正规评估程序得以承认:(1) 环境的遵从,(2) 污染、废弃物的管理和预防,(3) 能源节约和高效,(4) 水源的节约和高效,(5) 员工、供应商和消费者教育,(6) 绿色社会加强和承认,(7) 社会—文化影响。日本学者德村志成(Tokumura Shisei,现在浙江教育学院任教)就有关日本休闲产业发展现状与趋势问题进行了探讨,他指出:"快速的经济发展之后,日本整个社会开始进入了高龄化时代,但同时所谓的休闲时代也随之到来。喜爱休闲活动的人越来越多,而休闲产业也在这样的环境背景下发展迅速,其结果也对日本经济发展起到一定程度的贡献。"他认为,"作为一个高度发展的国家,休闲产业的快速发展,所反映出的是一个什么样的信息,是非常值得中国发展休闲经济和产业去深思和研究的。"

在论坛上,国内的学者也就国外(境外)的休闲经济和产业发展问题进行了主题报告。何建民(上海财经大学)以休闲活动产业化经营的成功模式研究为题,就美国的经验与中国的问题及对策问题进行了主题报告。他指出,我国旅游业正处在从观光型向休闲度假型转型、从低附加值向高附加值升级的重要阶段。如何借鉴世界上休闲活动产业化经营的成功模式,使我国的休闲活动能实现大规模、高体验、高利润、持续化经营的目标,这是一个急需解决的重要而普遍的问题。他认真地研究了美国的经验,包括美国休闲活动产业化的规模、潜力与经营状况,特别是运用顾客超额价值链与企业超额利润链的原理,通过对美国佛罗里达州奥兰多迪斯尼世界、日本东京迪斯尼乐园、法国巴黎迪斯尼乐园和中国香港迪斯尼乐园的发展经验的归纳,提出并论证了休闲活动产业化经营的成功模式,并在上述基础上,分析了我国休闲产业发展存在的具体问题,并提出了解决这些问题的对策。来自中国台湾的高崇云博士(台湾德明财经科技大学)、高鹏翔博士(台湾中华技术学院助理教授)就"台湾休闲产业与文化创意"问题进行了探讨,他们指出:"文化创意产业自 2002 年列为台湾重点发展计划,其特点是积极以产业链的概念形态,重新定义文化产业的价值,以期开拓创意领域,结合人文与经济以发展兼顾文化积累与经济效益的产业。由此可见台湾休闲产业与文化创意有相当密切的关系。……事实上,休闲产业发展至今也有了新的趋势,尤其是当休闲观光与创意结合之后,艺术村、产业观光、休闲农业、新式旅游、民俗及长居(longstay)等相继形成,然而其中最令人关注的还是文化创意的休闲产业。"他们在此基础上,还强调文化的重要性,认为大陆发展休闲经济和产业,绝对不能忽视的是文化创意。王玲玲(浙江大学)就我国台湾地区休闲教育的发展脉络进行了专题研究，她的结论是："台湾近四十年的经济快速发展，带来了台湾民众生活水平的快速提升，台湾休闲产业和休闲教育普及得以实现。"因此，对于梳理台湾休闲教育研究和发展的情况，她从台湾学者对休闲教育的认识发展历程、台湾休闲学科建设的自觉、休闲教育实施渠道进行研究以及台湾当局、学术机构、民间团体协作开展休闲教育的方式等方面展开论述，提供大陆推动休闲教育研究和发展的借鉴。

鉴于中西文化的差异，以及社会、经济发展的诸多因素的影响，与会代表也注意到了中西休闲的发展不同方式的问题，冯革群（宁波大学）就对"中欧不同文化背景下休闲与旅游行为"进行了比较，他指出："由于文化背景的差异，不同国家和地区对休闲旅游的概念理解不同，从而导致不同的休闲与旅游行为。"为此，他从中欧不同文化背景的角度，分析中欧之间各自文化传统对休闲与旅游观念构建的影响，并在景点感知基础上，探讨中欧游客在旅游目的地的旅游行为特征，指出中国与欧洲旅游目的地在发展国际旅游市场时，必须考虑客源地市场行为，发展适合游客市场的旅游产品和营销战略等问题。

总之，休闲经济和产业在我国得以迅速发展，其背后有着深厚的社会、文化、经济等多种因素，其根本目的是为了推动社会的可持续发展，满足人民群众日益增长的物质和文化的需求。换言之，休闲经济和产业的发展指以旅游业、娱乐业、服务业和文化业为骨干而形成的满足人们休闲需求的经济形态和产业系统，一般包括国家公园、博物馆、体育（运动场馆、运动项目、设备、设施维修）、影视、交通、旅行社、餐饮业、社区服务等以及由此连带的产业群。休闲经济和产业的发展，不仅具有理论意义，而且更具实践意义和经济价值。人人有闲暇不等于人人有休闲，如何开发利用闲暇时间，引导人们聪明地用"闲"，关系到全面建设小康社会的整体水平，同时也要求政府在运作中更多体现造福于民、"以人为本"的施政观。同时，由于休闲是提升生活质量的重要空间，休闲方式的选择就是生活方式的选择，它其实与我们每个人息息相关。因此，重视休闲，积极休闲，科学、文明、健康地休闲，既有政府引导、倡导的责任，也是大众不能回避的课题。

休闲研究文献

1998—2000

著作

[01] 张照铨.《环北京休闲旅游图册》,北京：中国地图出版社,1998.
[02] 张衍泽.《花木盆景休闲系列 》,合肥：湖北科学技术出版社,1998.
[03] 龚斌.《中国人的休闲》,上海：上海古籍出版社,1998.
[04] 明健.《休闲茶座》,沈阳：春风文艺出版社,1998.
[05] 何礼荪.《旅游·休闲在加拿大》,北京：旅游教育出版社,1999.
[06] 党海政.《休闲娱乐百科全书》,北京：中国广播电视出版社,1999.
[07] 林公翔.《休闲娱乐》,福州：福建科学技术出版社,1999.
[08] 孙凤萍.《家庭休闲娱乐新时尚》,北京：中国轻工业出版社,1999.
[09] 张书文.《家庭休闲实用百科》,北京：中国物资出版社,1999.
[10] 王庆跃.《休闲运动健康丛书》,成都：蜀蓉棋艺出版社,1999.
[11] 肖雨齐.《京郊自助休闲游》,北京：中国旅游出版社,1999.
[12] 邵霞天.《老年休闲古诗选注 》,广州：羊城晚报出版社,1999.
[13] 陈彦生、秦犁.《休闲有乐》,合肥：湖北人民出版社,1999.
[14] 陈赤.《时尚家庭休闲系列》,广州：广州出版社,1999.
[15] 陈赤.《小家庭假日休闲大全》,广州：广州出版社,1999.
[16] 周兵.《休闲体育》,桂林：广西师范大学出版社,2000.
[17] 胡燕.《老年休闲娱乐指南》,长沙：湖南科学技术出版社,2000.
[18] 田爱华.《休闲娱乐》,大连：大连理工大学出版社,2000.
[19] 楼嘉军.《娱乐旅游概论》,福州：福建人民出版社,2000.
[20] 李渔.《闲情偶寄》,上海：上海古籍出版社,2000.
[21] 李爱真等编著.《休闲娱乐艺术》,北京：中国书籍出版社,2000.
[22] 凌熙和.《休闲垂钓》,北京：农村读物出版社,2000.
[23] 卞向阳.《轻松休闲 》,上海：上海科学技术出版社,2000.
[24]【美】奥兹.《运动休闲英语》,北京：外文出版社,2000.
[25] 方舟.《休闲娱乐》,济南：济南出版社,2000.
[26] 洪专.《海滨休闲游》,广州：广东旅游出版社,2000.
[27] 王春学.《休闲思维》,上海：远方出版社,2000.
[28] 王浩.《城市休闲绿地图录》,北京：中国林业出版社,2000.

[29] 秀兰.《中老年休闲娱乐》,呼和浩特：内蒙古科学技术出版社,2000.
[30] 蒋青海.《休闲·情趣·娱乐丛书》,南京：江苏科学技术出版社,2000.
[31] 陈文新.《休闲古文鉴赏辞典》,武汉：湖北辞书出版社,2000.
[32] 陈贤德.《现代家庭休闲旅游万宝全书》,广州：文汇出版社,2000.
[33] 陈跃春.《书房与休闲环境插花装饰》,杭州：浙江科学技术出版社,2000.
[34] 黄尧.《成都周边休闲娱乐指南》,成都：成都地图出版社,2000.

译著

[01] 赫伊津哈著,成穷译 .《人：游戏者——对文化中游戏因素的研究》,贵阳：贵州人民出版社,1998.
[02] 杰弗瑞·戈比著,康筝译.《你生命中的休闲》,昆明：云南人民出版社,2000.
[03] 杰弗瑞·戈比,张春波等译.《21 世纪的休闲与休闲服务》,昆明：云南人民出版社,2000.
[04] 托马斯·古德尔,杰弗瑞·戈比著,成素梅译.《人类思想史中的休闲》,昆明：云南人民出版社,2000.
[05] 约翰·凯利著,赵冉译.《走向自由———休闲社会学新论》,昆明：云南人民出版社,2000.
[06] 卡拉·亨德森等著,刘耳等译.《女性休闲：女性主义的视角》,昆明：云南人民出版社,2000.

论文

[01] 郁倩辉.《充分利用水生资源 积极开发休闲渔业》,《中国水产》,1998 年第 1 期。
[02] 张少伟等.《余暇体育与几个相关问题的思考》,《广州体育学院学报》,1998 年第 3 期。
[03] 王志良,胡岱.《关于观光休闲农业的思考和建议》,《农村经济》,1998 年第 3 期。
[04] 郑杨.《城市旅游休闲服务网络的建设——美国旅游咨询服务的考察与思索》,《旅游学刊》,1998 年第 3 期。
[05] 邹映辉.《论太极拳的休闲文化性》,《海南师范学院学报》(人文社会科学版),1998 年第 3 期。
[06] 范子文.《观光、休闲农业的主要形式》,《技术监督实用技术》,1998 年第 4 期。
[07] 张建忠,杨新军.《旅游度假区康体休闲与康复养生项目的开发模式——以安宁市温泉旅游度假区为例》,《泰安师专学报》,1998 年第 4 期。
[08] 马惠娣.《文化精神之域的休闲理论初探》,《齐鲁学刊》,1998 年第 5 期。

[09] 张永贵.《投资新领域：城郊休闲农业》,《中国投资》,1998 年第 6 期。
[10] 张永贵.《都市郊区兴起休闲农业》,《经济与信息》,1998 年第 6 期。
[11] 张捷等.《知识经济与 21 世纪旅游、闲暇业》,《旅游学刊》,1998 年第 7 期。
[12] 张永贵.《发展城郊休闲农业的设想》,《中国国情国力》,1998 年第 7 期。
[13] 王晓华.《从个体休闲到大众消费——中国酒吧文化的走向》,《中国青年研究》,1998 年第 7 期。
[14] 冯焱.《到户外去——美国企业家的休闲方式》,《中国企业家》,1998 年第 7 期。
[15] 于涛.《余暇体育研究的理论框构》,《上海体育学院学报》,1998 年第 8 期。
[16] 仇学琴.《试论昆明滇池国家级旅游度假区休闲体育旅游特色项目开发》,《思想战线》,1998 年第 8 期。
[17] 范子文.《京台观光休闲农业合作前景评析》,《台湾农业探索》,1998 年第 9 期。
[18] 李骅,李泽群.《学生闲暇体育若干问题的探讨》,《四川体育科学》,1998 年第 9 期。
[19] 蓝君.《国外观光休闲农业的主要形式》,《新农村》,1998 年第 10 期。
[20] 刘晨晔.《论休闲主体素质的提高》,《辽宁教育学院学报》,1998 年第 11 期。
[21] 胡秀梅.《休闲与休闲电视》,《声屏世界》,1998 年第 12 期。
[22] 张天虹,邹刚.《孙桥休闲农业发展战略构想》,《浦东开发》,1998 年第 12 期。
[23] 喻学才.《回归自然与休闲旅游》,《华中建筑》,1998 年第 12 期。
[24] 浦新.《都市里休闲娱乐的“绿洲”——汤臣上海浦东高尔夫球场》,《浦东开发》,1998 年第 12 期。
[25] 浣卫刚.《展体育休闲文化消费的几点思考》,《消费经济》,1998 年第 12 期。
[26] 马惠娣,成素梅.《关于自由时间的理性思考》,《自然辩证法研究》,1999 年第 1 期。
[27] 李成琳.《休闲：一种本性的养生》,《城市质量监督》,1999 年第 2 期。
[28] 石晓琴.《图书馆与休闲》,《华夏文化》,1999 年第 3 期。
[29] 郑日金.《辩证休闲“四字经”》,《中国公务员》,1999 年第 3 期。
[30] 周幸荣.《论文化休闲职能在医学图书馆中的重要性》,《中华医学图书馆杂志》,1999 年第 3 期。

[31] 岳光辉.《公共文娱休闲场所的现状、问题及治理对策》,《湖南公安高等专科学校学报》, 1999 年第 4 期。
[32] 曾玉荣,刘荣章.《台湾休闲农业发展现状与功能》,《台湾农业探索》, 1999 年第 3 期
[33] 孙承志.《休闲利益论的发展与比较研究》,《世界经济文汇》,1999 年第 4 期。
[34] 张迎.《北京市休闲渔业的发展思路》,《中国水产》,1999 年第 4 期
[35] 孙承志.《休闲利益论初步研究》,《泰安师专学报》,1999 年第 4 期。
[36] 舒展.《休闲辨》,《民主》,1999 年第 5 期。
[37] 郭一新.《休闲农业旅游开发探讨》,《地域研究与开发》,1999 年第 6 期。
[38] 舒展.《休闲——一门科学》,《民主》,1999 年第 6 期。
[39] 王宁.《中国呼唤休闲学》,《中国商贸》,1999 年第 6 期。
[40] 邢哲.《让青年走进积蓄生命活力的港湾——浅谈青年休闲生活的开发》,《当代青年研究》,1999 年第 6 期。
[41] 刘正雁.《台湾娱乐休闲渔业的兴起与启示》,《厦门科技》,1999 年第 6 期。
[42] 林洪民.《海南发展休闲渔业大有可为》,《海南大学学报》(社会科学版), 1999 年第 6 期。
[43] 王声瑜.《浅议开发大水面游钓业的模式及综合效益——兼谈休闲渔业的构思》,《中国水产》,1999 年第 6 期。
[44] 孙红,雷正良.《"休闲文化与当代生活学术研讨会"综述》,《江西社会科学》,1999 年第 7 期。
[45] 范子文.《北京市的观光休闲农业》,《新疆农业科技》,1999 年第 7 期。
[46] 孙承志.《休闲哲学观思辩》,《社会科学家》,1999 年第 7 期。
[47] 邹雪云.《试论休闲娱乐活动在全民健身运动中的地位和作用》,《体育文史》,1999 年第 7 期
[48] 肖海林.《休闲农业及其在我国的发展前景》,《适用技术市场》,1999 年第 8 期。
[49] 汤乐毅.《休闲产业:启动消费的亮点》,《企业经济》,1999 年第 8 期。
[50] 徐云等.《关于城郊型休闲渔业的思考》,《河南水产》,1999 年第 8 期。
[51] 肖海林.《休闲农业及其在我国的发展前景》,《适用技术市场》,1999 年第 8 期。
[52] 刘彩霞,姬广闻:《略论我省休闲渔业的发展》,《河南水产》,1999 年第 8 期。
[53] 化夷.《台湾休闲观光农业的典范——东势林场》,《两岸关系》,1999 年第

9 期。

[54] 詹秋红.《新时期公共图书馆休闲功能之我见》,《图书与情报》,1999 年第 9 期。

[55] 孟凡运,王正伦.《南京东郊风景区体育休闲、娱乐、旅游产业的开发前景与构想》,《南京体育学院学报》,1999 年第 9 期。

[56] 苏肖晴.《21 世纪中国休闲娱乐体育发展趋势》,《中国体育科技》,1999 年第 9 期。

[57] 李峥嵘,柴彦威.《大连城市居民周末休闲时间的利用特征》,《经济地理》,1999 年第 10 期。

[58] 徐杰,张玉宁.《休闲四重奏》,《体育世界》,1999 年第 10 期。

[59] 史晓红.《教育与闲暇——兼谈面向 21 世纪的高校体育教学改革》,《南京晓荘学院学报》,1999 年第 11 期。

[60] 邹琼.《珠江三角洲企业外来工休闲生活考察》,《广东青年干部学院学报》,1999 年第 11 期。

[61] 刘慧荞.《休闲旅游兴起及发展原因初探——来自郫县农科村的考察报告》,《西南民族学院学报》(哲学社会科学版),1999 年第 12 期。

[62] 王晓莹等.《国外体育休闲俱乐部管理初探》,《北京体育大学学报》,1999 年第 12 期。

[63] 陈炜.《旅游高等院校的运动休闲课程设计》,《旅游学刊》,1999 年第 12 期。

[64] 胡晓华,刘华平.《21 世纪的中国休闲体育》,《山东体育科技》,1999 年第 12 期。

[65] 吕萍等.《发展临安休闲观光型农业的前景与对策》,《上海农业科技》,1999 年第 12 期。

[66] 赵振斌.《双休日休闲旅游市场特征及产品开发》,《人文地理》,1999 年第 12 期。

[67] 吴春霞,成秀贤:《发展休闲渔业的几点思路》,《黑河科技》,1999 年第 12 期。

[68] 李再永.《增加就业的新途径——休闲产业》,《山西财经大学学报》,1999 年第 12 期。

[69] 叶少荫.《发展福建观光休闲农业的意义及若干思路》,《福建农业科技》,1999 年第 12 期。

[70] 王勇.《略论休闲消费文明过程中的政府行为》,《江西行政学院学报》,1999 年第 12 期。

[71] 马惠娣.《休闲——文化哲学层面的透视》,《自然辩证法研究》,2000 年第

1 期。
[72] 张晶:《入兴贵闲——关于审美创造心态的一个重要命题》,《吉林大学社会科学学报》, 2000 年第 1 期。
[73] 魏饴.《论休闲文学》,《常德师范学院学报》(社会科学版),2000 年第 1 期。
[74] 卓友瞻.《发展休闲渔业,振兴渔区经济》,《中国渔业经济》,2000 年第 2 期。
[75] 孙樱.《我国城市老年人休闲行为初探——一个小样本问卷调查的简要分析》,《城市问题》,2000 年第 3 期。
[76] 刘华平.《21 世纪初的中国休闲体育》,《北京体育大学学报》,2000 年第 3 期。
[77] 于涛.《余暇体育・还是休闲体育・关于 Leisure Sport 概念和定义的批判性回顾》,《天津体育学院学报》,2000 年第 03 期。
[78] 游俊,龙先琼.《湘西农民闲暇生活方式变革的文化审视》,《吉首大学学报》(社会科学版), 2000 年第 3 期。
[79] 于涛,杨锡明.《论休闲体育的文化学背景》,《西安体育学院学报》,2000 年第 3 期。
[80] 东方.《当今中国百姓的休闲消费》,《珠江经济》,2000 年第 3 期。
[81] 崔乐泉.《略说中国古人的休闲方式》,《体育文史》,2000 年第 3 期。
[82] 郭晶.《浅论休闲健身运动》,《体育文史》,2000 年第 3 期。
[83] 张锐.《不能没有休闲学》,《市场经济导报》,2000 年第 4 期。
[84] 许先升,郭少贞.《休闲农业的可持续发展探讨》,《热带农业科学》,2000 年第 4 期。
[85] 赵凌云.《老年人闲暇时间利用问题研究——对湖州市 352 位老年人的调查分析》,《湖州师范学院学报》,2000 年第 4 期。
[86] 王宁.《略论休闲经济》,《中山大学学报》(社会科学版) ,2000 年第 5 期。
[87] 蒋秀兰.《公共图书馆休闲功能之探讨》,《贵图学刊》,2000 年第 5 期。
[88] 刘雅丹.《休闲渔业对美国经济的影响》,《中国水产》,2000 年第 5 期。
[89] 吴加庆,张孝昌.《加快发展度假休闲旅游——兼论连云港旅游发展的战略选择》,《现代经济探讨》,2000 年第 5 期。
[90] 苟自钧,刘道兴.《假日经济与河南省休闲旅游发展战略》,《经济经纬》,2000 年第 5 期。
[91] 曹丽坤.《浅谈广播电视报的休闲功能》,《齐齐哈尔大学学报》,2000 年第 5 期。
[92] 肖祥云.《现代休闲新观念》,《政工研究动态》,2000 年第 6 期。

[93] 黄漫宇.《玩转“休闲”》,《市场经济导报》,2000 年第 6 期。
[94] 楼嘉军.《休闲初探》,《桂林旅游高等专科学校学报》,2000 年第 6 期。
[95] 张建萍.《我国女性休闲生活的历史变迁及其当代形态》,《海南大学学报》(社会科学版),2000 年第 6 期。
[96] 宋金阶.《关于我市休闲农业发展前景的思考》,《学习与实践》,2000 年第 6 期。
[97] 袁亮,冯晋川.《也谈休闲》,《今日四川》,2000 年第 6 期。
[98] 田一珊.《分时度假休闲新模式》,《中国商界》,2000 年第 7 期。
[99] 李盛仙.《森林浴——新型的都市休闲方式》,《云南林业》,2000 年第 7 期。
[100] 周奕君.《对开展休闲娱乐体育活动的初步探讨》,《体育文史》,2000 年第 7 期。
[101] 蔺清芳.《略论档案的休闲利用》,《档案管理》,2000 年第 8 期。
[102] 陈贺宇.《台湾的休闲渔业》,《海峡科技与产业》,2000 年第 8 期。
[103] 姜媛媛.《浅论开发我国休闲体育市场》,《哈尔滨体育学院学报》,2000 年第 8 期。
[104] 张坤.《休闲产业不“休闲”》,《商业时代》,2000 年第 8 期。
[105] 郑作俐.《开发闽西休闲旅游农业大有可为》,《福建农业》,2000 年第 8 期。
[106] 严力蛟等.《浙江省开发休闲观光型农业的条件与对策》,《中国生态农业学报》,2000 年第 8 期。
[107] 林驰.《让“档案”与“休闲”拉拉手——“档案在休闲社会的作用学术座谈会”综述》,《档案学研究》,2000 年第 8 期。
[108] 马惠娣,王国政.《休闲产业新的经济增长点》,《了望》,2000 年第 8 期。
[109] 刘群红.《发展我国休闲旅游产业问题的若干思考》,《求实》,2000 年第 8 期。
[110] 杨桂凤.《休闲将成为大产业》,《了望》,2000 年第 9 期。
[111] 黄梅.《中国近代休闲方式解读》,《社会》,2000 年第 9 期。
[112] 王雅林,车路光.《非在业群体闲暇生活质量考察》,《哈尔滨工业大学学报》(社会科学版),2000 年第 9 期。
[113] 孙宪华.《休闲遐想》,《北京统计》,2000 年第 9 期。
[114] 张筱叶.《白璧无瑕＜闲情赋＞》,《嘉兴高等专科学校学报》,2000 年第 9 期。
[115] 谢凌奕.《档案与休闲》,《档案学通讯》,2000 年第 9 期。
[116] 陈鸿.《汤显祖观游诗选评——兼论游乐休闲活动与身心健康》,《抚州

师专学报》,2000 年第 9 期。

[117] 王延.《从国内休闲消费市场特征及消费者心态看渔具营销组合策略》,《经济师》,2000 年第 10 期。

[118] 王雅林.《休闲的升值与价值形态转型》,《社会科学报》,2000 年第 10 期第 5 版

[119] 舒盛芳.《闲暇体育的社会价值》,《怀化师专学报》,2000 年第 10 期。

[120] 邓崇清.《简论休闲与休闲消费》,《改革与战略》,2000 年第 10 期。

[121] 黄云龙.《珠海：构建珠三角的休闲都市》,《特区展望》,2000 年第 10 期。

[122] 徐杰,姚夏.《休闲假日》,《体育世界》,2000 年第 10 期。

[123] 邱立坤.《"假日经济热"的理性回归——从国庆"黄金周"看休闲旅游市场》,《商业文化》,2000 年第 11 期。

[124] 宋剑华,戴莉.《消费 休闲 文学》,《常德师范学院学报》(社会科学版),2000 年第 11 期。

[125] 陈果安.《"休闲文学"争鸣(三篇) 也谈休闲文学》,《常德师范学院学报》(社会科学版),2000 年第 11 期。

[126] 孙蓓.《闲话休闲学》,《企业家天地》,2000 年第 11 期。

[127] 王琪延.《国民时间资产和闲暇活动核算研究》,《统计研究》,2000 年第 11 期。

[128] 江正云.《休闲文学的特征及其建设性向度》,《常德师范学院学报》(社会科学版),2000 年第 11 期。

[129] 巴渝子.《从假日经济到休闲产业》,《经营者》,2000 年第 11 期。

[130] 冯萍.《休闲娱乐体育之我见》,《体育文史》,2000 年第 11 期。

[131] 贾文.《假日经济激活休闲产业》,《城市技术监督》,2000 年第 11 期。

[132] 李盛仙.《休闲新时尚——观鸟》,《中国林业》,2000 年第 12 期。

[133] 小聚.《休闲新观念》,《财会月刊》,2000 年第 12 期。

[134] 黄爱萍等.《台湾发展休闲农业对大陆当前农业结构调整的启示》,《福建农业科技》,2000 年第 12 期。

[135] 王雅林.《信息化与文明休闲时代》,《学习与探索》,2000 年第 12 期。

[136] 邹师等.《辽宁省大学生余暇体育活动的比较研究》,《北京体育大学学报》,2000 年第 12 期。

[137] 刘志林等.《深圳市民休闲时间利用特征研究》,《人文地理》,2000 年第 12 期。

(金雪芬、池晓明、汪珊珊编)

编后记

本辑《休闲评论》是历届杭州休闲发展国际论坛的论文选编，其主体是2008年10月在杭州富阳举行的2008杭州休闲发展国际论坛的部分论文。“杭州休闲发展国际论坛”，由杭州市人民政府、浙江大学和世界休闲组织主办，杭州市世界休闲博览会组委会办公室和浙江大学亚太休闲教育研究中心承办，浙江大学亚太休闲教育研究中心负责其中的学术策划与组织工作。自2004年以来每年举办，业已成为国内外学术界、政府机构、产业界交流、探讨休闲发展的重要平台。

每届杭州休闲发展国际论坛都在国际休闲发展视野下确定不同主题，2008杭州休闲发展国际论坛在“运动休闲之城”杭州富阳举行，本届论坛的主题是“休闲与经济”，涉及“运动休闲与体育产业”、“休闲视野下的旅游产业”、“文化产业与休闲经济”及“国际休闲产业发展趋势”等主要议题。论坛与会代表总人数达400余人，其中学术代表近100人，提交论文50余篇。富阳市人民政府及富阳运动休闲委员会办公室作为承办方为论坛的成功举办做了大量的辛勤工作，在此本书表示诚挚的敬意。

本届论坛特邀了德国特里尔大学Kagermeier教授、美国圣地亚哥州立大学Vinod Sasidharan教授、美国亚利桑那州立大学Tim Tyrrell教授及澳大利亚维多利亚大学John R Tower教授等国际知名休闲学者。他们为参加2008杭州休闲发展国际论坛做了精心的准备，提交了高质量的学术论文。为保持其论文的本色，本刊采取发表其英文原文，并辅之中文提要的方式，以飨读者。

本辑《休闲评论》由潘立勇负责编辑。章辉协助中英文校对，刘慧梅协助英文订正。

2009年1月10日

图书在版编目(CIP)数据

休闲评论.第1辑/庞学铨主编. —杭州：浙江大学出版社，2009.10
(休闲书系)
ISBN 978-7-308-07139-0

Ⅰ.休… Ⅱ.庞… Ⅲ.闲暇社会学—文集 Ⅳ.C913.3—53

中国版本图书馆CIP数据核字(2009)第189807号

休闲评论(第1辑)
庞学铨 **主编**

责任编辑 葛 娟
封面设计 俞亚彤
出版发行 浙江大学出版社
(杭州天目山路148号 邮政编码310028)
(网址：http://www.zjupress.com)
排　　版 杭州大漠照排印刷有限公司
印　　刷 杭州杭新印务有限公司
开　　本 710mm×1000mm 1/16
印　　张 23
字　　数 468千
版 印 次 2009年11月第1版 2009年11月第1次印刷
书　　号 ISBN 978-7-308-07139-0
定　　价 48.00元

版权所有 翻印必究 印装差错 负责调换
浙江大学出版社发行部邮购电话(0571)88925591